滿文原檔
《滿文原檔》選讀譯注

太祖朝（一）

莊 吉 發譯注

滿 語 叢 刊
文史哲出版社印行

國家圖書館出版品預行編目資料

滿文原檔《滿文原檔》選讀譯注 太祖朝（一）
/ 莊吉發譯注. -- 初版. -- 臺北市：
文史哲, 民 109.04
面 ： 公分 --（滿語叢刊；37）
ISBN 978-986-314-507-3（平裝）

1.滿語 2.讀本

802.918 109003775

滿 語 叢 刊 37

滿文原檔《滿文原檔》選讀譯注

太祖朝（一）

譯注者：莊 吉 發
出版者：文 史 哲 出 版 社
http:// www.lapen.com.tw
e-mail:lapen@ms74.hinet.net
登記證字號：行政院新聞局版臺業字五三三七號
發行人：彭 正 雄
發行所：文 史 哲 出 版 社
印刷者：文 史 哲 出 版 社
臺北市羅斯福路一段七十二巷四號
郵政劃撥帳號：一六一八〇一七五
電話886-2-23511028・傳真886-2-23965656

實價新臺幣六八〇元

二〇二〇年（民 一〇九）四月初版
二〇二一年（民一一〇）二月增訂再版

ISBN 978-986-314-507-3 65137

滿文原檔

《滿文原檔》選讀譯注

太祖朝（一）

目　　次

《滿文原檔》選讀譯注
導　讀

內閣大庫檔案是近世以來所發現的重要史料之一，其中又以清太祖、清太宗兩朝的《滿文原檔》以及重抄本《滿文老檔》最為珍貴。明神宗萬曆二十七年（1599）二月，清太祖努爾哈齊為了文移往來及記注政事的需要，即命巴克什額爾德尼等人以老蒙文字母為基礎，拼寫女真語音，創造了拼音系統的無圈點老滿文。清太宗天聰六年（1632）三月，巴克什達海奉命將無圈點老滿文在字旁加置圈點，形成了加圈點新滿文。清朝入關後，這些檔案由盛京移存北京內閣大庫。乾隆六年（1741），清高宗鑒於內閣大庫所貯無圈點檔冊，所載字畫，與乾隆年間通行的新滿文不相同，諭令大學士鄂爾泰等人按照通行的新滿文，編纂《無圈點字書》，書首附有鄂爾泰等人奏摺[1]。因無圈點檔年久虧舊，所以鄂爾泰等人奏請逐頁托裱裝訂。鄂爾泰等人遵旨編纂的無圈點十二字頭，就是所謂的《無圈點字書》，但以字頭釐正字蹟，未免逐卷翻閱，且無圈點老檔僅止一分，日久或致擦損，乾隆四十年（1775）二

1 張玉全撰，〈述滿文老檔〉，《文獻論叢》（臺北，臺聯國風出版社，民國五十六年十月），論述二，頁 207。

月，軍機大臣奏准依照通行新滿文另行音出一分，同原本貯藏[2]。乾隆四十三年（1778）十月，完成繕寫的工作，貯藏於北京大內，即所謂內閣大庫藏本《滿文老檔》。乾隆四十五年（1780），又按無圈點老滿文及加圈點新滿文各抄一分，齎送盛京崇謨閣貯藏[3]。自從乾隆年間整理無圈點老檔，托裱裝訂，重抄貯藏後，《滿文原檔》便始終貯藏於內閣大庫。

近世以來首先發現的是盛京崇謨閣藏本，清德宗光緒三十一年（1905），日本學者內藤虎次郎訪問瀋陽時，見到崇謨閣貯藏的無圈點老檔和加圈點老檔重抄本。宣統三年（1911），內藤虎次郎用曬藍的方法，將崇謨閣老檔複印一套，稱這批檔冊為《滿文老檔》。民國七年（1918），金梁節譯崇謨閣老檔部分史事，刊印《滿洲老檔祕錄》，簡稱《滿洲祕檔》。民國二十年（1931）三月以後，北平故宮博物院文獻館整理內閣大庫，先後發現老檔三十七冊，原按千字文編號。民國二十四年（1935），又發現三冊，均未裝裱，當為乾隆年間托裱時所未見者。文獻館前後所發現的四十冊老檔，於文物南遷時，俱疏遷於後方，臺北國立故宮博物院現藏者，即此四十冊老檔。昭和三十三年（1958）、三十八年（1963），日本東洋文庫譯注出版清太祖、太宗兩朝老檔，題為《滿文老檔》，共七冊。民國五十八年（1969），國立故宮博物院影印出版老檔，精裝十冊，題為《舊滿洲檔》。民國五十九年（1970）三月，廣祿、李學智譯注出版老檔，題為《清太祖老滿文原檔》。昭和四十七年（1972），東洋文庫清史研究室譯注出版天聰九年分原檔，題為《舊

2 《清高宗純皇帝實錄》，卷 976，頁 28。乾隆四十年二月庚寅，據軍機大臣奏。

3 《軍機處檔・月摺包》（臺北，國立故宮博物院），第 2705 箱，118 包，26512 號，乾隆四十五年二月初十日，福康安奏摺錄副。

滿洲檔》，共二冊。一九七四年至一九七七年間，遼寧大學歷史系李林教授利用一九五九年中央民族大學王鍾翰教授羅馬字母轉寫的崇謨閣藏本《加圈點老檔》，參考金梁漢譯本、日譯本《滿文老檔》，繙譯太祖朝部分，冠以《重譯滿文老檔》，分訂三冊，由遼寧大學歷史系相繼刊印。一九七九年十二月，遼寧大學歷史系李林教授據日譯本《舊滿洲檔》天聰九年分二冊，譯出漢文，題為《滿文舊檔》。關嘉祿、佟永功、關照宏三位先生根據東洋文庫刊印天聰九年分《舊滿洲檔》的羅馬字母轉寫譯漢，於一九八七年由天津古籍出版社出版，題為《天聰九年檔》。一九八八年十月，中央民族大學季永海教授譯注出版崇德三年（1638）分老檔，題為《崇德三年檔》。一九九〇年三月，北京中華書局出版老檔譯漢本，題為《滿文老檔》，共二冊。民國九十五年（2006）一月，國立故宮博物院為彌補《舊滿洲檔》製作出版過程中出現的失真問題，重新出版原檔，分訂十巨冊，印刷精緻，裝幀典雅，為凸顯檔冊的原始性，反映初創滿文字體的特色，並避免與《滿文老檔》重抄本的混淆，正名為《滿文原檔》。

二〇〇九年十二月，北京中國第一歷史檔案館整理編譯《內閣藏本滿文老檔》，由瀋陽遼寧民族出版社出版。吳元豐先生於「前言」中指出，此次編譯出版的版本，是選用北京中國第一歷史檔案館保存的乾隆年間重抄並藏於內閣的《加圈點檔》，共計二十六函一八〇冊。採用滿文原文、羅馬字母轉寫及漢文譯文合集的編輯體例，在保持原分編函冊的特點和聯繫的前提下，按一定厚度重新分冊，以滿文原文、羅馬字母轉寫、漢文譯文為序排列，合編成二十冊，其中第一冊至第十六冊為滿文原文、第十七冊至十八冊為羅馬字母轉寫，第十九冊至二十冊為漢文譯文。為了存真起見，滿文原文部分逐頁掃描，仿真製版，按原本顏色，以紅黃黑三色套印，也最大限度保持原版特徵。據統計，內閣所藏《加圈點老檔》簽注共有 410 條，其中太祖朝 236 條，太宗朝 174 條，俱逐條繙譯出版。為體現選用版本的庋藏處所，即內閣大庫；為考慮選用漢文譯文先前出版所取之名，即《滿文老檔》；為考慮到清代公文檔案中比較專門使用之名，即老檔；為體現書寫之文字，即滿文，最終取漢文名為《內閣藏本滿文老檔》，滿文名為“dorgi yamun asaraha manju hergen i fe dangse”。《內閣藏本滿文老檔》雖非最原始的檔案，但與清代官修史籍相比，也屬第一手資料，具有十分珍貴的歷史研究價值。同時，《內閣藏本滿文老檔》作為乾隆年間《滿文老檔》諸多抄本內首部內府精寫本，而且有其他抄本沒有的簽注。《內閣藏本滿文老檔》首次以滿文、羅馬字母轉寫和漢文譯文合集方式出版，確實對清朝開國史、民族史、東北地方史、滿學、八旗制度、滿文古籍版本等領域的研究，提供比較原始的、系統的、基礎的第一手資料，其次也有助於準確解讀用老滿文書寫《滿文老檔》原本，以及深入系統地研究滿文的創制與改革、滿語的發展變化[4]。

臺北國立故宮博物院重新出版的《滿文原檔》是《內閣藏本滿文老檔》的原本，海峽兩岸將原本及其抄本整理出版，確實是史學界的盛事，《滿文原檔》與《內閣藏本滿文老檔》是同源史料，有其共同性，亦有其差異性，都是探討清朝前史的珍貴史料。清朝勢力進入關內後的歷史，稱為清代史，滿洲入關前清太祖、清太宗時期的歷史，可以稱為清朝前史。本書導讀的撰寫，即嘗試

4　《內閣藏本滿文老檔》（瀋陽，遼寧民族出版社，2009 年 12 月），第一冊，前言，頁 10。

以《滿文原檔》與《內閣藏本滿文老檔》為基礎檔案，進行比較，就其記事年分、滿洲語言的發展、三仙女神話傳說的起源、傳國玉璽的失傳與發現經過、崇德五宮后妃的冊立等主題，探討《滿文原檔》與《內閣藏本滿文老檔》的史料價值。

臺北國立故宮博物院現藏《滿文原檔》，共計四十冊，清太祖朝、清太宗朝各二十冊，按千字文編號，自「天」字起至「露」字止，其中缺「玄」字，應是避清聖祖玄燁御名諱。原檔大部分採用編年體，少部分採用紀事本末體。民國九十五年（2006）一月，整理出版《滿文原檔》十冊，於各冊目次中詳列現藏內容的年分，可將《滿文原檔》、《內閣藏本滿文老檔》各冊目次併列年月於下：

<table>
<tr><th colspan="2">《滿文原檔》目次</th><th colspan="2">《內閣藏本滿文老檔》目次</th></tr>
<tr><td rowspan="3">第一冊</td><td>萬曆三十五年（丁未年、1607）三月、九月
萬曆三十六年（戊申年、1608）三月、六月、九月
萬曆三十七年（己酉年、1609）二月、三月
萬曆三十八年（庚戌年、1610）二月、十一月</td><td>第一冊　丁未年至庚戌年</td><td rowspan="3">清太祖朝第一函</td></tr>
<tr><td>萬曆三十九年（辛亥年、1611）二月、七月、十二月
萬曆四十年（壬子年、1612）四月、九月
萬曆四十一年（癸丑年、1613）正月、十二月、六月、三月、九月、十二月</td><td>第二冊　辛亥年至癸丑年</td></tr>
<tr><td>萬曆四十二年（甲寅年、1614）四月、六月、十一月、十二月</td><td>第三冊　癸丑年至甲寅年</td></tr>
</table>

	萬曆四十三年（乙卯年、1615）正月、三月、四月、六月、九月、十月、十二月	第四冊　乙卯年	
	天命元年（丙辰年、1616）七月、八月、十一月、十二月 天命二年（丁巳年、1617）正月 萬曆四十三年（乙卯年、1615）十二月 天命二年（丁巳年、1617）正月、二月、四月、三月、六月、七月、十月	第五冊　天命元年至二年	清太祖朝第二函
	天命三年（戊午年、1618）正月、二月、三月、四月、閏四月	第六冊　天命三年正月至閏四月	
	天命三年（戊午年、1618）五月、六月、七月、八月、九月 天命元年（丙辰年、1616）七月 天命三年（戊午年、1618）十月、十一月、十二月	第七冊　天命三年五月至十二月	
	天命四年（己未年、1619）正月、二月、三月 萬曆四十三年（乙卯年、1615 六月、九月、十月、十一月 天命元年（丙辰年、1616）正月、五月、六月、七月、八月、十月、十一月、十二月 天命二年（丁巳年、1617）正月、二月、三月、四月、六月、七月、十月 天命三年（戊午年、1618）正月、二月、三月、四月、閏四月、五月、六月、七月、八月、九月、十月、十一月、十二月 天命四年（己未年、1619）正月、二月	第八冊　天命四年正月至三月	
	天命四年（己未年、1619）三月、四月、五月、六月	第九冊　天命四年三月至五月	
		第十冊　天命四年五月至六月	
	天命四年（己未年、1619）七月	第十一冊　天命四年七月	

<table>
<tr><td rowspan="5"></td><td>天命四年（己未年、1619）八月</td><td>第十二冊　天命四年八月</td><td rowspan="2"></td></tr>
<tr><td>天命四年（己未年、1619）九月、十月、十一月、十二月</td><td>第十三冊　天命四年八月至十二月</td></tr>
<tr><td>天命五年（庚申年、1620）正月、二月、三月</td><td>第十四冊　天命五年正月至三月</td><td rowspan="9">清太祖朝第三函</td></tr>
<tr><td>天命五年（庚申年、1620）四月、五月、六月</td><td>第十五冊　天命五年四月至六月</td></tr>
<tr><td>天命五年（庚申年、1620）七月、八月、九月
天命四年（己未年、1619）七月、八月、七月</td><td>第十六冊　天命五年七月至九月</td></tr>
<tr><td rowspan="24">第二冊</td><td rowspan="2">天命六年（辛酉年、1621）二月、閏二月</td><td>第十七冊　天命五年九月至六年閏二月</td></tr>
<tr><td>第十八冊　天命六年閏二月至三月</td></tr>
<tr><td rowspan="4">天命六年（辛酉年、1621）三月、四月、五月</td><td>第十九冊　天命六年三月</td></tr>
<tr><td>第二十冊　天命六年三月至四月</td></tr>
<tr><td>第二十一冊　天命六年四月至五月</td></tr>
<tr><td>第二十二冊　天命六年五月</td></tr>
<tr><td>天命六年（辛酉年、1621）六月</td><td>第二十三冊　天命六年六月</td><td rowspan="9">清太祖朝第四函</td></tr>
<tr><td>天命六年（辛酉年、1621）七月</td><td>第二十四冊　天命六年七月</td></tr>
<tr><td>天命六年（辛酉年、1621）八月</td><td>第二十五冊　天命六年八月</td></tr>
<tr><td rowspan="2">天命六年（辛酉年、1621）九月、十月</td><td>第二十六冊　天命六年九月</td></tr>
<tr><td>第二十七冊　天命六年九月至十月</td></tr>
<tr><td rowspan="2">天命六年（辛酉年、1621）十一月</td><td>第二十八冊　天命六年十一月</td></tr>
<tr><td>第二十九冊　天命六年十一月</td></tr>
<tr><td rowspan="2"></td><td>第三十冊　天命六年十二月</td></tr>
<tr><td>第三十一冊　天命六年十二月</td></tr>
<tr><td rowspan="6">天命七年（壬戌年、1621）正月、二月</td><td>第三十二冊　天命七年正月</td><td rowspan="9">清太祖朝第五函</td></tr>
<tr><td>第三十三冊　天命七年正月</td></tr>
<tr><td>第三十四冊　天命七年正月至二月</td></tr>
<tr><td>第三十五冊　天命七年二月</td></tr>
<tr><td>第三十六冊　天命七年二月</td></tr>
<tr><td>第三十七冊　天命七年二月</td></tr>
<tr><td rowspan="3">天命七年（壬戌年、1621）三月、四月</td><td>第三十八冊　天命七年三月</td></tr>
<tr><td>第三十九冊　天命七年三月</td></tr>
<tr><td>第四十冊　天命七年三月至四月</td></tr>
</table>

第三冊	天命六年（辛酉年、1621）七月、八月、九月、十月、十一月 天命七年（壬戌年、1621）六月 天命七年（壬戌年、1621）三月 天命七年（壬戌年、1621）六月	第四十一冊　天命七年四月至六月	
		第四十二冊　天命七年六月	
	天命八年（癸亥年、1623）正月、二月、三月、四月、五月 天命八年（癸亥年、1623）正月、二月、三月、四月、五月	第四十三冊　天命八年正月	清太祖朝第六函
		第四十四冊　天命八年正月至二月	
		第四十五冊　天命八年二月	
		第四十六冊　天命八年二月至三月	
		第四十七冊　天命八年三月	
		第四十八冊　天命八年三月至四月	
		第四十九冊　天命八年四月	
		第五十冊　天命八年四月至五月	
		第五十一冊　天命八年五月	清太祖朝第七函
		第五十二冊　天命八年五月	
第四冊	天命八年（癸亥年、1623）六月、七月	第五十三冊　天命八年五月至六月	
		第五十四冊　天命八年六月	
		第五十五冊　天命八年六月	
		第五十六冊　天命八年六月至七月	
		第五十七冊　天命八年七月	
		第五十八冊　天命八年七月至八月	
		第五十九冊　天命八年九月	
	天命九年（甲子年、1624）六月、正月	第六十冊　天命九年正月	清太祖朝第八函
		第六十一冊　天命九年正月至六月	
		第六十二冊　天命九年	
		第六十三冊　天命九年	
	天命十年（乙丑年、1625）正月、二月、三月	第六十四冊　天命十年正月至三月	
	天命十年（乙丑年、1625）四月、五月、六月、七月、八月	第六十五冊　天命十年四月至八月	
	天命十年（乙丑年、1625）十月、十一月、八月 天命十一年（丙寅年、1626）五月	第六十六冊　天命十年八月至十一月	

<table>
<tr><td rowspan="7">第五冊</td><td rowspan="4">天命八年（癸亥年、1623）五月、六月、八月
天命九年（甲子年、1624）正月、四月、六月
天命十年（乙丑年、1625）正月、二月、八月</td><td>第六十七冊　天命十年</td><td rowspan="6">清太祖朝第九函</td></tr>
<tr><td>第六十八冊　天命十年</td></tr>
<tr><td>第六十九冊　天命十年</td></tr>
<tr><td>第七十冊　天命十年</td></tr>
<tr><td rowspan="2">天命十一年（丙寅年、1626）三月、五月、六月、閏六月、七月、八月</td><td>第七十一冊　天命十一年三月至六月</td></tr>
<tr><td>第七十二冊　天命十一年六月至八月</td></tr>
<tr><td>天命七年（壬戌年、1622）正月
天命八年（癸亥年、1623）九月
無年月
天命九年（甲子年、1624）三月
天命十一年（丙寅年、1626）七月、八月
萬曆四十二年（甲寅年、1614）
無年月
萬曆四十一年（癸丑年、1613）正月
天聰三年（己巳年、1629）十月
天聰六年（壬申年、1632）正月
無年月
萬曆四十一年（癸丑年、1613）正月
無年月
天聰四年（庚午年、1630）四月
無年月
天命六年（辛酉年、1621）二月
無年月
天命六年（辛酉年、1621）二月
無年月
萬曆四十三年（乙卯年、1615）六月
天命三年（戊午年、1618）八月
萬曆四十三年（乙卯年、1615）六月
萬曆三十八年（庚戌年、1610）
天聰二年（戊辰年、1628）
無年月</td><td>第七十三冊　天命朝記事十三件　僅記月日　未記年分
第七十四冊　天命朝記事十二件　年月俱未記
第七十五冊　眾臣發誓書　年月未記
第七十六冊　眾臣發誓書　年月未記
第七十七冊　眾臣發誓書　年月未記
第七十八冊　眾臣發誓書　年月未記
第七十九冊　族籍檔　年月未記
第八十冊　族籍檔　年月未記
第八十一冊　族籍檔　年月未記</td><td>清太祖朝第十函</td></tr>
</table>

<table>
<tr><td rowspan="20">第六冊</td><td>天聰元年（丁卯年、1627）正月、二月</td><td>第一冊　天聰元年正月至二月</td><td rowspan="8">清太宗朝第一函</td></tr>
<tr><td rowspan="5">天聰元年（丁卯年、1627）三月、四月
天聰元年（丁卯年、1627）三月、四月、正月、二月、三月、四月
天聰元年（丁卯年、1627）五月、六月</td><td>第二冊　天聰元年三月至四月</td></tr>
<tr><td>第三冊　天聰元年四月</td></tr>
<tr><td>第四冊　天聰元年四月</td></tr>
<tr><td>第五冊　天聰元年四月至五月</td></tr>
<tr><td>第六冊　天聰元年五月至六月</td></tr>
<tr><td>天聰元年（丁卯年、1627）七月、八月</td><td>第七冊　天聰元年七月至八月</td></tr>
<tr><td>天聰元年（丁卯年、1627）九月、十一月、十二月</td><td>第八冊　天聰元年九月至十二月</td></tr>
<tr><td>天聰二年（戊辰年、1628）正月、二月、三月</td><td>第九冊　天聰二年正月至三月</td><td rowspan="7">清太宗朝第二函</td></tr>
<tr><td>天聰二年（戊辰年、1628）四月、正月、二月、三月、四月、五月、六月、七月、八月</td><td>第十冊　天聰二年三月至八月</td></tr>
<tr><td rowspan="2"></td><td>第十一冊　天聰二年毛文龍等處來文六件</td></tr>
<tr><td>第十二冊　天聰二年毛文龍等處來文六件</td></tr>
<tr><td>天聰二年（戊辰年、1628）九月、十月</td><td>第十三冊　天聰二年八月至十月</td></tr>
<tr><td>天聰二年（戊辰年、1628）十二月</td><td>第十四冊　天聰二年十二月</td></tr>
<tr><td></td><td>第十五冊　天聰朝頒漢大臣官員敕</td></tr>
<tr><td>天聰三年（己巳年、1629）正月、二月、閏四月</td><td>第十六冊　天聰三年正月至七月</td><td rowspan="5">清太宗朝第三函</td></tr>
<tr><td rowspan="3">天聰三年（己巳年、1629）十月、十一月</td><td>第十七冊　天聰三年七月至十月</td></tr>
<tr><td>第十八冊　天聰三年十月至十一月</td></tr>
<tr><td>第十九冊　天聰三年十一月</td></tr>
<tr><td>天聰三年（己巳年、1629）十二月</td><td>第二十冊　天聰三年十二月</td></tr>
</table>

<table>
<tr><td rowspan="2"></td><td rowspan="2">天聰四年（庚午年、1630）二月、三月、正月、二月</td><td>第二十一冊　天聰四年正月</td><td rowspan="7">清太宗朝第四函</td></tr>
<tr><td>第二十二冊　天聰四年正月至二月</td></tr>
<tr><td rowspan="22">第七冊</td><td rowspan="3">天聰四年（庚午年、1630）正月、二月、三月</td><td>第二十三冊　天聰四年二月</td></tr>
<tr><td>第二十四冊　天聰四年二月</td></tr>
<tr><td>第二十五冊　天聰四年三月</td></tr>
<tr><td rowspan="2">天聰四年（庚午年、1630）四月</td><td>第二十六冊　天聰四年三月至四月</td></tr>
<tr><td>第二十七冊　天聰四年四月</td></tr>
<tr><td rowspan="2">天聰四年（庚午年、1630）五月、四月、五月、二月、三月、四月、五月、三月、四月、三月、五月、三月、四月、五月、四月、五月、六月</td><td>第二十八冊　天聰四年五月</td><td rowspan="6">清太宗朝第五函</td></tr>
<tr><td>第二十九冊　天聰四年五月至六月</td></tr>
<tr><td rowspan="4"></td><td>第三十冊　天聰四年六月</td></tr>
<tr><td>第三十一冊　天聰四年六月至七月</td></tr>
<tr><td>第三十二冊　天聰四年八月至十二月</td></tr>
<tr><td>第三十三冊　天聰四年頒滿漢官員敕書并致蒙古台吉文</td></tr>
<tr><td>天聰五年（辛未年、1631）正月</td><td>第三十四冊　天聰五年正月</td><td rowspan="6">清太宗朝第六函</td></tr>
<tr><td rowspan="5">天聰五年（辛未年、1631）二月、三月、四月、五月、六月、七月</td><td>第三十五冊　天聰五年二月至三月</td></tr>
<tr><td>第三十六冊　天聰五年三月至四月</td></tr>
<tr><td>第三十七冊　天聰五年四月</td></tr>
<tr><td>第三十八冊　天聰五年四月至七月</td></tr>
<tr><td>第三十九冊　天聰五年七月至八月</td></tr>
<tr><td rowspan="3"></td><td>第四十冊　天聰五年九月</td><td rowspan="5">清太宗朝第七函</td></tr>
<tr><td>第四十一冊　天聰五年九月</td></tr>
<tr><td>第四十二冊　天聰五年十月</td></tr>
<tr><td>天聰五年（辛未年、1631）閏十一月</td><td>第四十三冊　天聰五年十月至閏十一月</td></tr>
<tr><td>天聰五年（辛未年、1631）十二月
天聰五年（辛未年、1631）七月、八月、九月、十月</td><td>第四十四冊　天聰五年十二月</td></tr>
</table>

<table>
<tr><td rowspan="17">第八冊</td><td rowspan="4">天聰三年（己巳年、1629）正月、二月、閏四月、六月、七月
天聰四年（庚午年、1630）七月、八月、九月、十月、十二月
天聰五年（辛未年、1631）正月、二月、閏十一月
天聰六年（壬申年、1632）正月</td><td>第四十五冊　天聰六年正月</td><td rowspan="6">清太宗朝第八函</td></tr>
<tr><td>第四十六冊　天聰六年正月</td></tr>
<tr><td>第四十七冊　天聰六年正月</td></tr>
<tr><td>第四十八冊　天聰六年正月</td></tr>
<tr><td rowspan="2">天聰六年（壬申年、1632）二月</td><td>第四十九冊　天聰六年二月</td></tr>
<tr><td>第五十冊　天聰六年二月</td></tr>
<tr><td rowspan="2">天聰六年（壬申年、1632）三月、四月</td><td>第五十一冊　天聰六年三月至四月</td><td rowspan="6">清太宗朝第九函</td></tr>
<tr><td>第五十二冊　天聰六年四月</td></tr>
<tr><td>天聰六年（壬申年、1632）五月</td><td>第五十三冊　天聰六年五月</td></tr>
<tr><td rowspan="3">天聰六年（壬申年、1632）六月</td><td>第五十四冊　天聰六年六月</td></tr>
<tr><td>第五十五冊　天聰六年六月</td></tr>
<tr><td>第五十六冊　天聰六年六月</td></tr>
<tr><td rowspan="2">天聰六年（壬申年、1632）七月、八月、九月</td><td>第五十七冊　天聰六年七月至八月</td><td rowspan="5">清太宗朝第十函</td></tr>
<tr><td>第五十八冊　天聰六年八月至九月</td></tr>
<tr><td>天聰六年（壬申年、1632）十月</td><td>第五十九冊　天聰六年十月</td></tr>
<tr><td>天聰六年（壬申年、1632）十一月、十二月
天聰六年（壬申年、1632）正月、二月、三月、九月、十月、十一月、十二月、正月、二月、三月、四月、五月、六月</td><td>第六十冊　天聰六年十一月至十二月</td></tr>
<tr><td></td><td>第六十一冊　天聰朝記事六件年月未記</td></tr>
<tr><td>第九冊</td><td>天聰九年（乙亥年、1635）正月、二月、三月、四月、五月、六月、七月、八月、九月、十月、十一月、十二月</td><td></td><td></td></tr>
<tr><td rowspan="6">第十冊</td><td>天聰十年（丙子年、1636）正月</td><td>第一冊　崇德元年正月</td><td rowspan="6">清太宗朝第十一函</td></tr>
<tr><td rowspan="3">天聰十年（丙子年、1636）二月</td><td>第二冊　崇德元年二月</td></tr>
<tr><td>第三冊　崇德元年二月</td></tr>
<tr><td>第四冊　崇德元年二月</td></tr>
<tr><td rowspan="2">天聰十年（丙子年、1636）三月</td><td>第五冊　崇德元年三月</td></tr>
<tr><td>第六冊　崇德元年三月</td></tr>
</table>

	天聰十年（丙子年、1636）四月 崇德元年（丙子年、1636）四月	第七冊　崇德元年四月	清太宗朝第十二函
		第八冊　崇德元年四月	
		第九冊　崇德元年四月	
	崇德元年（丙子年、1636）五月	第十冊　崇德元年五月	
		第十一冊　崇德元年五月	
		第十二冊　崇德元年五月	
		第十三冊　崇德元年五月	清太宗朝第十三函
		第十四冊　崇德元年五月	
	崇德元年（丙子年、1636）六月	第十五冊　崇德元年六月	
		第十六冊　崇德元年六月	
		第十七冊　崇德元年六月	
		第十八冊　崇德元年六月	
	崇德元年（丙子年、1636）七月 崇德元年（丙子年、1636）四月、七月	第十九冊　崇德元年七月	清太宗朝第十四函
		第二十冊　崇德元年七月	
		第二十一冊　崇德元年七月	
		第二十二冊　崇德元年七月	
		第二十三冊　崇德元年七月	
	崇德元年（丙子年、1636）八月	第二十四冊　崇德元年八月	
		第二十五冊　崇德元年八月	
	崇德元年（丙子年、1636）九月	第二十六冊　崇德元年九月	清太宗朝第十五函
		第二十七冊　崇德元年九月	
		第二十八冊　崇德元年九月	
	崇德元年（丙子年、1636）十月	第二十九冊　崇德元年十月	
		第三十冊　崇德元年十月	
		第三十一冊　崇德元年十月	
		第三十二冊　崇德元年十月	
	崇德元年（丙子年、1636）十一月	第三十三冊　崇德元年十一月	清太宗朝第十六函
		第三十四冊　崇德元年十一月	
		第三十五冊　崇德元年十一月	
		第三十六冊　崇德元年十一月	
		第三十七冊　崇德元年十一月	
	崇德元年（丙子年、1636）十二月	第三十八冊　崇德元年十二月	

資料來源：《滿文原檔》，臺北，國立故宮博物院；《內閣藏本滿文老檔》，北京，中國第一歷史檔案館。

由前列目次可知現藏《滿文原檔》最早的記事，是始自明神宗萬曆三十五年（1607），迄崇德元年（1636）十二月止。包含萬曆三十五年（1607）、萬曆三十六年（1608）、萬曆三十七年（1609）、萬曆三十八年（1610）、萬曆三十九年（1611）、萬曆四十年（1612）、萬曆四十一年（1613）、萬曆四十二年（1614）、萬曆四十三年（1615）、天命元年（1616）、天命二年（1617）、天命三年（1618）、天命四年（1619）、天命五年（1620）、天命六年（1621）、天命七年（1622）、天命八年（1623）、天命九年（1624）、天命十年（1625）、天命十一年（1626）、天聰元年（1627）、天聰二年（1628）、天聰三年（1629）、天聰四年（1630）、天聰五年（1631）、天聰六年（1632）、天聰九年（1635）、天聰十年（1636）正月至四月，崇德元年（1636）四月至同年十二月。《滿文原檔》的記事，大致按照編年體排列，所缺年分為天聰七年（1633）、天聰八年（1634）。

加圈點《內閣藏本滿文老檔》的重抄，亦以時間為序編排，按一定的厚度分冊分函裝訂，計二十六函一八〇冊，其中太祖朝十函八十一冊，函冊序號均統一編寫；太宗朝十六函九十九冊，因太宗有天聰、崇德兩個年號，故其函冊序號的編設與太祖朝不同，太宗朝各函的序號是統一的，而各冊的序號是按照天聰、崇德年號分成兩個部分，每個部分內再分編各自統一的序號，天聰朝十函六十一冊，崇德朝六函三十八冊。在函冊衣上，各貼書名簽和副簽。書名簽上分別用新滿文、老滿文書寫“tongki fuka sindaha hergen i dangse”和“tongki fuka akū hergen i dangse”，漢譯為《加圈點檔》和《無圈點檔》。在副簽上，分別用新滿文、老滿文書寫函次、冊次及其起止時間[5]。

《內閣藏本滿文老檔》大部分採用編年體編排，少部分採用紀事本末體，譬如清太祖朝第十函第七十五、七十六、七十七、七十八等冊為「眾臣發誓書」；七十九、八十、八十一等冊為「旗籍檔」。大致而言，可以稱之為編年體滿文史料長編。其中清太祖朝第一冊包含丁未年萬曆三十五年（1607）、戊申年萬曆三十六年（1608）、己酉年萬曆三十七年（1609）、庚戌年萬曆三十八年（1610）等年分。第二冊包含辛亥年萬曆三十九年（1611）、壬子年萬曆四十年（1612）、癸丑年萬曆四十一年（1613）等年分。第三冊包含癸丑年萬曆四十一年（1613）、甲寅年萬曆四十二年（1614）等年分。第四冊包含乙卯年萬曆四十三年（1615）、丙辰年萬曆四十四年（1616），因努爾哈齊建元天命，清朝官書記事作天命元年（1616）。第二函所含年分，包括天命元年（1616）、天命二年（1617）、天命三年（1618）、天命四年（1619）等年分。第三函包含天命五年（1620）、天命六年（1621）等年分。第四函包含天命六年（1621）六月至十二月分。第五函包含天命七年（1622）正月至六月分。第六函包含天命八年（1623）正月至五月分。第七函包含天命八年（1623）五月至九月分。第八函包含天命九年（1624）、天命十年（1625）等年分。第九函包含天命十年（1625）、十一年（1626）等年分，大致與《滿文原檔》相合。清太宗朝各函現藏年分，第一函包含天聰元年（1627）各月分。第二函包含天聰二年（1628）各月分。第三函包含天聰三年（1629）各月分。第四、五函包含天聰四年（1630）各月分。第六、七函

5 《內閣藏本滿文老檔》，第一冊，前言，頁 3。

包含天聰五年（1631）各月分。第八、九、十函包含天聰六年（1632）各月分。缺天聰七年、八年、九年等年分。第十一、十二、十三、十四、十五、十六函包含崇德元年（1636）各月分。《滿文原檔》缺天聰七年、八年等年分。惟天聰九年（1635）正月至十二月分完整無缺，可補《內閣藏本滿文老檔》的不足。天聰十年（1636）四月，改年號為崇德，天聰十年（1636）四月為天聰、崇德交叉月分，清實錄自是年五月改書崇德年號。《滿文原檔》載是年正月、二月、三月分俱書天聰十年（1636），是年四月改書崇德年號。《內閣藏本滿文老檔》第十一函封套及函內所裝六冊正月、二月、三月分，封面所書「崇德元年」字樣有誤，應作「天聰十年」。

明神宗萬曆二十七年（1599），巴克什額爾德尼等奉命以老蒙文字母拼寫女真語音創造無圈點的初期滿文。天聰六年（1632），巴克什達海奉命將無圈點老滿文酌加圈點，使音義明曉。臺北國立故宮博物院典藏的《滿文原檔》，就是使用初創滿文字體所記錄的檔冊，有蒙古文字、無圈點老滿文、過渡期滿文、加圈點新滿文等字體。因此，《滿文原檔》對滿文由舊變新的過程，提供了珍貴的研究資料。無圈點檔老滿文，與後來通行的新滿文，不僅僅限於字旁加圈點與不加圈點的區別，同時在字形與字母讀音等方面，也有顯著的差異。大學士鄂爾泰等人已指出，「檔內之字，不僅無圈點，復有假借者，若不融會上下文字之意義，誠屬不易辨識。」鄂爾泰等人遵旨，「將檔內之文字，加設圈點讀之。除可認識者外，其有與今之字體不同，及難於辨識者，均行檢出，附註現今字體，依據十二字頭編製成書[6]。」無圈點老滿文的字體，與

6　張玉全撰，〈述滿文老檔〉，《文獻論叢》（臺北，臺聯國風出版社，民國五十六年十月），論述二，頁 207。

加圈點新滿文不同，難於辨識，鄂爾泰等人將難於辨識的無圈點老滿文附註乾隆年間加圈點新滿文，對於辨識無圈點老滿文，確實頗有裨益。安雙成主編《滿漢大辭典》附錄〈新老滿文字母對照表〉，分別將新滿文字母、老滿文字母依次列表，並列舉詞例，互相對照，頗有助於辨識初創無圈點老滿文。

現藏《滿文原檔》第一冊，原編荒字，故宮編號第七冊，內編荒 1 至荒 143 號。高麗箋紙，以無圈點老滿文書寫，記事始自明神宗萬曆三十五年（1607）三月，是現藏《滿文原檔》最早的記錄。為了便於比較，將《滿文原檔》、《內閣藏本滿文老檔》各節錄一段影印於下，並舉詞例列表說明如後。

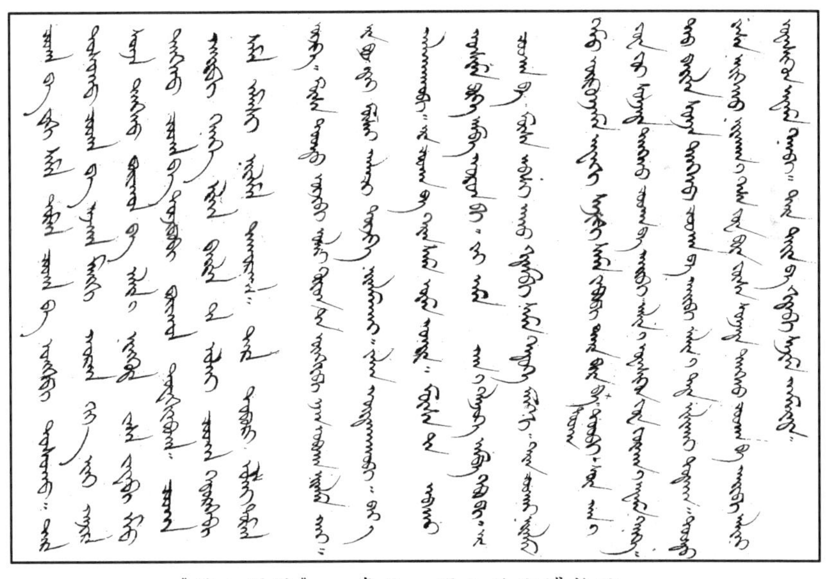

《滿文原檔》，臺北，國立故宮博物院。

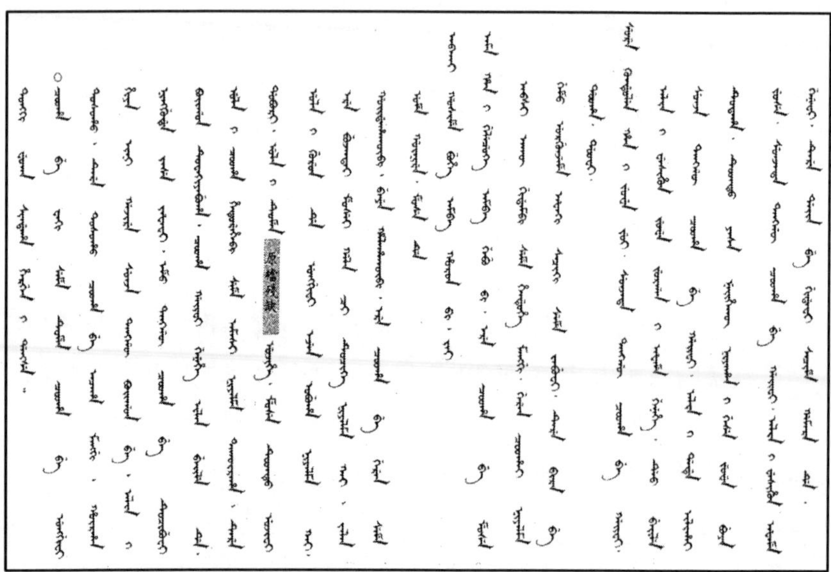

資料來源：《內閣藏本滿文老檔》，北京，中國第一歷史檔案館。

無圈點檔與加圈點檔對照表

滿文原檔	滿文老檔	漢譯	備註	滿文原檔	滿文老檔	漢譯	備註
	羅馬拼音				羅馬拼音		
	cooha	兵			tucibufi	派出	
	be	把			de	於	
	seme	云云			genehe	去了	

	tumen	萬			heturehebi	攔截	
	unggifi	派遣			beye	身	
	tosoho	堵截			goidahakūbi	未久	
	tere	那			halahakūbi	未換	
	acaha	會見			akū	無	
	hūrhan	扈爾漢			wesihun	往上、往高處	
	manggi	以後			sure kundulen han	聰睿恭敬汗	
	sunja	五					

	hiya	侍衛			neihekū	未開	
	tanggū	百			genefi	去後	
	ninggude	上面			gidafi	擊敗	
	jafafi	捉、結			sacime	斬殺	

資料來源：《滿文原檔》、《內閣藏本滿文老檔》。

由前列簡表可知《滿文原檔》的滿文，是滿文初創時期的老滿文，字旁不加圈點，字形不同於清朝入關後通行的新滿文，不易辨識。《內閣藏本滿文老檔》的新滿文，因加圈點，字形規範，音義分明。對照《內閣藏本滿文老檔》加圈點新滿文，有助於辨識《滿文原檔》無圈點老滿文的讀音，通曉其文義。譬如《滿文原檔》中“cooka”，加圈後讀如“cooha”，意即「兵士」。“ba”，加點後讀如“be”，是格助詞，意即「把」。“ongkibi”，讀如“unggifi”，意即「派遣」，字體不同。“tara”，讀如“tere”，意即「那」或「彼」，字體不同。“hiy-a”，是蒙文，《內閣藏本滿文老檔》改寫滿文，讀如“hiya”，意即「侍衛」或「衛士」。漢字「無」，《滿文原檔》讀如“ako”，《內閣藏本滿文老檔》讀如“akū”，讀音不同。“sure han”，意即「聰睿汗」，《滿文原檔》不加圈點。《內閣藏本滿文老檔》改為“sure kundulen han”，意即「聰睿恭敬汗」。漢文中陞遷降調的「降」字，新滿文讀如“wasimbi”，「陞」字，新滿文讀如“wesimbi”，兩個詞的寫法，僅在字頭右旁是否加點的區別。但在初創的老滿文中，因無圈點，所以只能從字形加以區別，「降」字，讀如“wasimbi”，「陞」字，讀如“uwesimbi”。前引簡表中，「往上」，或「往高處」，新滿文讀如“wesihun”，老滿文讀如“uwesihun”。在“we”音前加“u”的老滿文字詞，頗為常見。譬如：漢字「石」，新滿文作“wehe”，老滿文作“uwehe”；「誰」，新滿文讀如“we”，老滿文讀如“uwe”；「窩集」，新滿文讀如“weji”，老滿文讀如“uweji”；「獨木舟」，新滿文讀如“weihu”，老滿文作“uweihu”。就一個詞而言，老滿文字形相同，而讀音不同的例子，亦不勝枚舉。其中詞尾讀音的變化，多因上下文義的不同而有差異，譬如前表中字形“bi”的例子，並不罕見。漢字「未久」，加圈點滿文讀如“goidahakūbi”，無圈點滿文讀如“goidahakobi”；「未換」，加圈點滿文讀如“halahakūbi”，無圈點滿文讀如“alahakobi”，詞尾俱讀如“bi”。漢字「去後」，對照加圈點滿文後可知“genebi”，應讀如“genefi”；「擊敗後」，“gidabi”，應讀如“gidafi”，詞尾“bi”，俱讀如“fi”。將不易辨識的無圈點滿文字詞，對照加圈點滿文，列表對照，是閱讀《滿文原檔》較為可行的基礎工作。

天聰六年（1632）三月，巴克什達海奉上諭：「國書十二頭字，向無圈點，上下字雷同無別，幼學習之，遇書中尋常語言，視其文義，易於通曉。若至人名地名，必致錯誤。爾可酌加圈點，以分析之，則音義明顯，於字學更有裨益矣[7]。」十二頭字，習稱十

---

7 《大清太宗文皇帝實錄》（臺北，華聯出版社，民國五十三年九月），卷11，頁19。天聰六年三月戊戌，諭旨。

二字頭，達海遵旨將十二字頭酌加圈點於字旁，又將滿文與漢字對音，補其未備。舊有十二字頭為正字，新補者為外字。其未盡協者，則以兩字連寫切成。以兩字合音為一字。至此，滿文始大備[8]。天聰朝《滿文原檔》中加圈點滿文，與乾隆年間通行的新滿文，仍然不盡相同，原檔中加圈點滿文，其字體讀音，與後來較規範的新滿文，仍頗有差異，可就天聰十年（1636）《滿文原檔》字詞與加圈點《內閣藏本滿文老檔》互相對照分析，對探討《滿文原檔》的語文發展過程，似可提供一定的參考價值。以下僅就所見詞彙列表說明。

滿文原檔	滿文老檔 羅馬拼音	漢譯	備註	滿文原檔	滿文老檔 羅馬拼音	漢譯	備註
	ši ting ju	石廷柱			efin	遊戲	
	hecen ci	離城			juwangduwan	妝緞	
	lang si dzai	郎希載			hūwang taiji	黃台吉	

8 《清史稿校註・達海傳》（臺北，國史館，民國七十七年八月），第十冊，頁 8001。

	etuku	衣			uksin	甲	
	guwejihe	胃			uksin	甲	
	kukuri	扁壺			baturu	巴圖魯	
	mahag'ala	嘛哈噶喇			baturu	巴圖魯	
	manda	曼陀羅	簽注：自曼陀羅一詞至第六行木魚一詞，原檔為蒙古字，今譯為清字。		asarahabi	收藏	
	kurdun	法輪			sobumbi	抛撒	
	boobai	寶			han	汗	
	yendahūn	犬			sohabi dere	想是抛撒了吧	

	uyunggeri	九次			ergume	朝衣	
	kūtuktu	呼圖克圖			kijimi	海參	
	juktere	祭祀			burgiyen	鞍轎	
	ts'anjiyang	參將			toktobufi	訂定	
	ejehe	敕書			akdun	信實	
	subasitai bithe	元壇寶藏	謹查 subasitai bithe 即 subasida 之書。此詞於實錄譯寫漢字為元壇寶藏		lii yan geng	李延庚	
	nakcu	舅舅			jasaktu	扎薩克圖	

	aiseme	何必			fulingga	天命的	
	moominggan	茂明安			mukdere	興起	
	ijifun	木梳			ohakū	不可了	
	sahaliyen	薩哈廉			mukden hecen	盛京城	
	tanggūt	湯古忒			gin ling	金陵	
	dabume	算作			guise	櫃子	
	tome	每個			jiyanggiyūn	將軍	
	oliha	膽怯			fukderefi	傷口復發	

	deng jeo	登州			ginjeo	錦州	
	jangkū	大刀			dzu dzung bing guwan	祖總兵官	
	konggor	孔果爾					
	siden	中間					
	giyoocan	教場			buksi	埋伏	
	baksi	巴克什			hishame	擦身而過	
	daitung	大同			burulaha	敗走了	
	songko	蹤跡			siyoo ši ceng	小西城	
	beging	北京					

	orcok	俄爾綽克			kesikten	克什克騰	
	yuwan du tang	袁都堂			nio juwang	牛莊	
	guwangning	廣寧			giyan cang	建昌	
	aohan	敖漢			cahar	察哈爾	
	ciyan tun wei	前屯衛	《滿文原檔》又作 ciyan tun wei		dung giya keo	董家口	
	io wei	右衛			nukcime	逃竄	

	ioi dz jang tai	于子章台			hafan i jurgan	吏部	
	ududu	數次			elgiyen	富足	
	bigan	野地			sunjata	各五個	
	aikabade	設若			hi fung keo	喜峰口	
	umiyesun	腰帶	又作 imiyesun		ning wan o	寧完我	
	nangsu	囊蘇					

資料來源：《滿文原檔》，臺北，國立故宮博物院；《內閣藏本滿文老檔》，北京，中國第一歷史檔案館。

前列簡表中的人名、地名，有連寫的習慣，譬如「石廷柱」，

《內閣藏本滿文老檔》作“ši ting ju”，《滿文原檔》連寫作“šitingju”；「郎希載」，《內閣藏本滿文老檔》作“lang si dzai”，《滿文原檔》連寫作“lang sisai”；「祖總兵官」，《滿文原檔》作“su sumingguwan”，《內閣藏本滿文老檔》重抄時改寫成“dzu dzung bing guwan”；「袁都堂」，《滿文原檔》作“yuwan dutan”，《內閣藏本滿文老檔》作“yuwan du tang”；「喜峰口」，《滿文原檔》作“sifung keo”，《內閣藏本滿文老檔》連寫作“hi fung keo”，《滿文原檔》與《內閣藏本滿文老檔》的讀音，也頗為有出入。字形字體的差異，也不能忽視。譬如：「衣」（etuku），《滿文原檔》讀如“etukū”；「扁壺」（kukuri），《滿文原檔》讀如“kūkūri”；「法輪」（kurdun），《滿文原檔》讀如“kūrto”；「九次」（uyunggeri），《滿文原檔》讀如“uyunggeli”；「祭祀」（juktere），詞中的“k”，《滿文原檔》是陰性，《內閣藏本滿文老檔》改為陽性；「參將」（ts’anjiyang），《滿文原檔》讀如“sanjan”；「敕書」（ejehe），《滿文原檔》讀如“ejihe”；「遊戲」（efin），《滿文原檔》讀如“efiyen”；「妝緞」（juwangduwan），《滿文原檔》讀如“jungdon”；「巴圖魯」（baturu），《滿文原檔》讀如“batur”，又讀如“baturi”；「海參」（kijimi），《滿文原檔》讀如“jisami”；「拋撒」（sobumbi），《滿文原檔》讀如“soobumbi”；「每個」（tome），《滿文原檔》讀如“toome”；「大同」（daitung），《滿文原檔》讀如“daitun”；「囊蘇」（nangsu），《滿文原檔》讀如“langsu”；「腰帶」（umiyesun），《滿文原檔》讀如“imisun”，字體讀音，不盡相同。《滿文原檔》中的蒙文，《內閣藏本滿文老檔》多已轉寫滿文，譬如：三寶的「寶」蒙文讀如“erdeni”，漢字音譯作「額爾德尼」，《內閣藏本滿文老檔》改寫滿文，讀如“boobai”；「呼圖克圖」也是蒙古語，義為有福之人，《內閣藏本滿文老檔》改寫滿文，讀如“kūtuktu”；「曼陀羅」，又作「曼荼羅」是蒙文的“”（mandal）”漢字音譯，意即「壇」，或「祭壇」，《滿文原檔》滿文作“”，讀如“mandal”。《內閣藏本滿文老檔》簽注云：「自曼陀羅一詞至第六行木魚一詞，原檔為蒙古字，今譯為清字。」[9]簡表中「曼陀羅」，《內閣藏本滿文老檔》滿文作“”，羅馬字轉寫作“manda”。質言之，天聰六年（1632）三月，《滿文原檔》雖然是加圈點的滿文，但其字形讀音，與後來通行的新滿文，頗有差異，不易辨識的字詞，確實不勝枚舉，對照加圈點《內閣藏本滿文老檔》，確實是不可忽視的工作。

張玉全撰〈述滿文老檔〉一文已指出，滿洲文字增加圈點後，其聲韻與書法雖然逐漸進化，但有時字體的結構，仍未完全脫離老滿文。加圈點《內閣藏本滿文老檔》重抄時，是改舊字為新字，並加簽注，非僅重抄而已。加圈點《內閣藏本滿文老檔》對於解釋《滿文原檔》內的文字，有其重要性。〈述滿文老檔〉一文把它歸納為四端：

（1）檔內老滿文均改書新體字，使人對照讀之，一目了然。

（2）檔內有費解之舊滿語，則於書眉標貼黃簽，以新滿語詳加註釋。

（3）檔內語句摻書蒙字者，均於書眉標貼黃簽，將蒙字譯為滿字。

（4）檔內全部蒙文之件，均迻譯滿文，並標貼黃簽，註明「此段文字，老檔內係以蒙字書寫，今譯為滿文。」字樣，用資識別[10]。

9 《內閣藏本滿文老檔》，第十冊，頁 6582；同書，第十八冊，頁 955。
10 張玉全撰，〈述滿文老檔〉，《文獻論叢》，論述二，頁 213。

誠然，《內閣藏本滿文老檔》加圈點檔冊是經過考證簽注的珍貴史料，其詮釋《滿文原檔》文字之處，簡潔允當，具有史料價值。《內閣藏本滿文老檔・前言》亦指出，乾隆年間抄本《滿文老檔》在重抄時，有一些整段整句的內容被刪或遺漏而未抄寫，在抄本內某些詞句經修改後抄寫或抄錯，而且原檔內蒙古文部分都譯寫成滿文。有些詞的寫法，因版本不同而不同。如："han"、"be"、"de"，或無圈點，或有圈點；漢文「左」、「狗」，滿文寫成"hashū"、"hasho"，或"indahūn"；助詞"de"（於、在）、"i"（之、的），與前面之詞，或連寫，或分寫；還有個別的詞，或抄錯，或漏抄。從整體上看，《滿文原檔》與《滿文老檔》，在內容方面彼此間差別不大[11]。前言中進一步指出，《內閣藏本滿文老檔》的重抄工作，並不是簡單意義上的重抄，而是具有一定的整理和搶救性質。在抄錄和轉寫過程中，對檔案內出現的地名、人名、時間、官職以及文字，都進行了必要的考證，按統一體例編排，分編函冊裝訂，冠以規範名稱，進行必要的注釋，並分抄數部，異地分存。在某種意義上講，《無圈點字書》的編寫和《滿文老檔》原本的重抄工作，開啟了《滿文老檔》整理和研究的先河，對滿文歷史文獻的保護和研究具有深遠的意義。

清太祖努爾哈齊、清太宗皇太極時期，記注政事及抄錄往來文書的檔冊，主要是以無圈點老滿文、加圈點新滿文及新舊過渡時期滿文記載的檔子（dangse）。清朝入關後，這批檔冊由盛京移送北京，由內閣掌管，內閣檔案中有出納簿，備載閣僚借出卷冊日期，以及繳還後塗銷的圖記。這批檔冊，因無題名，所以長期以來學術界的稱謂，並不一致，常見的名稱有《無圈點檔》、《加

11 《內閣藏本滿文老檔》，第一冊，前言，頁 6。

圈點檔》、《無圈點老檔》、《滿洲秘檔》、《老滿文原檔》、《舊滿洲檔》、《滿文老檔》、《滿文原檔》等等。這些名稱不僅含有不同的意義，同時也反映不同時期的整理過程，以及後世對這批滿文檔冊認識程度的差異。

檔案命名，必須符合實際，避免雷同，也要避免混淆。重抄本《滿文老檔》的原本，稱為《滿文原檔》，一方面可以凸顯檔案的原始性，一方面也可以避免名稱上的混淆。從內容而言，《滿文原檔》與乾隆抄本，確實存在一些差異。其中北京《內閣藏本滿文老檔》並不包括後來發現的滿附一天命九年檔、滿附二天聰六年檔、滿附三天聰九年檔三冊。即使是作為藍本而抄錄的原本三十七冊內，也有一些整段整句的內容被刪或遺漏而未抄寫[12]。

虎爾哈部分佈於璦琿以南的黑龍江岸地方。天聰九年（1635）五月初六日，《滿文原檔》忠實地記錄了虎爾哈部降將穆克什克所述三仙女的故事，表明神話最早起源於黑龍江流域，這裡才是建州女真的故鄉，清實錄所載長白山三仙女發祥神話是女真人由北而南逐漸遷徙的結果，乾隆年間所抄《滿文老檔》因缺天聰九年檔，所以不見三仙女神話的記載。同年八月二十六日，《滿文原檔》詳載「制誥之寶」失傳及發現經過頗詳，《內閣藏本滿文老檔》缺天聰九年檔，不載傳國玉璽發現經過。《清太宗文皇帝實錄》初纂本取材於《滿文原檔》，而有修改。原檔中「妥懽貼睦爾汗」（tohon temur han），實錄初纂本作「大元順帝」；原檔記載牧羊人見一山羊，「三日不食草而掘地」，實錄初纂本作「見一山羊，三日不食，每以蹄踏地。」實錄重修本刪略傳國玉璽「制誥之寶」失傳及發

12 《內閣藏本滿文老檔》（瀋陽，遼寧民族出版社，2009 年 12 月），第一冊，前言，頁 6。

現經過。

崇德元年（1636）七月初十日，皇太極在盛京崇政殿舉行冊立五宮后妃大典，因清實錄不載冊立后妃的內容，乾隆抄本《滿文老檔》雖載冊立后妃大典，但頗多刪略。《滿文原檔》記載清寧宮國君福金的名字是哲哲（jeje），關雎宮宸妃海蘭珠（hairanju），麟趾宮貴妃娜木鐘（nam jung），永福宮莊妃本布泰（bumbutai），《內閣藏本滿文老檔》俱改為「博爾濟吉特氏」（borjigit hala），並貼黃簽，遵旨刪去名字，僅書寫姓氏等字樣，五宮后妃的芳名，遂被淹沒不傳。五宮並建，蒙古歸心，探討滿蒙聯姻，冊立后妃，《滿文原檔》確實是不可忽視的原始檔案。

《滿文原檔》是使用早期滿文字體所記載的原檔冊，對滿文由舊變新發展變化的過程，提供了珍貴的語文研究資料。乾隆年間，內閣大學士鄂爾泰等人已指出，滿文肇端於無圈點字，內閣大庫所保存的「無圈點檔」，檔內之字，不僅無圈點，復有假借者，若不融會上下文字的意義，誠屬不易辨識。因此，遵旨將檔內文字加設圈點，除可認識者外，其有難於辨識者，均行檢出，附註乾隆年間通行字體，依據十二字頭編製成書。張玉全撰〈述滿文老檔〉一文已指出，乾隆年間重抄的加圈點《滿文老檔》，將老滿字改書新體字，檔內有費解的舊滿語，則以新滿語詳加註釋，並將蒙文迻譯滿文，其功用較之鄂爾泰所編的《無圈點字書》，似覺更有價值，並非僅重抄而已[13]。誠然，重抄本《滿文老檔》的價值，不僅是加圈點而已。《內閣藏本滿文老檔》對詮釋《滿文原檔》文字之處，確實值得重視。安雙成主編《滿漢大辭典》，於一九九三年由瀋陽遼寧民族出版社出版。《滿漢大辭典》附錄「新老滿文字母對照表」，表中併列新滿文字母和老滿文字母，同時列舉詞

13 張玉全撰，〈述滿文老檔〉，《文獻論叢》，論述二，頁 213。

例，對閱讀《滿文原檔》作出了重要貢獻。為詮釋《滿文原檔》文字，似可將原檔中費解無圈點老滿文挑出對照《內閣藏本滿文老檔》加圈點新滿文列表對照，製作詞彙對照表。此外，似可將《滿文原檔》與《內閣藏本滿文老檔》全文併列，無圈點與加圈點滿文合璧整理出版，對辨識費解舊滿字，當有裨益。節錄萬曆三十五年（1607）一段記事為例，轉寫羅馬字母，譯出漢文如下。

（1）羅馬拼音：

cooha be waki seme tumen cooha be unggifi tosoho. tere tosoho cooha be acaha manggi, hūrhan hiya ini gajire sunja tanggū boigon be, alin i ninggude jase jafafi, emu tanggū cooha be tucibufi boigon tuwakiyabuha. cooha gaifi genehe ilan beile de, ula i cooha heturehebi seme amasi niyalma takūraha, tere dobori, ula i tumen …… ujihe, muse tuttu ujifi ula i gurun de unggifi ejen obuha niyalma kai. ere bujantai musei gala ci tucike niyalma kai, jalan goidahakūbi, beye halahakūbi. ere cooha be geren seme ume gūnire, muse de abkai gosime buhe amba horon bi, jai ama han i gelecuke amba gebu bi, ere cooha be muse absi akū gidambi seme henduhe manggi, geren coohai niyalma gemu urgunjeme afaki saciki seme jabufi, tere bira be dooha doofi.

（2）滿文漢譯：

欲殺我兵，發兵一萬截於路。遇其截路之兵後，扈爾漢侍衛將其收回之五百戶眷屬，結寨於山巔，派兵百名守護，並遣人回返，將烏喇兵截路情形報告領兵三位貝勒。是夜，烏喇之萬兵〔原檔殘缺〕豢養之。我如此豢養遣歸烏喇國為君之人也。此布占泰乃從我等手中釋放之人也，年時未久，其身猶然未改。勿以此兵眾多為慮，我等既荷天眷，仗天賜宏威，又有父汗夙著英名，我等何憂不破此兵。言畢，眾兵士皆喜曰願効力攻殺，遂渡其河[14]。

前表中「A」為《滿文原檔》，「B」為《滿文老檔》。羅馬字母按加圈點新滿文讀音轉寫，句中助詞“ba”，讀如“be”，意即「把」、「將」、「以」；及物動詞“sama”，讀如“seme”，意即「欲」、「想要」；數詞“tūman”，讀如“tumen”，意即「萬」；及物動詞“ongkibi”，讀如“unggifi”，意即「派遣」；代名詞“tara”，讀如“tere”，意即「他」、「那」；動詞“ajaka”，讀如“acaha”，意即「遇見了」、「會見了」；名詞“korka”，讀如“hūrhan”，譯漢作「扈爾漢」；名詞“kiy-a”，讀如“hiya”，意即「侍衛」；時位詞“ningkuta”，讀如“ninggude”，意即「在上面」、「在上端」。《滿文老檔》因加圈點，蒙文迻譯滿文，容易辨識，按加圈點《滿文老檔》讀音轉寫羅馬字母，對辨識《滿文原檔》舊體字，頗有裨益，也是推動滿學研究不可忽視的基礎工作。

14 《滿文原檔》，第一冊，頁 2；《內閣藏本滿文老檔》，第一冊，頁 5。

一、烏拉兵敗

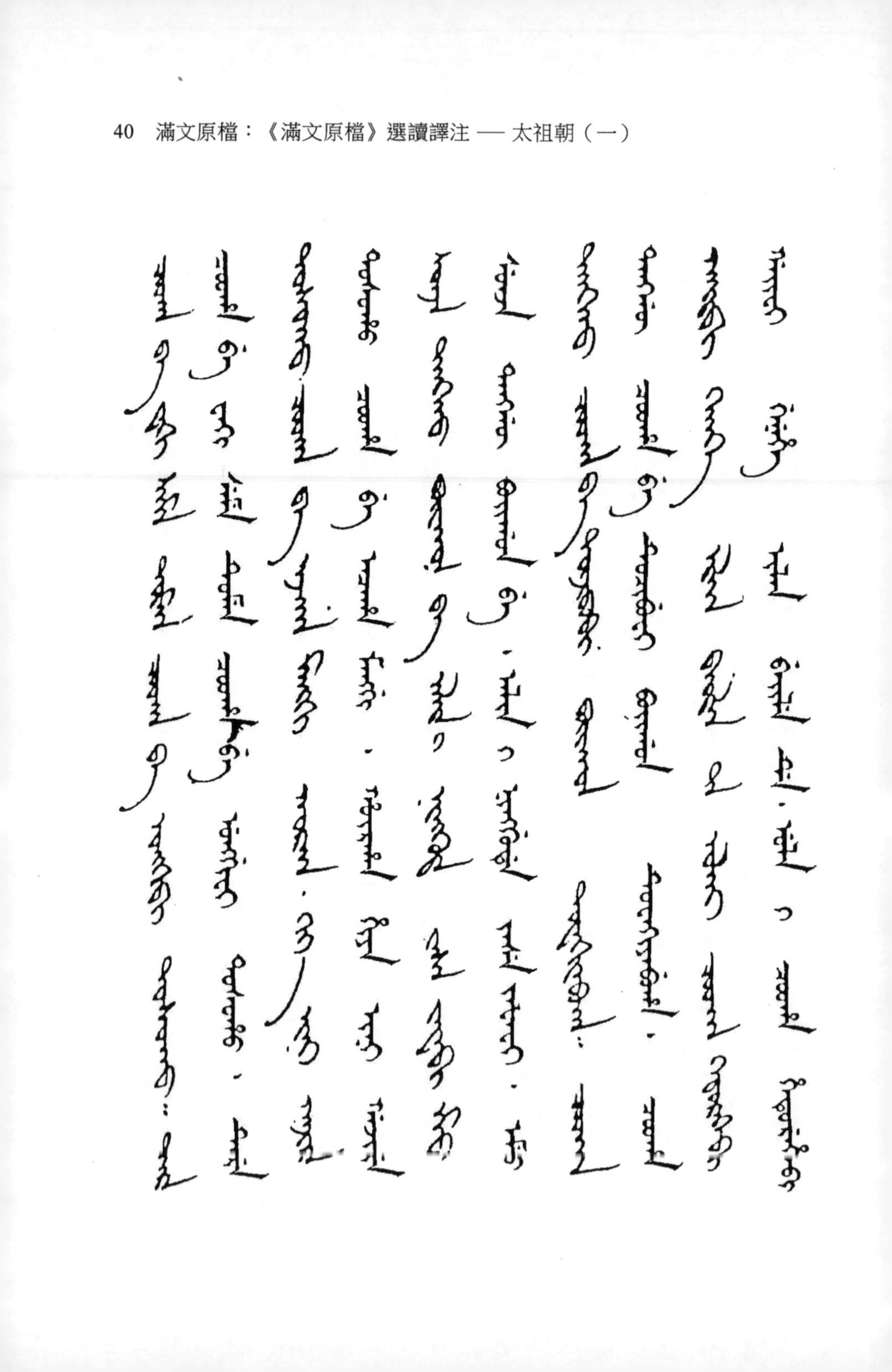

cooha be waki seme tumen cooha be unggifi tosoho, tere tosoho cooha be acaha manggi, hūrhan hiya ini gajire sunja tanggū boigon be, alin i ninggude jase jafafi, emu tanggū cooha be tucibufi boigon tuwakiyabuha, cooha gaifi genehe ilan beile de, ula i cooha heturehebi

---

欲殺我兵，發兵一萬截於路。遇其截路之兵後，扈爾漢[15]侍衛將其收回之五百戶眷屬，結寨於山巔，派兵百名守護，並遣人回返，將烏喇兵截路情形報告領兵三位貝勒。

欲杀我兵，发兵一万截于路。遇其截路之兵后，扈尔汉侍卫将其收回之五百户眷属，结寨于山巅，派兵百名守护，并遣人回返，将乌喇兵截路情形报告领兵三位贝勒。

---

15 扈爾漢侍衛，句中「扈爾漢」，《滿文原檔》讀作"hūrha"，《滿文老檔》讀作"hūrhan"。

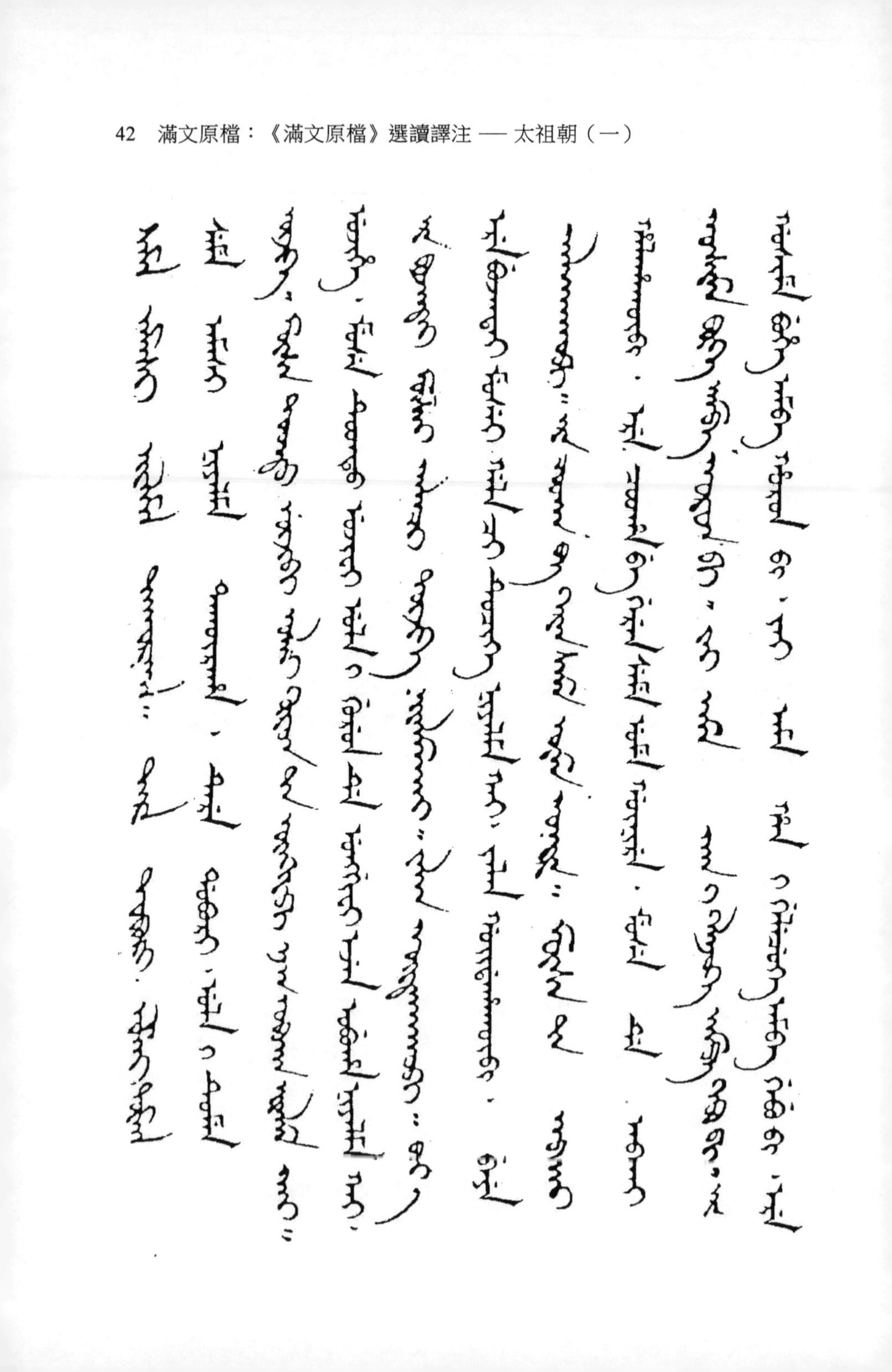

seme amasi niyalma takūraha, tere dobori, ulai tumen…… ujihe, muse tuttu ujifi ula i gurun de unggifi ejen obuha niyalma kai. ere bujantai musei galaci tucike niyalmakai, jalan goidahakūbi, beye halahakūbi. ere cooha be geren seme ume gūnire, muse de abkai gosime buhe amba horon bi, jai ama han i gelecuke amba gebu bi, ere

---

是夜，烏喇之萬兵〔原檔殘缺〕豢養之。我如此豢養遣歸烏喇國為君之人也。此布占泰乃曾從我手中釋放之人也，年時未久，其身猶然未改。勿以此兵眾多為慮。我等既荷天眷，仗天賜宏威，又有父汗夙著英名[16]，

是夜，乌喇之万兵〔原档残缺〕豢养之。我如此豢养遣归乌喇国为君之人也。此布占泰乃曾从我手中释放之人也，年时未久，其身犹然未改。勿以此兵众多为虑。我等既荷天眷，仗天赐宏威，又有父汗夙着英名，

---

16 夙著英名，滿文讀作"gelecuke amba gebu bi"，意即「有令人畏懼的大名」。

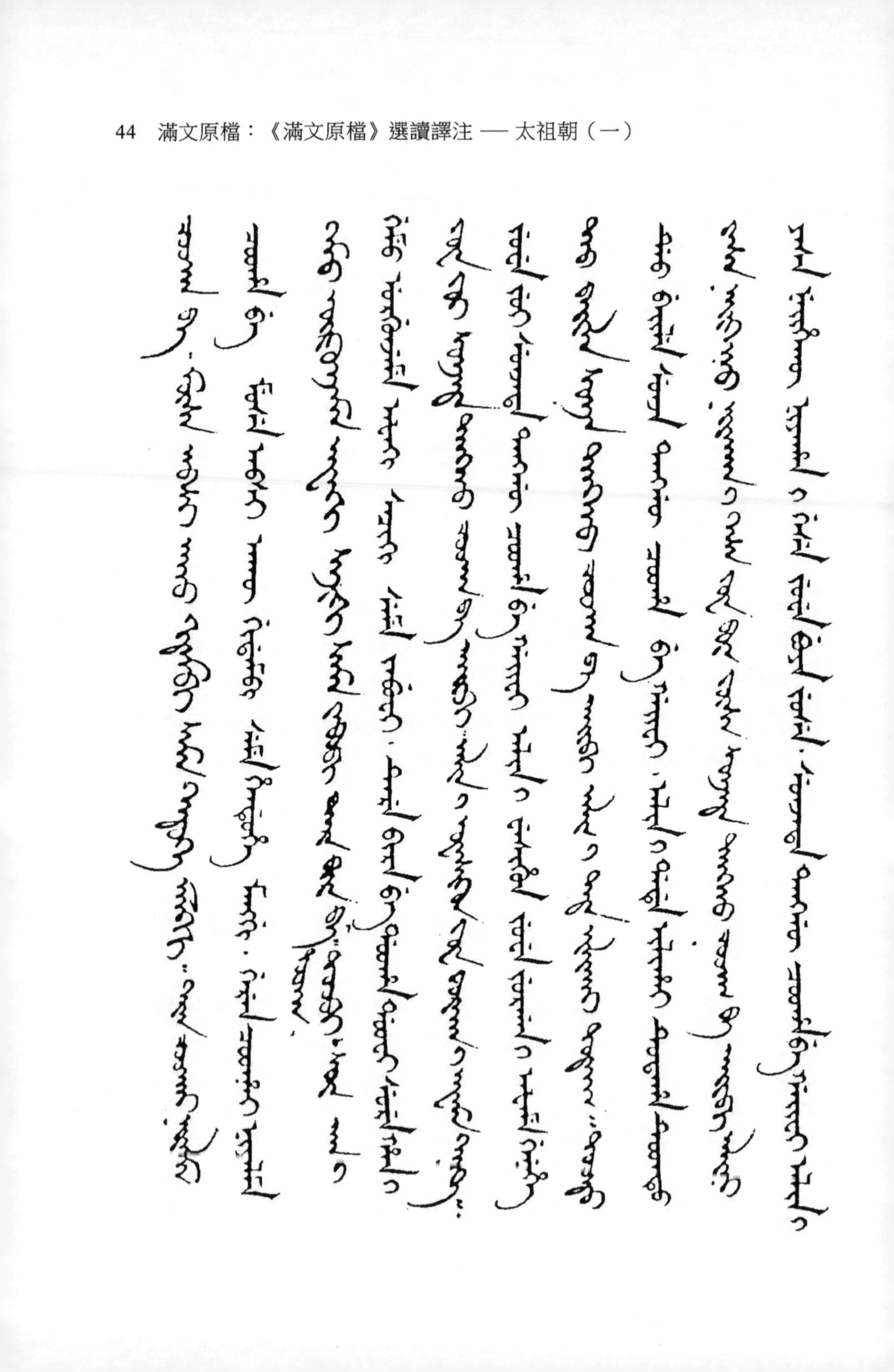

cooha be muse absi akū gidambi seme henduhe manggi, geren coohai niyalma gemu urgunjeme afaki saciki seme jabufi, tere bira be dooha doofi, sure han i juwe jui sunjata tanggū cooha be gaifi alin i wesihun juwe jurgan i afame genehe, deo beile sunja tanggū cooha be gaifi, alin i dade ilihai tutaha, tuttu yasa neihekū niyahan i gese juwe buya juse, sunjata tanggū cooha be gaifi, alin i

---

我等何憂不破此兵。言畢，眾兵士皆喜曰願効力攻殺，遂渡其河。聰睿汗之二子，各領兵五百，分兵二路登山而戰，弟貝勒領兵五百落後止於山下。猶如初生尚未睜眼犬崽之二幼子，各領兵五百，

我等何忧不破此兵。言毕，众兵士皆喜曰愿効力攻杀，遂渡其河。聪睿汗之二子，各领兵五百，分兵二路登山而战，弟贝勒领兵五百落后止于山下。犹如初生尚未睁眼犬崽之二幼子，各领兵五百，

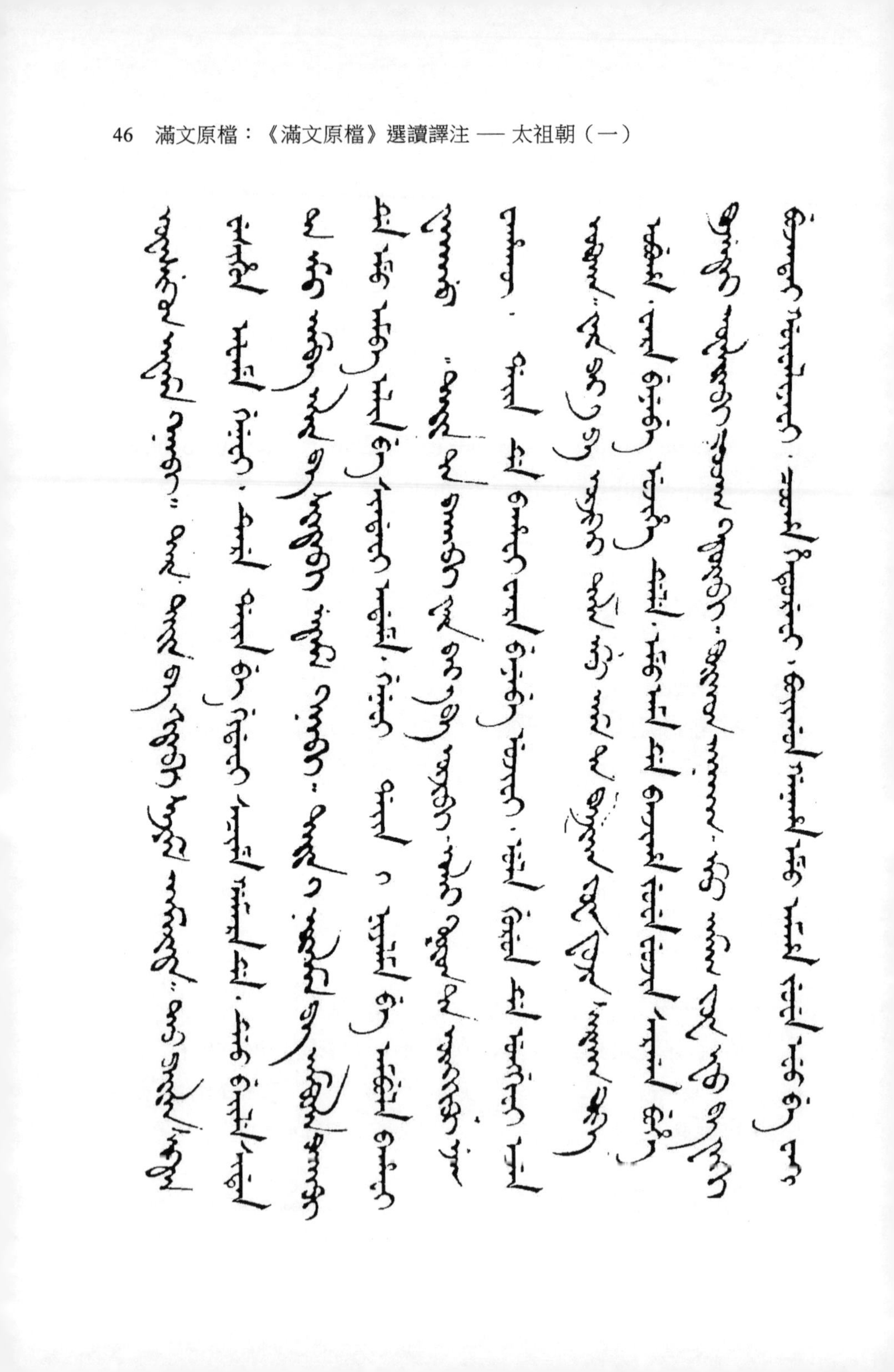

wesihun afame genefi, tere dain be gidafi sacime gamarade, deo beile siden de emu amba alin be sindafi adame genefi, dain i niyalma be ambula bahafi wahakū, dain de bahafi wara beye be ujifi, ula gurun de unggifi ejen obuha, wara beye be ujihei dele, emu ama de banjiha juwe fujin sargan buhe, bujantai gūwaliyafi, cooha heturefi, boigon ganaha emu amha juwe efu be waki

---

登山而戰，破陣掩殺時，弟貝勒因有一大山間隔，遶山而行，未能多所斬獲。赦其陣中所獲應殺之身而豢養，釋還烏拉國為君。不唯豢養其應殺之身[17]，且以同父所生二女妻之。而布占泰卻懷二心[18]，以兵攔截，欲殺害往取人戶之一個岳父及兩個額駙，

登山而战，破阵掩杀时，弟贝勒因有一大山间隔，遶山而行，未能多所斩获。赦其阵中所获应杀之身而豢养，释还乌拉国为君。不唯豢养其应杀之身，且以同父所生二女妻之。而布占泰却怀二心，以兵拦截，欲杀害往取人户之一个岳父及两个额驸，

---

17 豢養其應殺之身，《滿文老檔》讀作" wara beye be ujihei dele"，句中"dele"，連詞，意即「而且」，係舊清語，與"bime"同。

18 布占泰卻懷二心，滿文讀作" bujantai gūwaliyafi，意即「布占泰變心」。

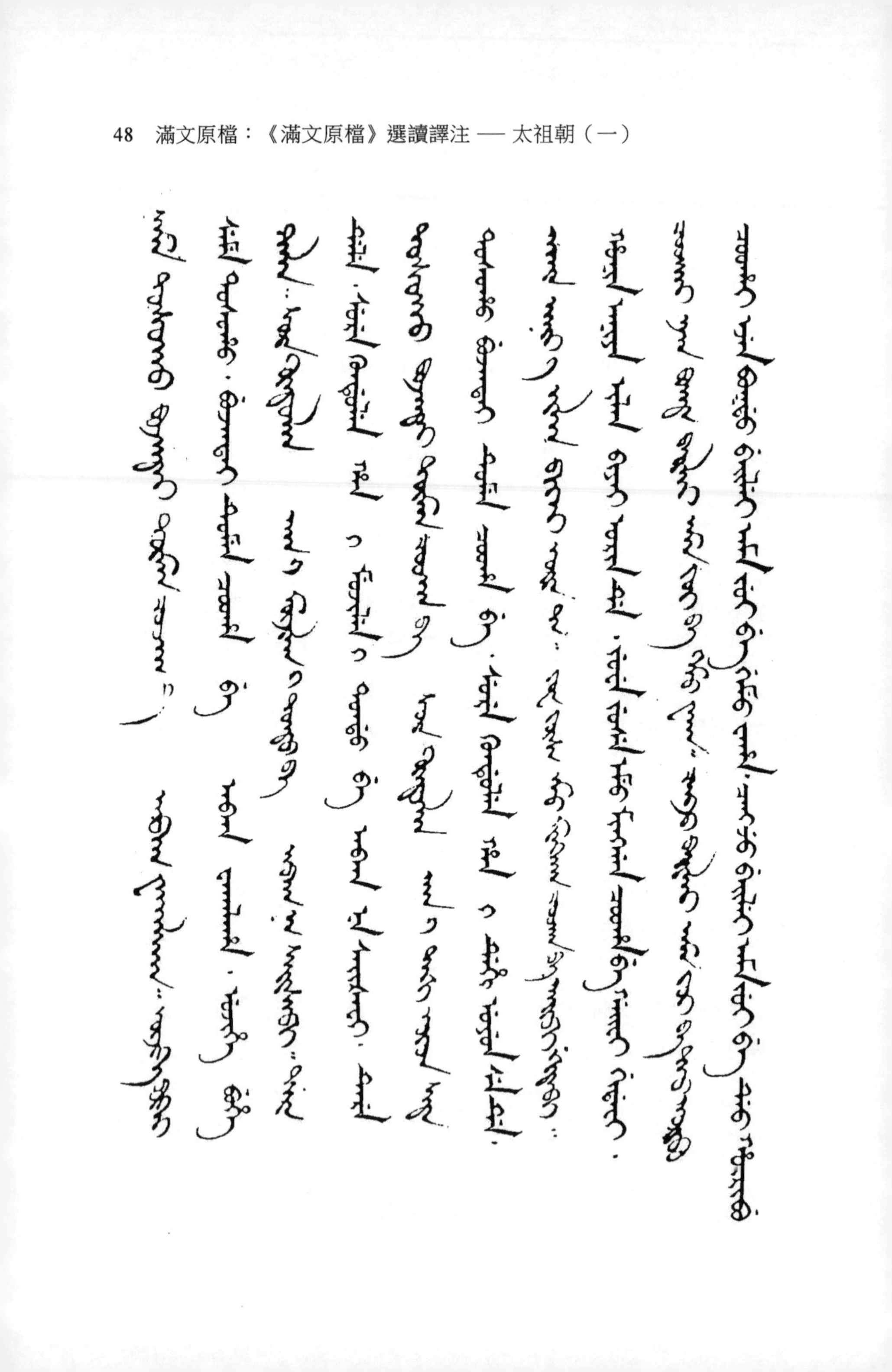

seme tosoho, bujantai tumen cooha be abka wakalaha, ujihe buhe dele, sure kundulen han i mujilen i tondo be abka na saišafi, tere tosoho bujantai tumen cooha be, sure kundulen han i dehi uyun se de, honin aniya ilan biyai orin de, juwe juse emu minggan cooha be gaifi gidafi, coohai ejen bokdo beilei ama jui be gemu waha, cangju beilei ama jui be, deo hūribu

---

布占泰截路之萬兵，遭天譴責，而豢養使之為國主。聰睿恭敬汗心存公正，蒙天地嘉佑，於聰睿恭敬汗四十九歲之未年三月二十日，二子率兵一千，擊敗布占泰截路之萬兵，其主將博克多貝勒父子皆被斬殺[19]，常住貝勒父子及其弟胡里布

布占泰截路之万兵，遭天谴责，而豢养使之为国主。聪睿恭敬汗心存公正，蒙天地嘉佑，于聪睿恭敬汗四十九岁之未年三月二十日，二子率兵一千，击败布占泰截路之万兵，其主将博克多贝勒父子皆被斩杀，常住贝勒父子及其弟胡里布

---

19 博克多，《滿文原檔》讀作“bokda”，《滿文老檔》讀作“bokdo”。按滿文“bokdo”係蒙文“boɣda”之借詞，意即「聖、聖賢、聖人」。

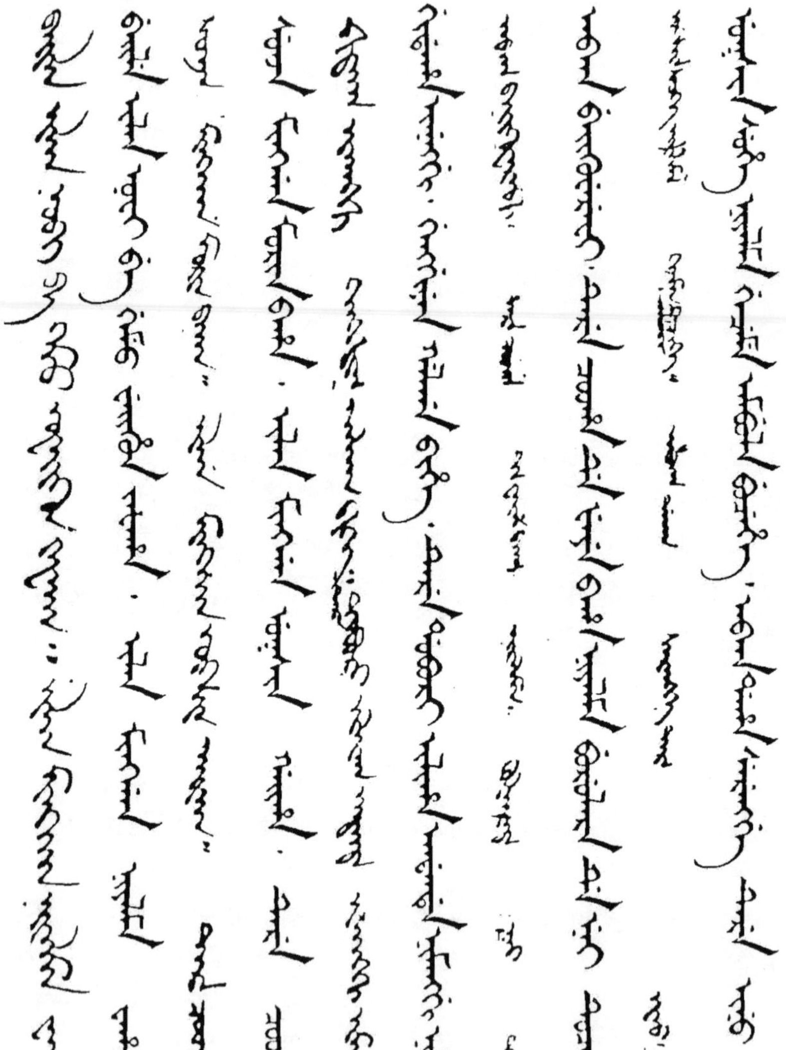

beile ilan nofi be gemu weihun jafaha, ilan minggan niyalma waha, sunja minggan morin baha, ilan minggan uksin gaiha. tere cooha gidaha inenggi, genggiyen galga bihe, tere dobori iliha andande nimanggi nimarafi, abka beikuwerefi, tere cooha de feye baha niyalma burularade, nei tucifi uksin suhe niyalma geceme ambula bucehe, abka daha serengge tere inu.

貝勒三人皆被生擒，斬人三千，獲馬五千匹、甲三千副。破敵之日，天氣晴明。是夜，霎然[20]陰晦大雪，天氣寒冽。陣中被傷之人敗走時，因出汗而解甲丟棄之人凍死甚眾，所謂天佑者即此也。

贝勒三人皆被生擒，斩人三千，获马五千匹、甲三千副。破敌之日，天气晴明。是夜，霎然阴晦大雪，天气寒冽。阵中被伤之人败走时，因出汗而解甲丢弃之人冻死甚众，所谓天佑者即此也。

---

20 霎然，規範滿文讀作“ilihai andande”， 意即「頃刻間」；此作“iliha andande”，異。

二、賞罰分明

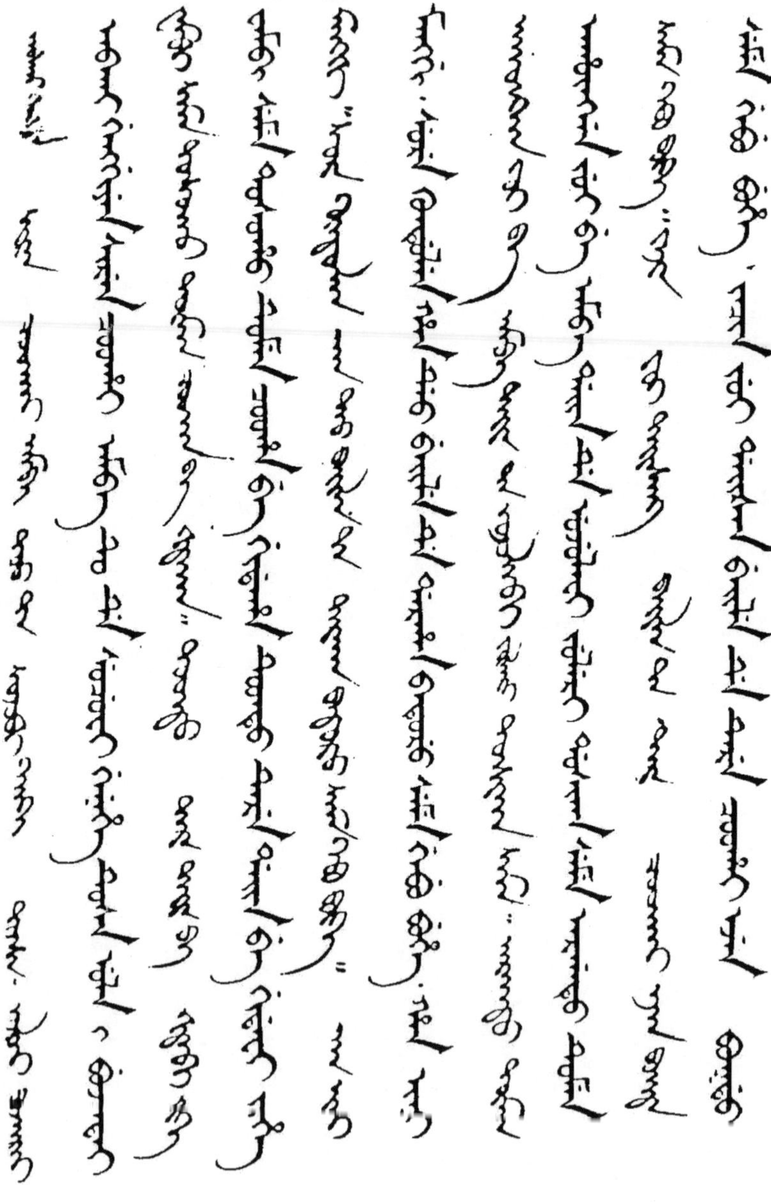

abkai genggiyen siren coohai amba tu de sucufi genehe tusa, ulai bujantai wambi seme tosoho tumen cooha be gidaha, tuttu tere dain be gidafi jihe manggi, sure kundulen han deo beile de darhan baturu seme gebu buhe. han ini ahūngga jui be amba dain de ujulafi juleri dosika seme, argatu tumen seme gebu buhe, jacin jui daišan beile de, tere coohai ejen bokdo

---

天現明線衝向軍中大纛[21]，擊敗烏拉布占泰截殺之萬兵，破敵班師後，聰睿恭敬汗賜弟貝勒號達爾漢巴圖魯。汗以其長子遇大敵率先進擊，賜號阿爾哈圖圖門，次子代善[22]貝勒將其主將博克多

天现明线冲向军中大纛，击败乌拉布占泰截杀之万兵，破敌班师后，聪睿恭敬汗赐弟贝勒号达尔汉巴图鲁。汗以其长子遇大敌率先进击，赐号阿尔哈图图门，次子代善贝勒将其主将博克多

---

21 纛，《滿文原檔》讀作“tuu”，《滿文老檔》讀作“tu”。
22 代善，《滿文原檔》讀作“daisang”，《滿文老檔》讀作“daišan”。

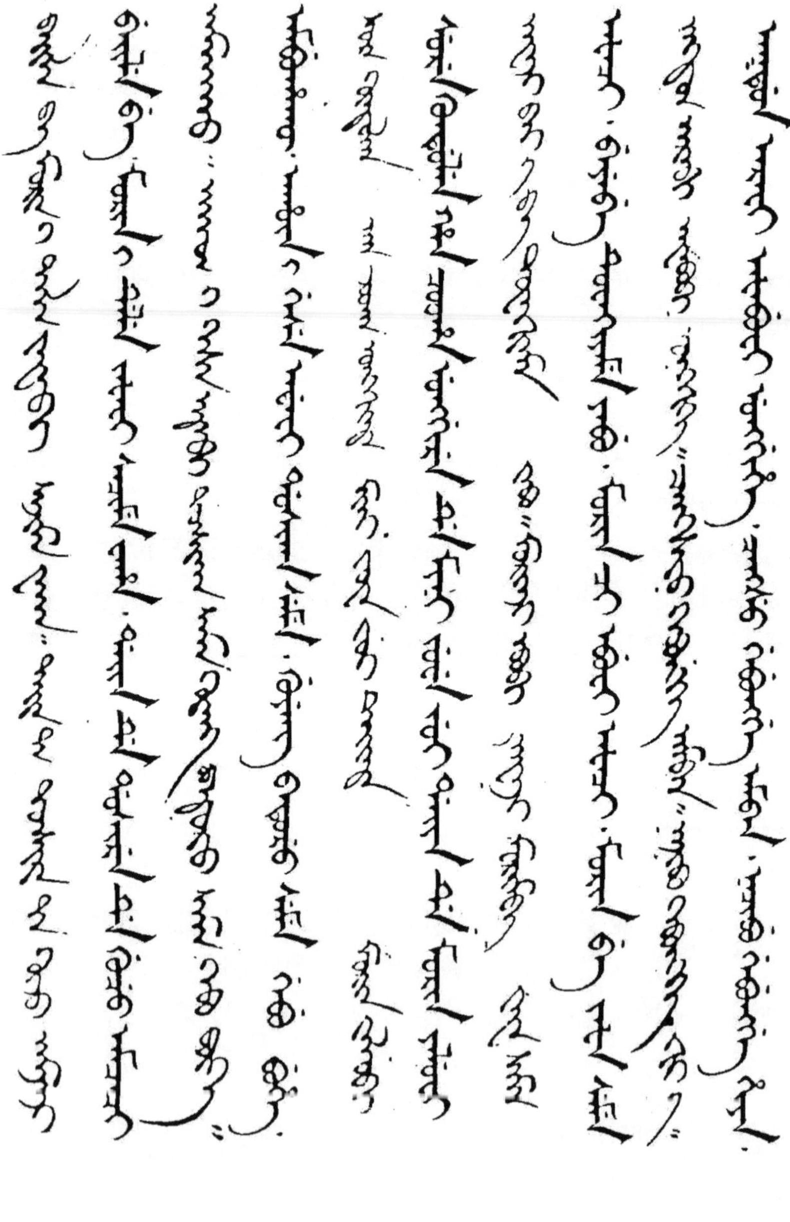

beile be, morin i dele jafafi sacime waha, dain de dosire de gucu amcaci ambuhakū, ahūn i gese adafi dosika seme guyeng baturu seme gebu buhe. sure kundulen han cooha unggire de mini juwe jui dain de morin yalufi afaci, beye be tuwakiyame yabu, morinci ebufi afaci, morimbe jafa seme akdun arafi afabufi unggihe, cangšu gebungge amban, nacibu gebungge hiya,

---

貝勒於馬上擒斬之，攻入敵陣時，夥伴追之不及[23]，與兄併力進擊，賜號古英巴圖魯。發兵進攻時，聰睿恭敬汗囑以「我二子若於陣中騎馬而戰，爾等則衛護其身而行，若下馬步戰，則為之執馬」等語為約。然大臣常書、侍衛納齊布，

贝勒于马上擒斩之，攻入敌阵时，伙伴追之不及，与兄并力进击，赐号古英巴图鲁。发兵进攻时，聪睿恭敬汗嘱以「我二子若于阵中骑马而战，尔等则卫护其身而行，若下马步战，则为之执马」等语为约。然大臣常书、侍卫纳齐布，

---

23 追之不及，《滿文原檔》讀作"amcaci amhakū"，《滿文老檔》讀作"amcaci ambuhakū"。

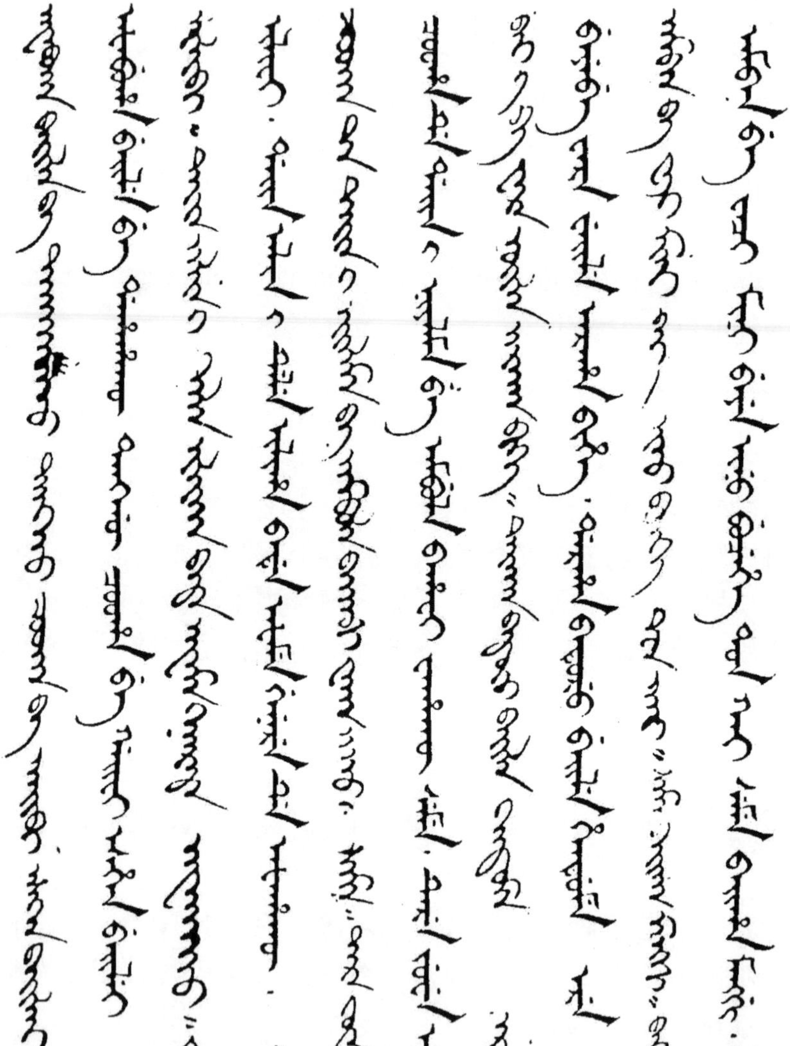

afabuha beile be dahahakū tanggū cooha be gaifi eshen beilei emgi ilifi, dain alin i dele iliha bade afame genere de afahakū, gidaha cooha de dain i niyalma be ambula bahafi wahakū seme, tere juwe amban i beye be wara weile araha bihe. darhan baturu beile hendume, ere juwe amban be waci mini beye inu bucehe ton kai seme baiha manggi, beye be

---

並未隨所囑貝勒進戰，反領兵百名與叔貝勒立於一處，未往攻敵人於山上所立之營地，截擊潰敗之敵兵時，又斬殺無多，因擬二大臣以死罪[24]。時達爾漢巴圖魯請曰：「若誅此二臣，則我亦屬當死之列矣。」

并未随所嘱贝勒进战，反领兵百名与叔贝勒立于一处，未往攻敌人于山上所立之营地，截击溃败之敌兵时，又斩杀无多，因拟二大臣以死罪。时达尔汉巴图鲁请曰：「若诛此二臣，则我亦属当死之列矣。」

24 死罪，《滿文原檔》讀作“wara uile”，《滿文老檔》讀作“wara weile”。

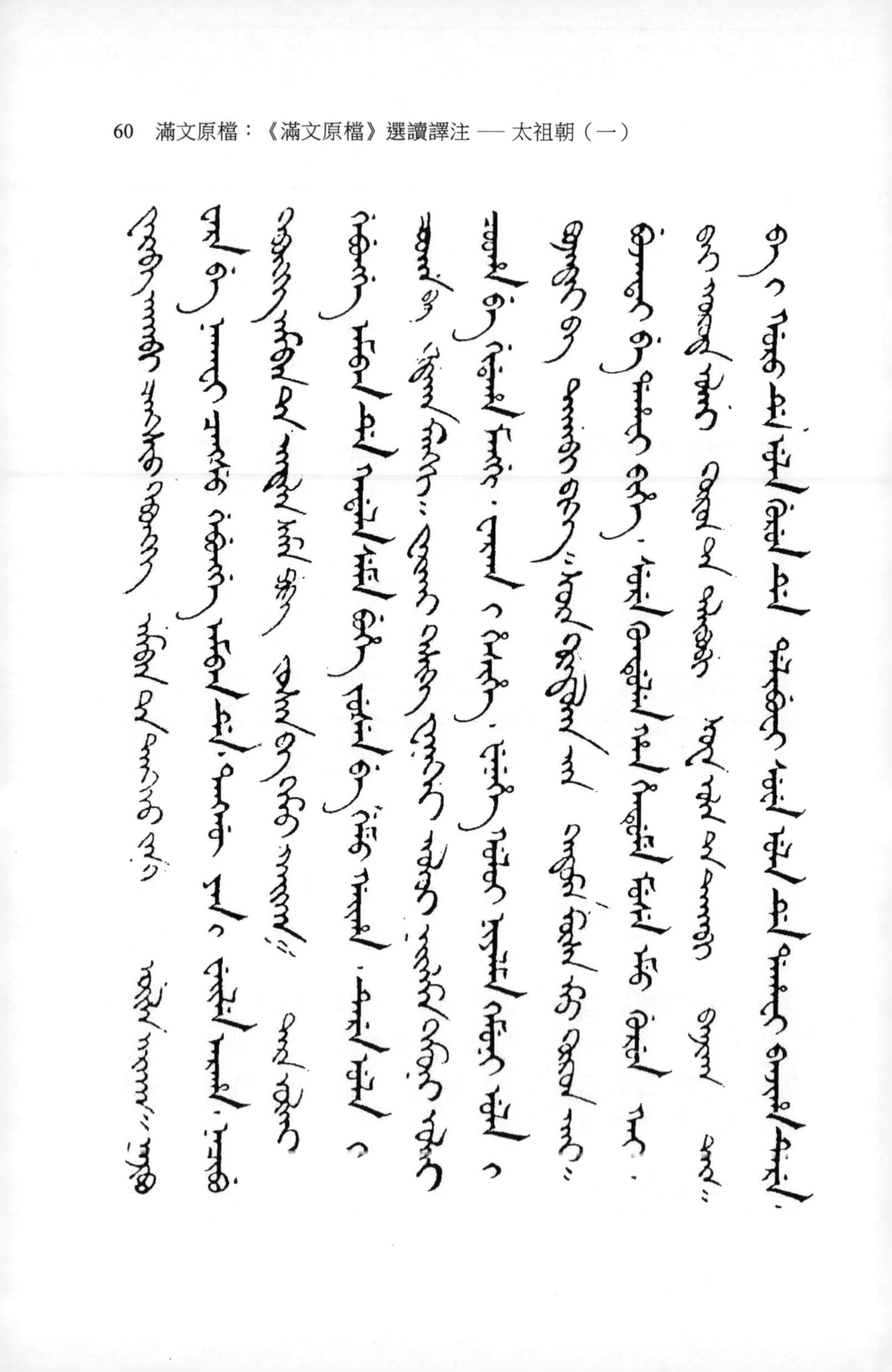

warabe nakafi cangšu gebungge amban de tanggū yan i weile araha, nacibu gebungge amban de kadala seme buhe jušen be gemu gaiha. tere ulai cooha be gidaha manggi, warkai hesihe, fenehei goloi niyalma kemuni ulai bujantai be dahafi bihe. sure kundulen han hendume, muse emu gurun kai, bai gorode, ulai gurun de dalibufi, suwe ula de dahafi banjiha dere,

---

乃宥其死，罰大臣常書銀百兩，盡奪賜給大臣納齊布所管諸申[25]。擊敗烏拉兵後，瓦爾喀部之赫席赫、佛訥赫路之人，仍附烏拉布占泰。聰睿恭敬汗曰：「我等乃一國也，因地方遙遠，且為烏拉國所阻隔，爾等乃依附烏拉國為生也。

乃宥其死，罚大臣常书银百两，尽夺赐给大臣纳齐布所管诸申。击败乌拉兵后，瓦尔喀部之赫席赫、佛讷赫路之人，仍附乌拉布占泰。聪睿恭敬汗曰：「我等乃一国也，因地方遥远，且为乌拉国所阻隔，尔等乃依附乌拉国为生也。

---

25 諸申，《滿文原檔》讀作"jusen"，《滿文老檔》讀作"jušen"。

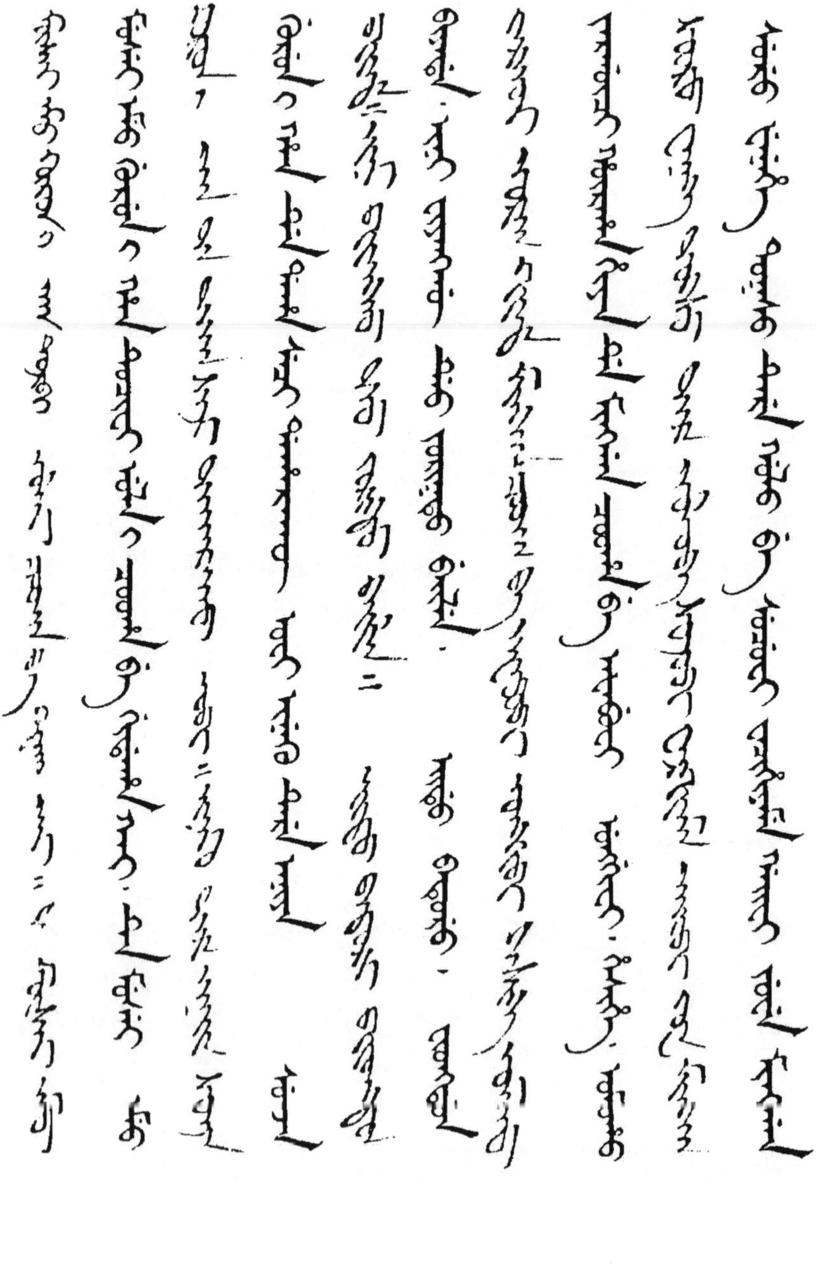

musei emu gurun i han tucifi ulai cooha be gidaha kai, te musei emu gurun i han de daha seci daharakū ofi, ineku tere aniya sunja biyade, ini fiyanggū deo joriktu beile, eidu baturu, fiongdon jargūci, hūrhan hiyade, minggan cooha be afabufi unggifi, hesihe, omoho suru, fenehe tokso, tere golobe sucufi wacihiyame gaifi, juwe minggan

---

我等同一國之汗，已出師擊敗烏拉兵矣。」如今著即降我等同一國之汗，因其未降，即於同年五月令其幼弟[26]卓禮克圖貝勒、額亦都巴圖魯、費英東[27]扎爾固齊、扈爾漢侍衛等率兵一千[28]，往征赫席赫、俄漠和蘇魯、佛訥赫托克索，衝殺各路，盡取之，獲人畜二千而回。

我等同一国之汗，已出师击败乌拉兵矣。」如今着即降我等同一国之汗，因其未降，即于同年五月令其幼弟卓礼克图贝勒、额亦都巴图鲁、费英东扎尔固齐、扈尔汉侍卫等率兵一千，往征赫席赫、俄漠和苏鲁、佛讷赫托克索，冲杀各路，尽取之，获人畜二千而回。

---

26 幼弟，《滿文原檔》讀作"biyanggū deo"，《滿文老檔》讀作"fiyanggū deo"。
27 費英東，《滿文原檔》讀作"fiyongdon"，《滿文老檔》讀作"fiongdon"。
28 扈爾漢，《滿文原檔》讀作"hurha"，《滿文老檔》讀作"hūrhan"。

三、助兵葉赫

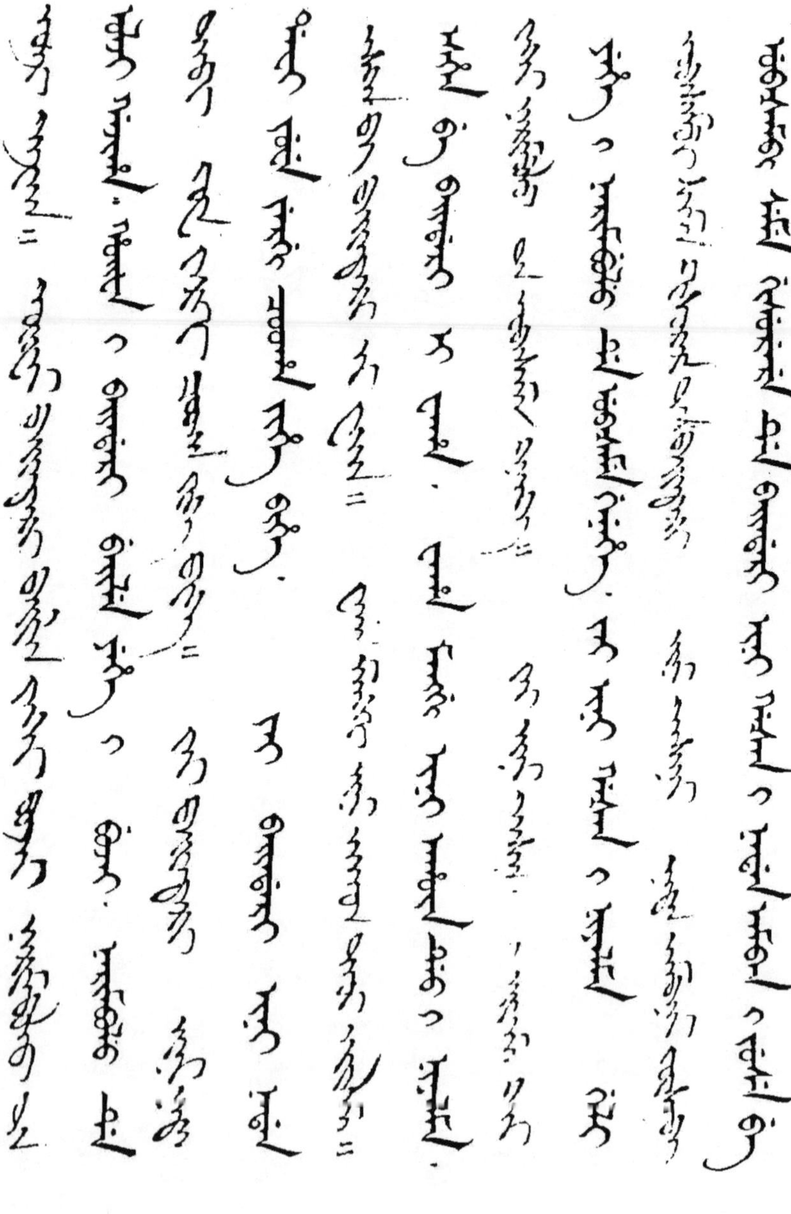

olji gajiha. hoifai baindari beile yehei bujai, narimbulu de dafi juwe jergi cooha jihe bihe. jai baindari, ini nadan eshen be baindari i waha, waha manggi ini ahūn deoi niyalma, yehei narimbulu de ubašame genehe. jai ini gašan i niyalma geli ubašambi seme gisurere de, baindari ini gašan i nadan ambani jusebe

---

輝發之拜音達里貝勒曾助葉赫之布寨、納林布祿，曾兩次出兵來犯。其後拜音達里殺其叔七人，既殺之後，其兄弟之人俱叛投葉赫納林布祿。又聞其村之人亦欲叛，拜音達里遂送來其村七大臣之子

辉发之拜音达里贝勒曾助叶赫之布寨、纳林布禄，曾两次出兵来犯。其后拜音达里杀其叔七人，既杀之后，其兄弟之人俱叛投叶赫纳林布禄。又闻其村之人亦欲叛，拜音达里遂送来其村七大臣之子

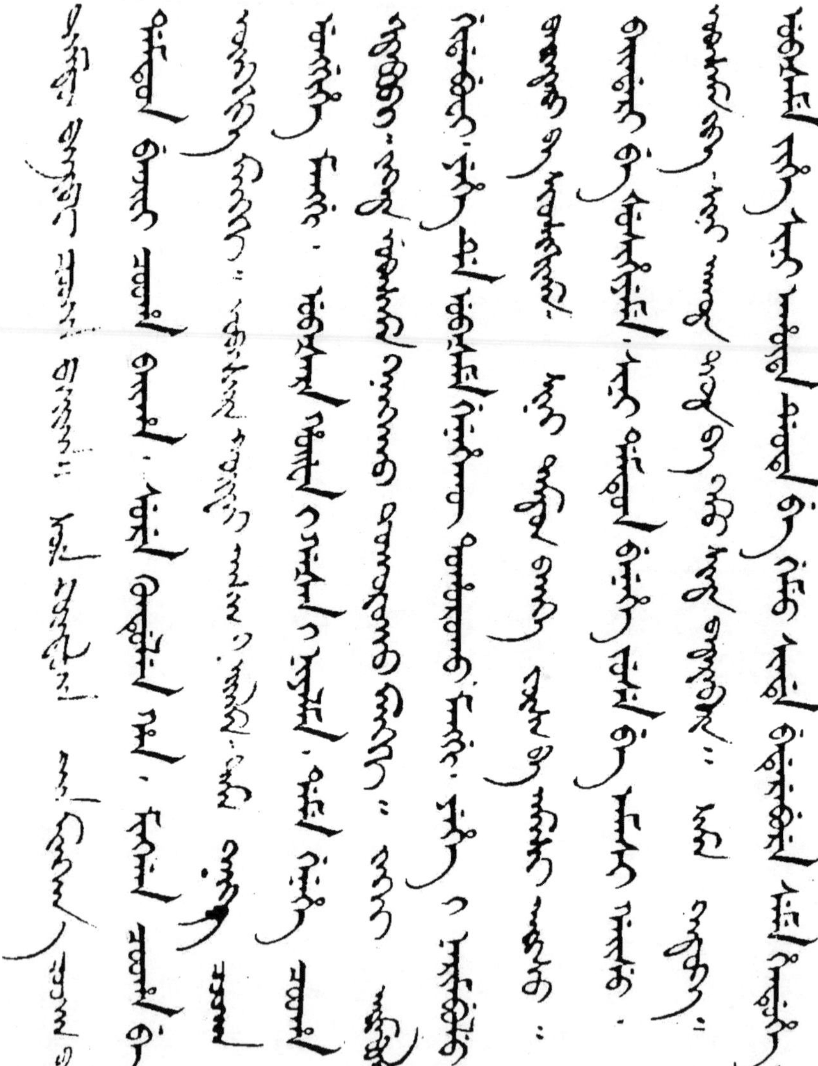

damtun benjifi cooha baiha. sure kundulen han, minggan cooha be dame unggihe manggi, ubašara hoifai gašan i niyalma, dame genehe cooha de gidabufi, yehede ubašame genehekū tohoroko manggi, yehei narimbulu geli baindari be šusihiyeme, sini damtun benehe juse be amasi gaisu, minde ubašame jihe sini ahūta deote be gemu sinde bederebure seme henduhe. tere

---

為質請兵。聰睿恭敬汗發兵千人助之，謀叛之輝發村人被援兵擊敗後，未能叛往葉赫。平息之後，葉赫納林布祿又教唆拜音達里曰：「撤回所質之人，則爾叛投我之兄弟皆歸還於爾。」

为质请兵。聪睿恭敬汗发兵千人助之，谋叛之辉发村人被援兵击败后，未能叛往叶赫。平息之后，叶赫纳林布禄又教唆拜音达里曰：「撤回所质之人，则尔叛投我之兄弟皆归还于尔。」

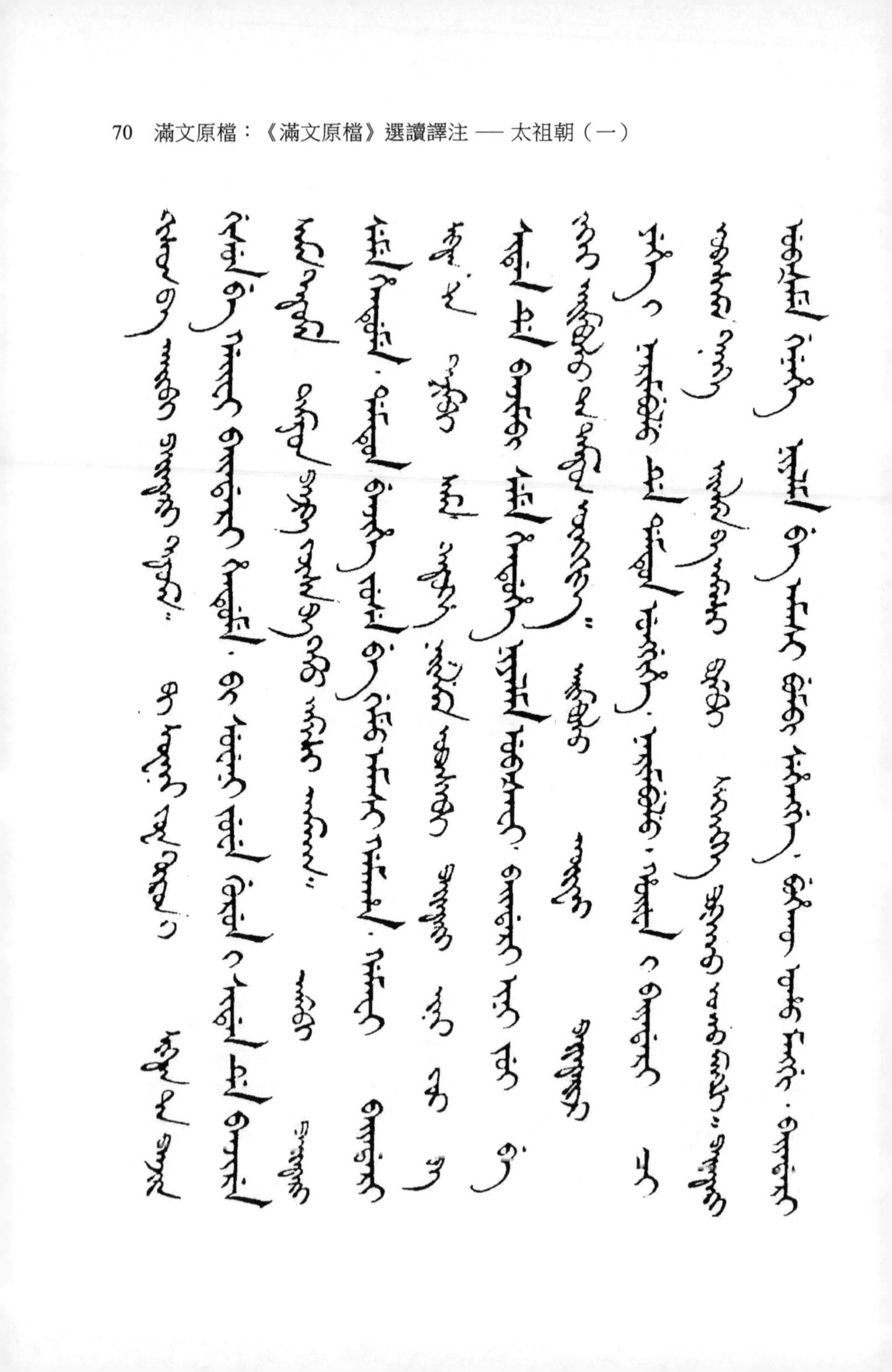

gisun be gaifi baindari hendume, bi suweni juwe gurun i siden de banjire seme hendume, damtun benjihe juse be gemu amasi gamaha, gamafi baindari siden de banjimbi seme henduhe niyalma ubašafi, baindari ini jui be yehe i narimbulu de damtun unggihe, narimbulu, hoifai baindari ci ubašame genehe niyalma be amasi bumbi sehengge, buhekū oho manggi, baindari

---

拜音達里信其言，乃曰：「我將中立安居於爾等兩國之間矣！」遂將所送為質之子盡皆撤回。撤回之後，拜音達里竟背棄中立安居之言，而以其子送往葉赫、納林布祿為質。納林布祿曾言歸還背叛拜音達里之輝發人，竟未歸還。

拜音达里信其言，乃曰：「我将中立安居于尔等两国之间矣！」遂将所送为质之子尽皆撤回。撤回之后，拜音达里竟背弃中立安居之言，而以其子送往叶赫、纳林布禄为质。纳林布禄曾言归还背叛拜音达里之辉发人，竟未归还。

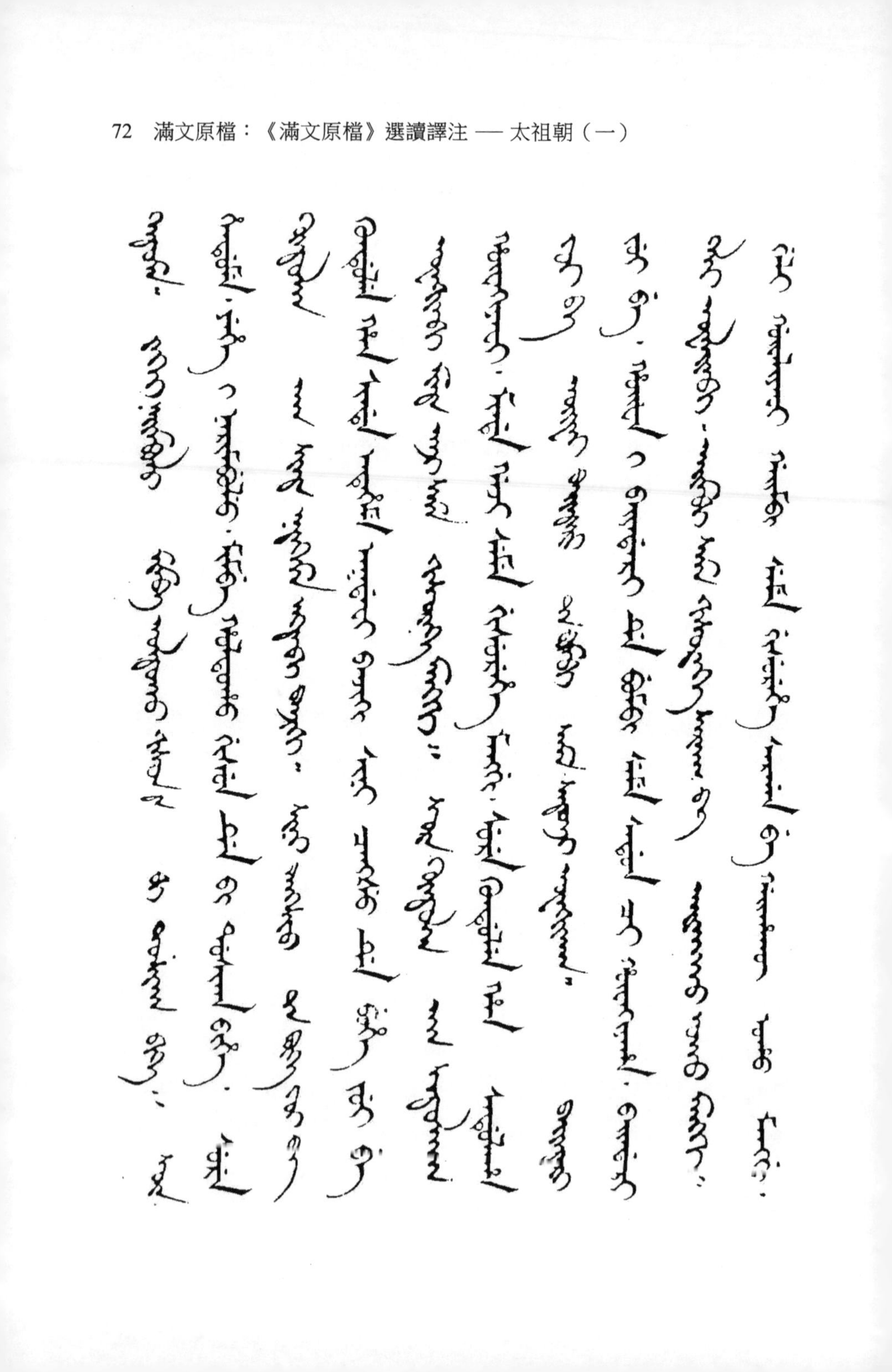

hendume, yehei narimbulu, mimbe holtoho gisun de bi dosika bihe, sure kundulen han sinde enteheme akdafi banjiki, sini cangšu de buhe jui be hūwakiyafi, minde gaji seme gisurehe manggi, sure kundulen han sadulaha jui be, hoifai baindari de bumbi seme sadunci hūwakiyaha, baindari geli gūwaliyafi gaimbi seme gisurehe sargan be gaihakū oho manggi,

---

拜音達里曰：「我曾誤信葉赫納林布祿誑言，今仍欲永倚聰睿恭敬汗為生，請將爾女許配常書之子者解除婚約賜我。」聰睿恭敬汗遂解除其女婚約，然而拜音達里又悔婚未娶所許之女。

拜音达里曰：「我曾误信叶赫纳林布禄诳言，今仍欲永倚聪睿恭敬汗为生，请将尔女许配常书之子者解除婚约赐我。」聪睿恭敬汗遂解除其女婚约，然而拜音达里又悔婚未娶所许之女。

四、修築城垣

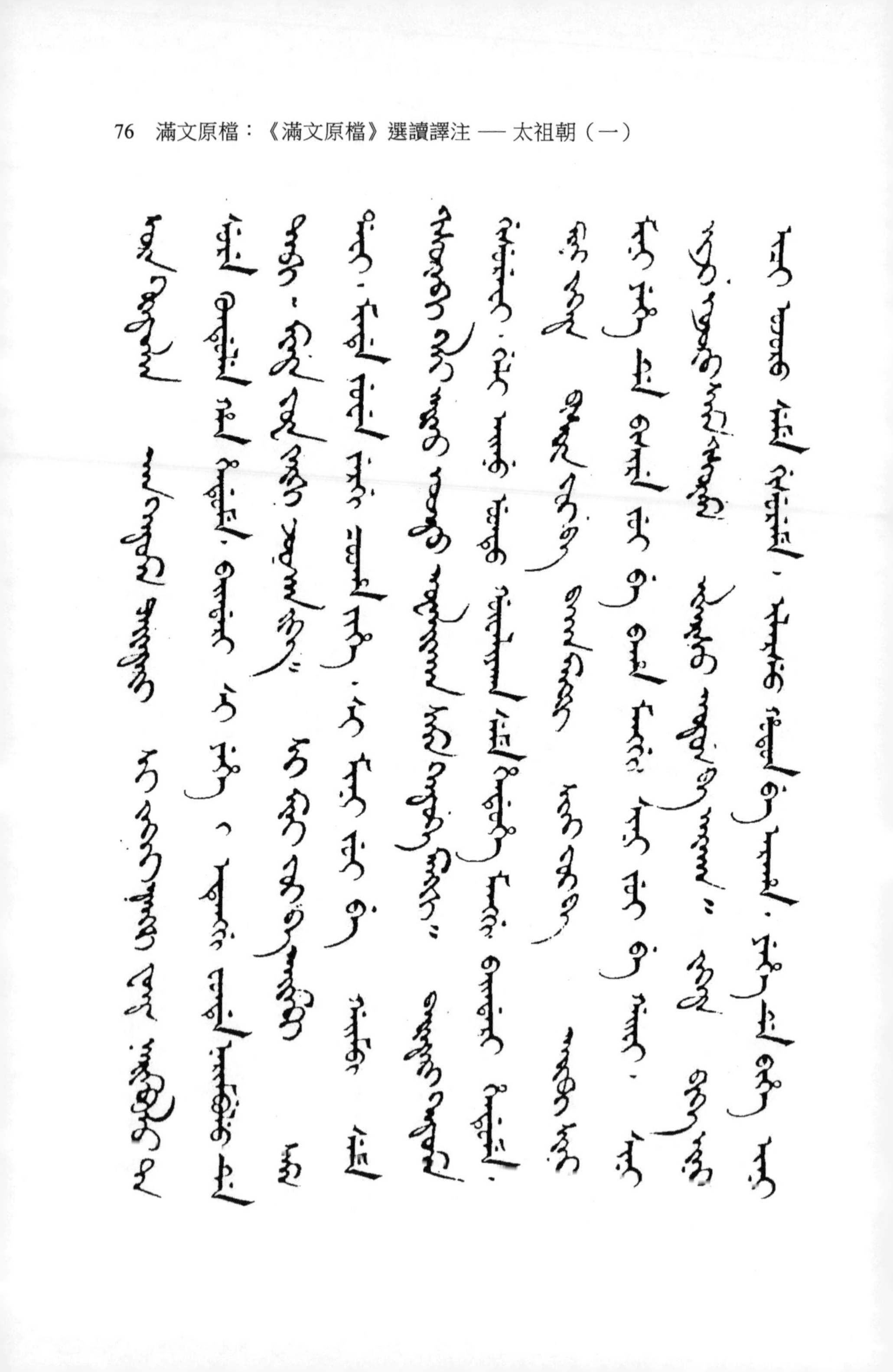

sure kundulen han hendume, baindari si yehei etenggi fonde narimbulu de dafi, minde juwe jergi cooha jihe, si mini jui be gaimbi seme gisurefi, geli ainu uttu gūwaliyaka seme henduhe manggi, baindari hendume, mini yehede bisire jui be baha manggi, sini jui be gaifi, sini ici ojoro seme gisureme, ilarsu hoton be araha. yehe de bihe ini

---

聰睿恭敬汗曰：「葉赫強盛之時，爾拜音達里曾助納林布祿，兩次加兵於我。爾既說娶我女，何以又如此變心？」拜音達里曰：「俟我在葉赫之子得歸後，乃娶爾女，與爾合謀。」隨後修築三層城垣。

聪睿恭敬汗曰：「叶赫强盛之时，尔拜音达里曾助纳林布禄，两次加兵于我。尔既说娶我女，何以又如此变心？」拜音达里曰：「俟我在叶赫之子得归后，乃娶尔女，与尔合谋。」随后修筑三层城垣。

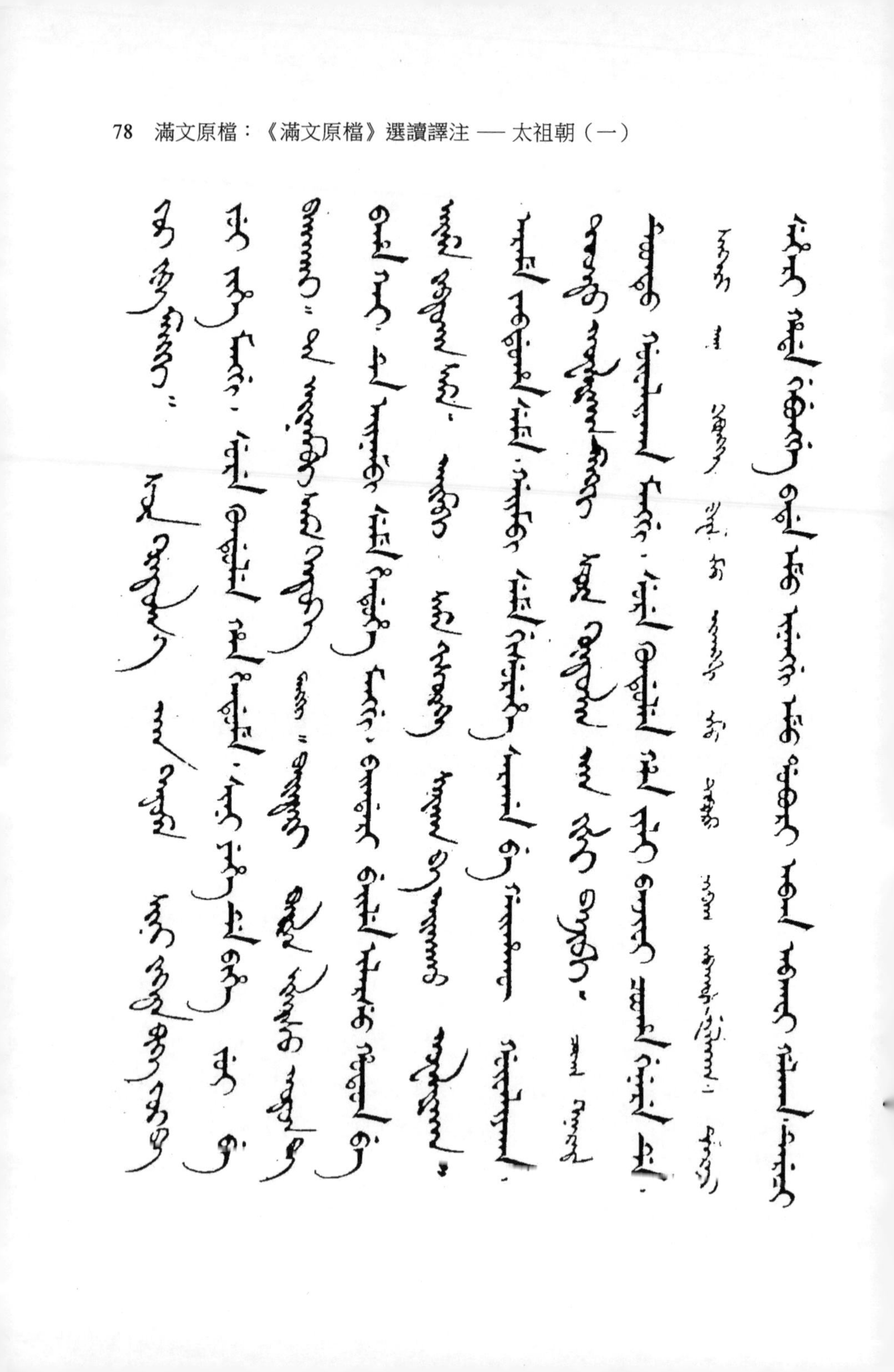

jui jihe manggi, sure kundulen han hendume, sini yehede bihe jui be bahakai, te ainambi seme henduhe manggi, baindari beile ilarsu hoton be arame jabduha seme, gaimbi seme gisurehe sargan be gaihakū gūwaliyaka. tuttu gūwaliyaka manggi, sure kundulen han jili banjifi, cooha generede, seheri hada gebungge bade emu inenggi emu dobori abka abkafi galaka, tereci

---

其在葉赫之子歸後，聰睿恭敬汗曰：「爾在葉赫之子既歸，今將如何？」拜音達里貝勒以三層城垣業已修竣，遂變心未娶已聘之女。如此變心後，聰睿恭敬汗發怒而率兵征之。兵至色赫里嶺地方，天降雨[29]一日一夜方晴。

其在叶赫之子归后，聪睿恭敬汗曰：「尔在叶赫之子既归，今将如何？」拜音达里贝勒以三层城垣业已修竣，遂变心未娶已聘之女。如此变心后，聪睿恭敬汗发怒而率兵征之。兵至色赫里岭地方，天降雨一日一夜方晴。

29 天降雨，滿文讀作“abka abkafi”，疑似舊清語；規範滿文應讀作“abka agafi”。

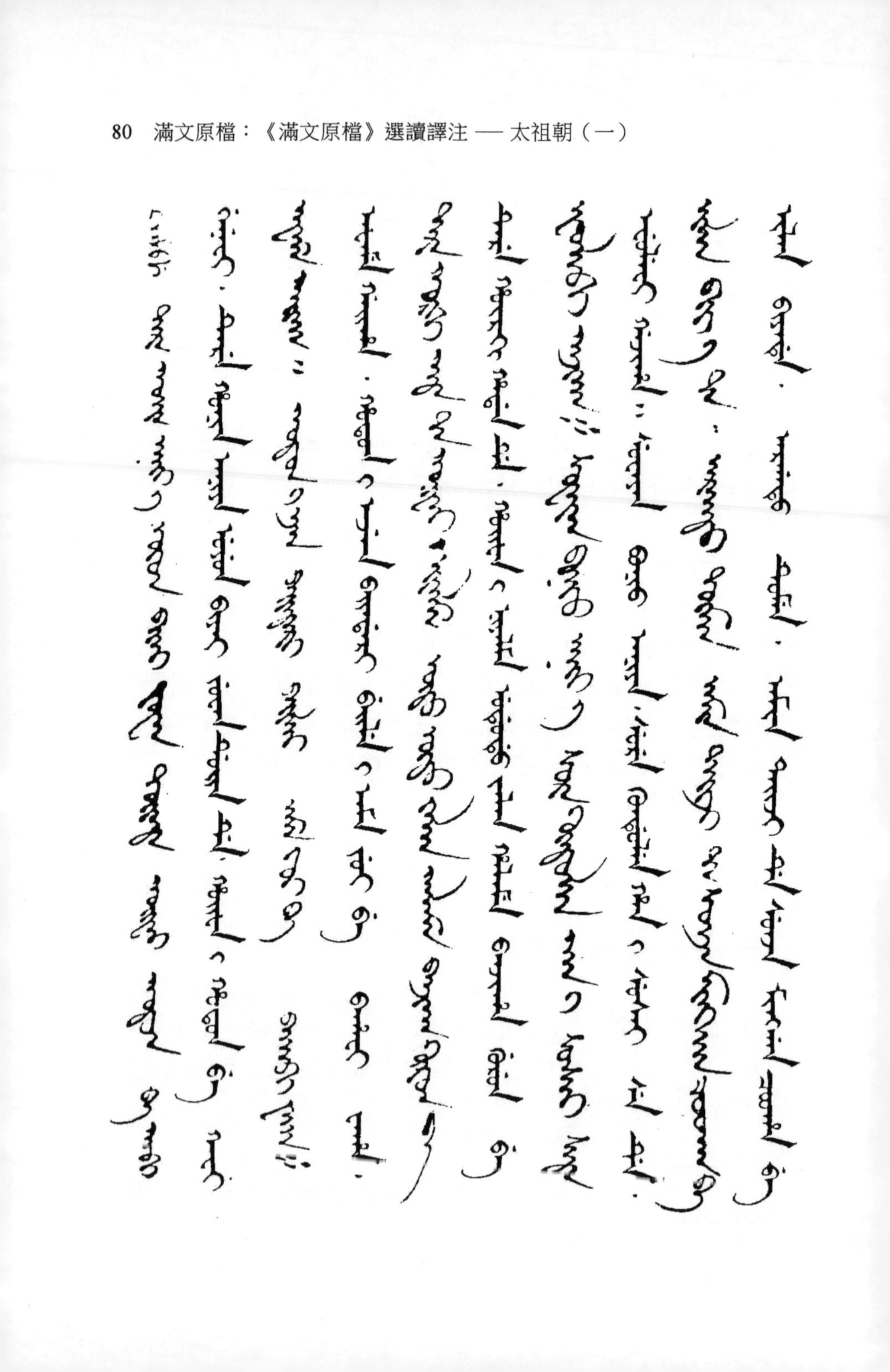

genefi, tere honin aniya uyun biyai juwan duinde, hoifai hoton be kafi afame gaiha, hoton i ejen baindari beilei ama jui be bahafi waha, tere hūrki hada de, hoifai niyalma udu udu jalan halame banjiha gurun be efulefi gajiha. suwayan bonio aniya, sure kundulen han i susai sede, ilan biya de, argatu tumen, amin taiji de sunja minggan cooha be

---

由此前往，於未年九月十四日，圍攻輝發城克之，獲城主拜音達里父子誅之。世代居於扈爾奇嶺之輝發人[30]，至是國乃滅。戊申年，聰睿恭敬汗年五十歲。三月，遣阿爾哈圖圖門、阿敏台吉率兵五千

由此前往，于未年九月十四日，围攻辉发城克之，获城主拜音达里父子诛之。世代居于扈尔奇岭之辉发人，至是国乃灭。戊申年，聪睿恭敬汗年五十岁。三月，遣阿尔哈图图门、阿敏台吉率兵五千

---

30 世代，《滿文原檔》讀作“udu udu jalan halame”，句中“udu udu”，《滿文老檔》讀作“ududu”

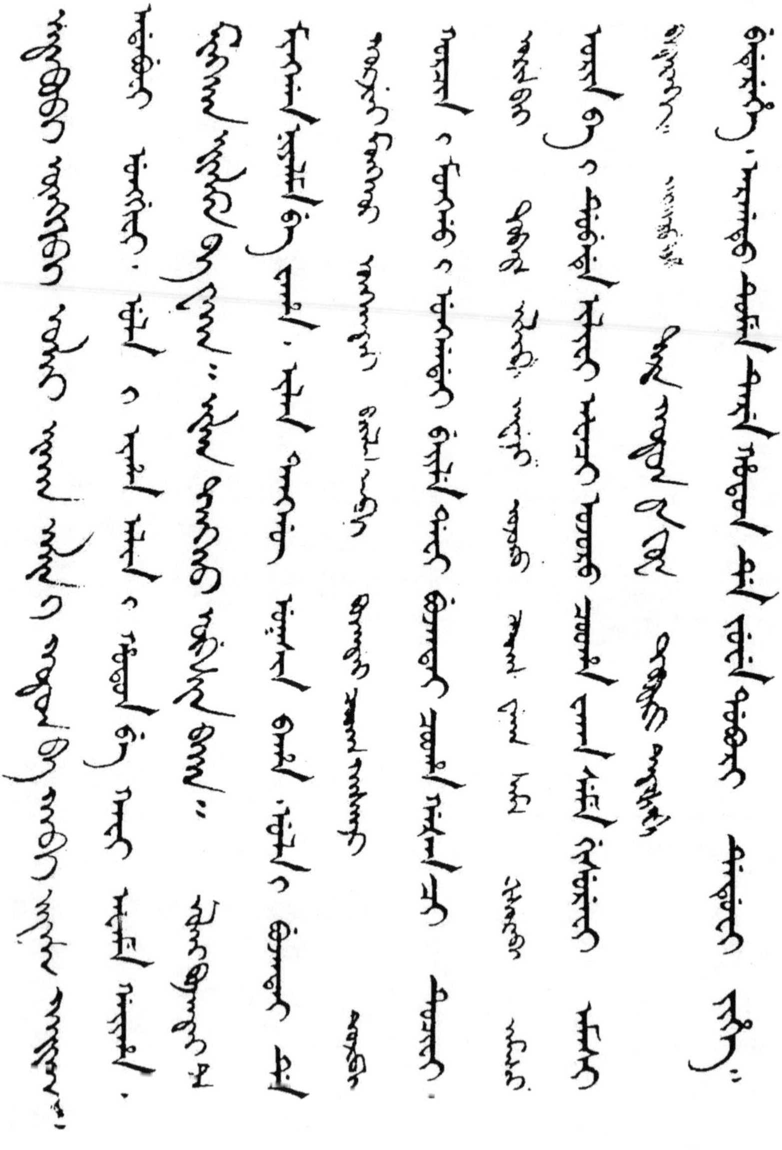

adabufi unggifi, ulai ihan alin i hoton be kafi afame gaiha, minggan niyalma be waha, ilan tanggū uksin baha. ulai bujantai de korcini monggoi unggadai beile dafi, bujantai cooha gašanci tucifi, orin bai dubede ilifi, afaci ojoro cooha waka seme gisurefi amasi bederehe. argatu tumen tere hoton de juwe dobori dedufi jihe.

相隨，前往圍攻烏拉宜罕山城，克之，殺千人，獲甲三百副。時科爾沁蒙古貝勒翁阿岱助兵烏拉布占泰。布占泰率兵出村[31]，駐二十里外，曰：「此非可攻之兵也。」遂退回。阿爾哈圖圖門於城中駐兩夜而回。

相随，前往围攻乌拉宜罕山城，克之，杀千人，获甲三百副。时科尔沁蒙古贝勒翁阿岱助兵乌拉布占泰。布占泰率兵出村，驻二十里外，曰：「此非可攻之兵也。」遂退回。阿尔哈图图门于城中驻两夜而回。

---

31 村，《滿文原檔》讀作“gasan”，《滿文老檔》讀作“gašan”。

五、不念舊惡

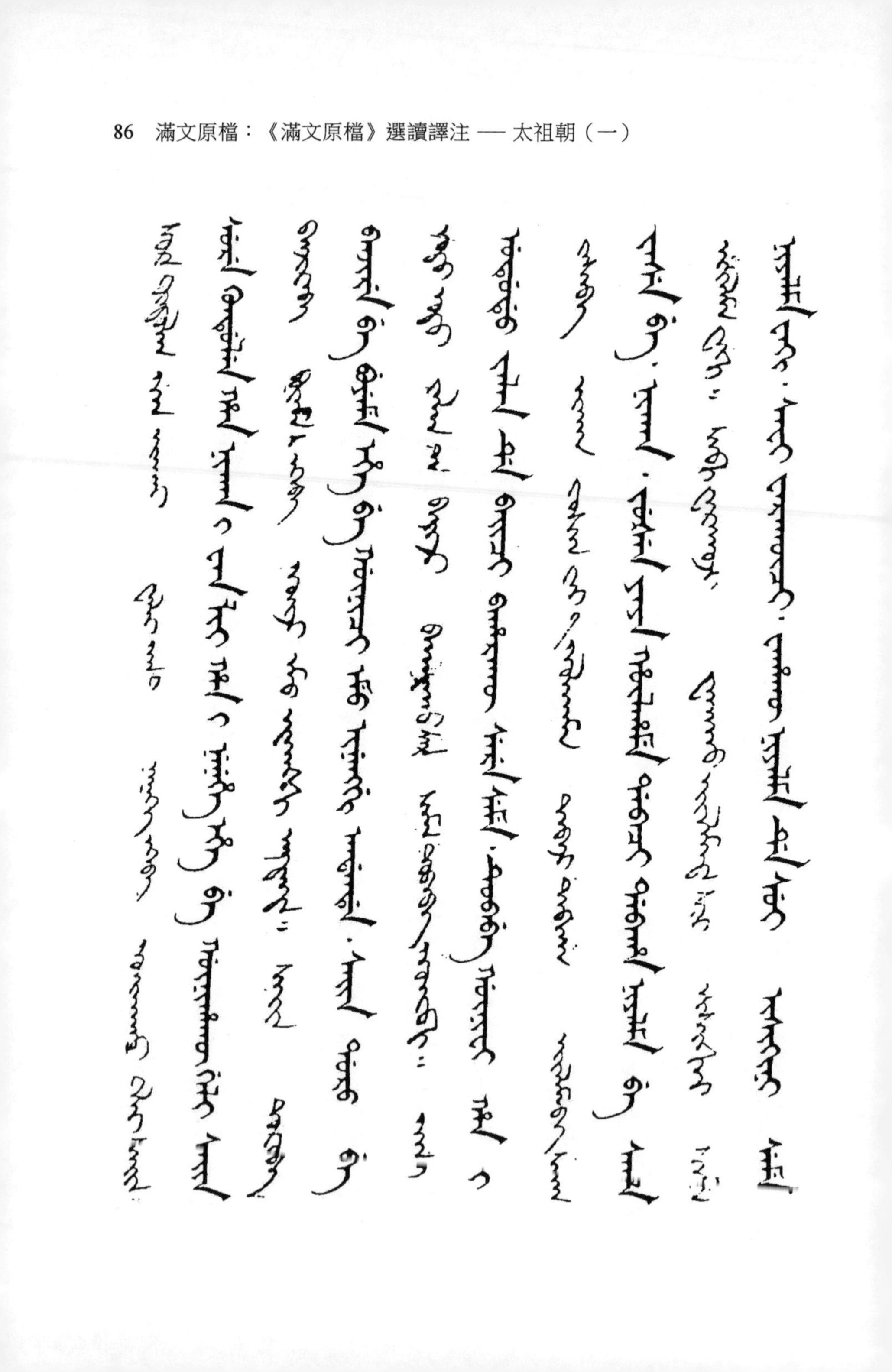

sure kundulen han nikani wan lii han i nenehe ehebe gūnihakū geli sain banjirebe buyeme ehebe gūnici emu inenggi andande, sain dorobe udu udu jalan de baici baharakū sere seme tubabe gūnifi, han i jasebe, nikan, jušen yaya hūlhame dabaci dabaha niyalmabe saha niyalma waki, safi warakūci, wahakū niyalmade sui isikini seme

---

聰睿恭敬汗不念明萬曆帝舊惡，復欲通好，念及俗言「念人之惡，在一日間；交好之道，歷世難求[32]。」帝之邊界，凡漢人、諸申[33]，凡有偷越者，見即殺之，若見而不殺，則殃及不殺之人。

聪睿恭敬汗不念明万历帝旧恶，复欲通好，念及俗言「念人之恶，在一日间；交好之道，历世难求。」帝之边界，凡汉人、诸申，凡有偷越者，见即杀之，若见而不杀，则殃及不杀之人。

---

32 歷世，《滿文原檔》讀作“udu udu jalan”，《滿文老檔》讀作“ududu jalan”。

33 諸申，《滿文原檔》讀作“jusen”，《滿文老檔》讀作“jušen”。

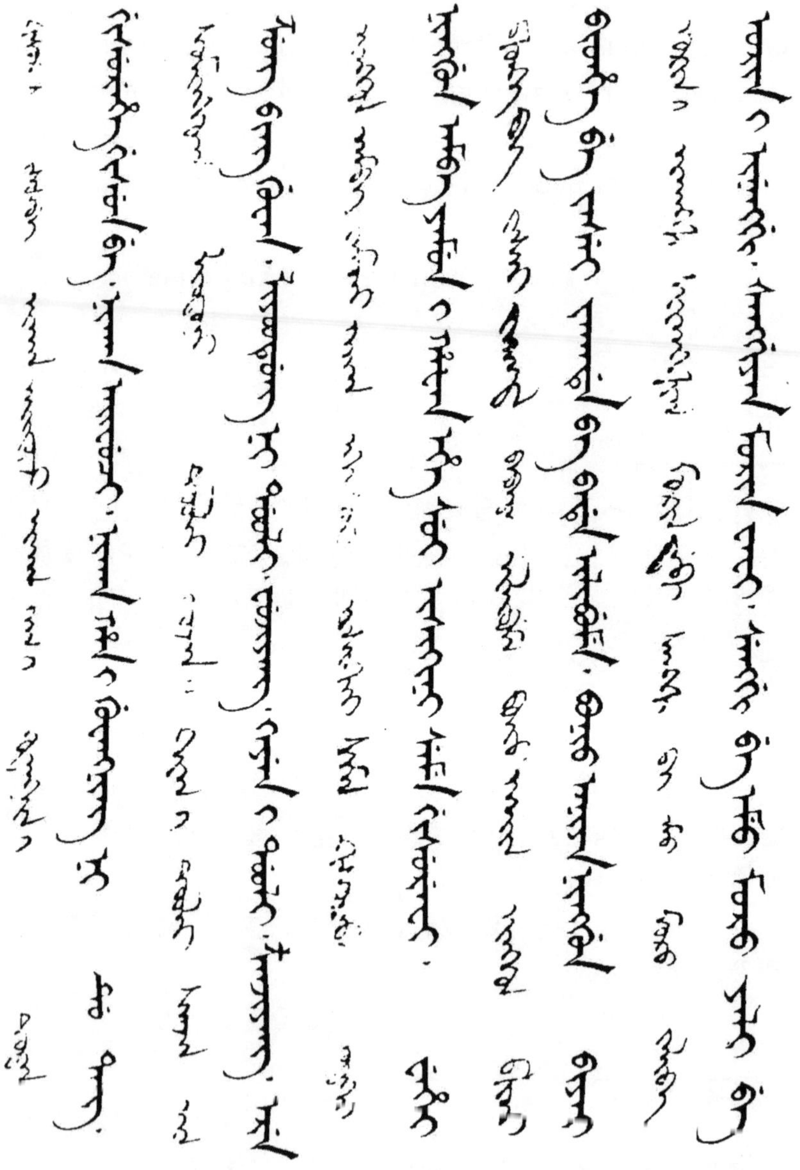

gisurehe gisunbe, nikan aifuci, nikan han i guwangnin i dutan, suminguwan, lioduni dooli, fujan, keyen i dooli, sanjan, ere ninggun amba yamuni hafan ehe sui isikini seme gisurefi, wehei bithe be jasei jakade babade ilibume, bonio aniya ninggun biyai orin i inenggi, siyanggiyan morin wafi, senggi be emu moro yalibe

---

明若渝盟，則明帝之廣寧都堂、總兵官、遼東道、副將、開原道、參將等六大衙門之官員[34]，均受其殃。」勒碑立於沿邊諸地。於申年六月二十日刑白馬[35]，以血一碗、肉、

明若渝盟，则明帝之广宁都堂、总兵官、辽东道、副将、开原道、参将等六大衙门之官员，均受其殃。」勒碑立于沿边诸地。于申年六月二十日刑白马，以血一碗、肉、

---

34 廣寧都堂、總兵官、遼東道、副將、參將，《滿文原檔》分別讀作 “guwangnin i dutan、suminguwan、liyoduni dooli、fujan、sanjan”，《滿文老檔》依次讀作 “guwangning ni du tang、dzung bing guwan、liyoodung ni dooli、fujiyang、ts'anjiyang”。

35 白馬，《滿文原檔》讀作 “siyanggiyan morin”，《滿文老檔》讀作 “šanggiyan morin”。

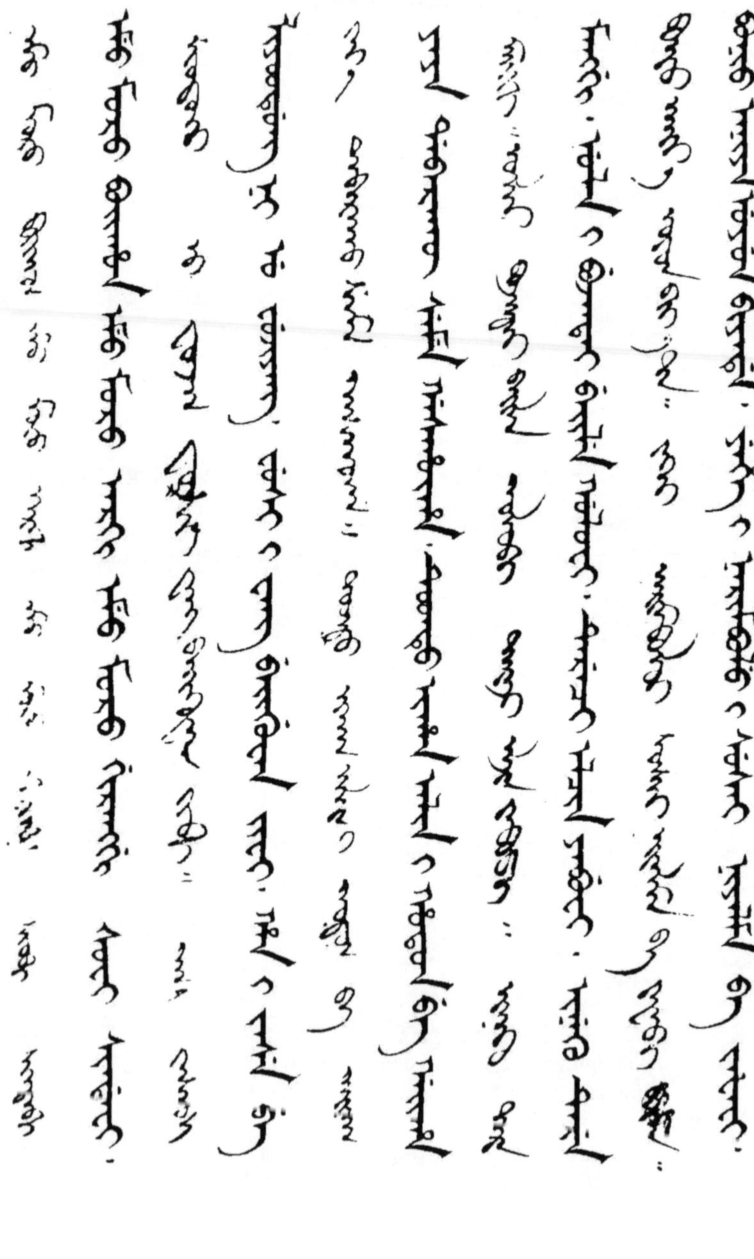

emu moro, boihon emu moro, arki emu moro, giranggi šofi sindafi, lioduni u fujan, fusi i wang beiguwan jifi, han i jasebe yaya dabarakū seme gashūha. tuttu ihan alin i hoton be gaiha manggi, ulai bujantai beile golofi, tereci elcin yabufi, ineku tere bonio aniya uyun biya de. yehei narimbului susai niyalma be jafafi,

---

土、酒各一碗，削骨而誓，明遼東吳副將[36]、撫順王備禦前來，誓約任何人不跨越帝之邊界。故取宜罕山城之後，烏拉布占泰貝勒懼，遂遣使往來。同是申年九月，執葉赫納林布祿之五十人，

土、酒各一碗，削骨而誓，明辽东吴副将、抚顺王备御前来，誓约任何人不跨越帝之边界。故取宜罕山城之后，乌拉布占泰贝勒惧，遂遣使往来。同是申年九月，执叶赫纳林布禄之五十人，

---

36 遼東吳副將，《滿文原檔》讀作“lioduni u fujan”，《滿文老檔》讀作“liyoodung ni u fujiyang”。

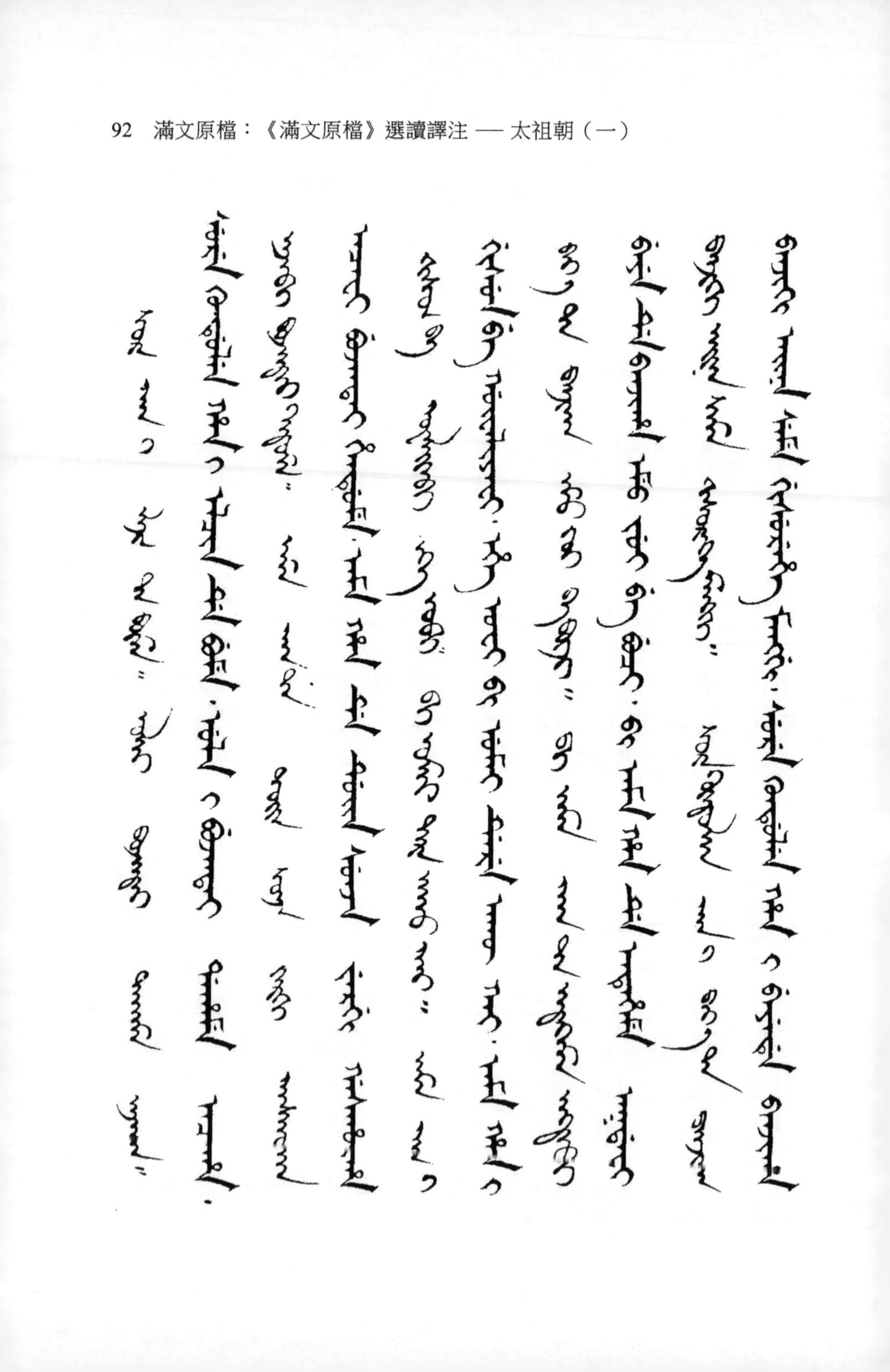

sure han i elcin de bume, ulai bujantai dahame acaha. acafi, bujantai hendume, ama han de duin sunja jergi gashūha gisun be gūwaliyafi, ehe ofi bi umai dere akū kai, ama han i beye de banjiha emu jui be buci, bi ama han de enteheme akdafi banjiki aina seme gisurehe manggi, sure kundulen han i beye de banjiha

---

交付聰睿汗之使臣[37]，烏拉布占泰隨同相見。見畢，布占泰曰：「我背盟誓，凡四、五次，獲罪於父汗，誠無顏面也。若以父汗親生一女與我為妻，則我永賴父汗為生，何如？」聰睿恭敬汗復以親生女

交付聪睿汗之使臣，乌拉布占泰随同相见。见毕，布占泰曰：「我背盟誓，凡四、五次，获罪于父汗，诚无颜面也。若以父汗亲生一女与我为妻，则我永赖父汗为生，何如？」聪睿恭敬汗复以亲生女

---

37 聰睿汗，《滿文原檔》讀作“sure han”，《滿文老檔》讀作“sure kundulen han”，意即「聰睿恭敬汗」。

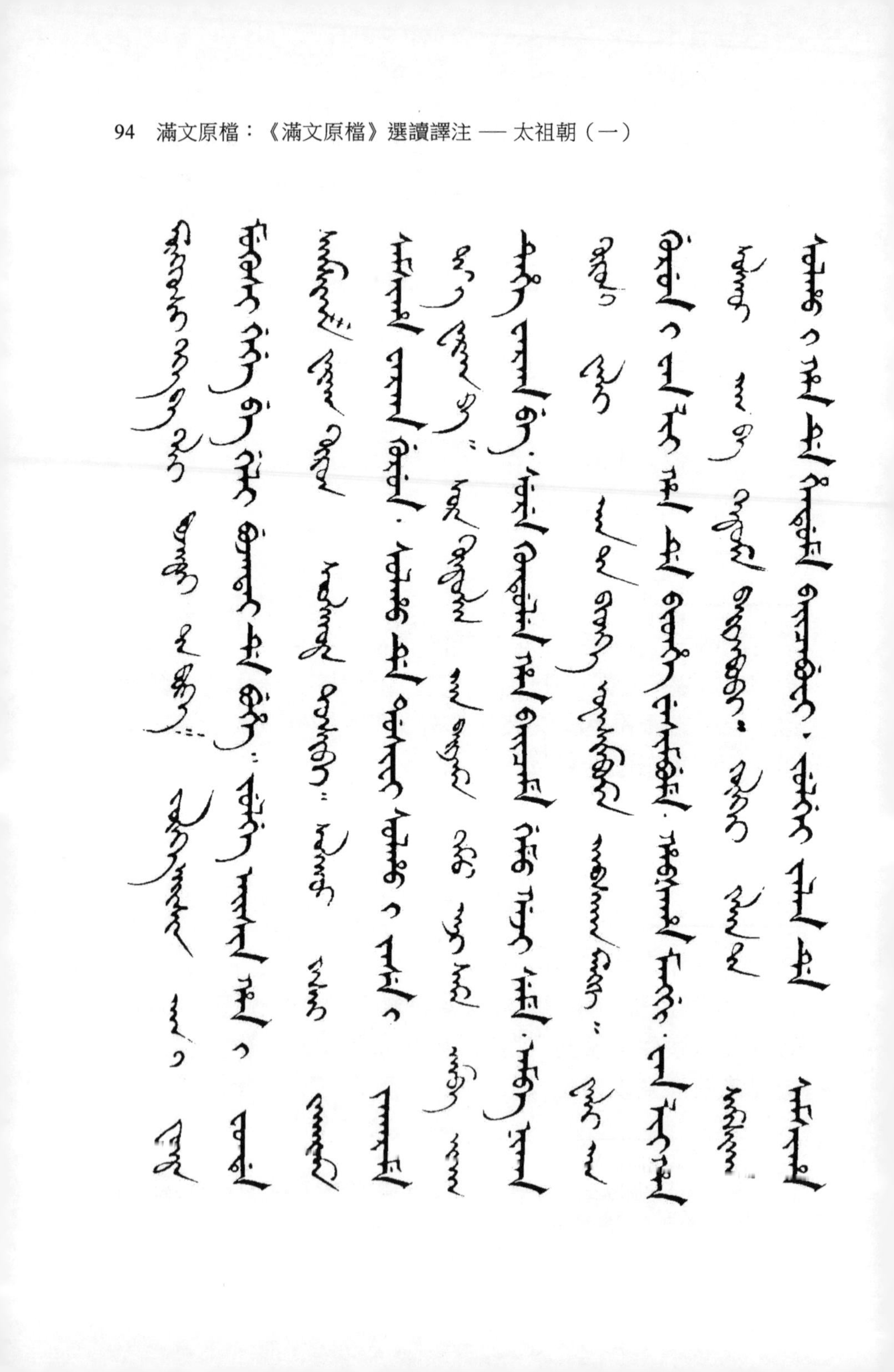

mukusi gege be geli bujantai de buhe. julge aisin han i fonde samsiha warka gurun, solhode dosifi, solhoi jasei jakarame tehe warka be, sure kundulen han baicame gemu gaji seme, amba nikan gurun i wanli han de bithe wesimbume habšaha manggi, wanli han solhoi han be hendume baicabufi, julgei jalan de samsiha

---

蒙古石格格又嫁與布占泰[38]。聰睿恭敬汗上書大明國萬曆帝，昔日金汗時流散瓦爾喀國人進入朝鮮，訴請將沿朝鮮邊境居住之瓦爾喀國人皆查明送回。萬曆帝即傳諭朝鮮王查明[39]。朝鮮王查出昔日失散

蒙古石格格又嫁与布占泰。聪睿恭敬汗上书大明国万历帝，昔日金汗时流散瓦尔喀国人进入朝鲜，诉请将沿朝鲜边境居住之瓦尔喀国人皆查明送回。万历帝即传谕朝鲜王查明。朝鲜王查出昔日失散

---

38 蒙古石《滿文原檔》讀作“munggusi”，《滿文老檔》讀作“mukusi”，漢字音譯作「穆庫石」。
39 萬曆，《滿文原檔》讀作“wanli”，《滿文老檔》讀作“wan lii”。

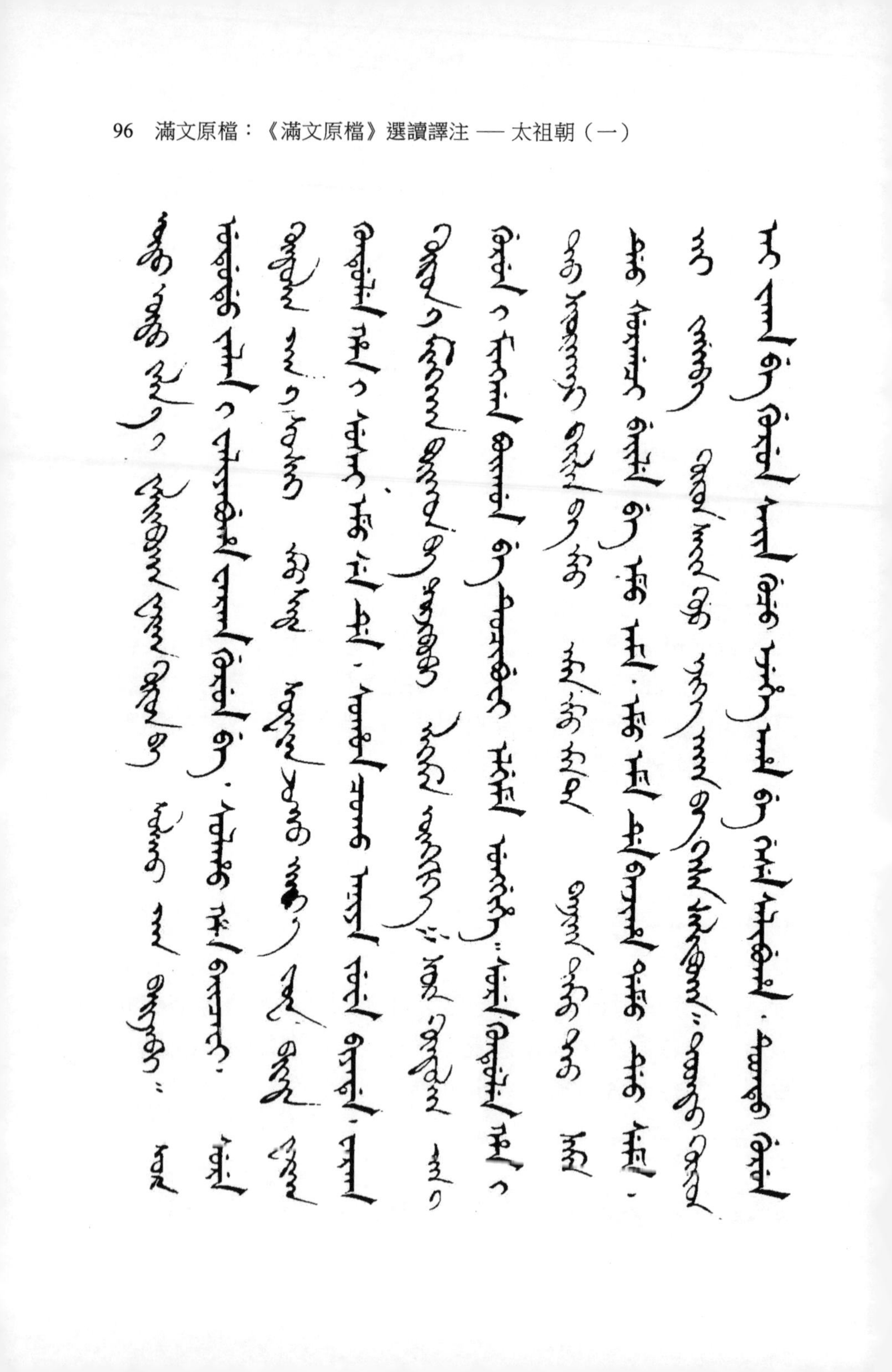

udu udu jalan i waliyabuha warka gurun be, solho han baicafi, sure kundulen han i susai emu sede, suwayan〔sohon〕 coko aniya juwe biyade, warka gurun i minggan boigon be tucibufi elgeme unggihe. sure kundulen han i deo šurgaci beile be emu ama, emu eme de banjiha damu deo seme ai jakabe gurun sain gucu ejehe aha be gese salibuha. tuttu gurun

---

數代之瓦爾喀國人，於聰睿恭敬汗五十一歲戊酉〔己酉〕年二月[40]，將瓦爾喀國人一千戶查出驅返。聰睿恭敬汗以弟舒爾哈齊貝勒係唯一同父同母所生胞弟[41]，故凡物件、國人、僚友、敕書、奴僕，皆共同承受。

数代之瓦尔喀国人，于聪睿恭敬汗五十一岁戊酉〔己酉〕年二月，将瓦尔喀国人一千户查出驱返。聪睿恭敬汗以弟舒尔哈齐贝勒系唯一同父同母所生胞弟，故凡物件、国人、僚友、敕书、奴仆，皆共同承受。

---

40 戊酉，《滿文原檔》讀作“suwayan coko”，《滿文老檔》讀作“sohon coko”，意即「己酉」。

41 舒爾哈齊，《滿文原檔》讀作“siurhanci”，《滿文老檔》讀作“šurgaci”。按《大清太祖武皇帝實錄》滿文本讀作“šurhanci”（卷一，一七頁，北京，民族出版社，2016 年）。

六、孔懷之誼

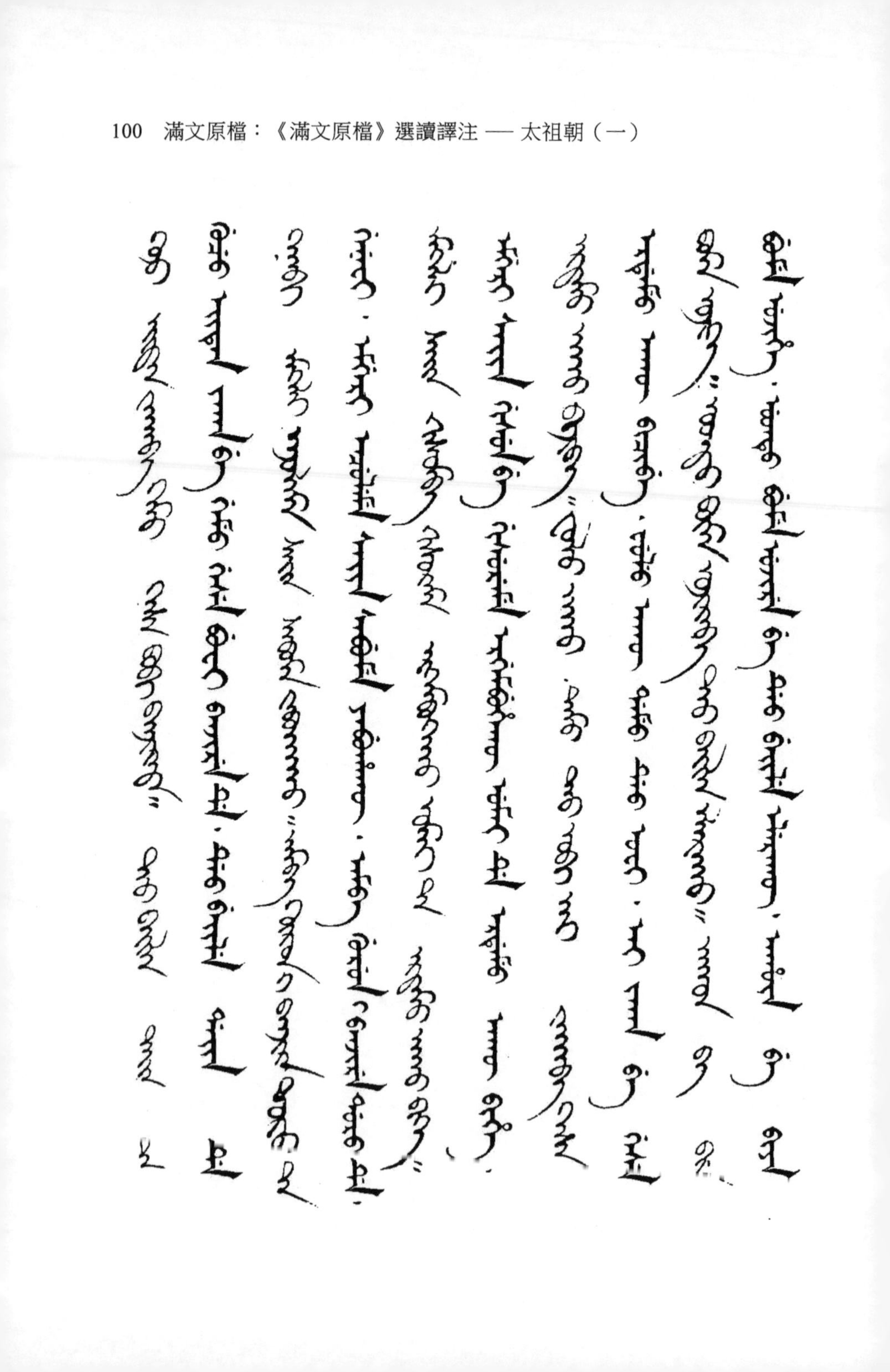

gucu eiten jakabe gemu gese bufi banjirede, deo beile dain de genefi, emgeli enculeme sain sabume yabuhakū, amba gurun i banjire doro de, emgeli sain gisumbe gisureme ergembuhekū, umai de erdemu akū bihe. erdemu akū bicibe, fulu akū damu deo ofi, ai jakabe gese bume ujihe, uttu bume ujirebe, deo beile elerakū, ahūn be biya

---

雖然如此將國人、僚友及一應物件，都同樣給他為生，但是弟貝勒出征未見一優越之舉，帶大國生存之道，未進一善言[42]，全然無德。雖然無德，但仍因不是外人的唯一弟弟，舉凡諸物，都同樣給他恩養。如此恩養，弟貝勒仍不知足，

虽然如此将国人、僚友及一应对象，都同样给他为生，但是弟贝勒出征未见一优越之举，带大国生存之道，未进一善言，全然无德。虽然无德，但仍因不是外人的唯一弟弟，举凡诸物，都同样给他恩养。如此恩养，弟贝勒仍不知足，

---

42 一善言，句中「一」，《滿文原檔》讀作“emgeli”，《滿文老檔》讀作“emgeri”；意即「一次」。

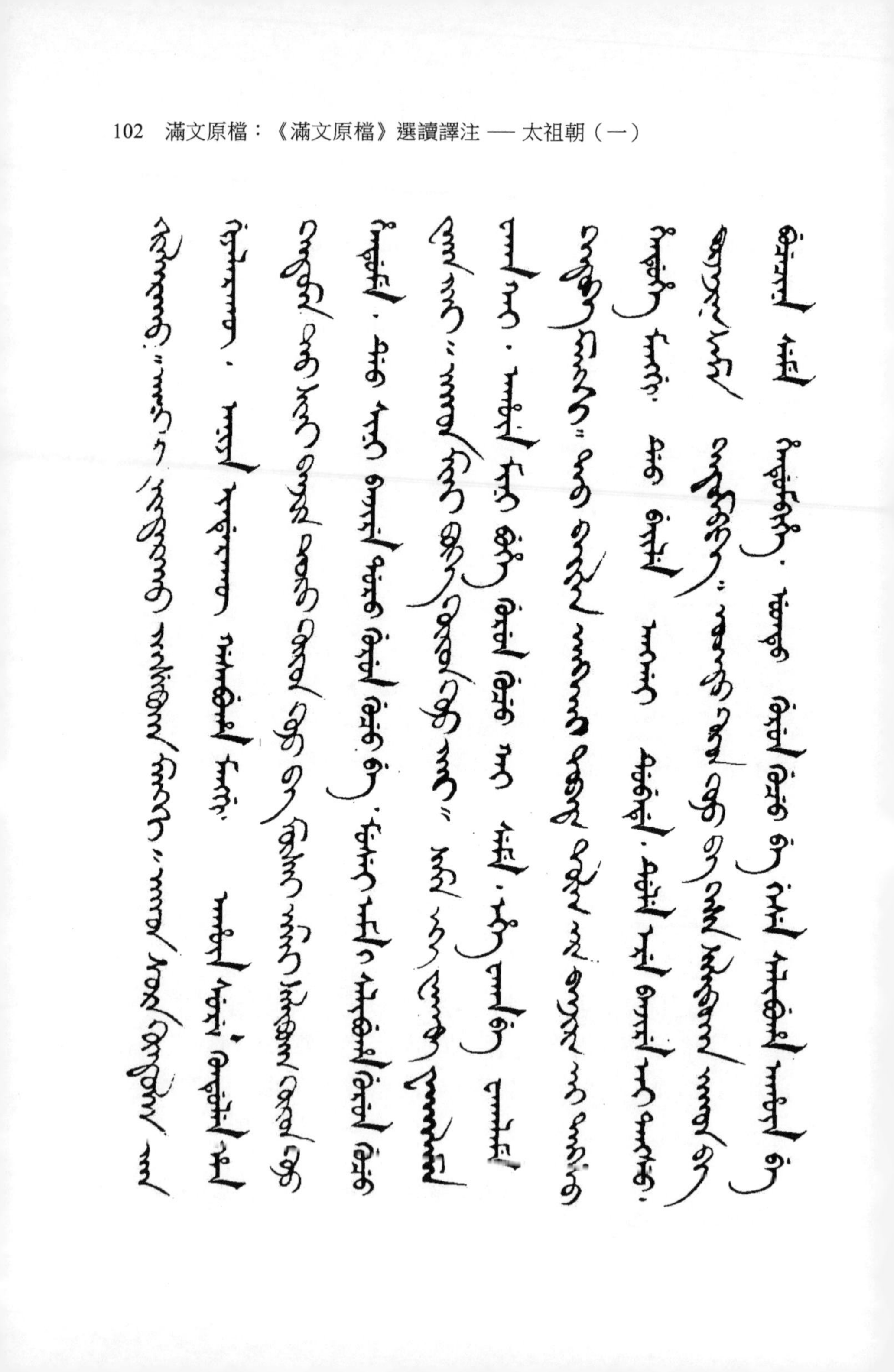

giyalarakū, aniya inderakū gasabuha manggi, ahūn sure kundulen han hendume, deo sini banjire doro gurun gucu be musei amai salibuha gurun gucu waka kai, ahūn mini buhe gurun gucu kai, seme ehe wakabe wakalame henduhe manggi, deo beile anggai dubede, dule ere banjire ai tangsu, bucecina seme hendumbihe. uttu gurun gucu be gese salibuha ahūn be

---

常年累月[43]不斷怨恨其兄長。兄長聰睿恭敬汗曰:「弟弟爾之生計及國人、僚友,並非承繼我等先父所遺之國人、僚友也,乃為兄我所給國人、僚友啊!」責其過錯後,弟貝勒口中埋怨曰:「如此生活有何可愛惜?不如一死呢!」遂欲背棄使其同享國人、僚友之兄長,

---

常年累月不断怨恨其兄长。兄长聪睿恭敬汗曰:「弟弟尔之生计及国人、僚友,并非承继我等先父所遗之国人、僚友也,乃为兄我所给国人、僚友啊!」责其过错后,弟贝勒口中埋怨曰:「如此生活有何可爱惜?不如一死呢!」遂欲背弃使其同享国人、僚友之兄长,

---

43 常年累月,滿文讀作“biya giyalarakū, aniya inderakū”,意即「月無間隔,年不歇宿。」

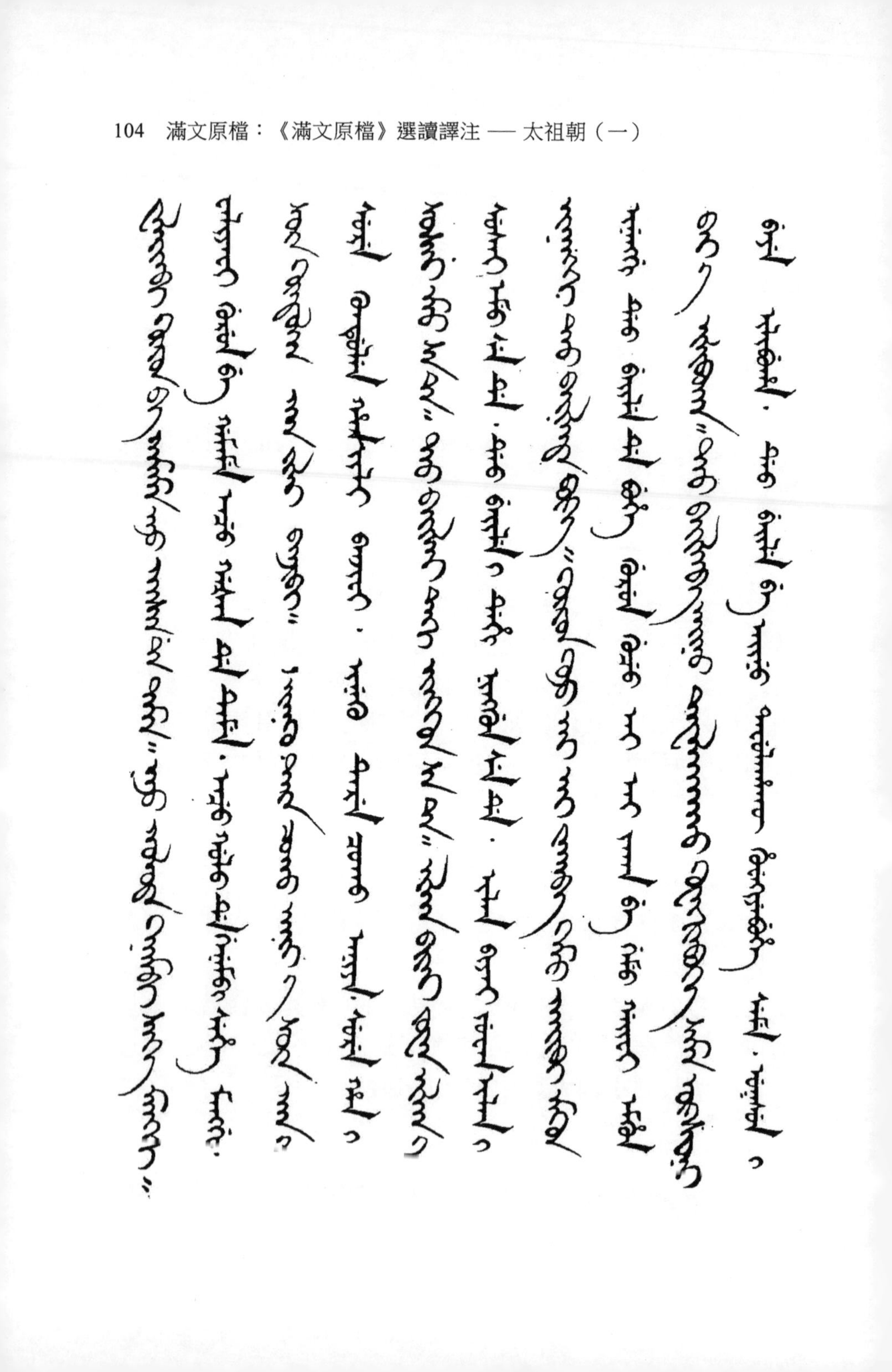

waliyafi gurun be gamame encu gašan de teme, encu golode genembi sehe manggi, sure kundulen han jili banjifi, ineku tere coko aniya, sure han i susai emu se de, deo beilei dehi ninggun se de, ilan biyai juwan ilan i inenggi deo beilede buhe gurun gucu ai ai jakabe gemu gaifi emhun beye ilibuha. deo beilebe ainu tafulahakū huwekiyebuhe seme, uksuni

---

聲言攜其部人前往他路，另居他鄉。聰睿恭敬汗動怒，於同酉年聰睿汗五十一歲，弟貝勒四十六歲三月十三日，盡奪分給弟貝勒之國人、僚友及一應物件，使其孤獨而立。其未勸止弟貝勒，反加煽動

声言携其部人前往他路，另居他乡。聪睿恭敬汗动怒，于同酉年聪睿汗五十一岁，弟贝勒四十六岁三月十三日，尽夺分给弟贝勒之国人、僚友及一应物件，使其孤独而立。其未劝止弟贝勒，反加煽动

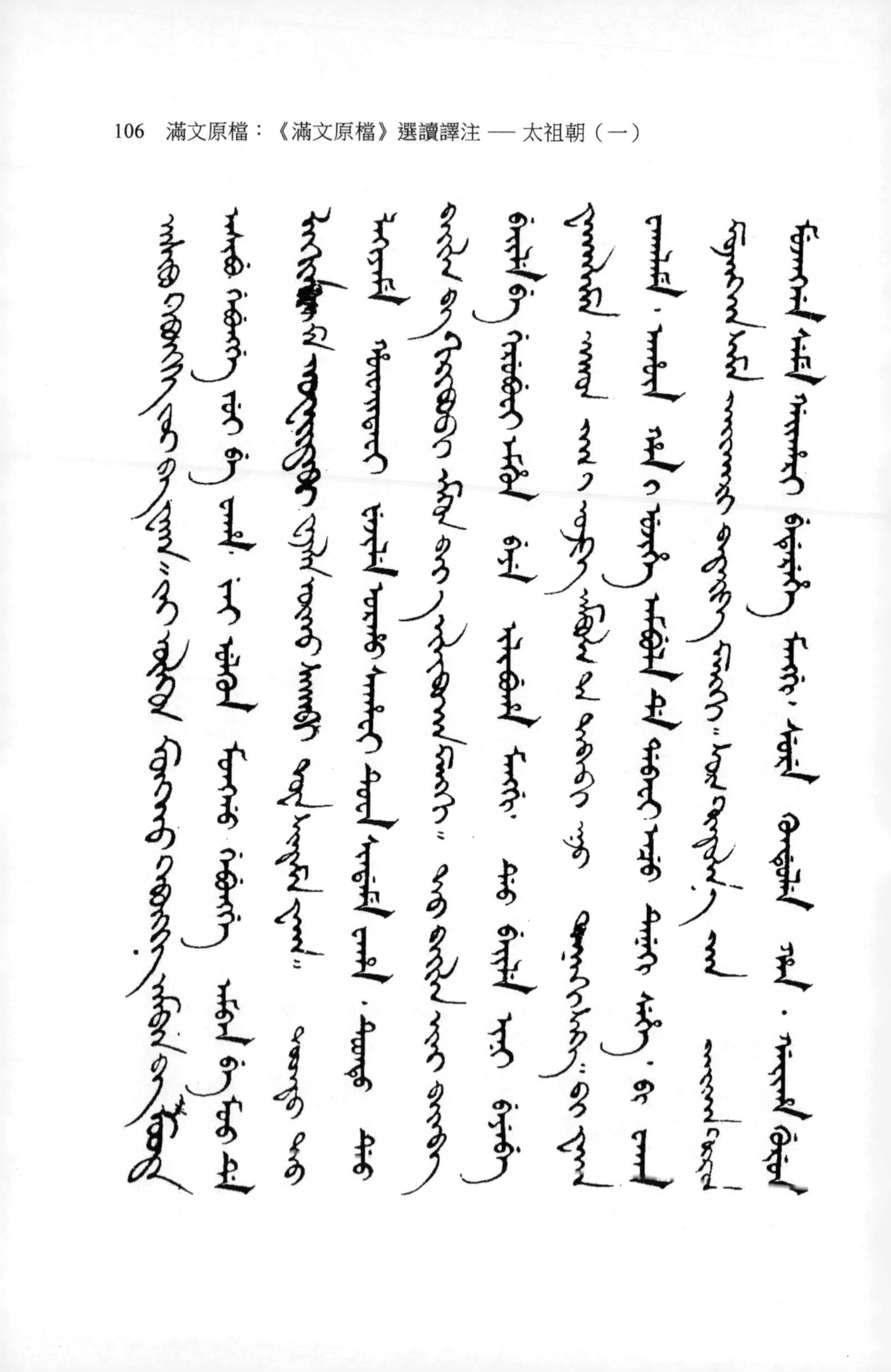

asibu gebungge jui be waha. jai ulkun monggo gebungge amban be moode lakiyame hūwaitafi fejile orho sahafi tuwa sindame waha, tuttu deo beile be girubufi emhun beye ilibuha manggi, deo beile ini beyebe wakalame, ahūn han i ujihe ambula de dabafi encu teneki sehe, bi waka mujangga seme gaihari bederehe manggi, sure kundulen han gaiha gurun

---

之族人阿什布則誅之。 又將大臣烏爾昆蒙兀吊縛樹上，下積柴草，放火焚殺，以此羞辱弟貝勒[44]，使其獨身孤立後，弟貝勒自責曰：「多蒙兄汗贍養，曾欲他往以居，洵屬狂妄越分，實乃我之過也。」於是恍悟回來後，聰睿恭敬汗

之族人阿什布则诛之。 又将大臣乌尔昆蒙兀吊缚树上，下积柴草，放火焚杀，以此羞辱弟贝勒，使其独身孤立后，弟贝勒自责曰：「多蒙兄汗赡养，曾欲他往以居，洵属狂妄越分，实乃我之过也。」于是恍悟回来后，聪睿恭敬汗

---

44 羞辱，《滿文原檔》讀作“giribufi”，《滿文老檔》讀作“girubufi”。

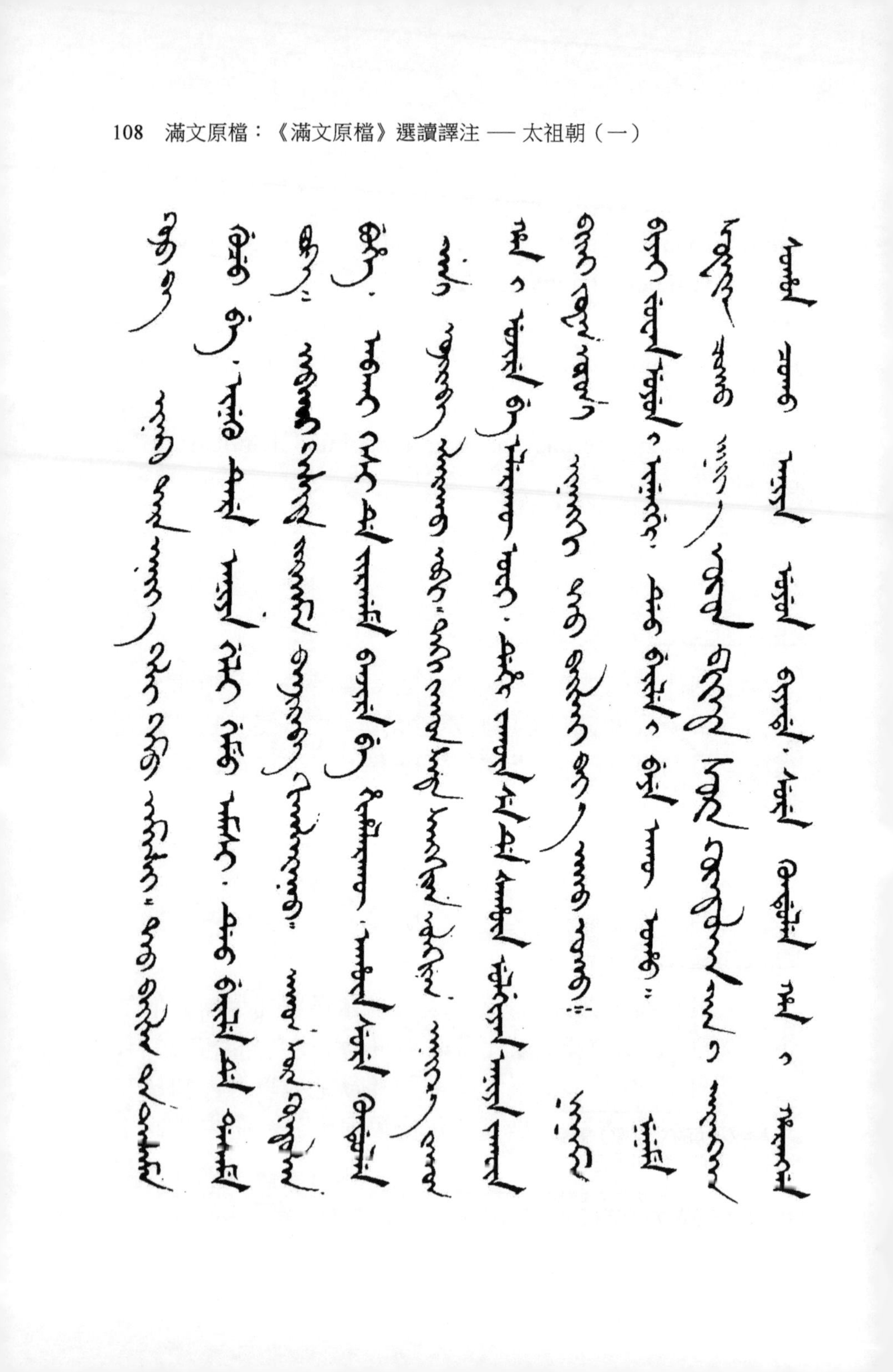

gucu be, ineku tere aniya geli gemu amasi, deo beile de dasame buhe. abkai keside jirgame banjirebe hihalarakū, ahūn sure kundulen han i ujirebe elerakū ofi, dehi jakūn sede sanggiyan〔šahūn〕ulgiyan aniya jakūn biyai juwan uyun i ineggi, deo beilei beye akū oho. neneme suwayan〔sohon〕coko aniya uyun biyade, sure kundulen han i harangga

---

遂將收回之國人僚友，於同年又都歸還弟貝勒。其後弟貝勒不珍惜天恩所賜安樂生活，不滿兄長聰睿恭敬汗之恩養，於四十八歲庚亥〔辛亥〕年八月十九日身故[45]。先前於戊酉〔己酉〕年九月[46]，

遂将收回之国人僚友，于同年又都归还弟贝勒。其后弟贝勒不珍惜天恩所赐安乐生活，不满兄长聪睿恭敬汗之恩养，于四十八岁庚亥〔辛亥〕年八月十九日身故。先前于戊酉〔己酉〕年九月，

---

45 庚亥，《滿文原檔》讀作 “sanggiyan ulgiyan”，《滿文老檔》讀作 “šahun ulgiyan”，意即「己酉」。

46 戊酉，《滿文原檔》讀作 “suwayan coko” ，《滿文老檔》讀作 “sohon coko” ，意即「己酉」。

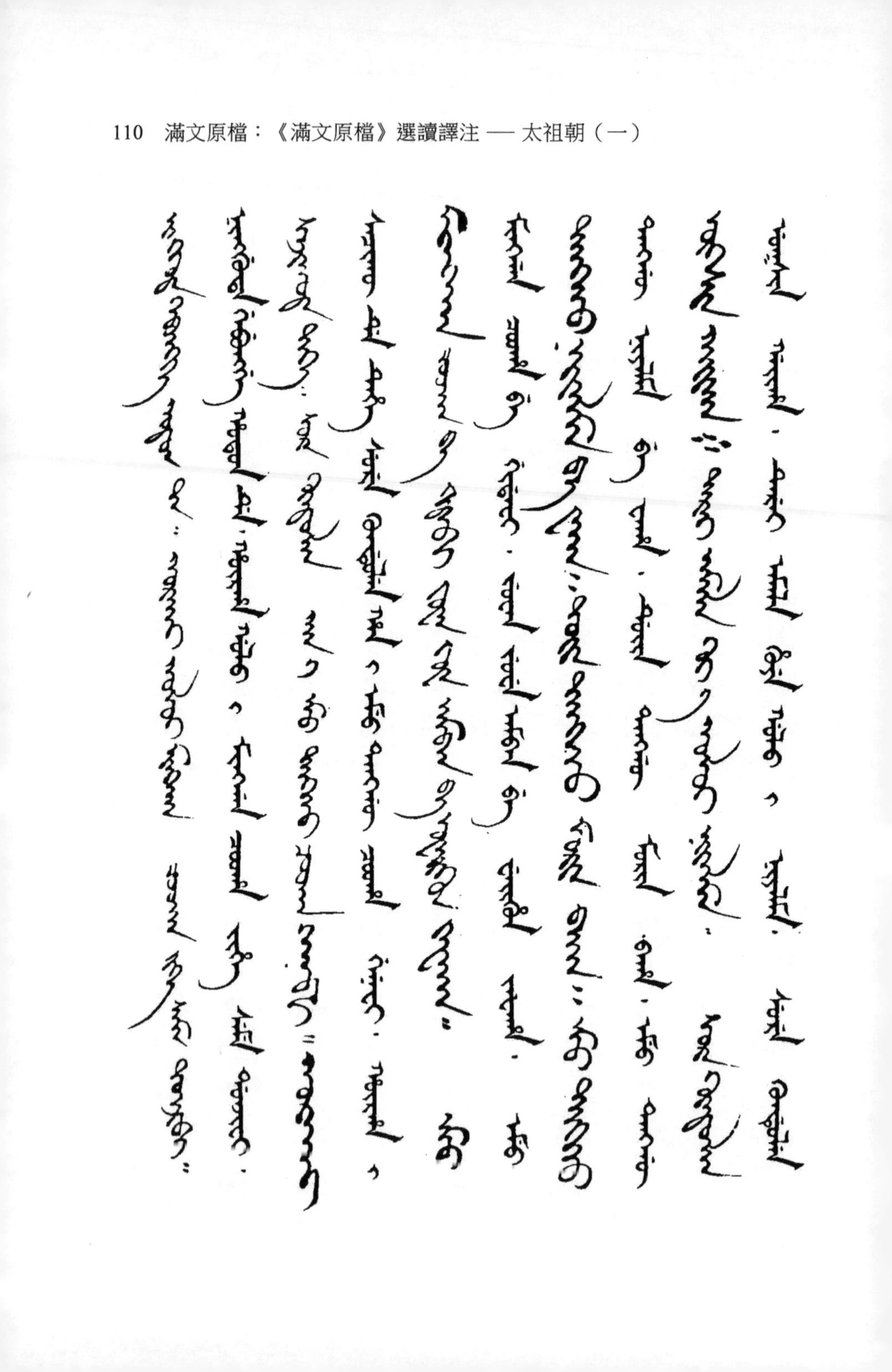

ningguta gebungge hoton de, hūrhai goloi minggan cooha jihe seme donjifi, sacikūde tehe sure kundulen han i emu tanggū cooha genefi, hūrhai minggan cooha be gidafi, juwan juwe amban be weihun jafaha, emu tanggū niyalma be waha, duin tanggū morin baha, emu tanggū uksin gaiha. terei amala huye goloi niyalma, sure kundulen

---

聽聞虎爾哈路之一千兵來犯聰睿恭敬汗所屬之寧古塔，駐薩齊庫之聰睿恭敬汗兵百人前往，擊敗虎爾哈之一千兵，生擒其大臣十二人[47]，斬殺一百人，獲馬四百匹、甲一百副。其後，呼葉路人

听闻虎尔哈路之一千兵来犯聪睿恭敬汗所属之宁古塔，驻萨齐库之聪睿恭敬汗兵百人前往，击败虎尔哈之一千兵，生擒其大臣十二人，斩杀一百人，获马四百匹、甲一百副。其后，呼叶路人

---

47 生擒，《滿文原檔》讀作“uweihun jafaha”，《滿文老檔》讀作“weihun jafaha”。

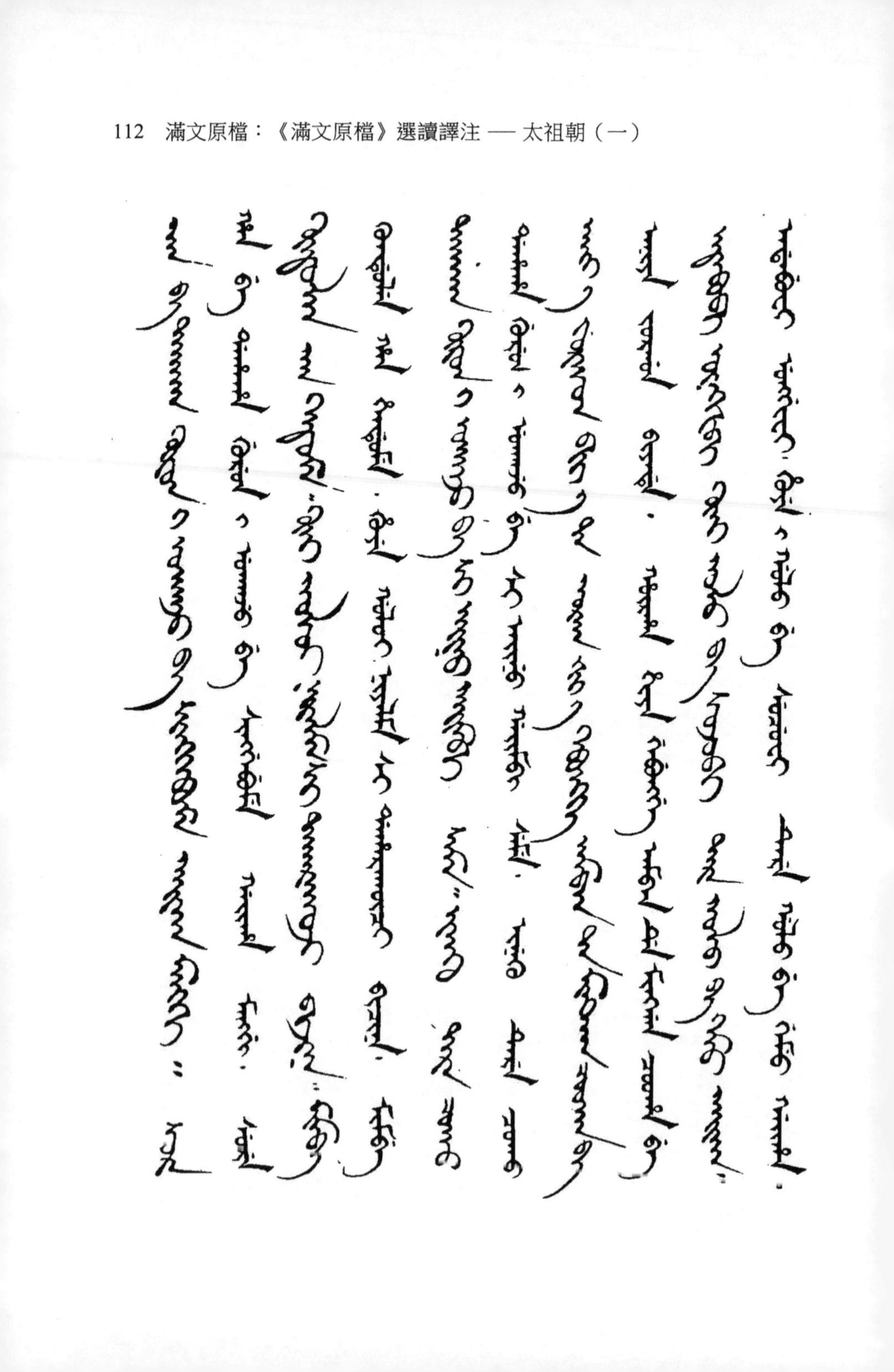

han be dahaha gurun i ukanju be singgebume gaiha manggi, sure kundulen han hendume, huyei goloi niyalma si daharakūci bicina, mimbe dahaha gurun i ukanju be si ainu gaimbi seme, ineku tere coko aniya jorgon biya de, hūrhan hiya gebungge amban de minggan cooha be adabufi unggifi, huyei golo be sucufi tere golo be gemu gaiha,

---

收容已降聰睿恭敬汗國之逃人，聰睿恭敬汗曰：「爾呼葉路人不降則已，為何收容業已降我之國中逃人？」遂於同是酉年十二月，命大臣扈爾漢侍衛率兵千人衝殺呼葉路，俱取其路，

收容已降聪睿恭敬汗国之逃人，聪睿恭敬汗曰：「尔呼叶路人不降则已，为何收容业已降我之国中逃人？」遂于同是酉年十二月，命大臣扈尔汉侍卫率兵千人冲杀呼叶路，俱取其路，

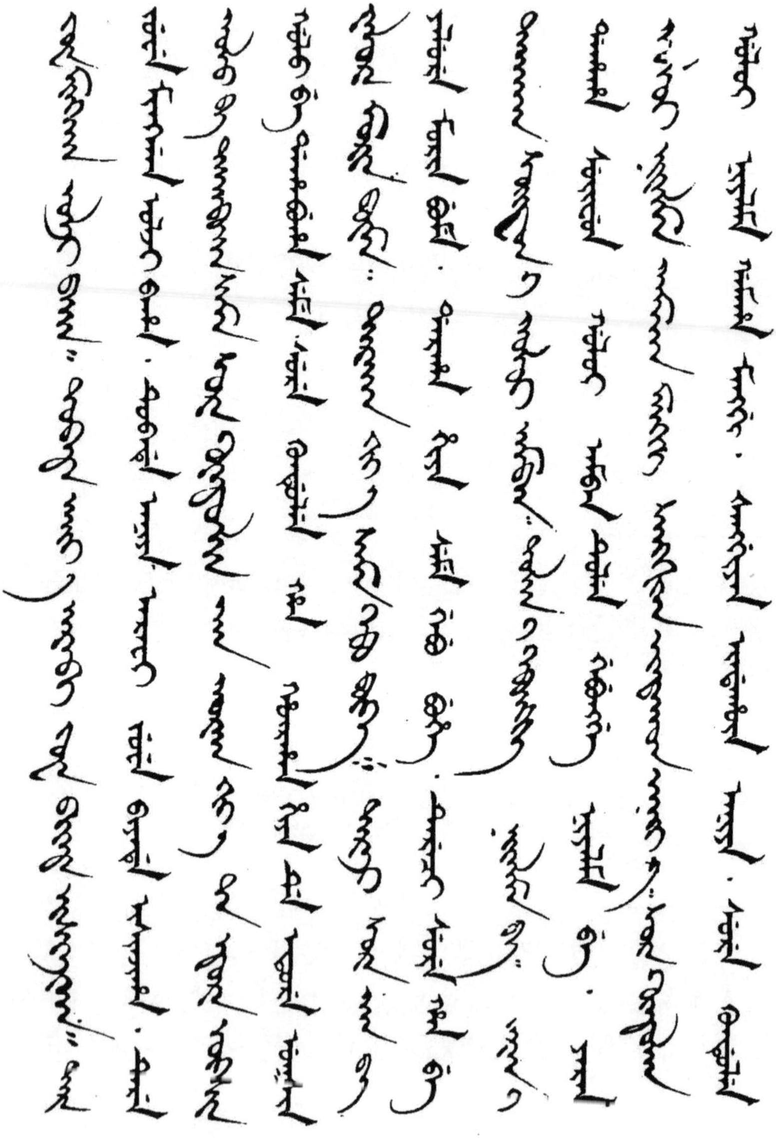

juwe minggan olji baha. tubade aniya arafi juwe biyade isinjiha, tere golo be dahabuha seme sure kundulen han, hūrhan hiya de eture uksin, yalure morin bume, darhan hiya seme gebu buhe. tereci sure han be dahaha suifun i goloi amban tulen i gebungge niyalma be, yaran i goloi niyalma gamaha manggi, šanggiyan indahūn aniya, sure kundulen

---

獲得俘虜二千。於彼處過年，二月返回。聰睿恭敬汗以降服其路，賞給扈爾漢侍衛穿戴之鎧甲、乘騎馬匹，賜號達爾漢侍衛。時有雅蘭路人將已經降服聰睿恭敬汗之綏芬路大臣圖楞擄去。庚戌年，聰睿恭敬

获得俘虏二千。于彼处过年，二月返回。聪睿恭敬汗以降服其路，赏给扈尔汉侍卫穿戴之铠甲、乘骑马匹，赐号达尔汉侍卫。时有雅兰路人将已经降服聪睿恭敬汗之绥芬路大臣图楞掳去。庚戌年，聪睿恭敬

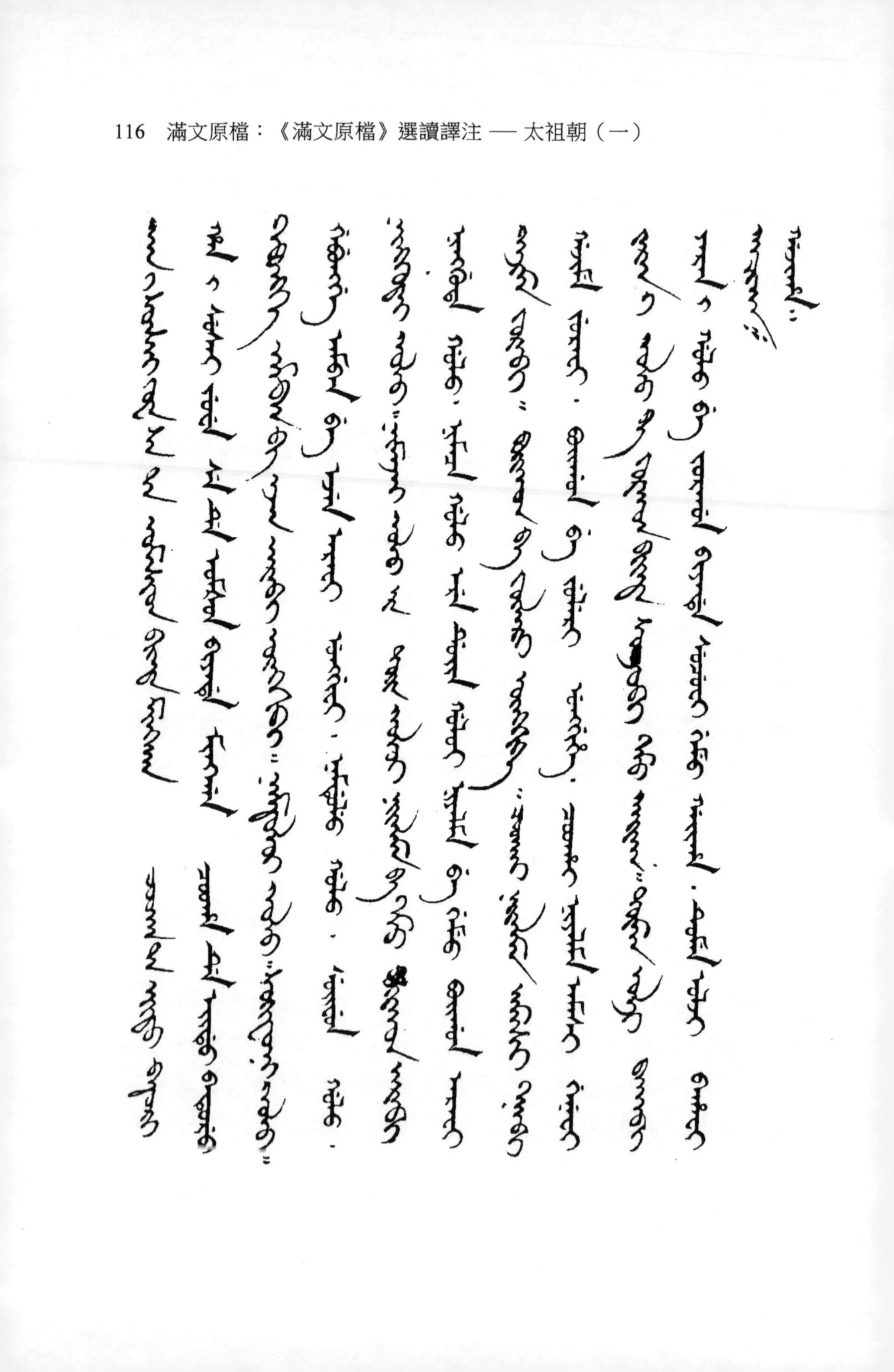

han i susai juwe se de omšon biyade minggan cooha de eidu baturu gebungge amban be ejen arafi unggifi, namdului golo, suifuni golo, ninggutai golo, nimacai golo ere duin goloi niyalma be, gemu boigon arafi gajime jurafi, boigon be juleri unggihe, coohai niyalma amasi genefi, yaran i golo be jorgon biyade sucufi gemu gaiha, tumen olji bahafi gajiha.

汗五十二歲十一月遣兵一千，以大臣額亦都巴圖魯為主將，前往納木都魯路、綏芬路、寧古塔路、尼瑪察四路，將此四路之人俱編為戶口起程帶回，令戶口先行，兵丁回攻，於十二月衝殺雅蘭路，俱取之，獲得俘虜一萬帶回。

汗五十二岁十一月遣兵一千，以大臣额亦都巴图鲁为主将，前往纳木都鲁路、绥芬路、宁古塔路、尼玛察四路，将此四路之人俱编为户口起程带回，令户口先行，兵丁回攻，于十二月冲杀雅兰路，俱取之，获得俘虏一万带回。

七、索還甲冑

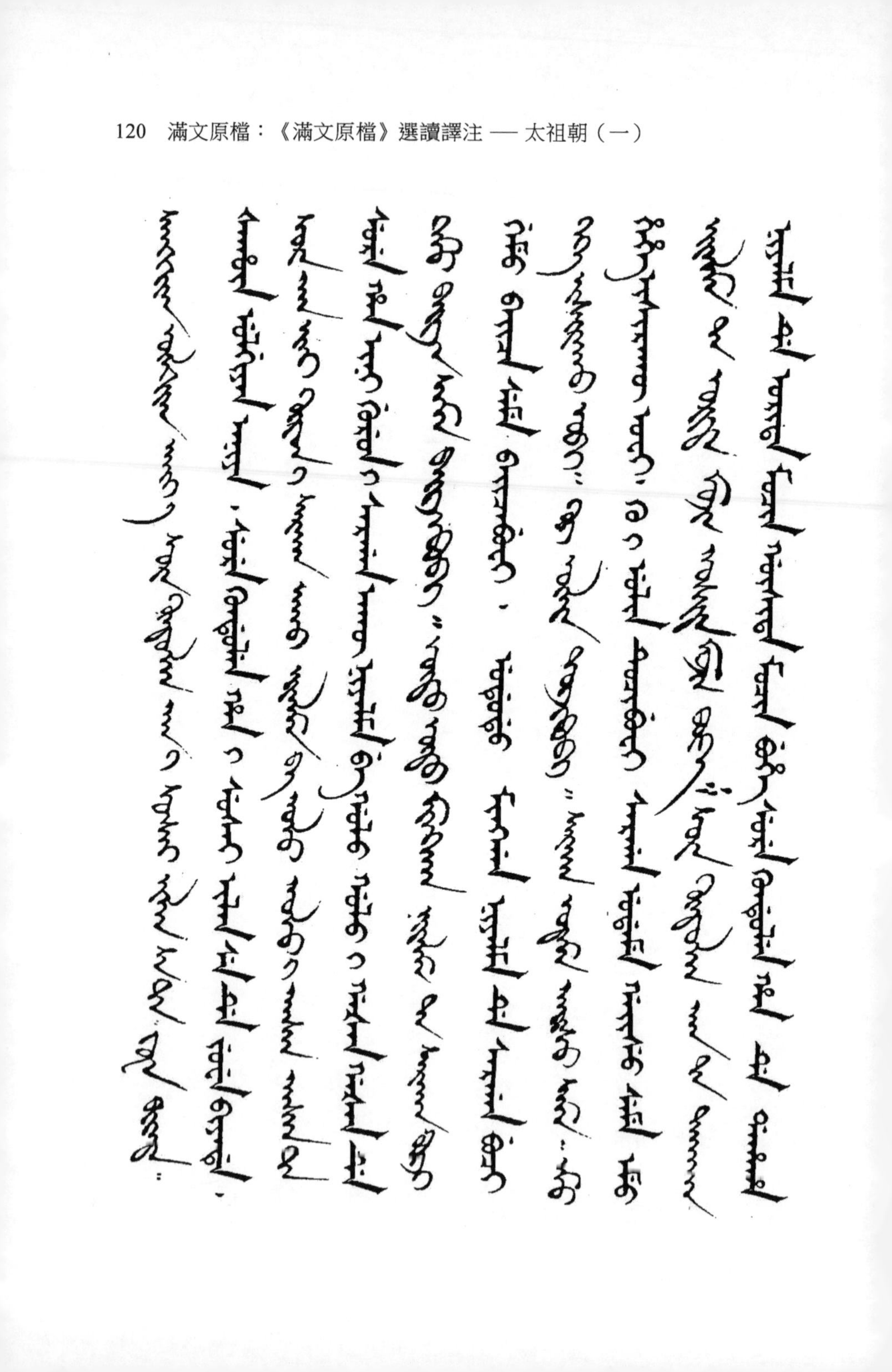

sanggiyan〔šahūn〕ulgiyan aniya, sure kundulen han i susai ilan se de juwe biyade, sure han ini gurun i sargan akū niyalma be golo golo i gašan gašan de gemu baica seme baicabufi, udu udu minggan niyalma de sargan buci hehe isirakū ofi, ku i ulin tucibufi, sargan udame gaisu seme, emu niyalma de orita mocin gūsita mocin buhe. sure kundulen han de dahaha

fm

庚亥〔辛亥〕年[48]，聰睿恭敬汗五十三歲，二月，聰睿汗命查其國中各路各村無妻之人，計數千人，若皆配以妻室，則女子不足，故發庫帑，每人給與毛青皮各二十疋、三十疋，以買娶妻室。

庚亥〔辛亥〕年，聪睿恭敬汗五十三岁，二月，聪睿汗命查其国中各路各村无妻之人，计数千人，若皆配以妻室，则女子不足，故发库帑，每人给与毛青皮各二十疋、三十疋，以买娶妻室。

48 庚亥，《滿文原檔》讀作“sanggiyan ulgiyan”，《滿文老檔》讀作“šahūn ulgiyan”，意即「辛亥」。

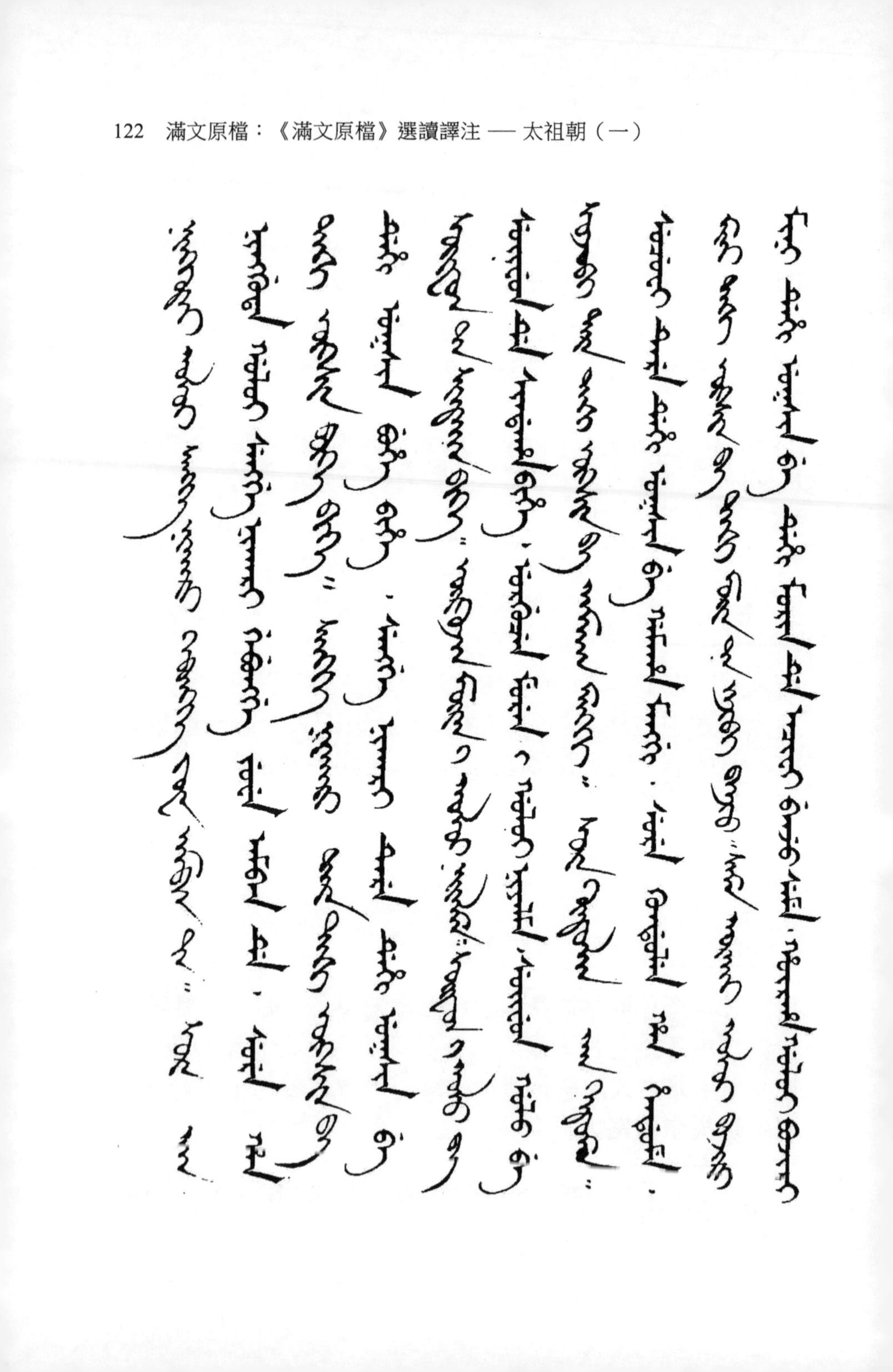

ninggutai goloi sengge nikari gebungge juwe amban de, sure han dehi uksin buhe bihe. sengge nikari tere dehi uksin be suifun de sindaha bihe. urgucen muren i goloi niyalma, suifun i golo be sucufi tere dehi uksin be gamaha manggi, sure kundulen han hendume, mini dehi uksin be dehi morin de acifi benju seme, hūrha goloi bojiri

---

聰睿恭敬汗曾賜來降之寧古塔路僧格、尼喀里二大臣甲四十副。僧格、尼喀里將其四十副甲置放於綏芬路。烏爾古宸、木倫路之人衝殺綏芬路時，取走四十副甲。聰睿恭敬汗遂遣虎爾哈路人博濟里往諭曰：「將我四十副甲以四十匹馬馱負送還。」

聪睿恭敬汗曾赐来降之宁古塔路僧格、尼喀里二大臣甲四十副。僧格、尼喀里将其四十副甲置放于绥芬路。乌尔古宸、木伦路之人冲杀绥芬路时，取走四十副甲。聪睿恭敬汗遂遣虎尔哈路人博济里往谕曰：「将我四十副甲以四十匹马驮负送还。」

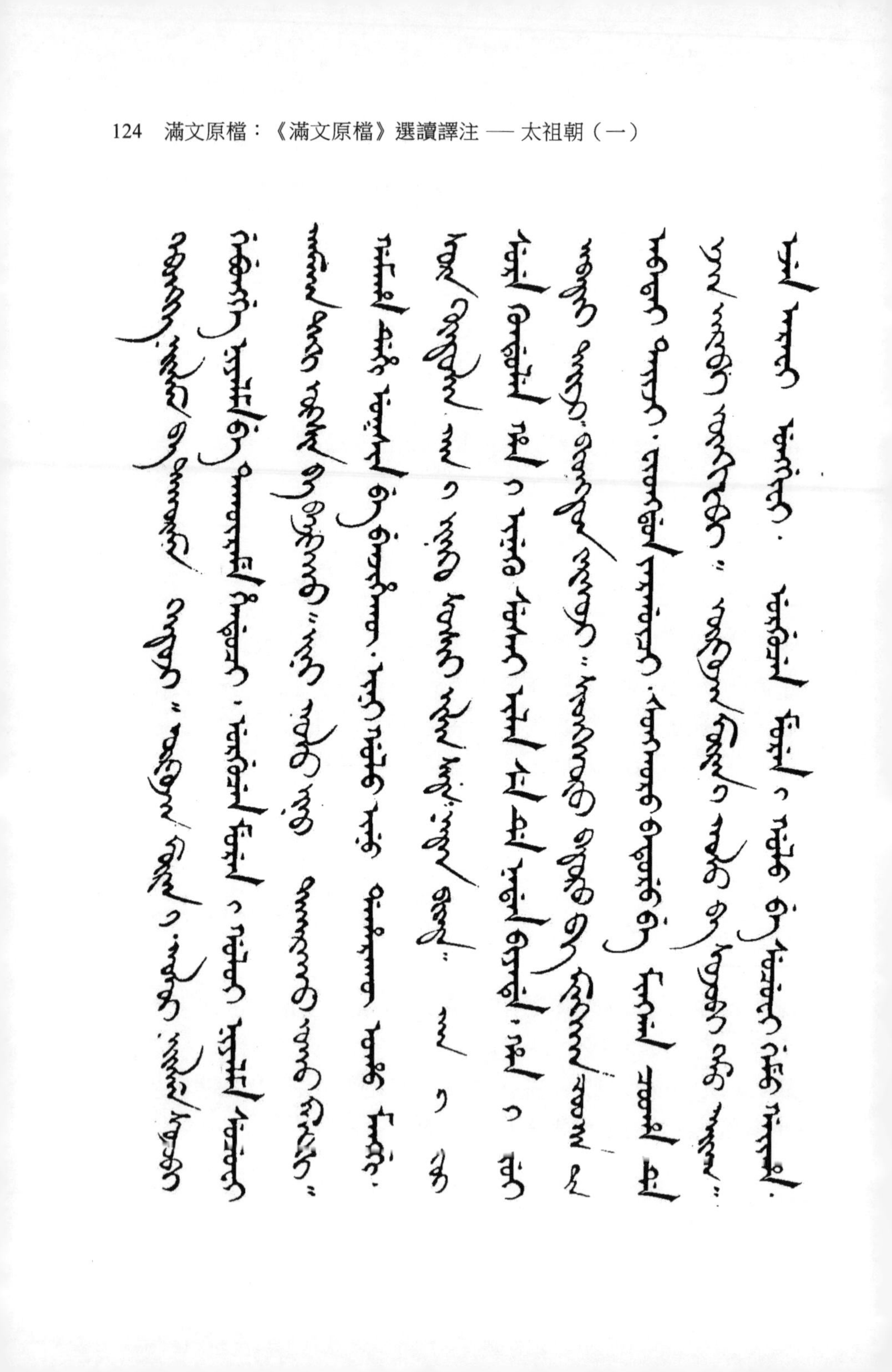

gebungge niyalma be takūrame henduci, urgucen muren i goloi niyalma sucufi gamaha dehi uksin be benjihekū, ini golo inu daharakū oho manggi. sure kundulen han i ineku susai ilan sede nadan biyade, han i jui abatai taiji, fiongdon jargūci, šongkoro baturu be minggan cooha de ejen arafi unggifi, urgucen muren i golo be sucufi gemu gaiha,

---

烏爾古宸、木倫路人，既未送還襲取之四十副甲，其路亦未降服。聰睿恭敬汗五十三歲同年七月，以汗子阿巴泰台吉、費英東扎爾固齊、碩翁科羅巴圖魯為主將，率兵千人，襲擊烏爾古宸、木倫路，俱取之，

乌尔古宸、木伦路人，既未送还袭取之四十副甲，其路亦未降服。聪睿恭敬汗五十三岁同年七月，以汗子阿巴泰台吉、费英东扎尔固齐、硕翁科罗巴图鲁为主将，率兵千人，袭击乌尔古宸、木伦路，俱取之，

八、扎庫塔城

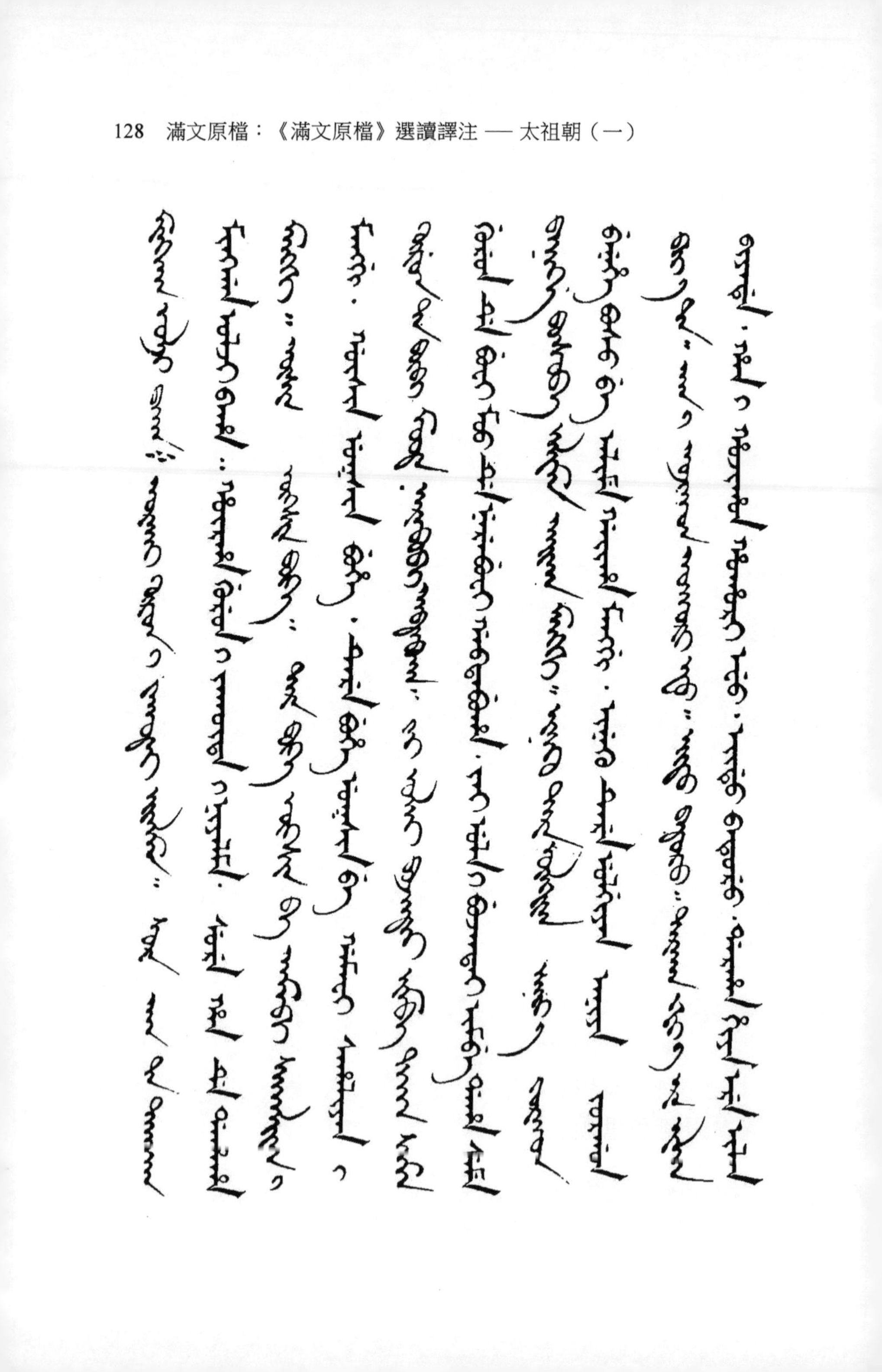

minggan olji baha. hūrhai gurun i jakūtai niyalma, sure han de dahaha manggi, gūsin uksin buhe, tere buhe uksin be gamafi sahaliyan i gurun de bufi, moode nerebufi gabtabuha. jai ulai bujantai, imbe daha seme benehe bosobe alime gaiha manggi, ineku tere ulgiyan aniya jorgon biya de, han i hojihon hohori efu, eidu baturu, darhan hiya ere ilan

---

獲得俘虜一千。虎爾哈國之扎庫塔人投降聰睿汗後[49]，賜甲三十副。彼將所賜之甲取去後，轉送薩哈連國人，披於樹上射之，又收受烏拉布占泰所送招降之布疋。亥年十二月，汗遣女婿何和里額駙、額亦都巴圖魯、達爾漢侍衛三

获得俘虏一千。虎尔哈国之扎库塔人投降聪睿汗后，赐甲三十副。彼将所赐之甲取去后，转送萨哈连国人，披于树上射之，又收受乌拉布占泰所送招降之布疋。亥年十二月，汗遣女婿何和里额驸、额亦都巴图鲁、达尔汉侍卫三

49 虎爾哈國，《滿文原檔》讀作“hūrhai gurun”，《滿文老檔》讀作“hūrha gurun”。

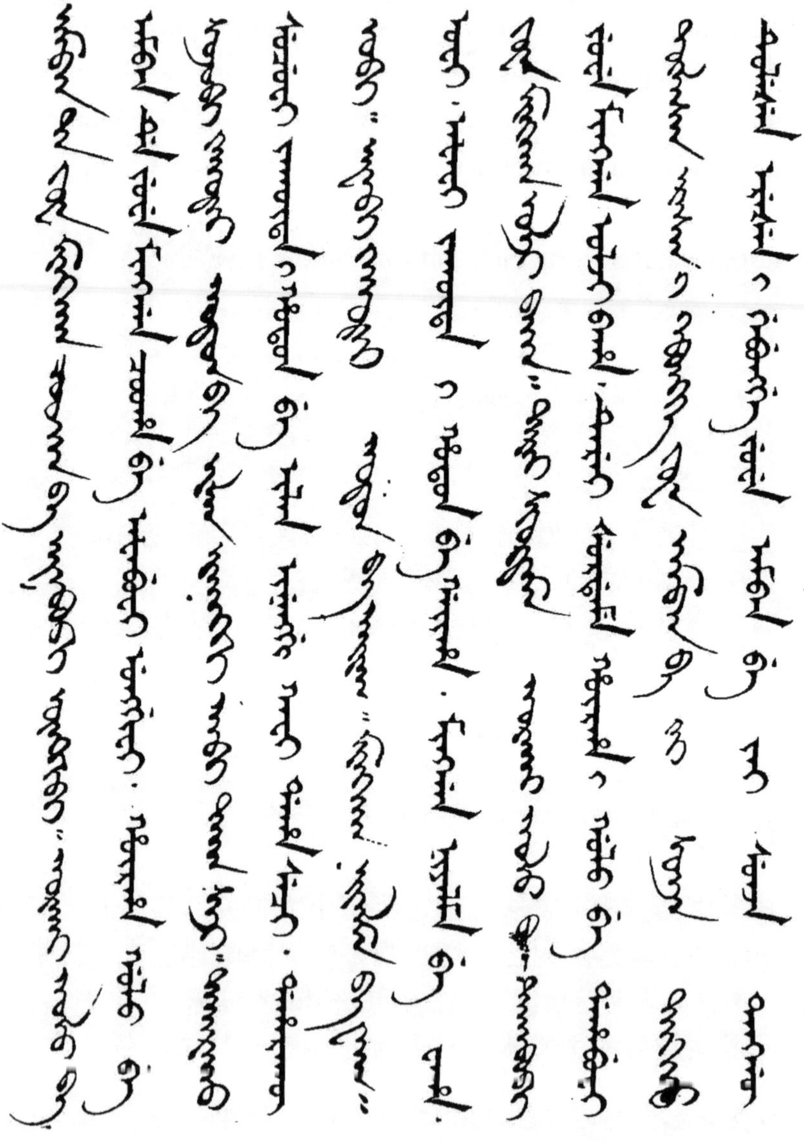

amban de juwe minggan cooha be afabufi unggifi, hūrhai golo be sucufi, jakūtai hoton be ilan inenggi kafi daha seci, daharakū ofi, afafi jakūtai hoton be gaiha, minggan niyalma be waha, juwe minggan olji baha, terei šurdeme hūrhai golo be dahabufi tulešen erešen i gebungge juwe amban be jai sunja tanggū

大臣率兵二千，往襲虎爾哈路[50]；圍扎庫塔城三日，招之而不服，遂攻取扎庫塔城，斬人一千，獲俘虜二千。其環近虎爾路地方[51]，盡招服之，將土勒伸、額勒伸二大臣及五百[52]

大臣率兵二千，往袭虎尔哈路；围扎库塔城三日，招之而不服，遂攻取扎库塔城，斩人一千，获俘虏二千，其环近虎尔路地方，尽招服之，将土勒伸、额勒伸二大臣及五百

---

50 虎爾哈路，《滿文原檔》讀作“hūrhai golo”《滿文老檔》讀作“hūrha golo”。

51 環近，《滿文原檔》讀作“siurdeme”，《滿文老檔》讀作“šurdeme”，意即「周圍」。

52 額勒伸，《滿文原檔》讀作“eresen”，《滿文老檔》讀作“erešen”。

九、虎爾哈路

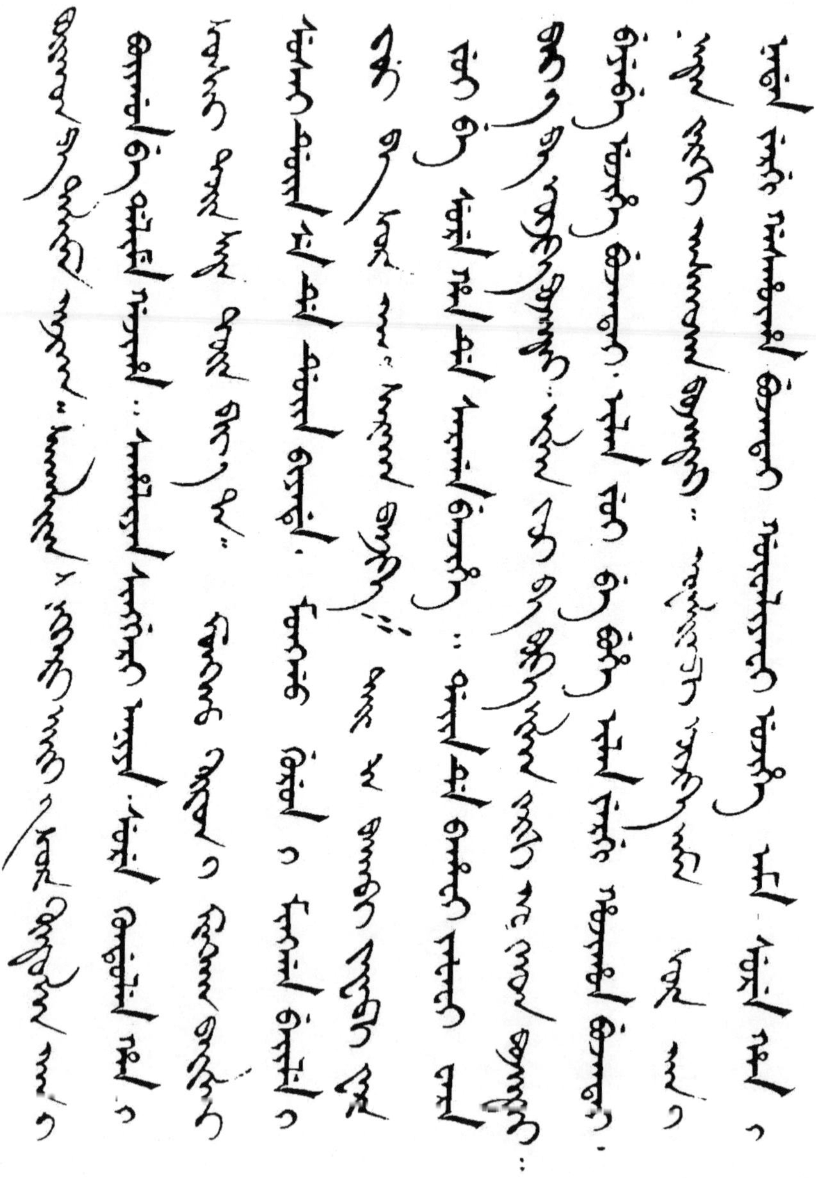

boigon be dalime gajiha. sahaliyan singgeri aniya, sure kundulen han i susai duin sede duin biya de, monggo gurun i minggan beilei jui be sure han de sargan benjihe. dain de bahafi jafafi wara beye be ujihe bujantai, ilan jui be buhe ilan jergi hojihon bujantai, nadan jergi gashūha bujantai gūwaliyafi ujihe ama sure han i

---

戶人收之而回。壬子年，聰睿恭敬汗五十四歲。四月，蒙古國明安貝勒送其女與聰睿汗為妻。昔於陣中擒獲赦其應殺之身而恩養之布占泰，妻以三女，三次為婿之布占泰，七次盟誓之布占泰，竟負盟約，

户人收之而回。壬子年，聪睿恭敬汗五十四岁。四月，蒙古国明安贝勒送其女与聪睿汗为妻。昔于阵中擒获赦其应杀之身而恩养之布占泰，妻以三女，三次为婿之布占泰，七次盟誓之布占泰，竟负盟约，

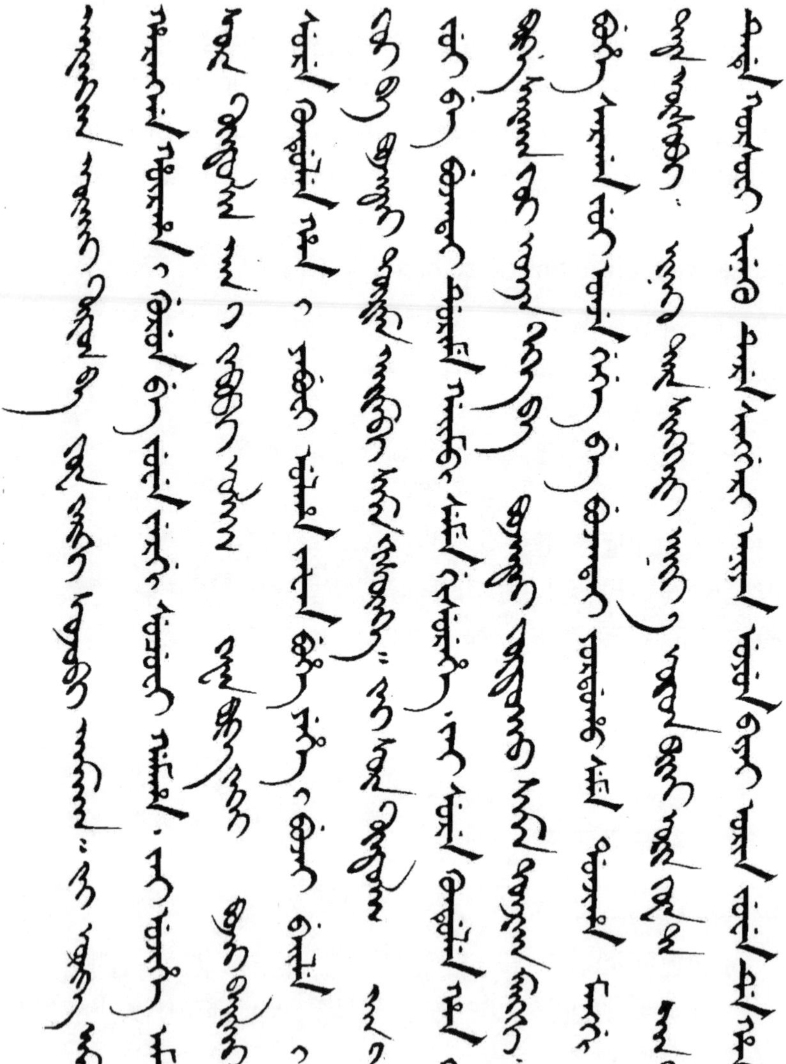

harangga hūrhai gurun be juwe jergi sucufi gamaha. jai ujihe ama sure kundulen han i yabufi ulha jafan buhe yehei bujai beilei jui be bujantai durime gaimbi seme gisurehe. jai sure kundulen han i buhe sargan jui onje gege be bujantai yordoho seme donjiha manggi, tede korsofi ineku tere singgeri aniya uyun biyai orin juwe de han i

---

二次襲取養父聰睿汗所屬虎爾哈國；又稱欲奪取養父聰睿恭敬汗以牲畜行聘葉赫布寨貝勒之女，又聞其以骲頭箭射[53]聰睿恭敬汗所賜之女娥恩哲格格。汗甚憤恨，遂於那子年九月二十二日，

二次袭取养父聪睿汗所属虎尔哈国；又称欲夺取养父聪睿恭敬汗以牲畜行聘叶赫布寨贝勒之女，又闻其以骲头箭射聪睿恭敬汗所赐之女娥恩哲格格。汗甚愤恨，遂于那子年九月二十二日，

---

53 骲頭箭射，《滿文原檔》寫作“jordoko”，《滿文老檔》讀作“yordoho”。按此為無圈點滿文“jo”與“yo”；“ko”與“ho”的混用現象。

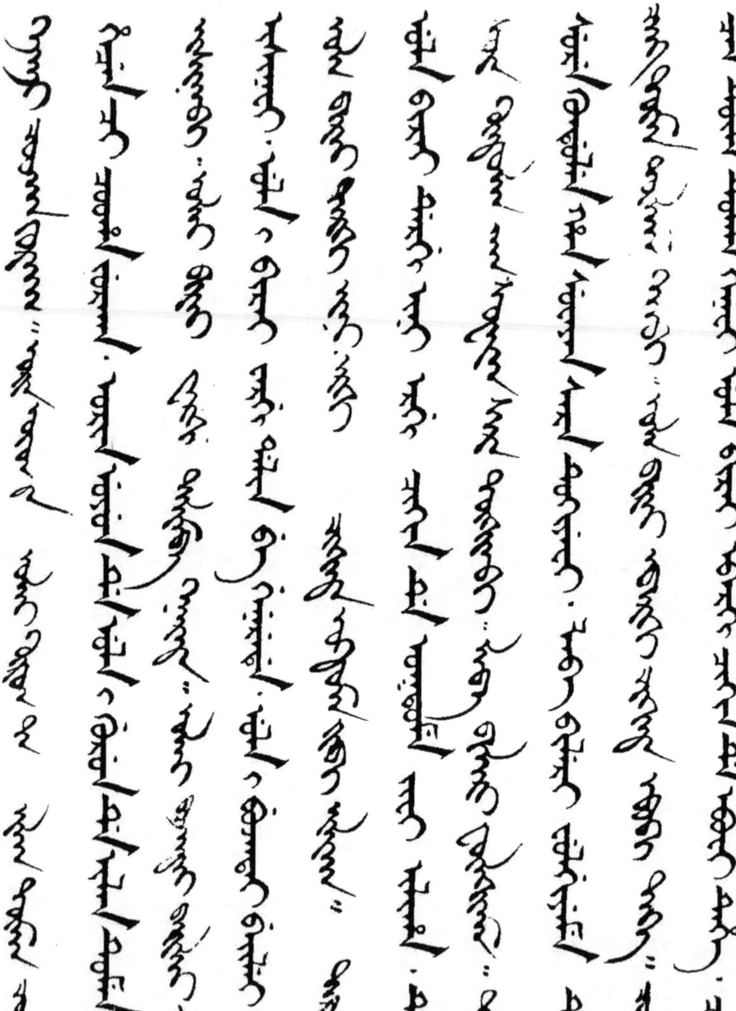

hecenci cooha juraka. orin uyun de, ulai gurun de ilan tumen cooha isinafi, ulai birai wargi dalimbe generede, ulai bujantai beilei cooha ula birai dergi ini ergi cikinde okdome jifi iliha. tereci sure kundulen han suwayan sara tukiyefi, laba bileri fulgiyeme tungken cang tūme duleme genefi, ula birai ebergi cikinde ebufi tehe, coohai

---

汗率兵自城出發征討。二十九日，三萬兵抵烏拉國，沿烏拉河西岸而行時，烏拉布占泰貝勒之兵迎至烏拉河東岸立營。聰睿恭敬汗遂張黃蓋，吹喇叭、嗩吶，鳴鑼擊鼓而過[54]，至烏拉河此岸下馬而坐，

汗率兵自城出发征讨。二十九日，三万兵抵乌拉国，沿乌拉河西岸而行时，乌拉布占泰贝勒之兵迎至乌拉河东岸立营。聪睿恭敬汗遂张黄盖，吹喇叭、唢呐，鸣锣击鼓而过，至乌拉河此岸下马而坐，

---

54 鳴鑼擊鼓，句中「鑼」，《滿文原檔》讀作“cang”，《滿文老檔》讀作“can”。

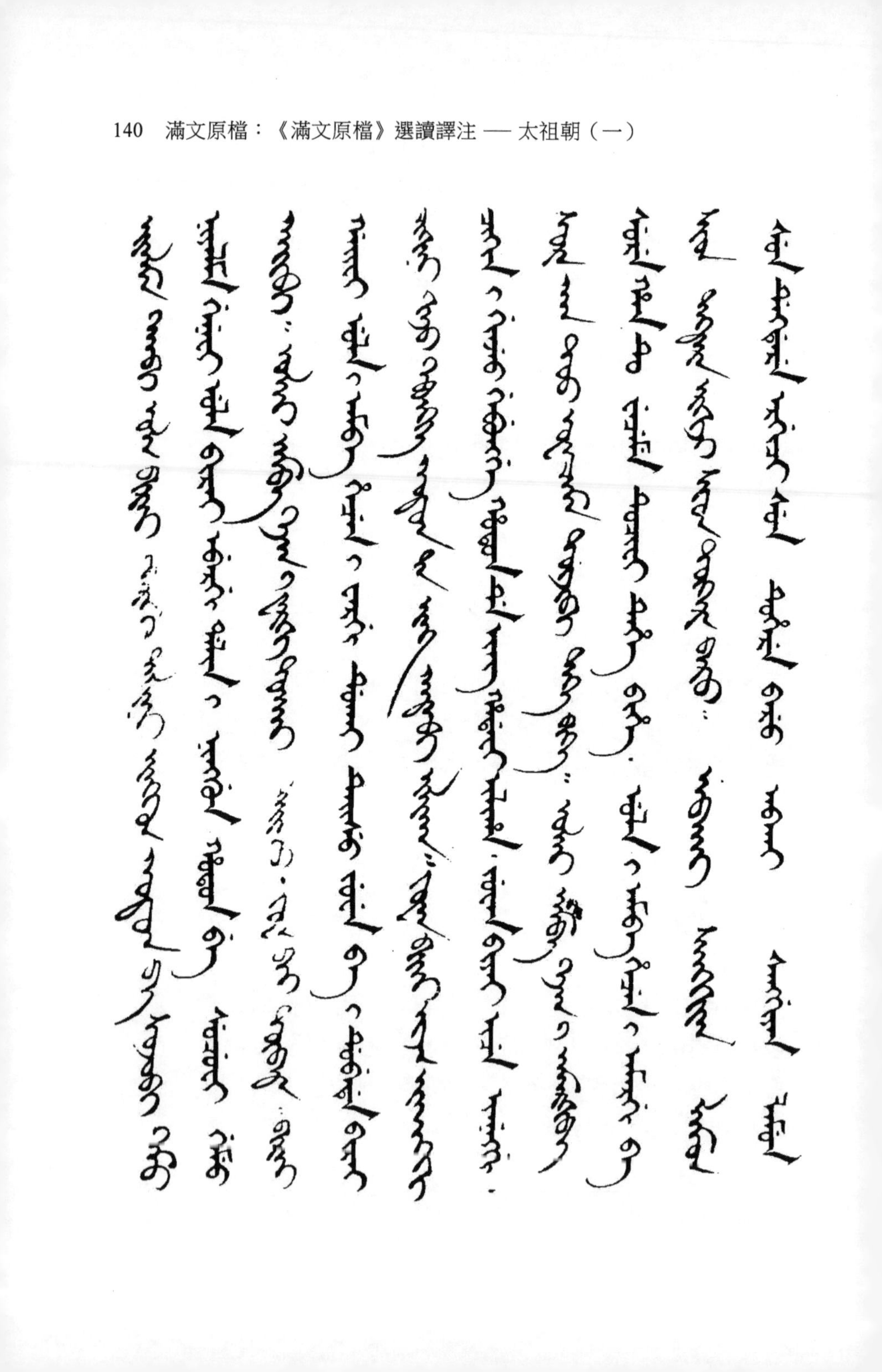

niyalma genefi ula birai ebergi dalini ninggun hoton be sucufi gemu gaifi, ulai amba hecen i wargi dukai teisu juwe bai dubede, birai cikini ginjo gebungge hoton de ing hadafi iliha. juwan biyai ice inenggi, sure han tu weceme tucifi tehe bihe, ulai amba hecen i amargiba, šun dekdere ergici šun tuhere baru, abkai šanggiyan lamun

---

兵士前往將烏拉河此岸六城皆襲取之，於烏拉大城西門二里外河岸之金州城立營[55]。十月初一日，聰睿汗出營祭纛，見烏拉大城之北上空自東向西有藍白

兵士前往将乌拉河此岸六城皆袭取之，于乌拉大城西门二里外河岸之金州城立营。十月初一日，聪睿汗出营祭纛，见乌拉大城之北上空自东向西有蓝白

---

55 金州，《滿文原檔》讀作“ginjo”，《滿文老檔》讀作“ginjeo”，同音異譯。

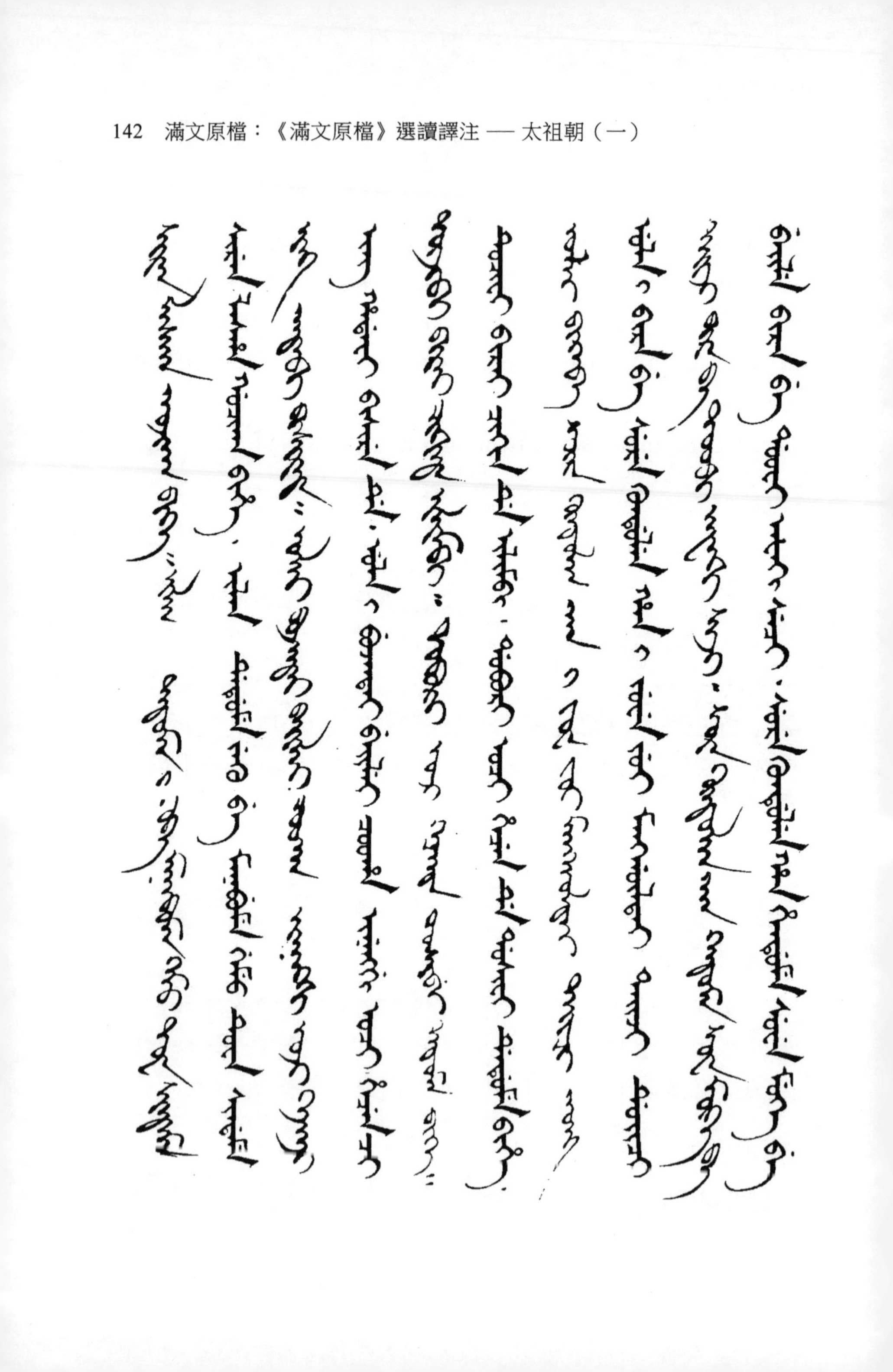

siren lasha gocika bihe, ilan dedume jekube manabume gemu tuwa sindame, ing hadafi bisirede, ulai bujantai beilei cooha inenggi oci hecenci tucifi birai cikinde ilimbi, dobori oci hecende dosifi dedume bihe, ulai birabe sure kundulen han i juwe jui manggūltai taiji, hong taiji bira be doofi afaki seci, sure kundulen han hendume, suwe muke be

---

二光橫貫東西，乃駐三日，放火盡焚其積糗。設營期間，烏拉布占泰貝勒之兵，晝則出城立於河畔，夜則入城駐宿。聰睿恭敬汗之二子莽古爾泰台吉及洪台吉請渡河擊之[56]。聰睿恭敬汗曰：「爾等

二光横贯东西，乃驻三日，放火尽焚其积糗。设营期间，乌拉布占泰贝勒之兵，昼则出城立于河畔，夜则入城驻宿。聪睿恭敬汗之二子莽古尔泰台吉及洪台吉请渡河击之。聪睿恭敬汗曰：「尔等

---

56 洪台吉，亦即「皇太極」，清太宗名諱，清太祖第四子。《滿文原檔》讀作“hong taiji”，《滿文老檔》讀作“duici beile”，意即「四貝勒」。

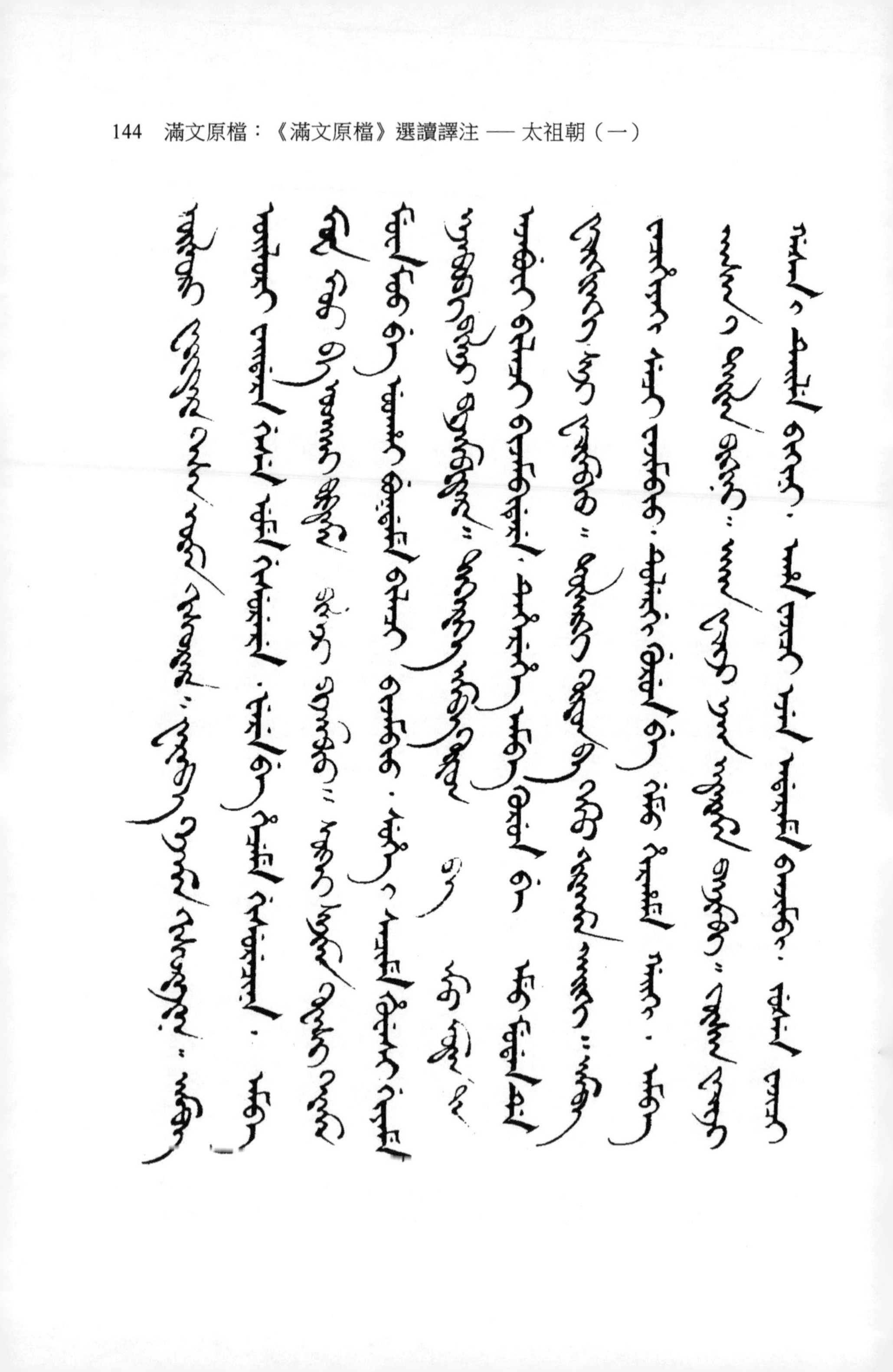

[illegible]

oilori waidara gese ume gisurere, ferebe heceme gisurecina. amba muwa moo be uthai bukdame bilaci bijambio. suhei sacime huwesi giyame ajabufi bilaci bijambidere. teherehe amba gurun be emu mudan de wacihiyaki seci wajimbio. tulergi gurun be gemu hirhame gaiki, amba gašan i teile bikini, aha wajici ejen adarame banjimbi. jušen wajici

---

勿說似此浮面取水之言，當議探源之論耳。如伐粗大之木，豈能遽折耶？必以斧砍刀削，然後可折。欲一舉滅其勢均力敵之大國，豈能滅之？必先削平其外城，獨留其大村，無僕則主又何以為生？諸申滅，

勿说似此浮面取水之言，当议探源之论耳。如伐粗大之木，岂能遽折耶？必以斧砍刀削，然后可折。欲一举灭其势均力敌之大国，岂能灭之？必先削平其外城，独留其大村，无仆则主又何以为生？诸申灭，

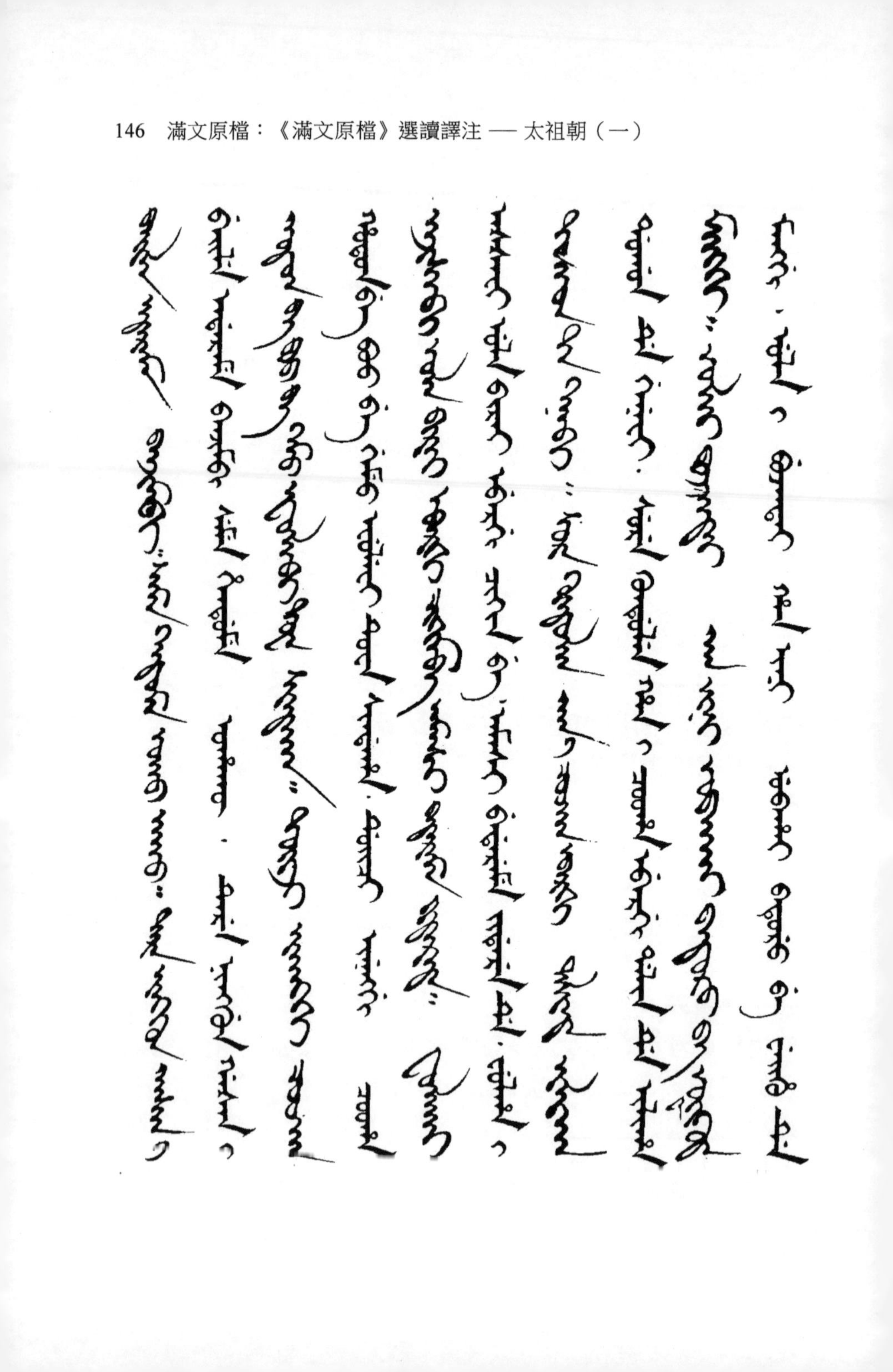

beile adarame banjimbi, seme hendume oho akū. tere ninggun gašan i hoton be boo be gemu efulefi tuwa sindaha. duici inenggi cooha acisafi ula birai ebergi cikimbe, amasi bedereme jiderede, fulhai dogon de genefi, sure kundulen han i cooha ebergi dalinde iliha manggi, ulai bujantai han ini ubahai baturu be weihude

---

則貝勒又如何為生耶？」未依所言[57]。遂毀其六城，盡焚其廬舍。第四日移兵沿烏拉河此岸返回[58]，行至伏爾哈渡口，聰睿恭敬汗之兵立營於此岸。烏拉布占泰汗令其烏巴海巴圖魯乘坐獨木舟[59]

则贝勒又如何为生耶？」未依所言。遂毁其六城，尽焚其庐舍。第四日移兵沿乌拉河此岸返回，行至伏尔哈渡口，聪睿恭敬汗之兵立营于此岸。乌拉布占泰汗令其乌巴海巴图鲁乘坐独木舟

---

57 未依，《滿文原檔》讀作“oho akū”，《滿文老檔》讀作“ohakū”。
58 移兵，《滿文原檔》讀作“cooha acisafi”，《滿文老檔》讀作“cooha aššafi”。
59 獨木舟，《滿文原檔》讀作“uihu”，《滿文老檔》讀作“weihu”。

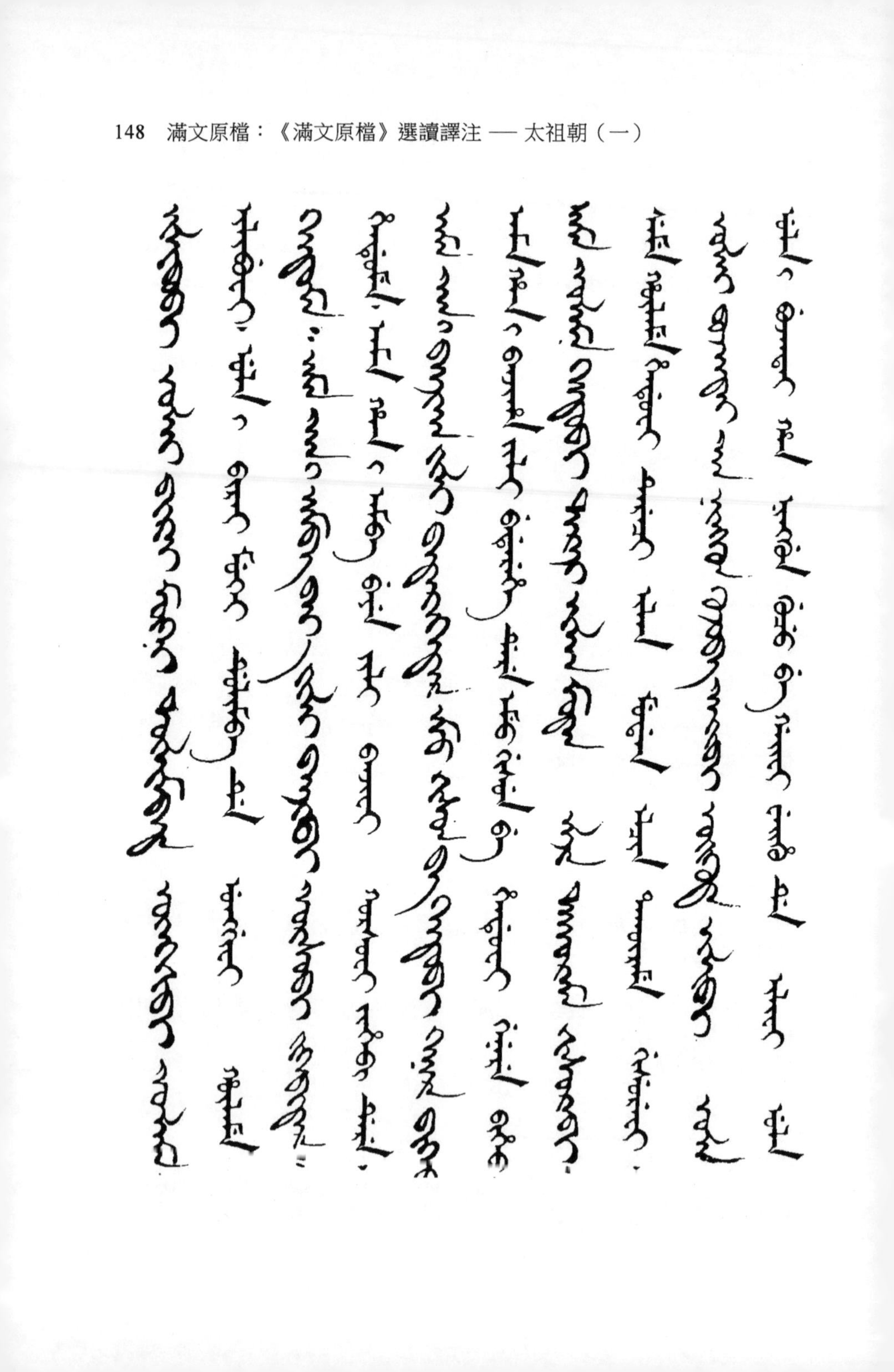

ilibufi, ulai birai mukei dulimbade unggifi hūlame hendume, ama han i amba beye jili banjifi korsofi jihebidere, ama han i banjiha jili bederehedere, emu gisun be hendufi genere biheo seme hūlame hendufi, tereci ilan mudan elcin takūrame gisurefi, ulai bujantai han ninggun gucube gaifi weihude ilifi ula

---

至烏拉河中央呼曰：「父汗大駕或因憤怒而來也。父汗之怒想已平息，乞留一言而歸。」於是遣使來告者三。烏拉布占泰汗率其六僚友立於獨木舟，

至乌拉河中央呼曰：「父汗大驾或因愤怒而来也。父汗之怒想已平息，乞留一言而归。」于是遣使来告者三。乌拉布占泰汗率其六僚友立于独木舟，

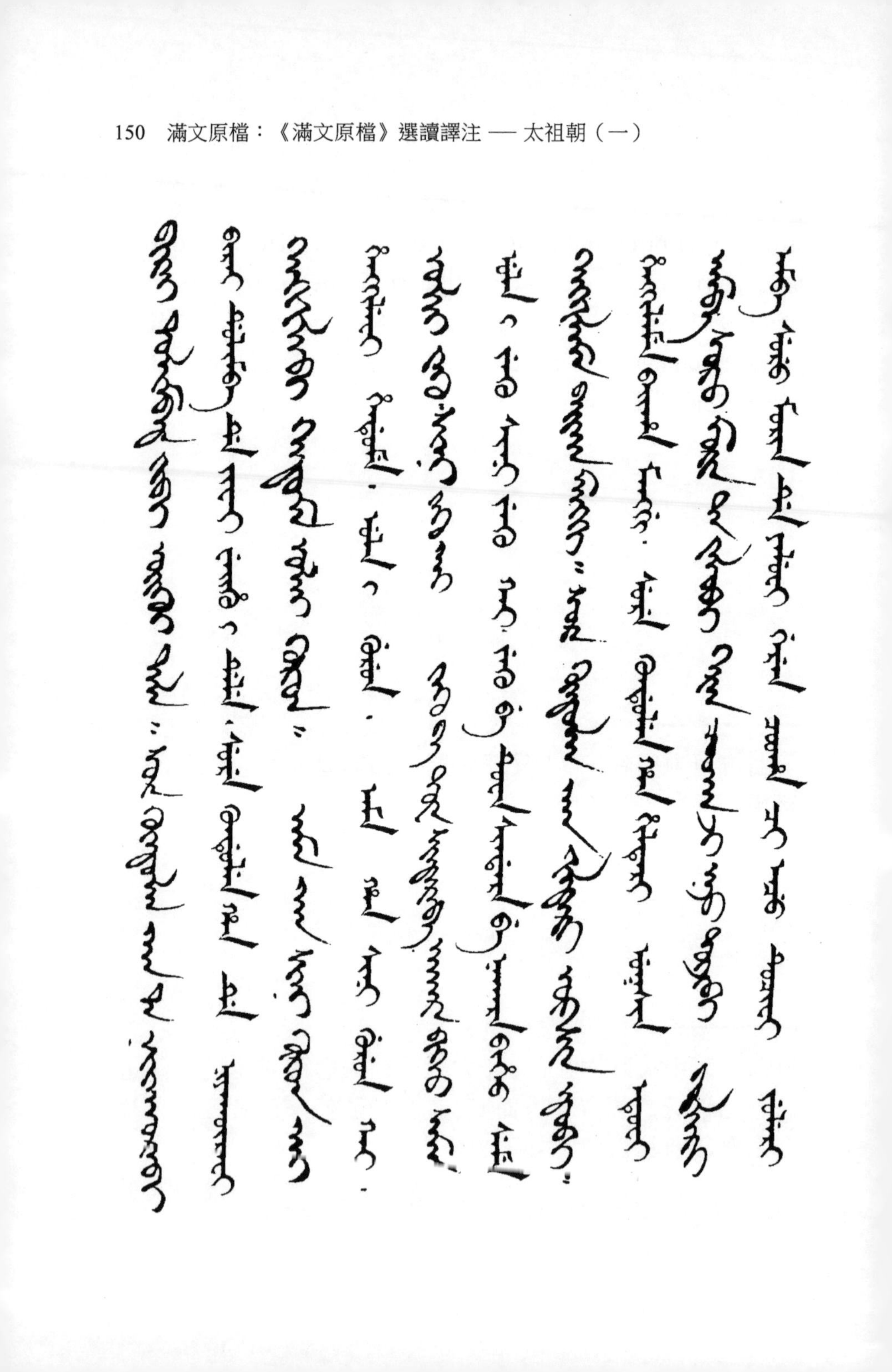

birai dulimbade jifi, weihui dele, sure kundulen han de niyakūrafi hengkilefi hendume, ulai gurun, ama han sini gurun kai, ulai jeku, sini jeku kai, jeku be tuwa sindarabe nakara biheo seme hengkileme baiha manggi, sure kundulen han hilteri uksin etufi amba suru morin de yalufi geren cooha ci encu tucifi juleri

---

來至河中央，於獨木舟上向聰睿恭敬汗，叩求曰：烏拉國即父汗爾之國也，烏拉之糗糧亦即爾之糗糧也，乞勿放火焚糧。聰睿恭敬汗身披明葉鎧甲，乘騎大白馬，由眾軍中獨自出來，前行

来至河中央，于独木舟上向聪睿恭敬汗，叩求曰：乌拉国即父汗尔之国也，乌拉之糗粮亦即尔之糗粮也，乞勿放火焚粮。聪睿恭敬汗身披明叶铠甲，乘骑大白马，由众军中独自出来，前行

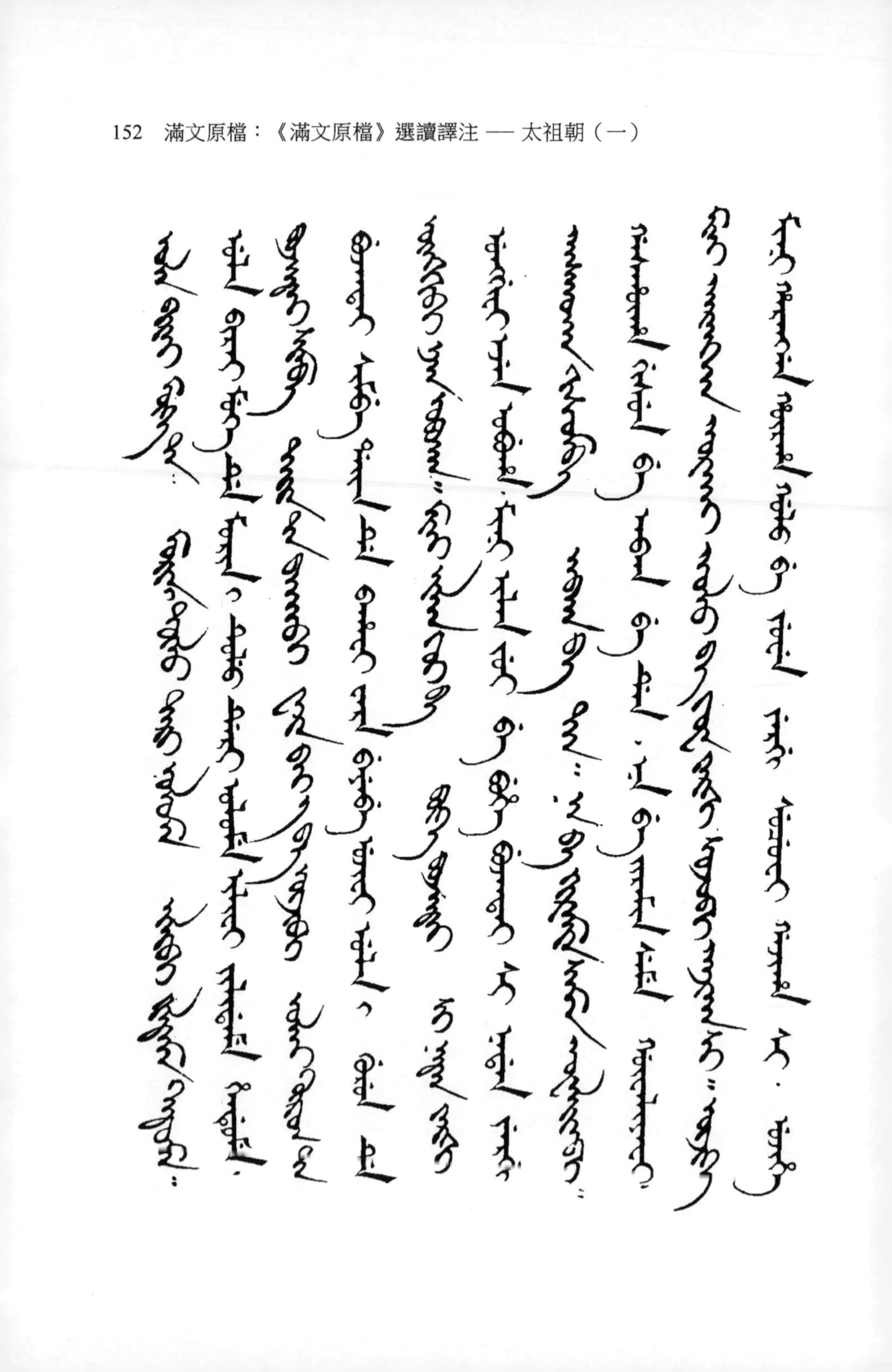

ula birai muke de morin i tulu deri olome ilifi jilidame hendume, bujantai simbe dain de bahafi wara beye be ujifi ulai gurun de unggifi ejen obuha, mini ilan jui be buhe. bujantai si nadan jergi gashūha gisumbe abka be den, na be jiramin seme gūwaliyafi, mini harangga hūrhai golo be juwe jergi sucufi gajiha si. ujihe

---

至烏拉河中水及馬腹處站立，怒曰：「昔擒布占泰汝於陣中，貸汝應戮之身，豢養汝，遣歸烏拉國，以為國主，以我三女妻汝。布占泰汝變心以為天高地厚，七次違背誓言，兩次侵犯我所屬虎爾哈路，

至乌拉河中水及马腹处站立，怒曰：「昔擒布占泰汝于阵中，贷汝应戮之身，豢养汝，遣归乌拉国，以为国主，以我三女妻汝。布占泰汝变心以为天高地厚，七次违背誓言，两次侵犯我所属虎尔哈路，

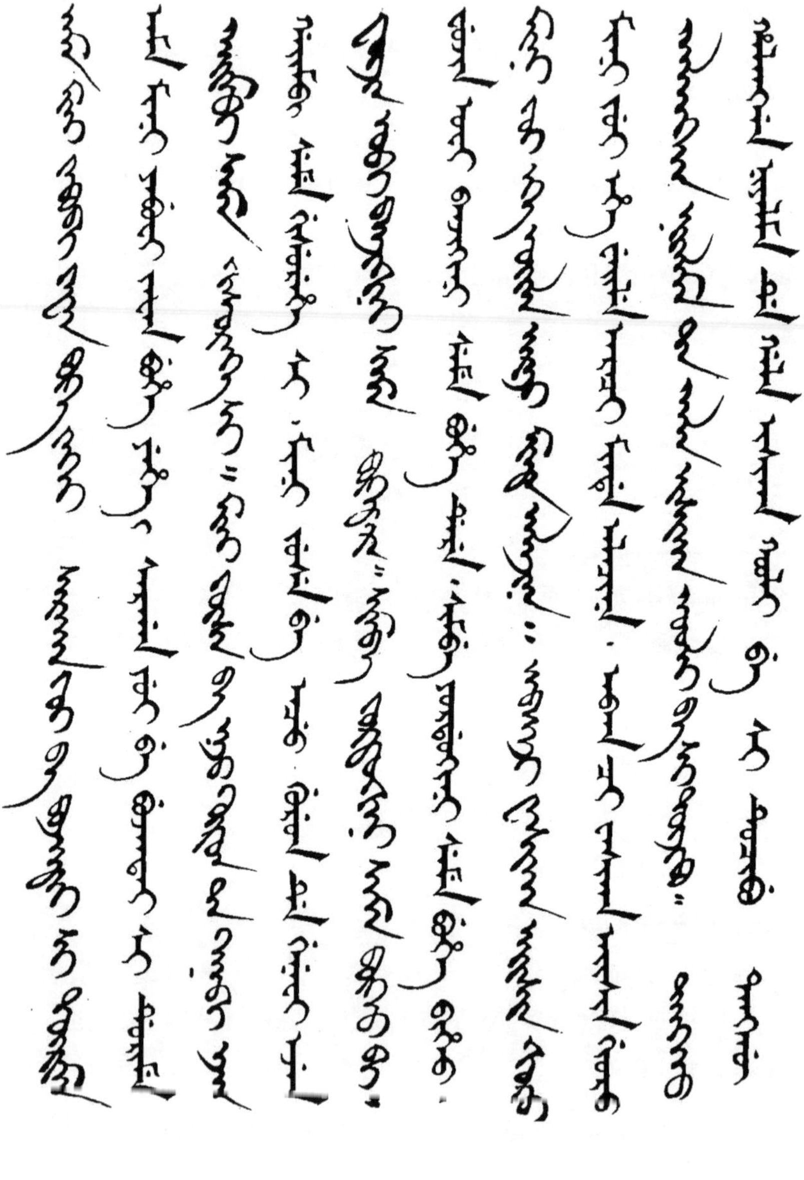

ama mini yabufi jafan buhe yehei sargan jui be bujantai si durime gaimbi seme gisurehe si. mini juse be encu gurun de genefi ejen fujin ofi banjikini seme buhedere, simbe yordokini seme buheo bi, mini jui ehe weile araci minde alacina. abkaci wasika aisin gioro halangga niyalma de gala isika kooli be si tucibu. tanggū

布占泰汝更揚言欲奪取養父我已聘葉赫之女。我諸女嫁去異國，當尊為其國君之福晉，豈與汝以鳴鏑射之耶[60]？若我女有過，當來告我。汝可舉出動手毆打上天降生愛新覺羅氏人之例，

布占泰汝更扬言欲夺取养父我已聘叶赫之女。我诸女嫁去异国，当尊为其国君之福晋，岂与汝以鸣镝射之耶？若我女有过，当来告我。汝可举出动手殴打上天降生爱新觉罗氏人之例，

---

60 豈與，《滿文原檔》讀作“buheo bi”，《滿文老檔》讀作“buhe biheo”。

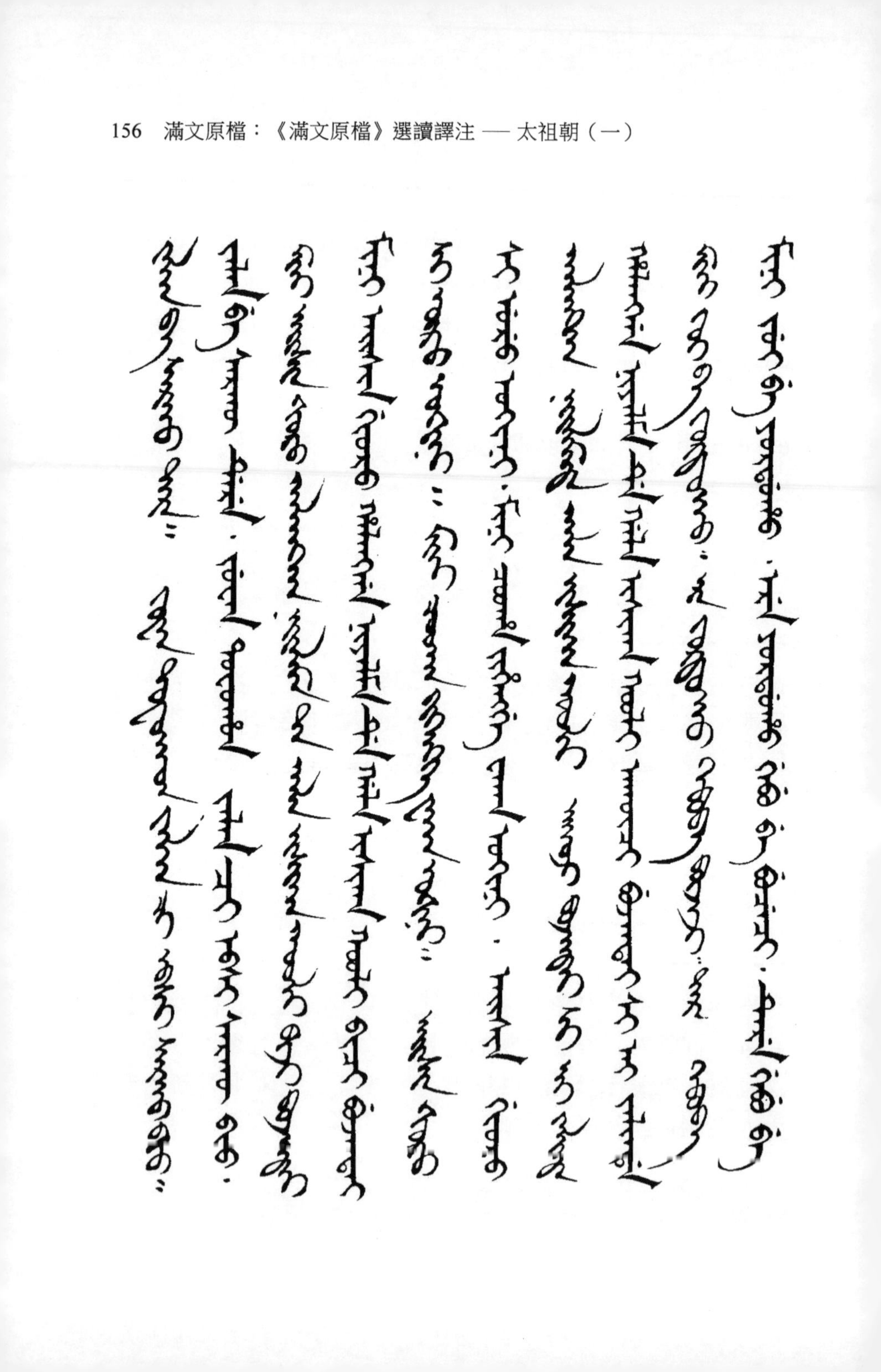

jalan be sarkū dere, juwan tofohon jalan ci ebsi sarkū bio, mini aisin gioro halangga niyalma de gala isika kooli bici, bujantai si uru okini, mini cooha jihengge waka okini. aisin gioro halangga niyalmade gala isika kooli akūci, bujantai si ai jalinde mini jui be yordoho, ere yordoho gebube buceci, tere gebube

---

百世或許不知，自十世、十五世以來豈不知耶？如有動手毆打我愛新覺羅氏人之例，則以汝布占泰為是，以我來兵為非也。倘無動手毆打愛新覺羅氏人之例，則汝布占泰緣何以鳴鏑射我女耶？此鳴鏑之名，死後背負其名而去耶？

百世或许不知，自十世、十五世以来岂不知耶？如有动手殴打我爱新觉罗氏人之例，则以汝布占泰为是，以我来兵为非也。倘无动手殴打爱新觉罗氏人之例，则汝布占泰缘何以鸣镝射我女耶？此鸣镝之名，死后背负其名而去耶？

十、恩怨情仇

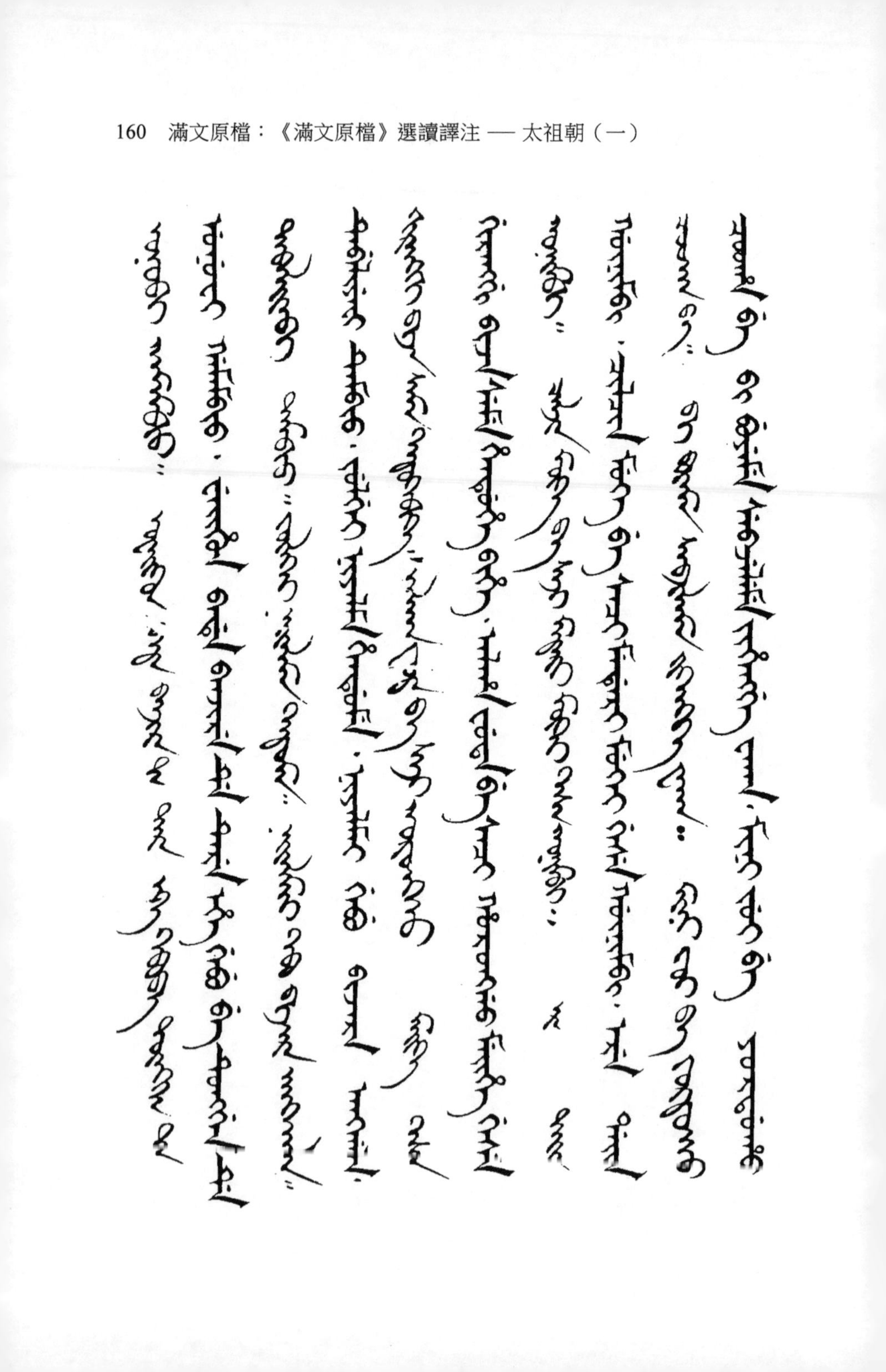

[illegible]

unufi gamambio. weihun bade banjire de tere ehe gebube tunggen de tebeliyefi tembio. julgei niyalma hendume, niyalmai gebu bijara anggala, giranggi bija seme henduhebihe. alha futa be saci horonggo meihe gese gūnimbi, cilcin muke be saci mederi mukei gese gūnimbi, ere dain cooha be, bi buyeme sebjeleme jihengge waka, mini jui be yordoho

---

使我生時而抱其惡名於懷乎？古人云：『寧折其骨，毋損其名。』見花繩而思似毒蛇，見漲水而思如海水。今此來兵，非我所樂舉，因聞以鳴鏑射我女，

使我生时而抱其恶名于怀乎？古人云：『宁折其骨，毋损其名。』见花绳而思以毒蛇，见涨水而思如海水。今此来兵，非我所乐举，因闻以鸣镝射我女，

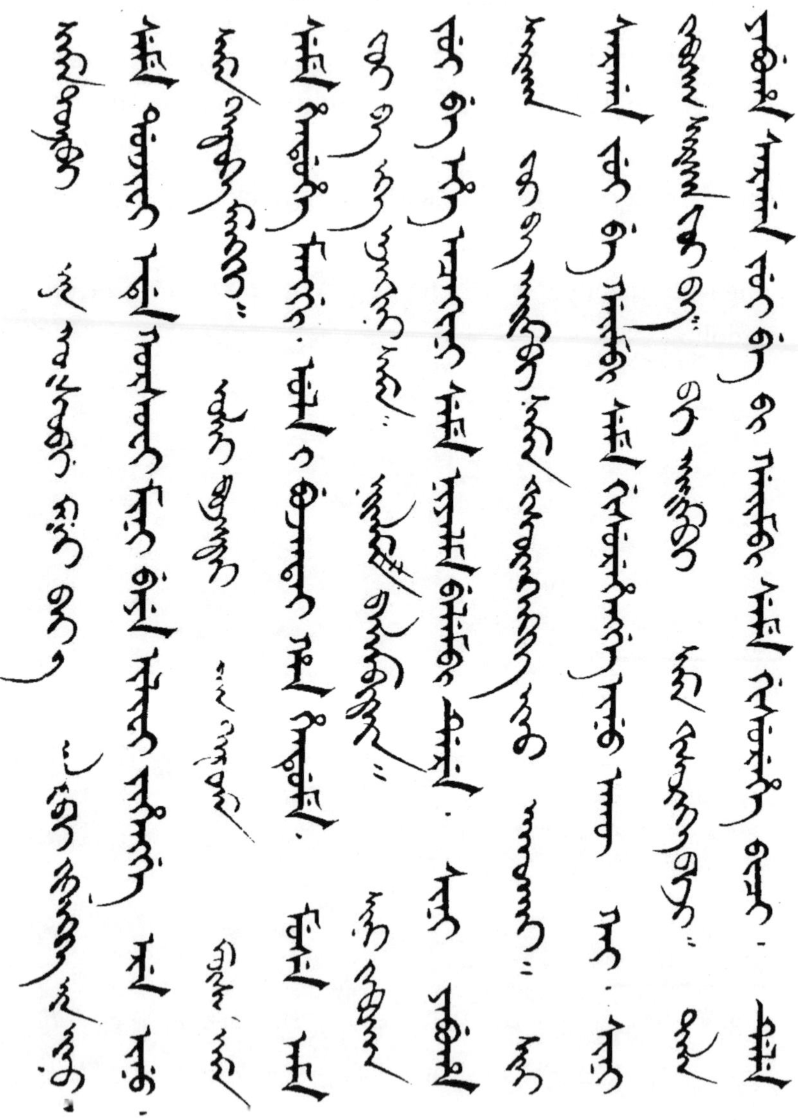

seme donjifi ede korsofi mini beye ilifi jihengge ere inu. seme henduhe manggi, ulai bujantai han hendume, muse ama jui be ehe acakini seme niyalma belembidere. sini yabuha sargan jui be gaimbi seme gisurehengge inu akūkai, sini yabuha sargan jui be bi gaimbi seme gisurehe bici, dele

---

憤而親自前來，即此也。」烏拉布占泰汗曰：「想必有人誣陷，使我父子不睦耳？亦未曾言娶爾所聘之女。若我曾言要娶爾所聘之女，

愤而亲自前来，即此也。」乌拉布占泰汗曰：「想必有人诬陷，使我父子不睦耳？亦未曾言娶尔所聘之女。若我曾言要娶尔所聘之女，

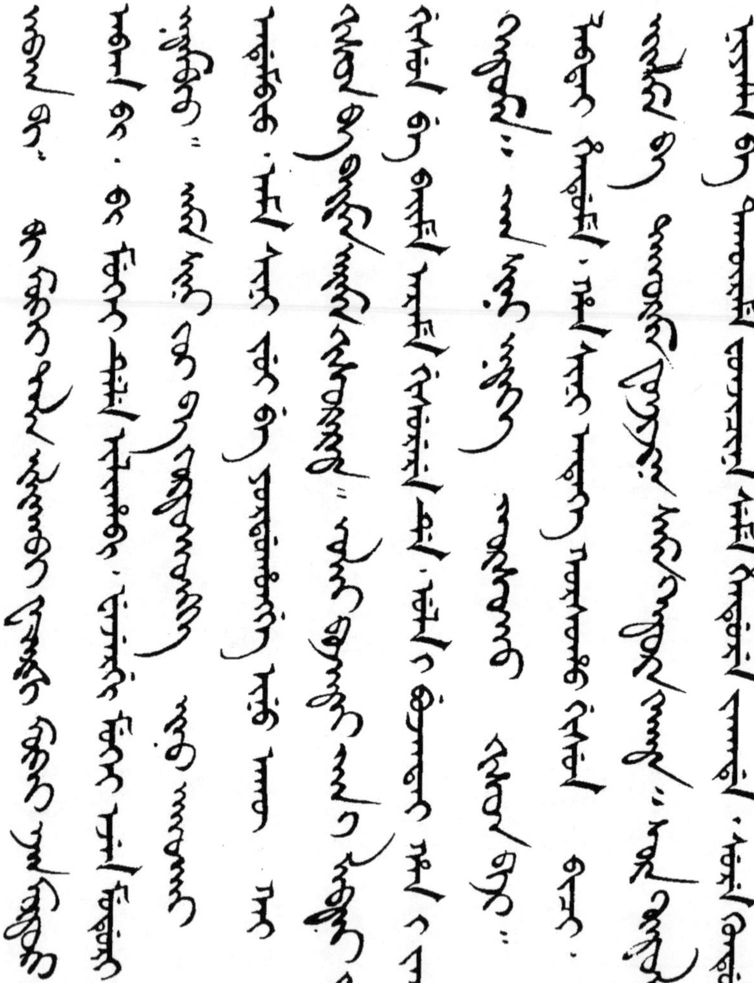

abka bi, bi mukei dele ilihabi, fejergi mukei ejen muduri han endembio. ama sini jui be yordohongge inu akūkai seme, gisun be baime arame gisurerede, ulai bujantai han i labtai jargūci hendume, han sini enteke korsoho gisun bici, emu niyalma be takūrame fonjicina seme hendure jakade, sure kundulen han

---

則上有皇天，我站立水中，下有河神龍王，能欺瞞耶？亦未以鳴鏑射父爾之女也。」如此編造謊言哀求時，烏拉布占泰汗下扎爾固齊拉布太曰：「汗爾既有如此怨言，可遣一人來問也。」聰睿恭敬汗

则上有皇天，我站立水中，下有河神龙王，能欺瞒耶？亦未以鸣镝射父尔之女也。」如此编造谎言哀求时，乌拉布占泰汗下扎尔固齐拉布太曰：「汗尔既有如此怨言，可遣一人来问也。」聪睿恭敬汗

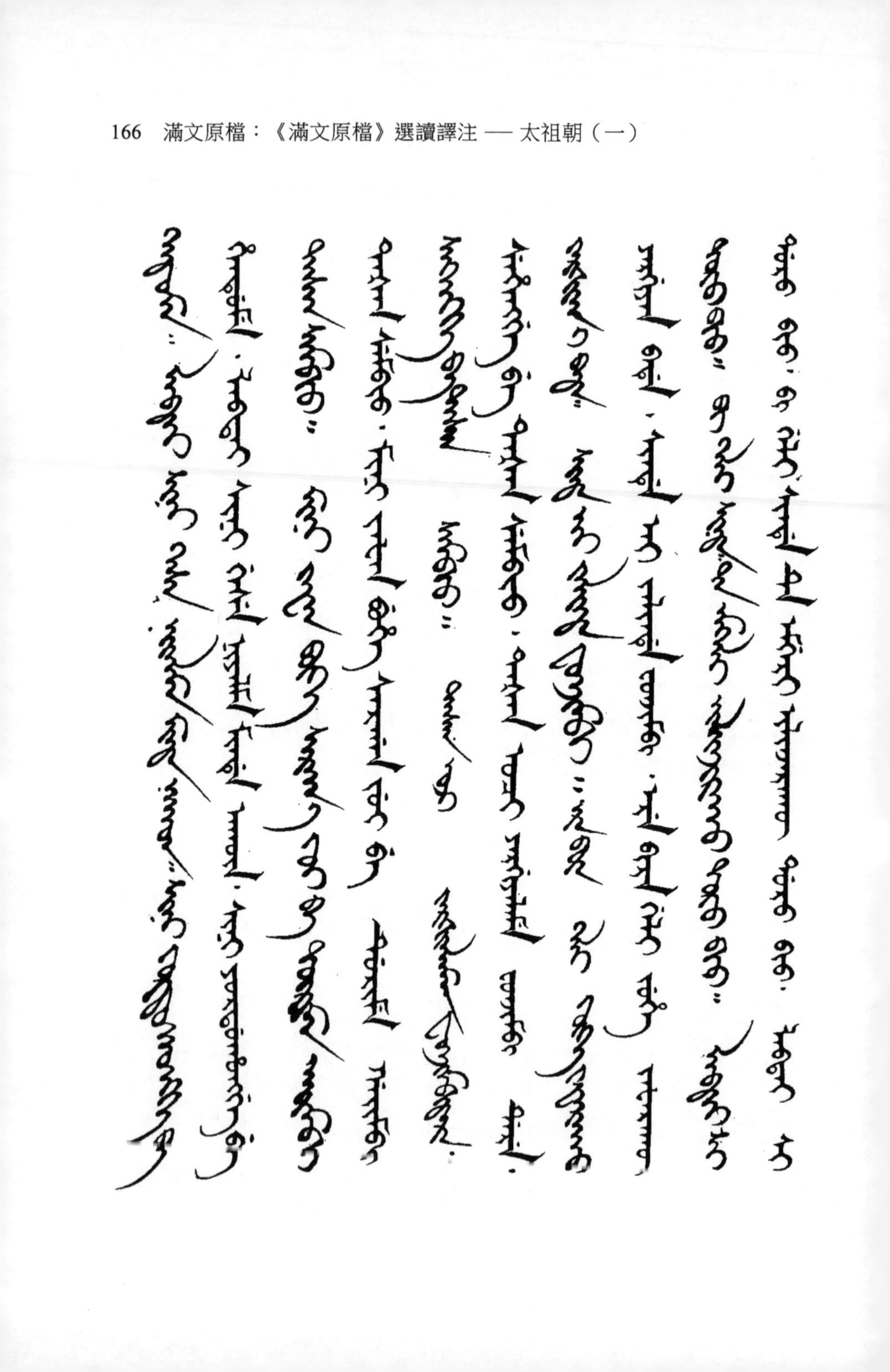

[illegible]

hendume, labtai sini gese niyalma minde akūn. sini yordohongge be tašan sembio. mini jafan buhe sargan jui be durime gaimbi sehengge be tašan sembio. tašan oci yargiyalame fonjimbidere, yargiyan i bade, sinde ai jalinde fonjimbi. ere bira geli juhe jafarakū doro bio. bi geli sinde te emgeli ilinjirakū doro bio. labtai si

---

曰：「拉布太我豈無似汝之人耶？汝以射鳴鏑為誣耶？以奪我已聘之女為謊言耶？若有未實，自應察問切實[61]，既已屬實則問汝何為？此河又有不冰之理耶？我今又有一次不立汝此地之理耶[62]？汝拉布太

曰：「拉布太我岂无似汝之人耶？汝以射鸣镝为诬耶？以夺我已聘之女为谎言耶？若有未实，自应察问切实，既已属实则问汝何为？此河又有不冰之理耶？我今又有一次不立汝此地之理耶？汝拉布太

---

61 切實，《滿文原檔》寫作“jarkijalame”，《滿文老檔》讀作“yargiyalame”。按此為無圈點滿文“ja”與“ya”，“ki”與“gi”的混用現象。

62 一次不立，《滿文原檔》讀作“emgeli ilinjirakū”，《滿文老檔》讀作“emgeri ilinjarakū”。

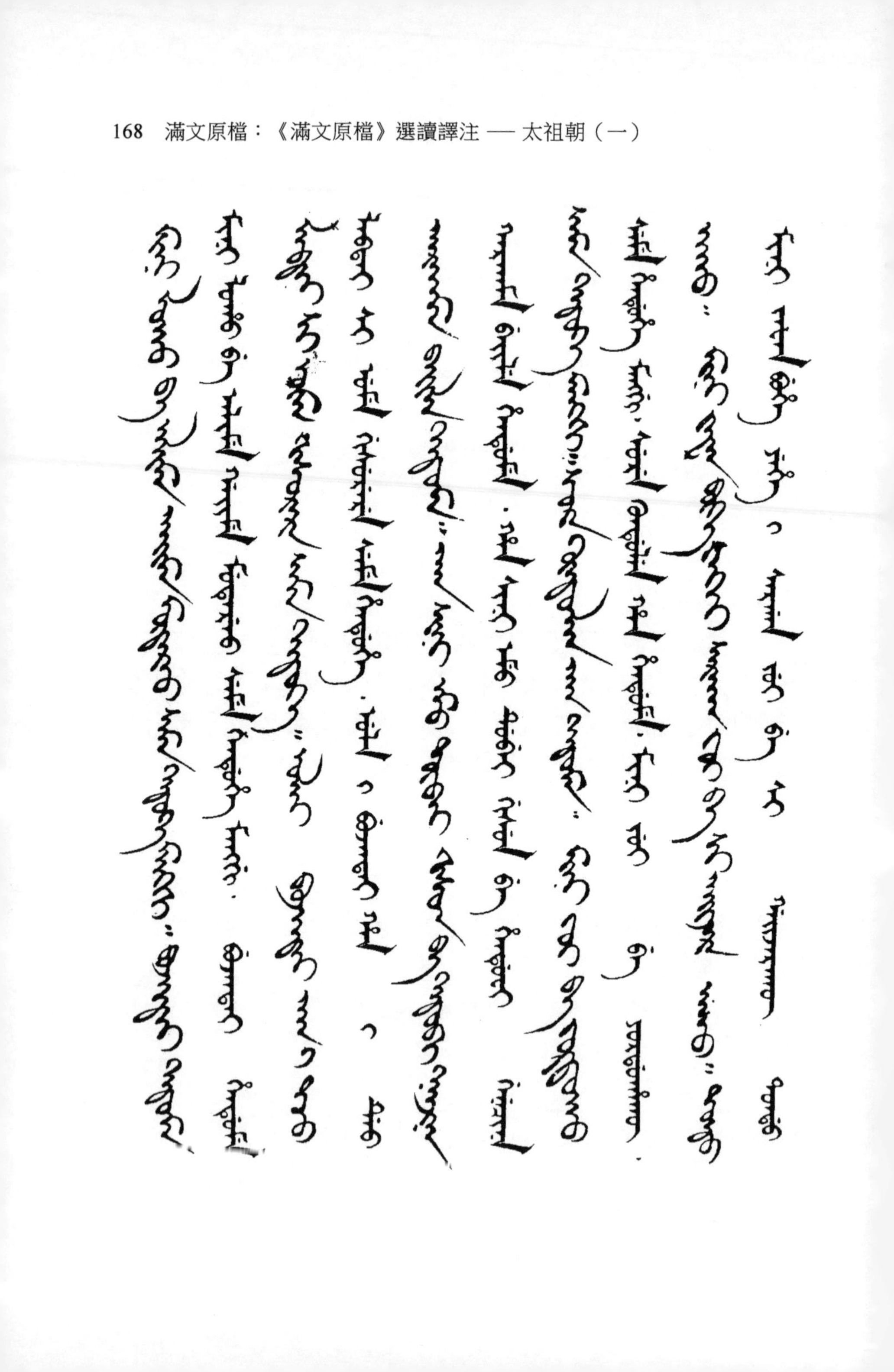

mini loho be alime gaime mutereo seme henduhe manggi. bujantai hendume, labtai si ume gisurere seme henduhe. ulai bujantai han i deo karkama beile hendume, han sini emu dubei gisun be hendufi genecina seme henduhe manggi. sure kundulen han hendume, mini jui be yordoho akū, mini jafan buhe yehei sargan jui be si gaijara akū, tondo

---

能承受我之腰刀乎？」布占泰曰：「拉布太，爾勿言。」烏拉布占泰汗弟喀爾喀瑪貝勒曰：「乞汗爾賜最後一言而行。」聰睿恭敬汗曰：「果未以鳴鏑射我女[63]，不娶[64]我所聘葉赫之女，若是忠誠，

能承受我之腰刀乎？」布占泰曰：「拉布太，尔勿言。」乌拉布占泰汗弟喀尔喀玛贝勒曰：「乞汗尔赐最后一言而行。」聪睿恭敬汗曰：「果未以鸣镝射我女，不娶我所聘叶赫之女，若是忠诚，

---

63 未以鳴鏑射，《滿文原檔》讀作“yordoho akū”，《滿文老檔》讀作“yordohakū”。

64 不娶，《滿文原檔》讀作“gaijara akū”，《滿文老檔》讀作“gaijarakū”。

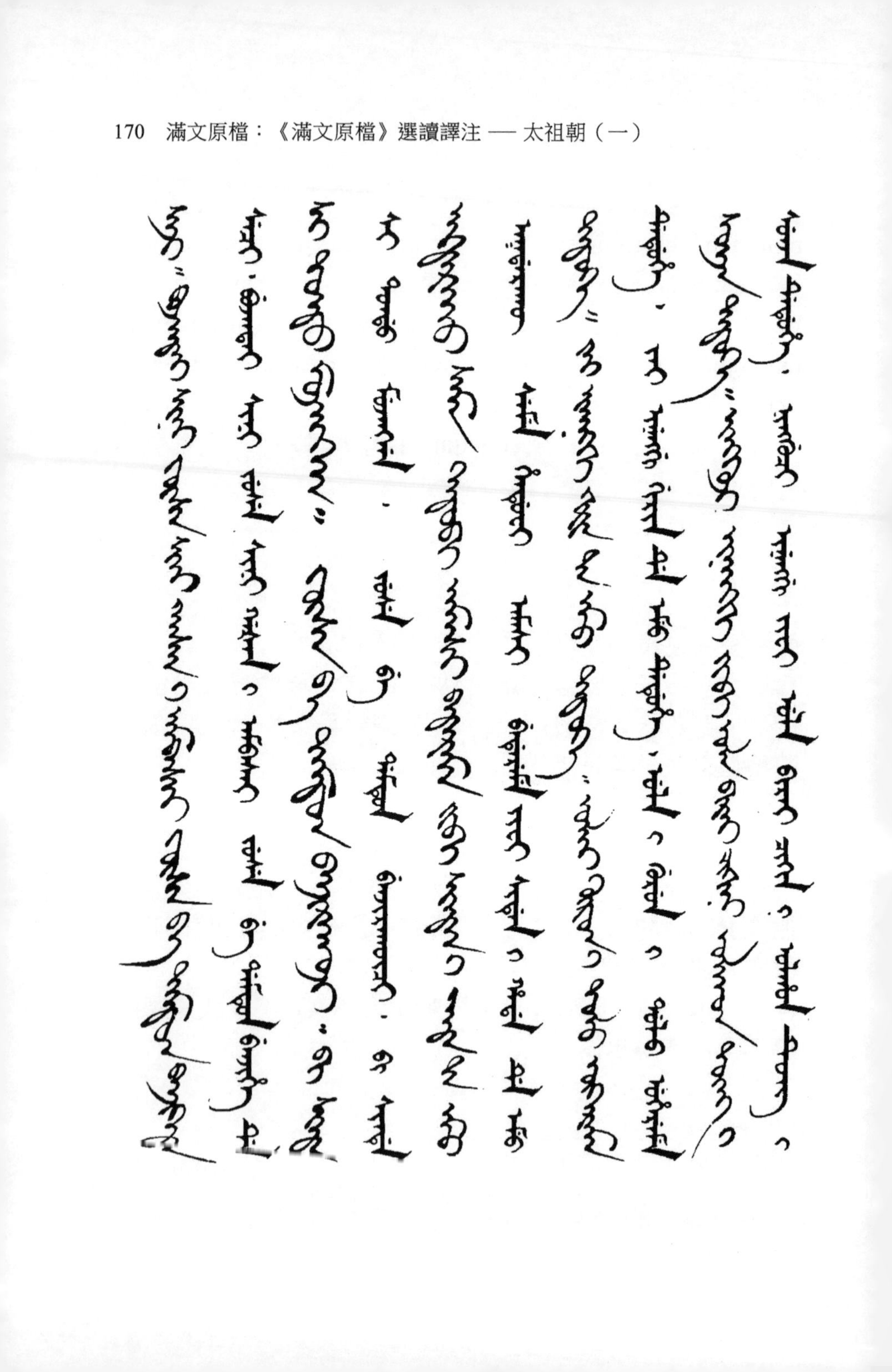

seci, bujantai sini juse sini gašan i ambasai juse be damtun benjihede si tondo mujangga. juse be damtun benjirakūci, bi sinde akdarakū seme hendufi, amasi bedereme jifi sinden i hada de emu deduhe, jai inenggi girin de emu deduhe, ulai gurun i dolo uhereme sunja deduhe. ningguci inenggi jifi ula birai cikini olhon tung i

---

汝布占泰可送來汝之諸子及汝村中諸大臣之子為質，則汝誠可鑒。如不送來諸子為質，則我不信汝也。」言畢回營，駐新登哈達一宿[65]。翌日，駐吉林一宿。駐烏拉國內共計五日。第六日，來至烏拉河邊鄂爾紅童地方，

汝布占泰可送来汝之诸子及汝村中诸大臣之子为质，则汝诚可鉴。如不送来诸子为质，则我信汝也。」言毕回营，驻新登哈达一宿。驻吉林一宿。驻乌拉国内共计五日。第六日，来至乌拉河边鄂尔红童地方，

---

65 新登，《滿文原檔》讀作“sinden”，《滿文老檔》讀作“siden”。

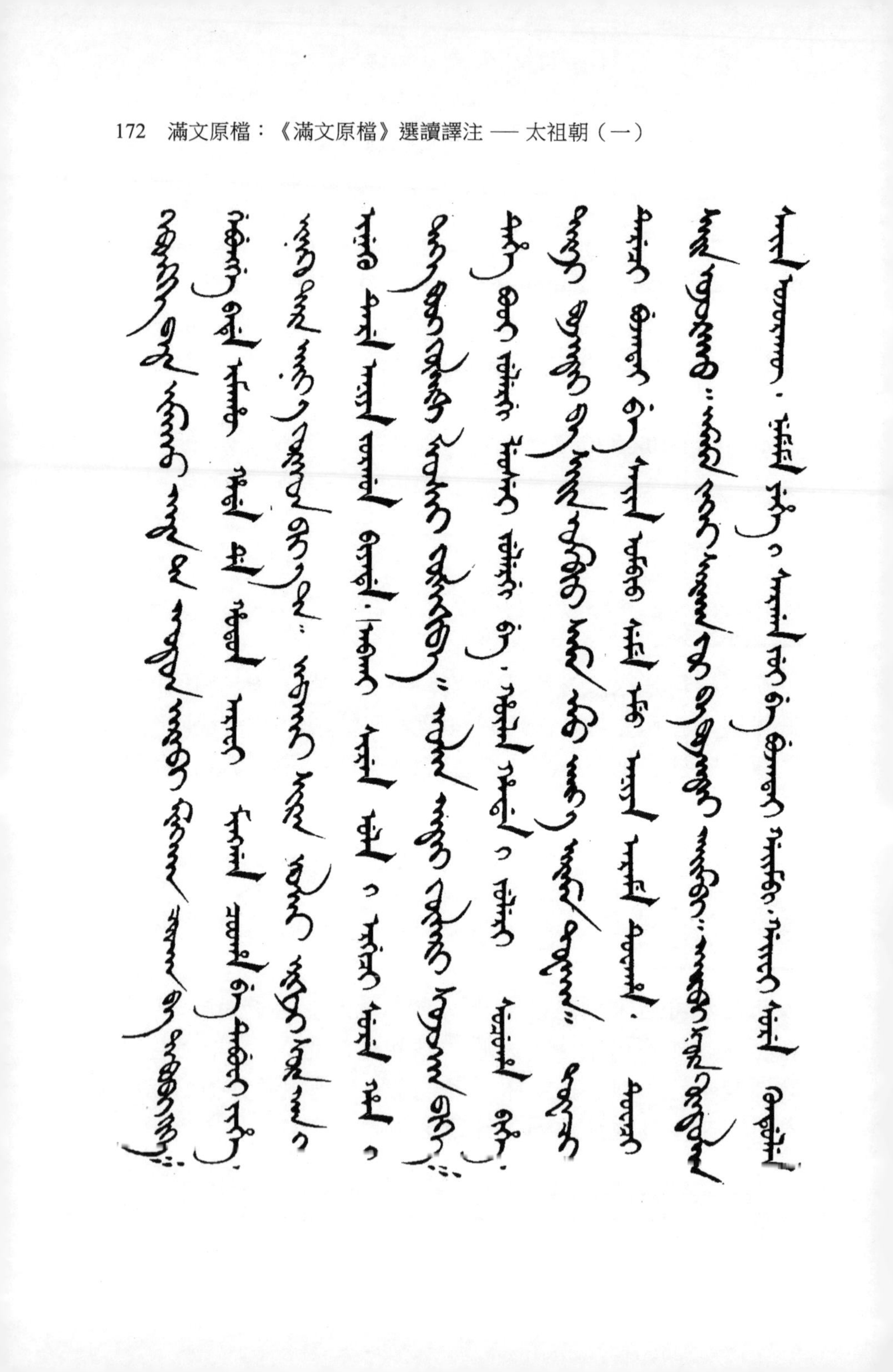

[illegible]

gebungge bade imahū hada de hoton arafi minggan cooha be tebufi jihe. ineku tere aniya jorgon biya de, abkai siren ulai ergici sure han i tehe booi julergi leosei julergibe, hūlan hadai juleri sucuha bihe. tereci bujantai be sain ombio seme emu aniya arame tuwaha, tuwaci sain ojorakū, nememe yehei sargan jui be bujantai gaimbi, gaifi sure kundulen

---

於伊瑪呼哈達築城，留兵千人守之而還。同年十二月，天有光線起自烏拉，經聰睿恭敬汗宅邸南樓前，直衝呼蘭哈達迤南。自此以布占泰並無向善之意，觀察一年。見無為善可能，先聞布占泰揚言反而要娶葉赫之女，並將已娶聰睿恭敬

于伊玛呼哈达筑城，留兵千人守之而还。同年十二月，天有光线起自乌拉，经聪睿恭敬汗宅邸南楼前，直冲呼兰哈达迤南。自此以布占泰并无向善之意，观察一年。见无为善可能，先闻布占泰扬言反而要娶叶赫之女，并将已娶聪睿恭敬

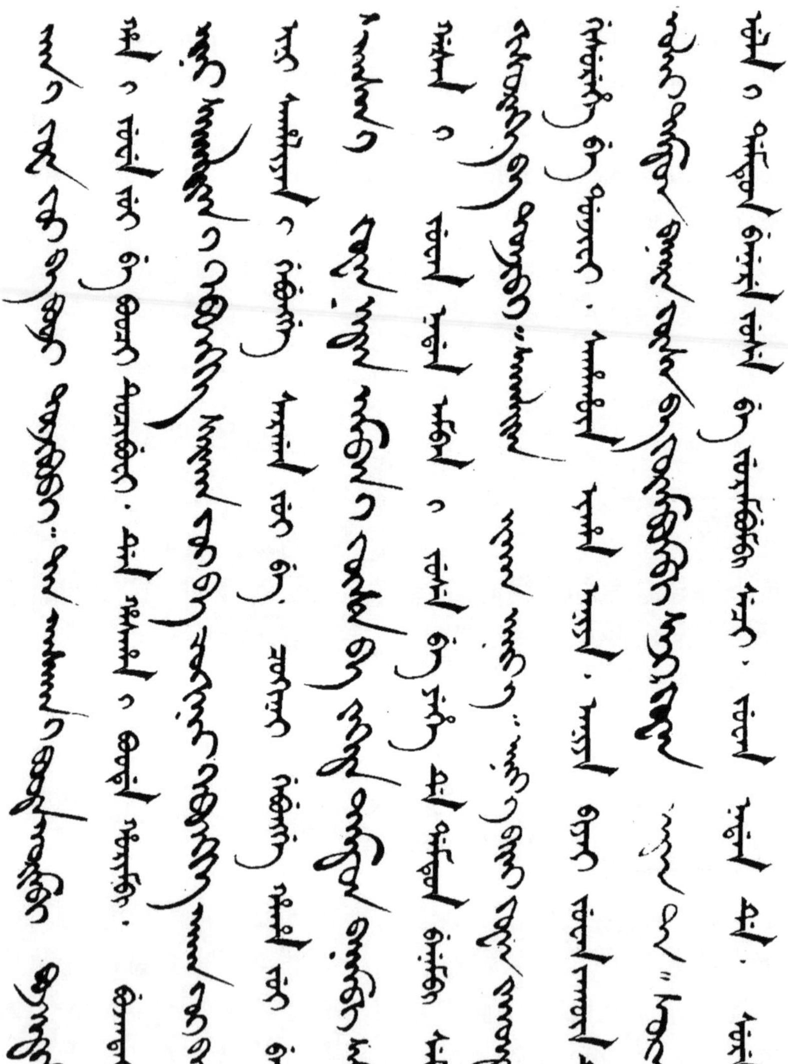

han i juwe jui be booci tucibufi, den hashan i boode horimbi. bujantai ini sahaliyan i gebungge sargan jui be, cokinai gebungge haha jui be, gašan i juwan nadan amban i juse be, yehede damtun benembi seme gisurehe be donjifi. sahaliyan 〔sahahūn〕ihan aniya, aniya biyai juwan jakūnde, ulai damtun benere juse be jurambumbi seci, juwan nadan de, sure

---

汗二女，自家中逐出，幽禁於籬柵室中。布占泰將其女薩哈廉、子綽啟鼐及其村中十七大臣之諸子送往葉赫為質等語。又聞烏拉送往為人質諸子，將於癸丑年正月十八日啟程[66]。十七日，聰睿

汗二女，自家中逐出，幽禁于篱栅室中。布占泰将其女萨哈廉、子绰启鼐及其村中十七大臣之诸子送往叶赫为质等语。又闻乌拉送往为人质诸子，将于癸丑年正月十八日启程。十七日，聪睿

---

66 癸丑，《滿文原檔》讀作“sahaliyan ihan”，意即「壬丑」，《滿文老檔》讀作“sahahūn ihan”，意即「癸丑」。

十一、滅烏拉國

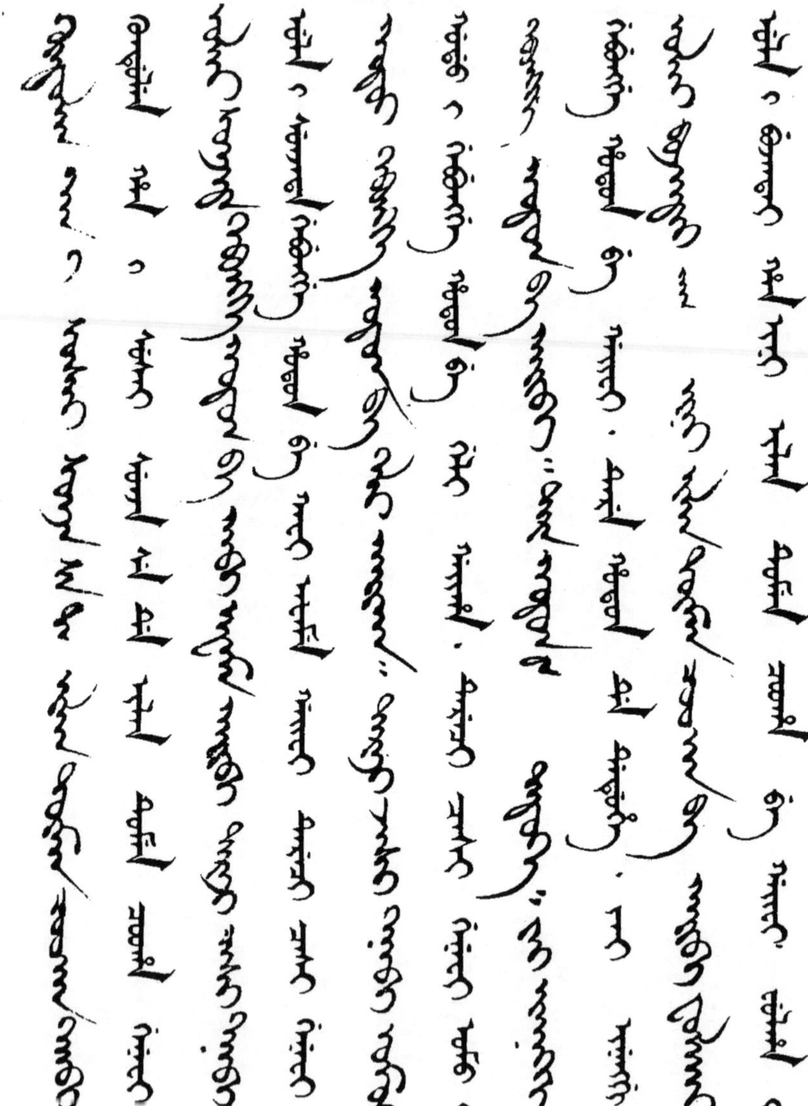

kundulen han i susai sunja se de, ilan tumen cooha genefi ulai sunjata gebungge hoton be kafi afame gaifi tereci casi genefi, godoi gebungge hoton be geli gaiha, tereci casi genefi omoi gebungge hoton be gaifi, tere hoton de deduhe. jai inenggi ulai bujantai han ini ilan tumen cooha be gaifi, fulhai

---

恭敬汗年五十五歲時，發兵三萬，圍攻烏拉孫扎塔城，克之。由此前進，又取郭多城。復由此前進，取鄂謨城，並駐營於該城。翌日，烏拉布占泰汗率兵三萬，

恭敬汗年五十五岁时，发兵三万，围攻乌拉孙扎塔城，克之。由此前进，又取郭多城。复由此前进，取鄂谟城，并驻营于该城。翌日，乌拉布占泰汗率兵三万，

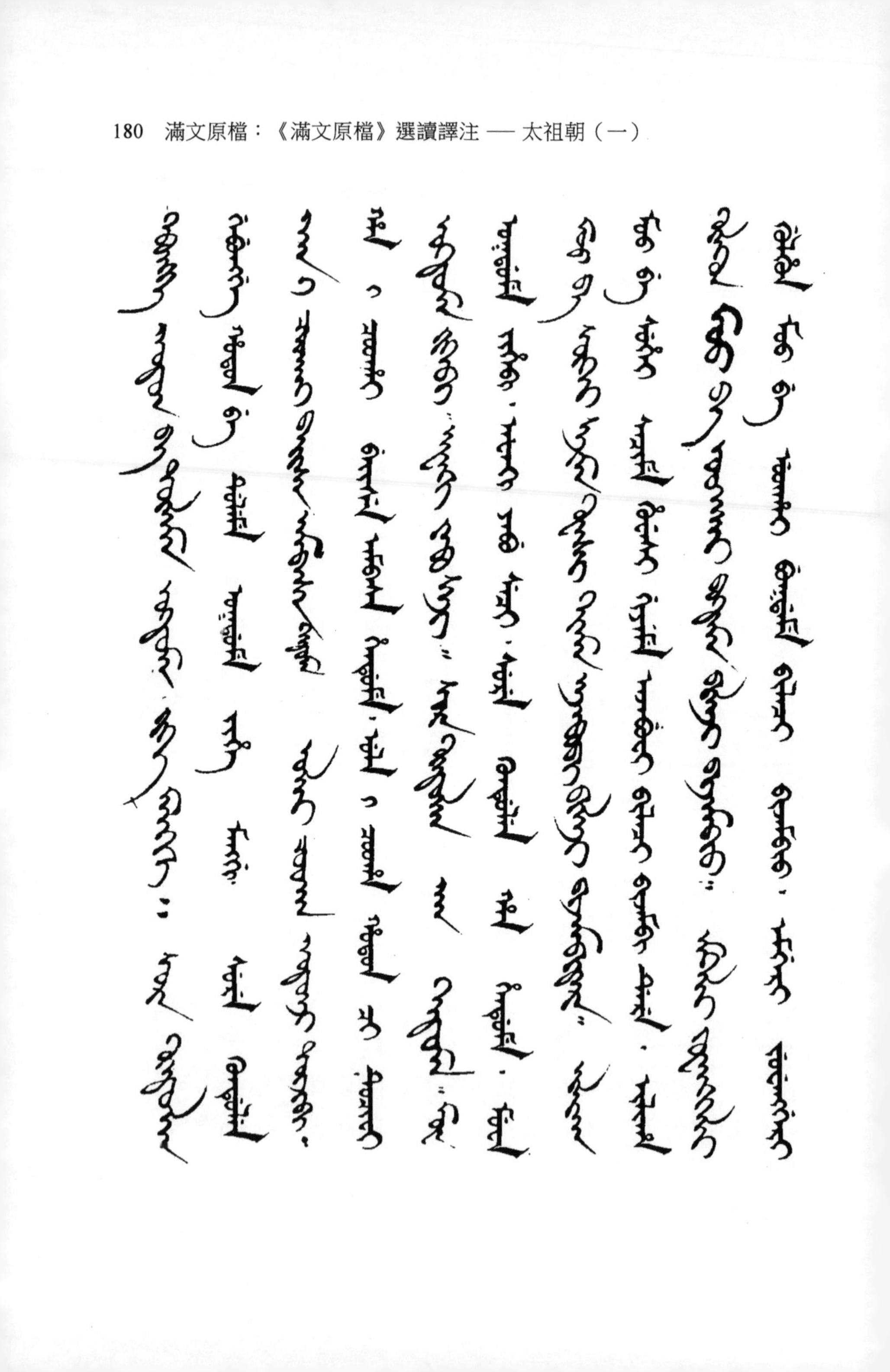

gebungge hoton be duleme okdome jihe manggi. sure kundulen han i coohai beise ambasa hendume, ulai cooha hotonci tucifi okdome jihebi, afaki yabu seci. sure kundulen han hendume, muwa moo be suhei sacime huwesi giyame ajabufi bilaci bijambidere, iliha gulhun moo be uthai bukdame bilaci bijambio. emgeli juwenggeli

---

越虎爾哈城前來迎戰。聰睿恭敬汗軍中領兵諸貝勒大臣等曰：「烏拉兵既出城來迎戰，可往攻之。」聰睿恭敬汗曰：「如以斧砍伐粗木，必以刀削，或可折之。直立整木，豈可遽折。

越虎尔哈城前来迎战。聪睿恭敬汗军中领兵诸贝勒大臣等曰：「乌拉兵既出城来迎战，可往攻之。」聪睿恭敬汗曰：「如以斧砍伐粗木，必以刀削，或可折之。直立整木，岂可遽折。

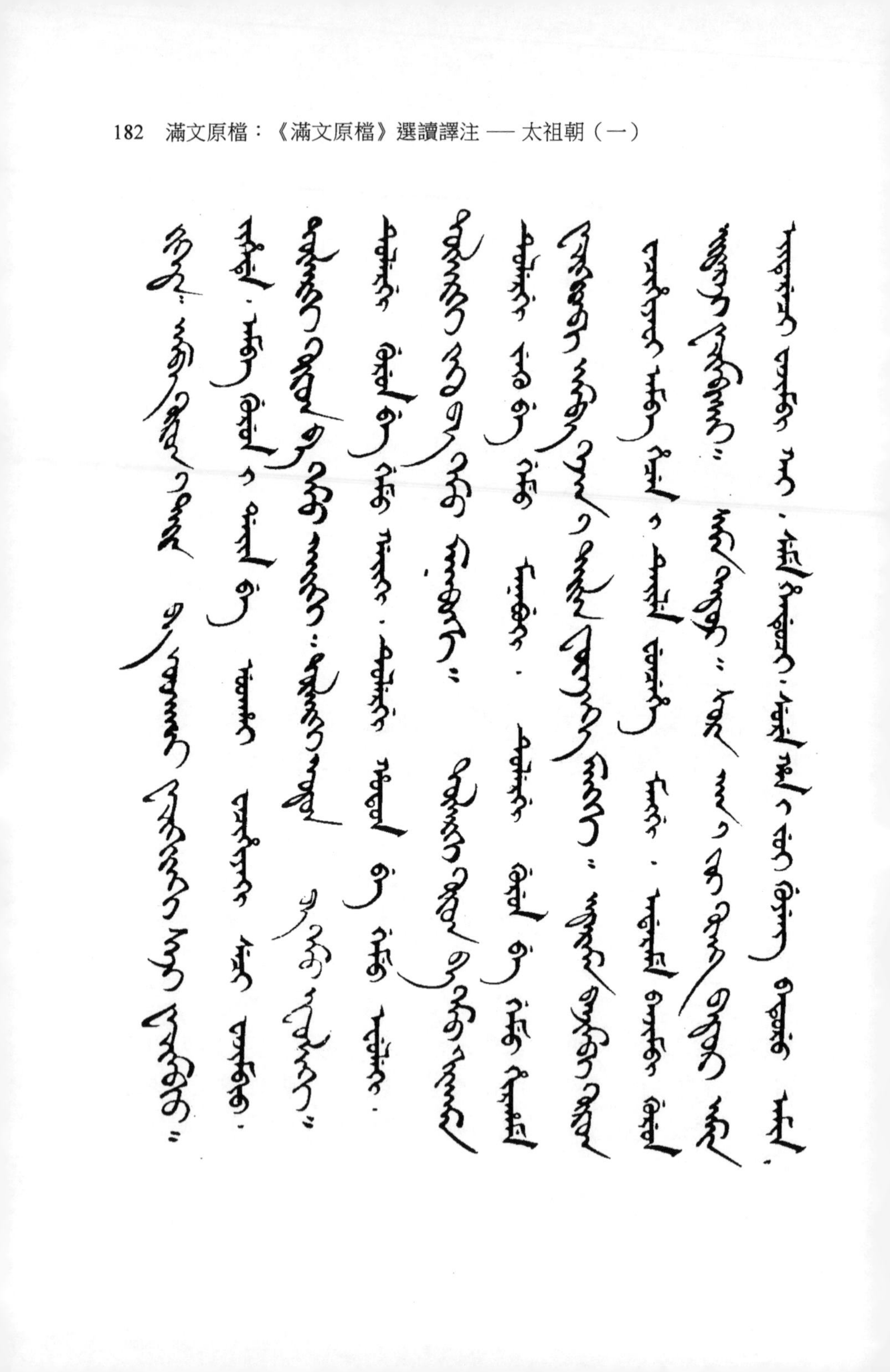

jihede, amba gurun i dain be uthai wacihiyaki seci wajimbio. tulergi gurun be gemu gaiki, tulergi hoton be gemu efuleki, tulergi jeku be gemu manabuki, tulergi gurun be gemu hirhame wacihiyafi amba hecen i teile funcehe manggi, adarame banjimbi gurun eitereci wajimbikai, seme henduci. sure han i jui guyeng baturu, amin

---

與大國交戰，來一、二次，焉能即欲速結。必先盡取其外圍之部落，盡破其外圍之城寨，盡燬其外之糧穀。其外圍之部落盡除，僅剩餘大城後，何以生存，國必亡也。」聰睿汗之子古英巴圖魯、阿敏

与大国交战，来一、二次，焉能即欲速结。必先尽取其外围之部落，尽破其外围之城寨，尽毁其外之粮谷。其外围之部落尽除，仅剩余大城后，何以生存，国必亡也。」聪睿汗之子古英巴图鲁、阿敏

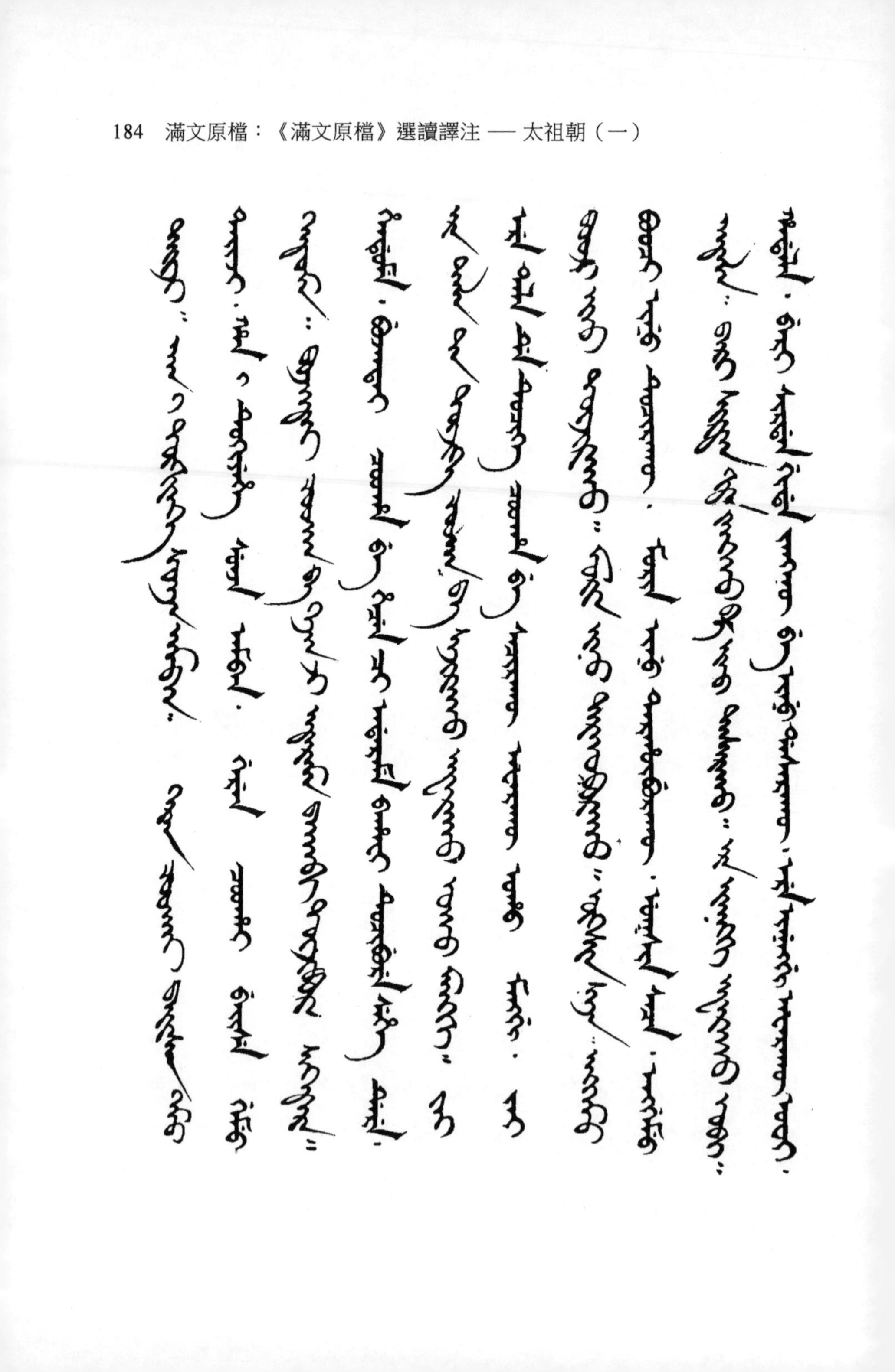

taiji, han i tukiyehe sunja amban, geren coohai beise gemu hendume, bujantai cooha be hecen ci adarame bahafi tucibure sehedere, ere tala de tucike cooha be sacirakū afarakū oho manggi, jai booci inu tucirakū, morin inu tarhūburakū, uksin saca, enggemu hadala, beri sirdan, gida jangkū be inu dasarakū. ere inenggi afarakū ofi,

---

台吉、汗所擢用之五大臣及領兵諸貝勒皆曰：「初所慮者，如何誘使布占泰兵出城，今其兵已出來至原野，若不砍殺，不攻擊，則再也不出家門，不餵飽馬匹，亦不整修甲冑、鞍轡、弓箭、刀槍。今日不攻打，

台吉、汗所擢用之五大臣及领兵诸贝勒皆曰：「初所虑者，如何诱使布占泰兵出城，今其兵已出来至原野，若不砍杀，不攻击，则再也不出家门，不喂饱马匹，亦不整修甲胄、鞍辔、弓箭、刀枪。今日不攻打，

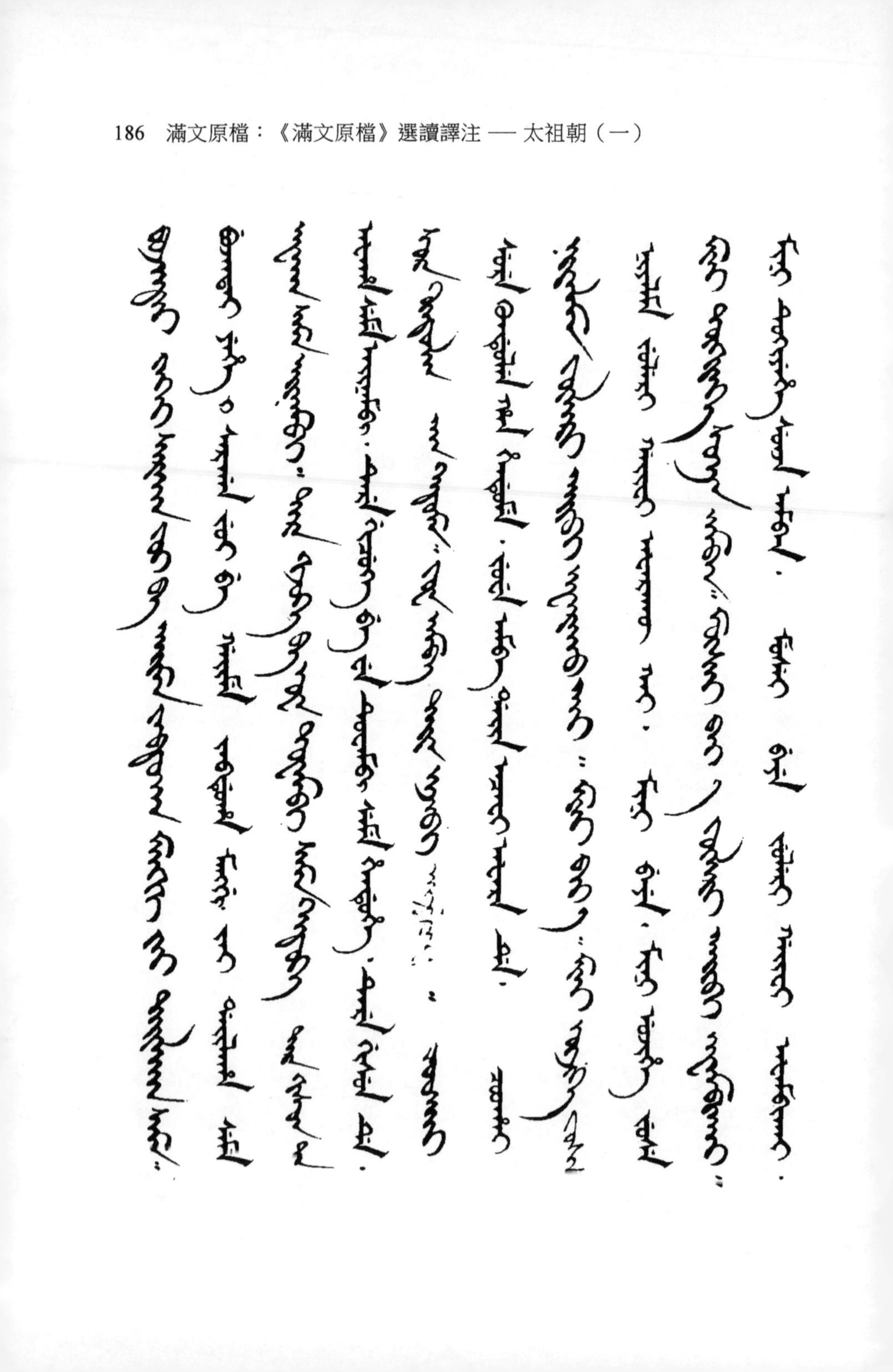

bujantai yehei sargan jui be gaime jabduha manggi, jai dailaha seme afaha seme ainambi, tere gicuke be we tuwambi seme henduhe. tere gisun de, sure kundulen han hendume, juwe amba dain acafi afarade, coohai niyalma juleri gaifi afarakū kai, mini beye, mini ujihe juse mini tukiyehe sunja amban, musei beye juleri gaifi afambikai.

俟布占泰竟娶葉赫之女後，再加征討，夫復何益，其辱孰能忍之？」聰睿恭敬汗曰：「兩勁旅交戰，並非士卒率先進攻，乃我自身、我所養諸子及我所擢用之五大臣，我等親自率先攻戰也。

俟布占泰竟娶叶赫之女后，再加征讨，夫复何益，其辱孰能忍之？」聪睿恭敬汗曰：「两劲旅交战，并非士卒率先进攻，乃我自身、我所养诸子及我所擢用之五大臣，我等亲自率先攻战也。

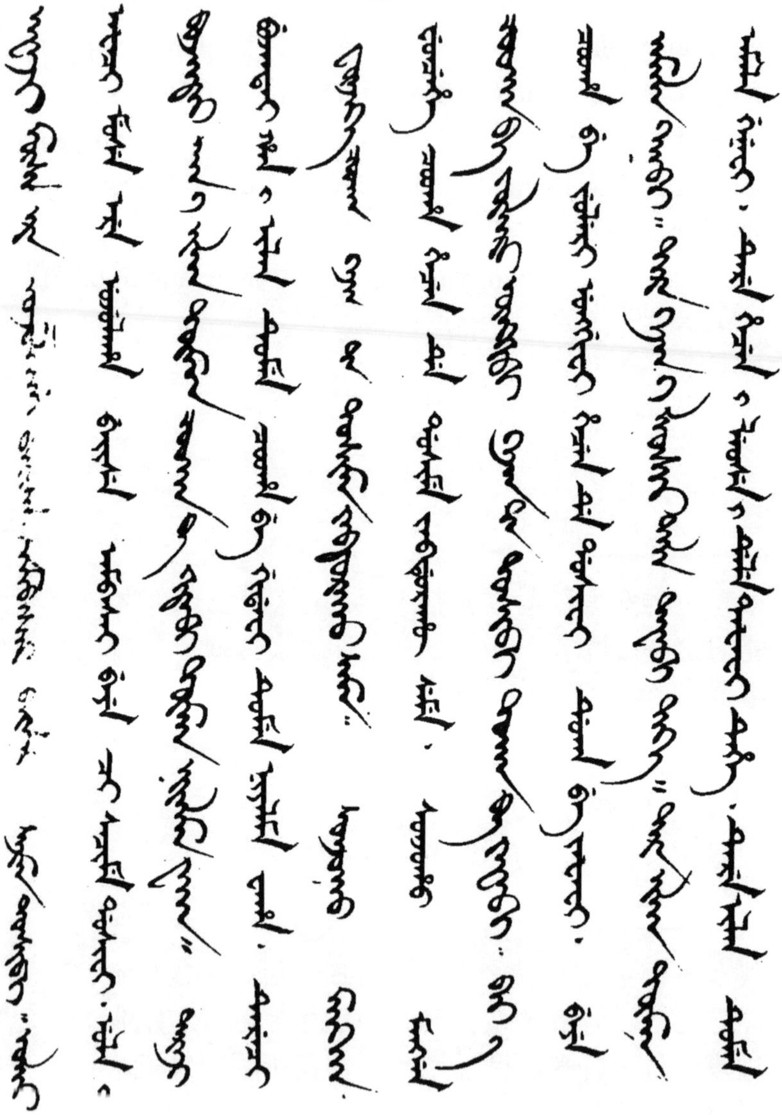

afaci muse ere ujulaha beise ambasai beyeci sacime dosifi, ulai bujantai han i ilan tumen cooha be gidafi tumen niyalma waha, tereci funcehe cooha hecen de dosime jabdurahū seme, sonjoho mangga cooha be juleri unggifi hecen de dosifi duka be jafafi, beye amala genefi, tere hecen i leosei dele tafafi tehe. tere ilan tumen

---

戰則我為首之貝勒大臣等衝鋒陷陣。」擊敗烏拉布占泰汗三萬兵，斬萬人。恐其殘餘士兵乘隙入城，因而先行派遣精兵入城據門，汗親自隨後至，登上城樓而坐。是役，破敵三萬，

战则我为首之贝勒大臣等冲锋陷阵。」击败乌拉布占泰汗三万兵，斩万人。恐其残余士兵乘隙入城，因而先行派遣精兵入城据门，汗亲自随后至，登上城楼而坐。是役，破敌三万，

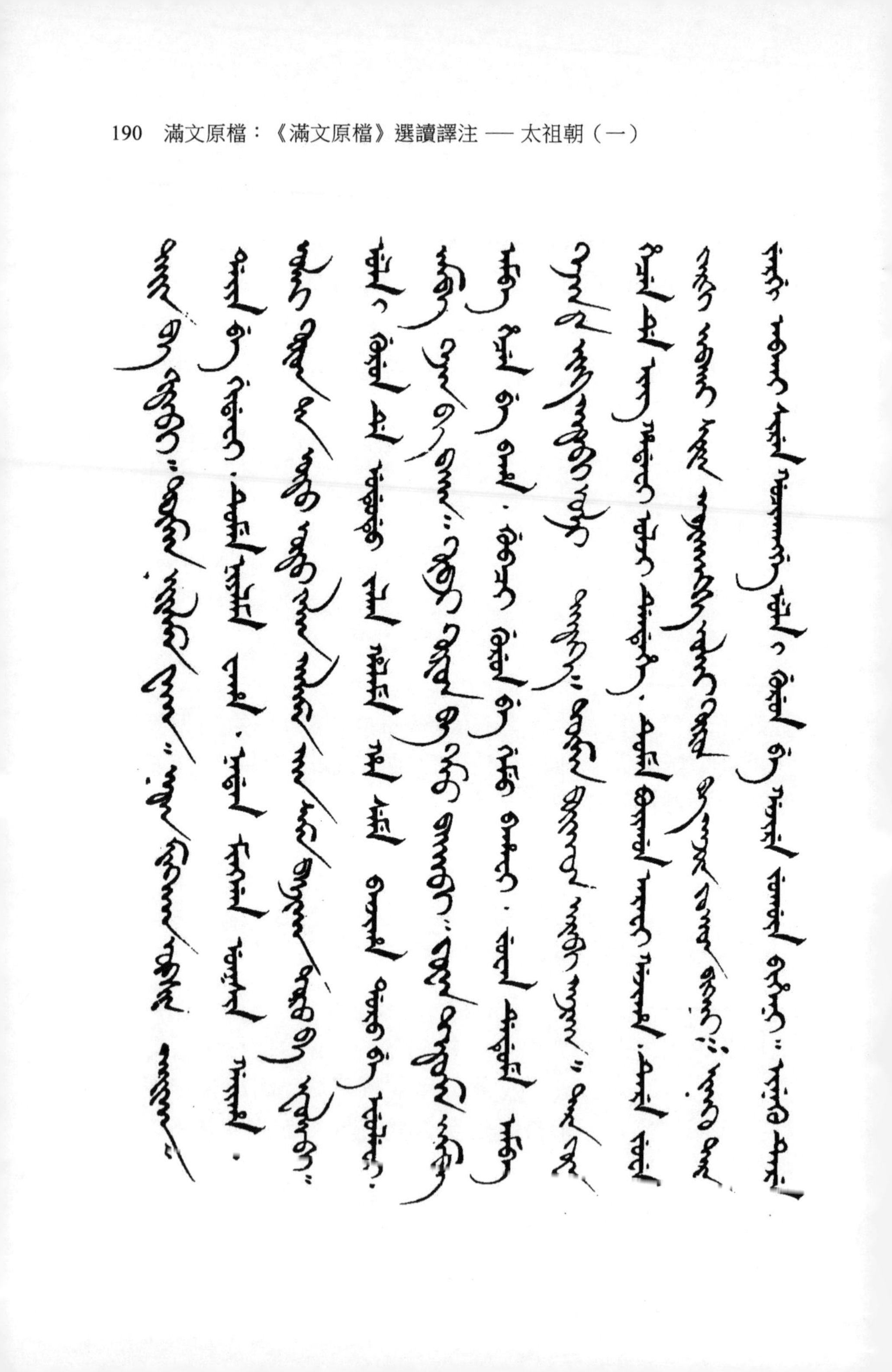

dain be gidafi tumen niyalma waha, nadan minggan uksin gaiha, ulai gurun de udu udu jalan halame han seme banjiha doro be efulefi, amba hecen be baha, gubci gurun be gemu bahafi, juwan dedume amba hecen de ing hadafi olji dendehe, tumen boigon arafi gajiha. tere juwe jergi abkai siren gocikangge, ulai gurun be gajire jugūn biheni. ineku tere

---

斬殺萬人，獲甲七千副。滅烏拉國數世相傳之汗業，得其大城，其全國俱獲。於大城立營十日，以分俘虜，編一萬戶，攜之以歸。昔日兩次所現之天光，即攻取烏拉國之兆也。

斩杀万人，获甲七千副。灭乌拉国数世相传之汗业，得其大城，其全国俱获。于大城立营十日，以分俘虏，编一万户，携之以归。昔日两次所现之天光，即攻取乌拉国之兆也。

十二、爲國之道

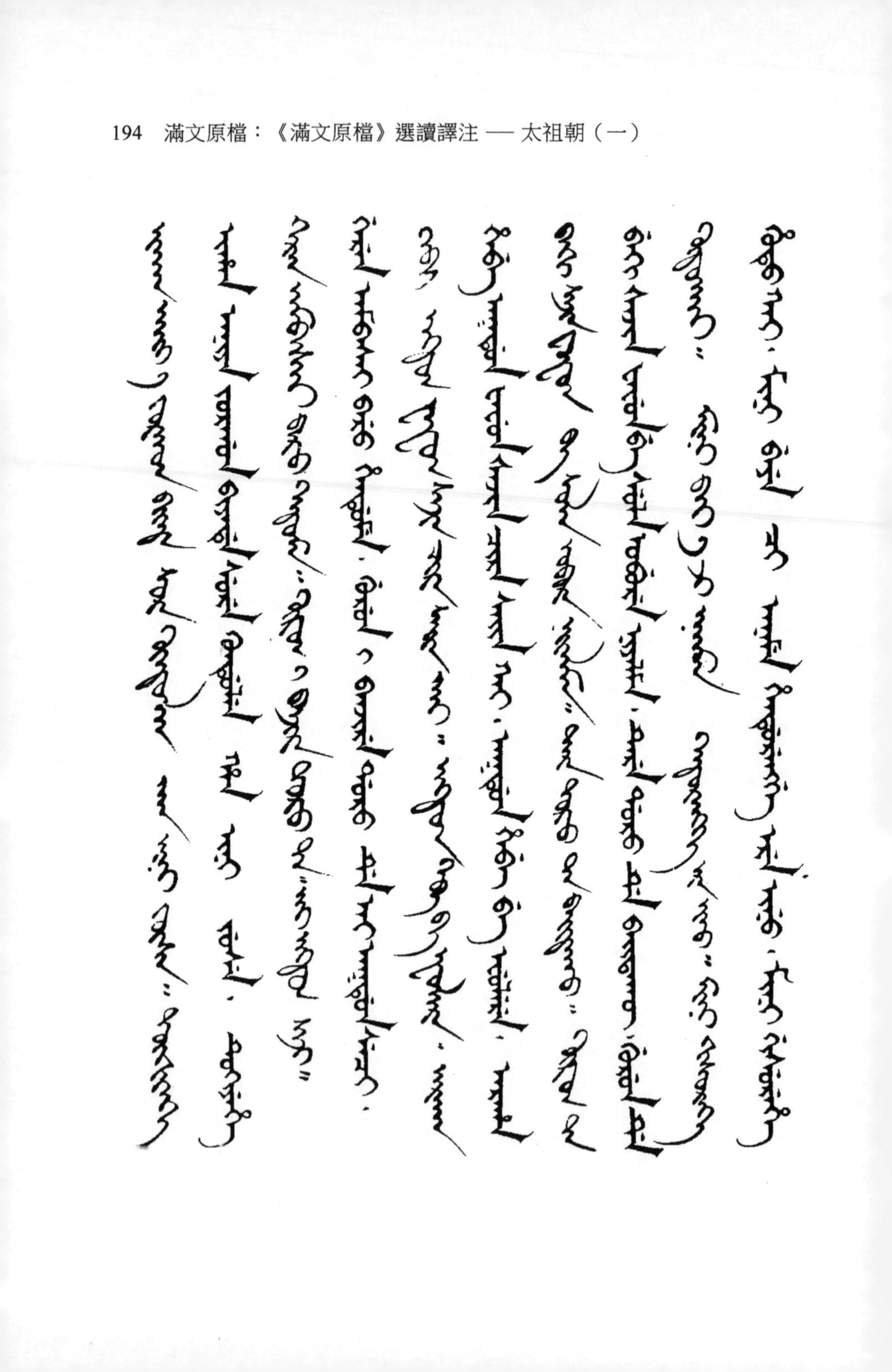

ihan aniya jorgon biyade, sure kundulen han ini juse tukiyehe geren ambasai baru hendume, gurun i banjire doro de ai akdun seci, hebe akdun fafun šajin cira sain kai. akdun hebe be efulere, araha beki šajin fafun be sula obure niyalma, tere doro de baitakū, gurun de hutukai. mini beye ci aname hendurengge ere inu, mini gisurehe

---

同是那丑年十二月，聰睿恭敬汗謂其諸子及所擢用之諸大臣曰：「為國之道，以何為貴？在於謀事誠信，法令嚴明也。其棄良謀，慢法令之人，無益於此道，乃國之鬼祟也。即以我自身而推論，亦如此。

同是那丑年十二月，聪睿恭敬汗谓其诸子及所擢用之诸大臣曰：「为国之道，以何为贵？在于谋事诚信，法令严明也。其弃良谋，慢法令之人，无益于此道，乃国之鬼祟也。即以我自身而推论，亦如此。

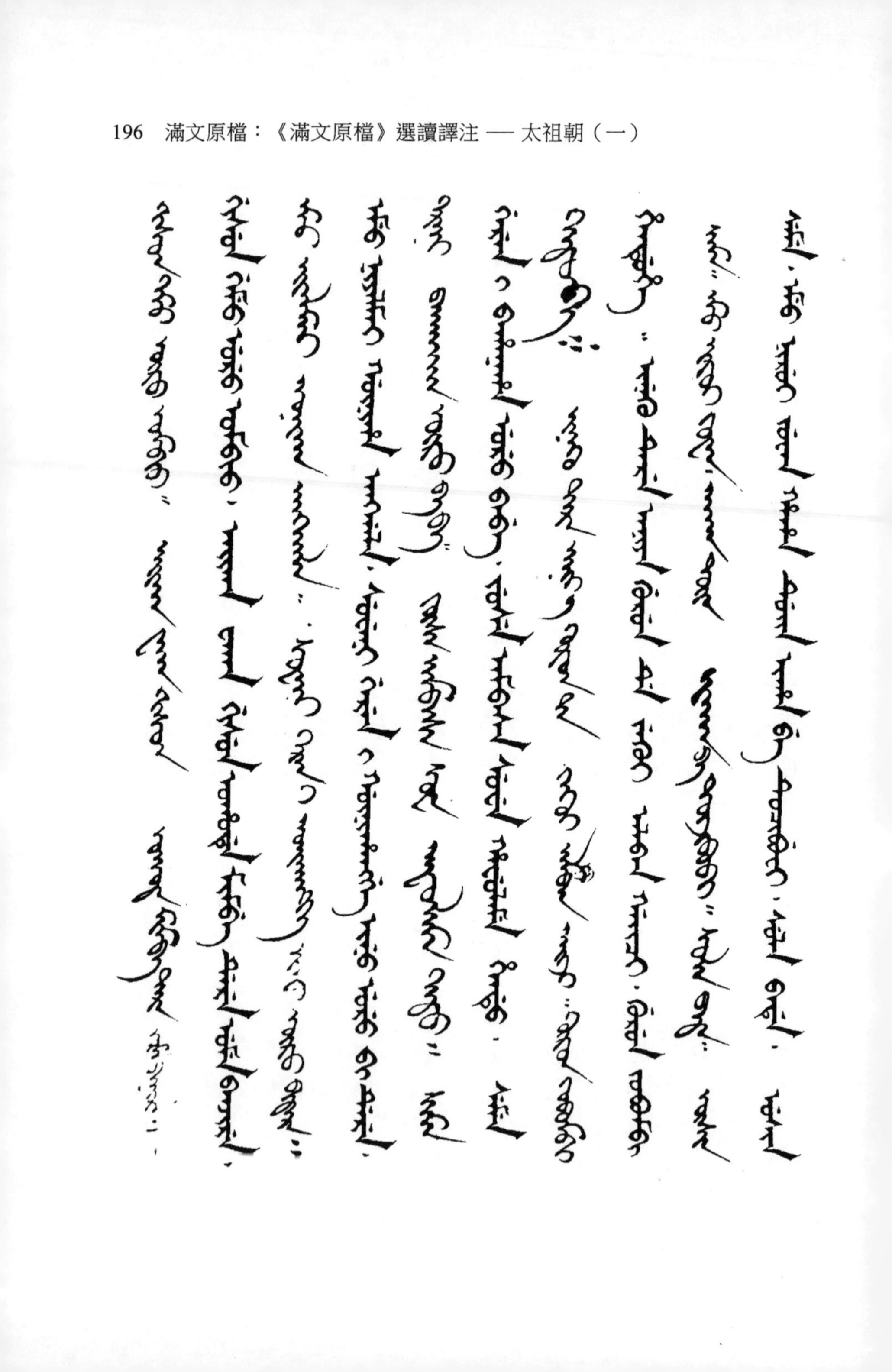

gisun gemu uru ombio. aika waka gisun ohode mimbe dere ume banjire. emu niyalmai gūniha anggala, suweni geren i gūnihangge inu uru bidere. gereni bahanaha uru ba be, juse ambasa suwe hafulame hendu, seme henduhe. ineku tere aniya gurun de jekui alban gaici, gurun jobombi seme, emu nirui juwan haha duin ihan be tucibufi, sula bade, usin

---

我之所言，安能盡當，倘有不當，毋顧我情面。一人之思慮，不如爾眾人之所思更為切當。眾人之見識，爾諸子及諸大臣當盡言毋諱。」同是那年，以徵收國人糧賦，則國人受苦，遂令每一牛录各出男丁十名、牛四頭，始於荒地

我之所言，安能尽当，倘有不当，毋顾我情面。一人之思虑，不如尔众人之所思更为切当。众人之见识，尔诸子及诸大臣当尽言毋讳。」同是那年，以征收国人粮赋，则国人受苦，遂令每一牛录各出男丁十名、牛四头，始于荒地

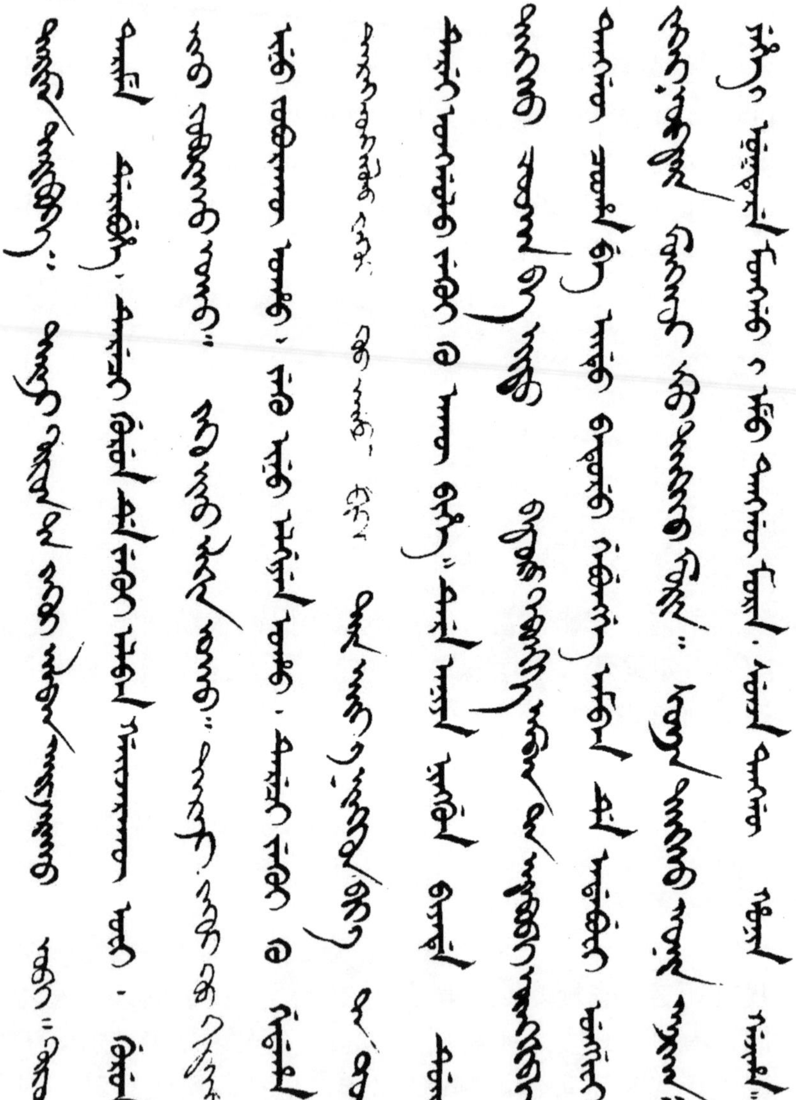

tarime deribuhe. tereci gurun de jekui alban gaijarakū ofi, gurun inu joborakū oho, jeku inu elgiyen oho, tereci jekui ku gidaha, terei onggolo jekui ku akū bihe. tere aniya ninggun biya de duin tanggū cooha be eidu baturu gebungge amban de adabufi unggifi, yehei nuktere monggoi emu tanggū morin, sunja tanggū honin gajiha.

開墾耕種。自是免徵國人糧賦，國人亦無苦累，糧貯亦豐足[67]，自此興建糧庫，此前則無糧庫。同年六月，發兵四百，隨同大臣額亦都巴圖魯往取於葉赫遊牧蒙古之馬一百匹、羊五百隻帶回。

开垦耕种。自是免征国人粮赋，国人亦无苦累，粮贮亦丰足，自此兴建粮库，此前则无粮库。同年六月，发兵四百，随同大臣额亦都巴图鲁往取于叶赫游牧蒙古之马一百匹、羊五百只带回。

---

67 豐足，《滿文原檔》讀作“elgin”，《滿文老檔》讀作“elgiyen”。

十三、執掌國政

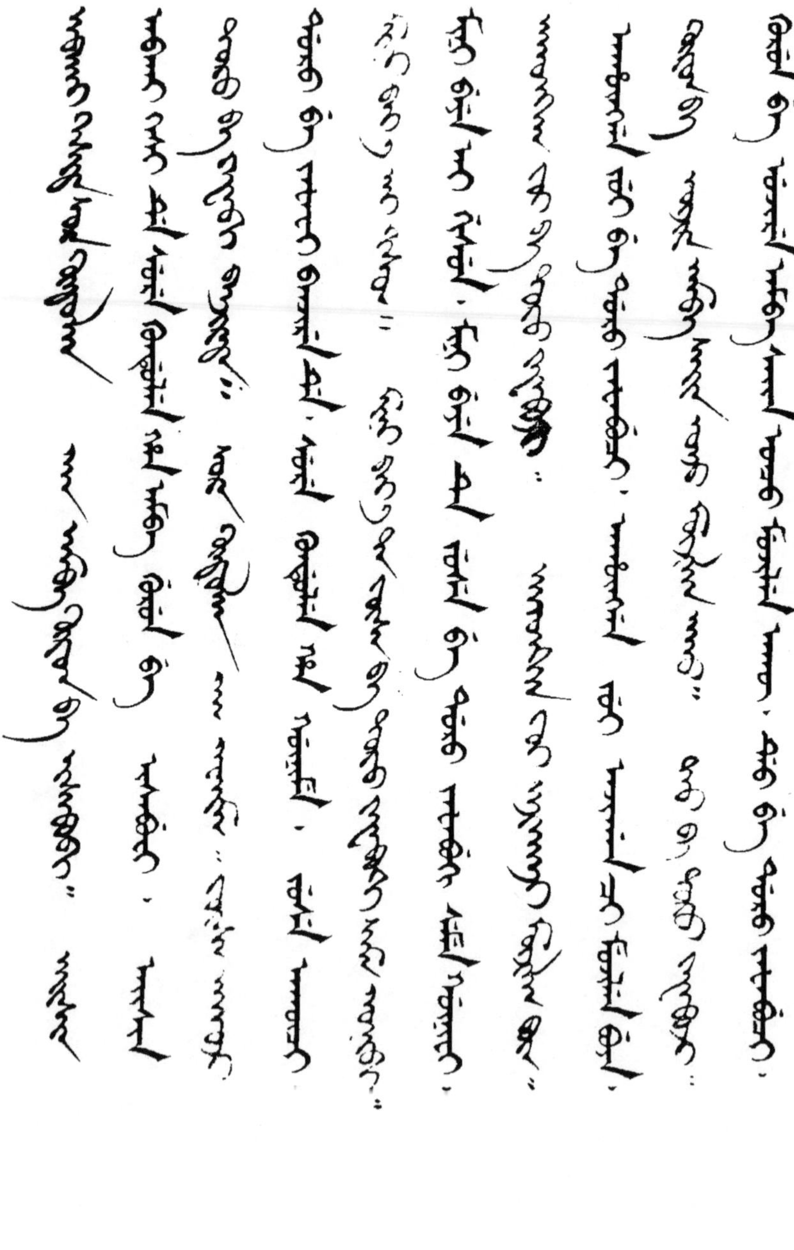

abkai keside sure kundulen han amba gurun be isabufi, aisin doro be jafafi banjirede, sure kundulen han gūnime, juse akūci, mini beye ai gisun, mini beye te juse be doro jafabuki seme gūnifi, ahūngga jui be doro jafabuci, ahūngga jui ajigan ci mujilen buya, gurun be ujire amba sain onco mujilen akū, deo be doro jafabuci,

---

聰睿恭敬汗仰賴天恩，集聚大國，執掌金國之政。聰睿恭敬汗因念及:「我若無子，夫復何言。今我欲令諸子執政，若令長子執政，而長子自幼心胸狹窄，並無善養國人寬大之心；若令其弟執政，

聪睿恭敬汗仰赖天恩，集聚大国，执掌金国之政。聪睿恭敬汗因念及:「我若无子，夫复何言。今我欲令诸子执政，若令长子执政，而长子自幼心胸狭窄，并无善养国人宽大之心；若令其弟执政，

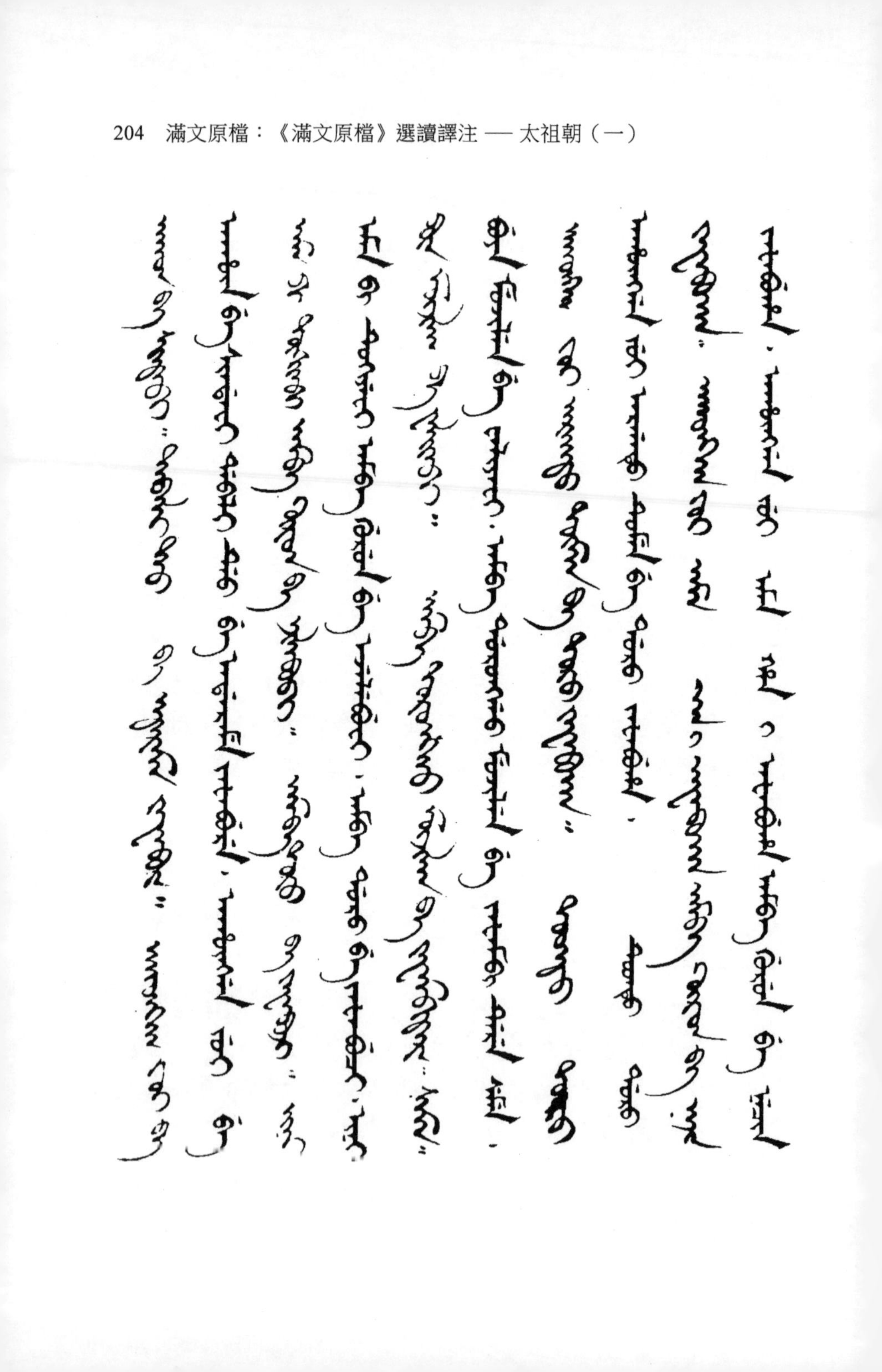

ahūn be sindafi, dabali deo be adarame jafabure. ahūngga jui be ama bi tukiyefi amba gurun be ejelebufi, amba doro be jafabuci, ini buya mujilen be waliyafi, amba doronggo mujilen be jafambidere seme, ahūngga jui argatu tumen be doro jafabuha. tuttu doro jafabuha ahūngga jui ama han i afabuha amba gurun be necin

---

又置其兄長於何地？焉可使其弟超越兄長而執政耶？為父我薦用長子，使之專主大國、執掌大政，或可棄其狹窄之心而存正直之心。」遂令長子阿爾哈圖圖門執政。然執政之長子，並未秉公治理父汗所交付大國

又置其兄长于何地？焉可使其弟超越兄长而执政耶？为父我荐用长子，使之专主大国、执掌大政，或可弃其狭窄之心而存正直之心。」遂令长子阿尔哈图图门执政。然执政之长子，并未秉公治理父汗所交付大国

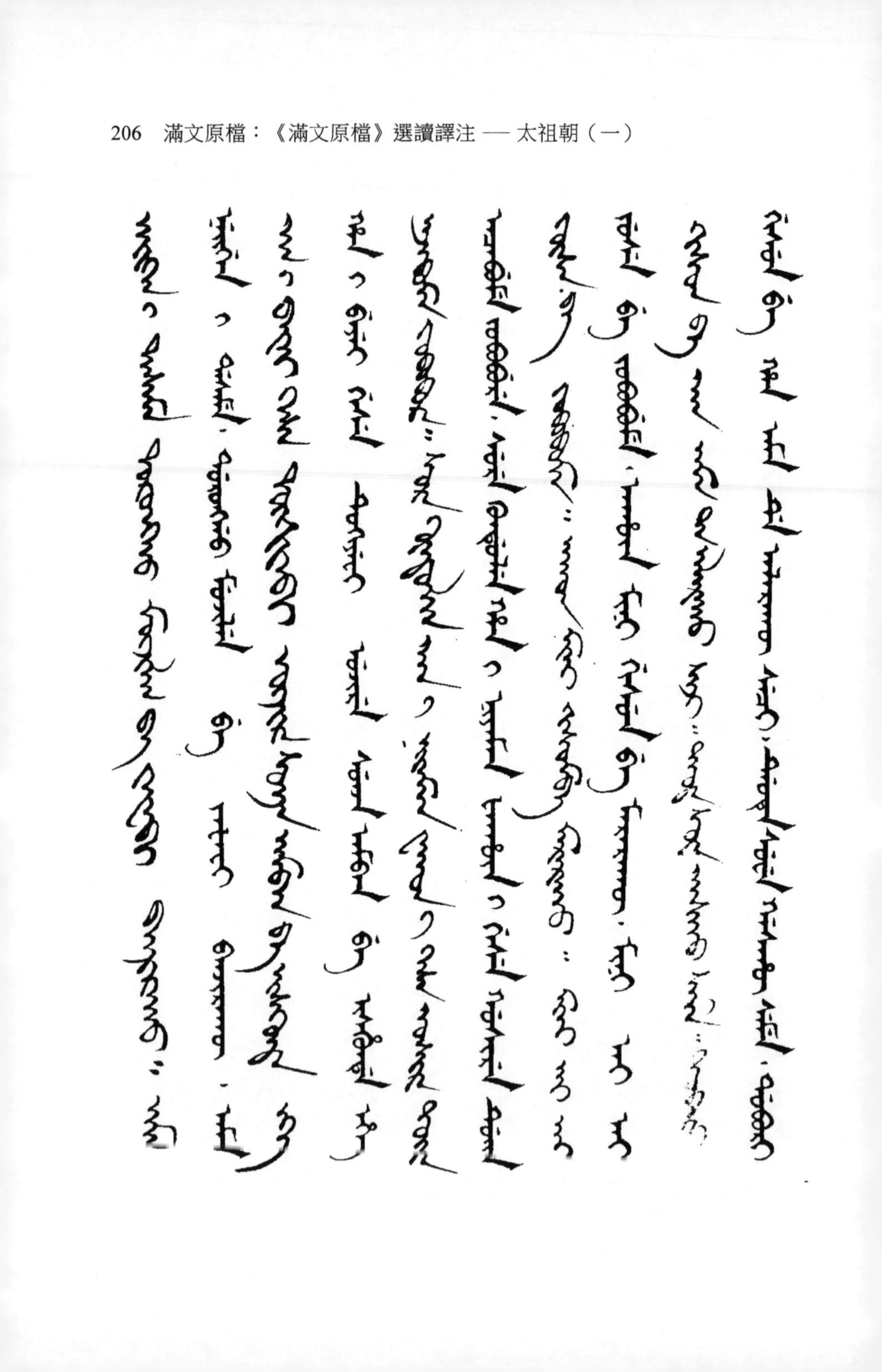

neigen i dasame, doronggo mujilen be jafafi banjirakū, ama han i beyei gese tukiyefi ujire sunja amban be ishunde ehe acabume jobobure, sure kundulen han i niyaman fahūn i gese gosire duin juse be jobobume, ahūn mini gisumbe mararakū, mini ai ai gisun be han ama de alarakū seci, deote suwe gashū seme, dobori

---

亦未存正直之心，使父汗視同自己擢用養育的五大臣之間，彼此不睦，施虐於聰睿恭敬汗愛如心肝之四子，並告其眾弟曰：「不得違抗兄長的話，不許將我之所言告訴父汗，弟弟們必須發誓。」於是令弟弟們望夜星盟誓，

亦未存正直之心，使父汗视同自己擢用养育的五大臣之间，彼此不睦，施虐于聪睿恭敬汗爱如心肝之四子，并告其众弟曰：「不得违抗兄长的话，不许将我之所言告诉父汗，弟弟们必须发誓。」于是令弟弟们望夜星盟誓，

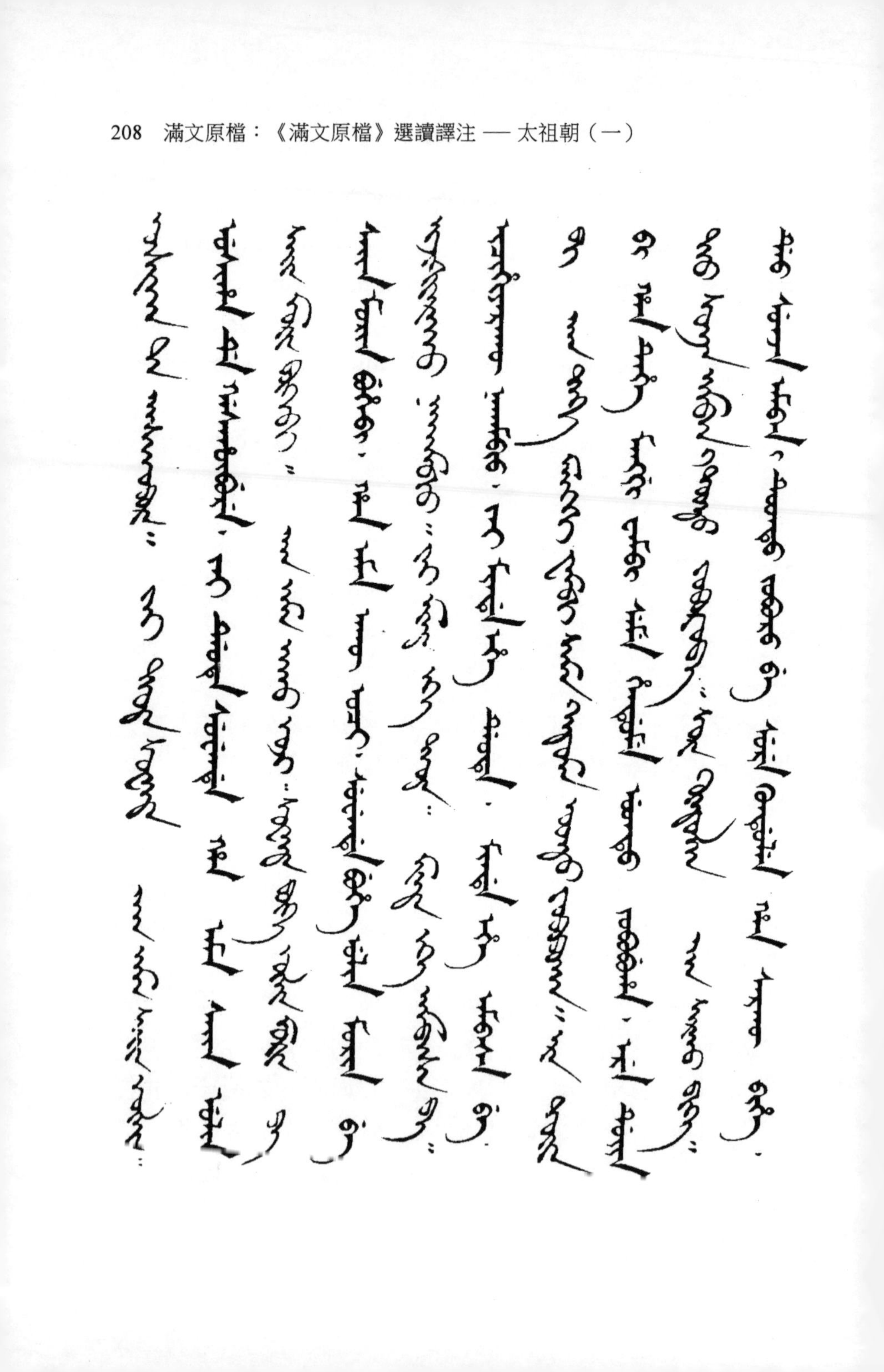

usiha de gashūbure. jai deote suwende han ama sain ulin sain morin buhebi, han ama akū oci, suwende buhe ulin morin be icihiyarakū nakambio. jai minde ehe deote, minde ehe ambasa be, bi han tehe manggi wambi seme hendume uttu jobobuha. ere duin deo sunja amban i tuttu joborobe sure kundulen han sarkū bihe.

又曰：「父汗曾賜爾等財帛良馬，父汗身故後，其賜爾等之財帛、馬匹，豈可不加辦理耶？再者，凡與我交惡之諸弟，與我交惡之諸大臣，待我即汗位後誅之。」如此迫害四位弟弟及五大臣，聰睿恭敬汗並不知曉。

又曰：「父汗曾赐尔等财帛良马，父汗身故后，其赐尔等之财帛、马匹，岂可不加办理耶？再者，凡与我交恶之诸弟，与我交恶之诸大臣，待我即汗位后诛之。」如此迫害四位弟弟及五大臣，聪睿恭敬汗并不知晓。

十四、幽禁長子

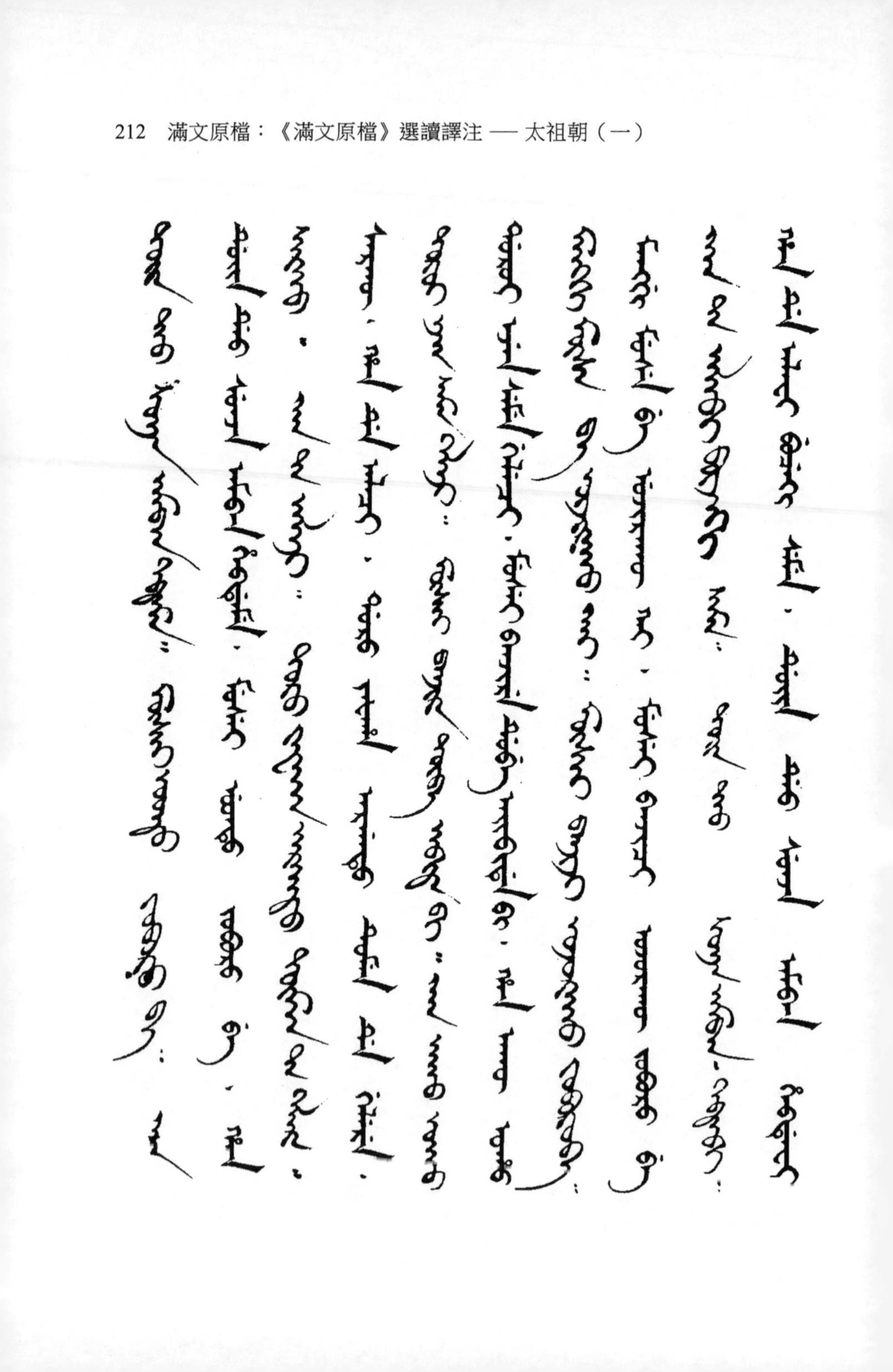

duin deo sunja amban hebdeme, musei uttu joboro be, han sarkū, han de alaci, doro jafaha argatu tumen de gelere, doroi ejen seme geleci, musei banjire dube aibide bi, han akū oho manggi muse be ujirakū kai, musei banjici ojorakū joborobe han de alafi buceki seme. duin deo sunja amban hebdefi,

---

四位弟弟及五大臣商議：「我等如此受迫害，汗並不知曉。若告訴汗，又懼怕執政之阿爾哈圖圖門。若懼怕執政之主，我等生路何在？汗身故後，將不豢養我等也。莫若將我等無以為生之苦，告知汗而後死。」四位弟弟及五大臣商議後，

四位弟弟及五大臣商议：「我等如此受迫害，汗并不知晓。若告诉汗，又惧怕执政之阿尔哈图图门。若惧怕执政之主，我等生路何在？汗身故后，将不豢养我等也。莫若将我等无以为生之苦，告知汗而后死。」四位弟弟及五大臣商议后，

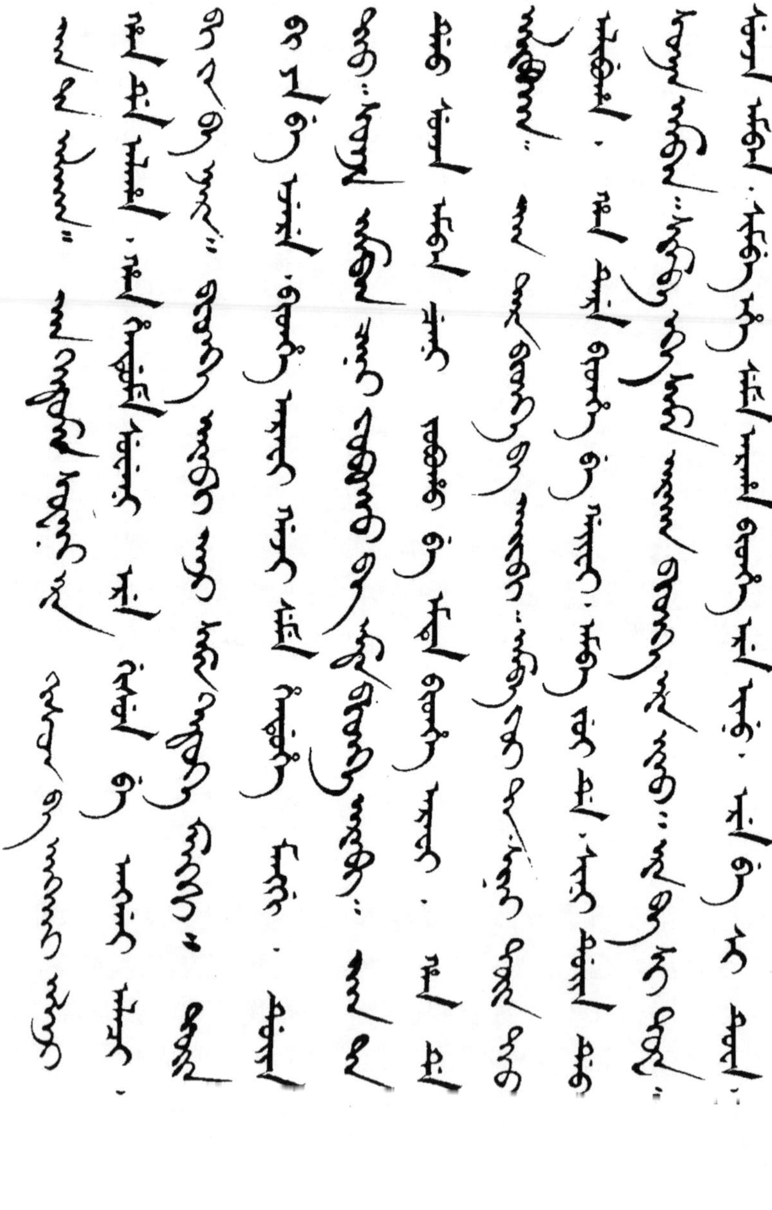

han de alaha. han hendume, suweni ere gisun be anggai alaci, bi ya be ejere, bithe arafi gaji seme henduhe manggi. duin deo, sunja amban ceni joboho be emte bithe arafi, han de alibuha. han tere bithe be gaifi, amba jui de, sini duin deo sunja amban, simbe ehe seme araha bithe ere inu, ere be si tuwa.

遂告訴汗。汗曰：「爾等口頭訴說之言，我能記住什麼？可用書面寫來。」四位弟弟、五大臣遂將他們被迫害之處各繕一書呈於汗。汗執其書謂長子曰：「此乃爾四位弟弟及五大臣指控爾惡行所繕文字，著爾閱看。

遂告诉汗。汗曰：「尔等口头诉说之言，我能记住什么？可用书面写来。」四位弟弟、五大臣遂将他们被迫害之处各缮一书呈于汗。汗执其书谓长子曰：「此乃尔四位弟弟及五大臣指控尔恶行所缮文字，着尔阅看。

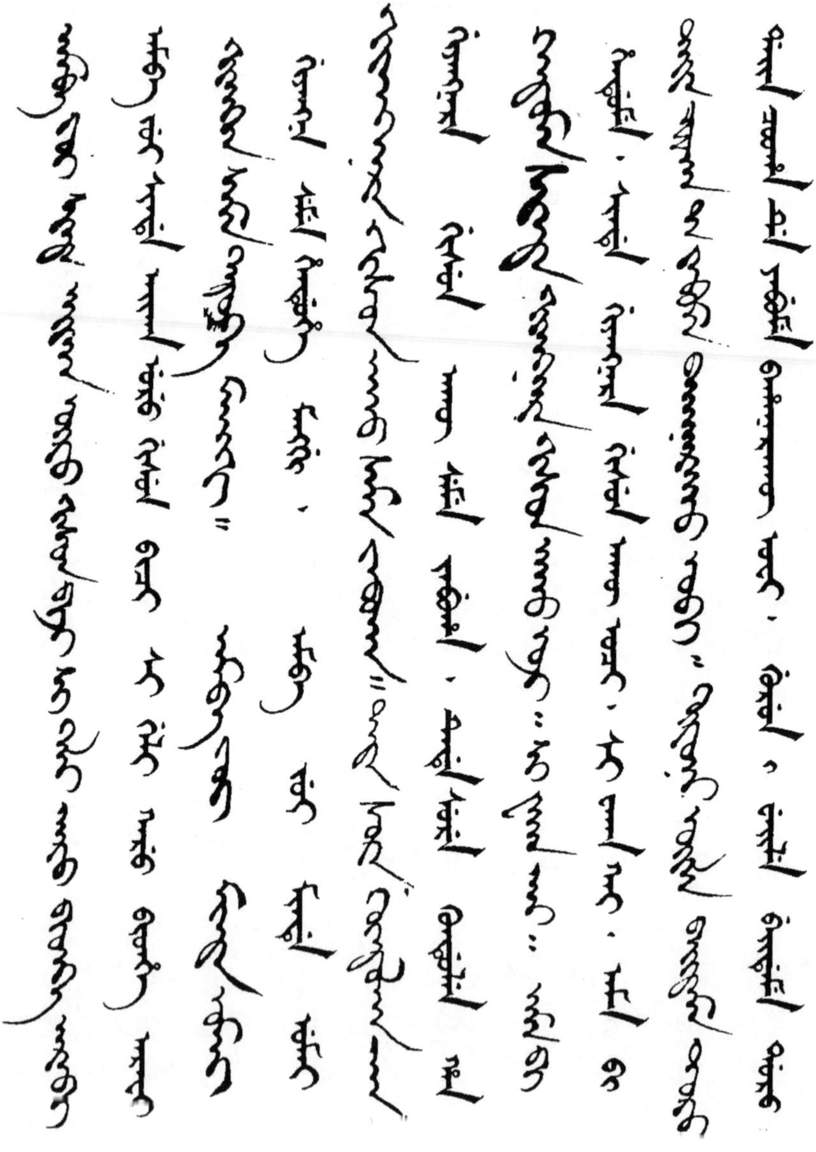

amba jui sinde aika uru gisun bici si geli karu bithe arafi giyangna seme henduhe manggi. amba jui minde umai giyangnara gisun akū seme jabuha. tede sure kundulen han hendume, sinde giyangnara gisun akū oci, si waka kai. ama bi dain cooha de yabume bahanarakū ofi, guruni weile beideme doro

---

長子，爾若自以為是，亦可書面寫來辯駁。」長子答曰：「我無言可辯。」聰睿恭敬汗遂曰：「爾若無言可辯，就是爾之過也。為父我並非因年老，不能行軍征戰，不能審理國中事務

长子，尔若自以为是，亦可书面写来辩驳。」长子答曰：「我无言可辩。」聪睿恭敬汗遂曰：「尔若无言可辩，就是尔之过也。为父我并非因年老，不能行军征战，不能审理国中事务

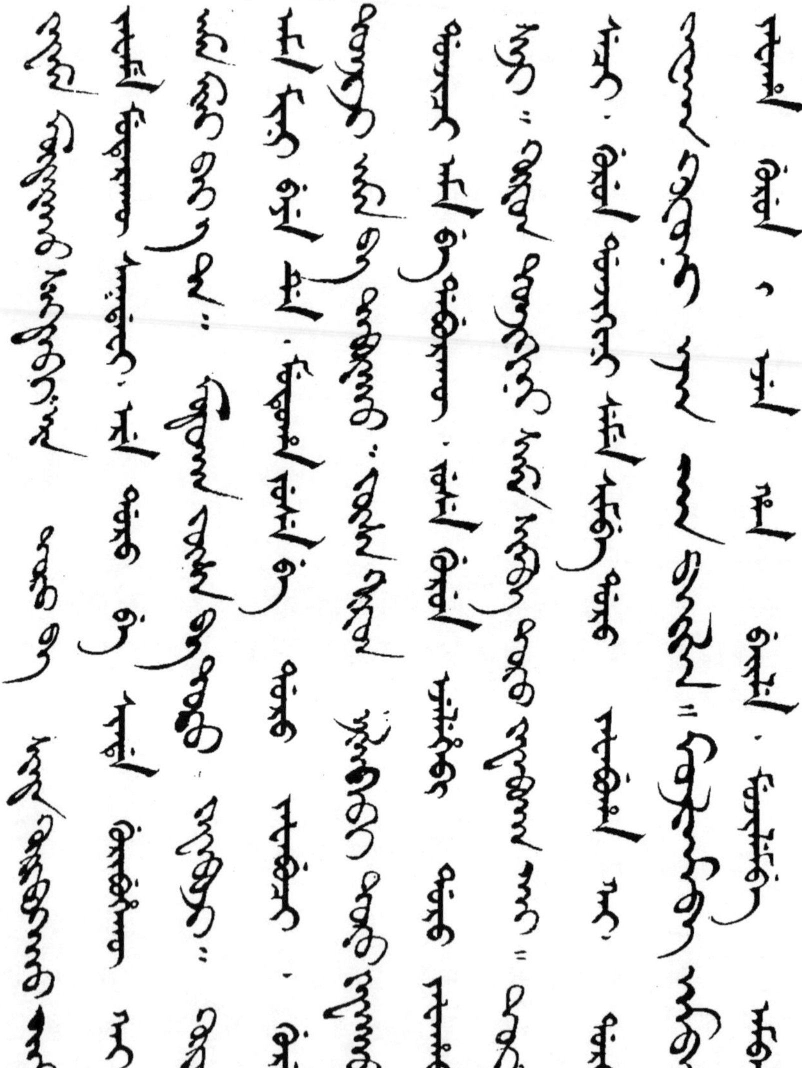

jafame muterakū sakdafi, ere doro be sinde guribuhekū kai. ama mini beye de, mutuha juse be doro jafabuci, gurun donjici, ama be daburakū, juse gurun ejelehebi doro jafahabi seci, gurun donjikini seme simbe doro jafabuha kai. doro jafaha guruni ejen han beile, mujilembe amban

---

而不將國政交於爾也。國人聞之，或有諸子棄父篡國當政之議。然我不顧國人議論，仍令爾執掌政權。夫執政一國之主汗、貝勒，

而不将国政交于尔也。国人闻之，或有诸子弃父篡国当政之议。然我不顾国人议论，仍令尔执掌政权。夫执政一国之主汗、贝勒，

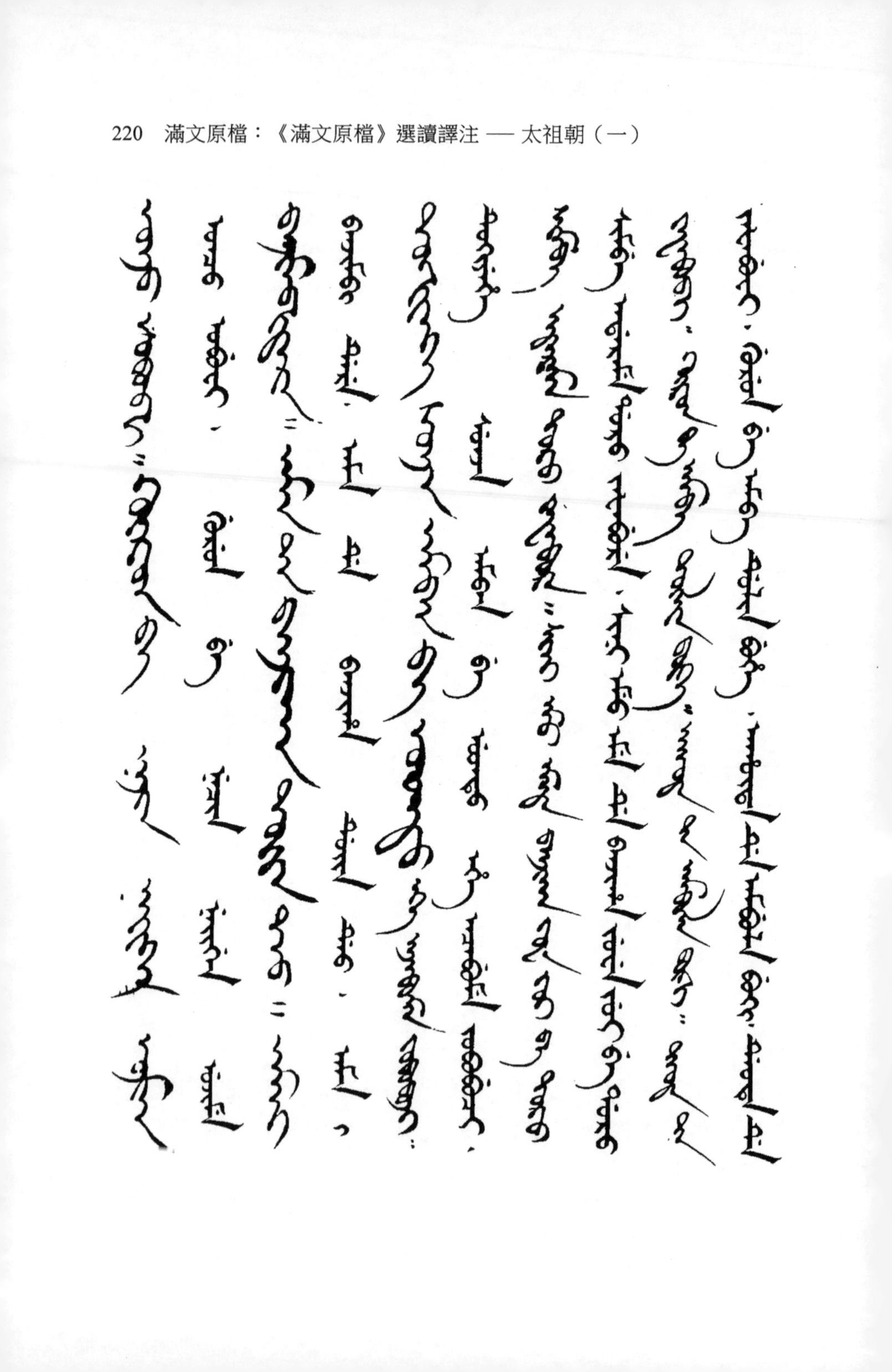

onco obufi, gurun be necin neigen ujime banjimbidere. ama de banjiha duin deo, amai tukiyehe sunja amban be uttu ehe acabume jobobuci, simbe adarame doro jafabure. sini emu emede banjiha juwe jui be doro jafabufi. gurun be amba dulin buhe, ahūta de ambula buki, deote de

---

務須心懷寬大，對國人公平均勻豢養，俾令生活。爾竟如此迫害同父所生四位弟弟及為父我所擢用之五大臣，安能使爾執政耶？令爾同母所生二子執政，賜國人過半。乃念多給兄長，

务须心怀宽大，对国人公平均匀豢养，俾令生活。尔竟如此迫害同父所生四位弟弟及为父我所擢用之五大臣，安能使尔执政耶？令尔同母所生二子执政，赐国人过半。乃念多给兄长，

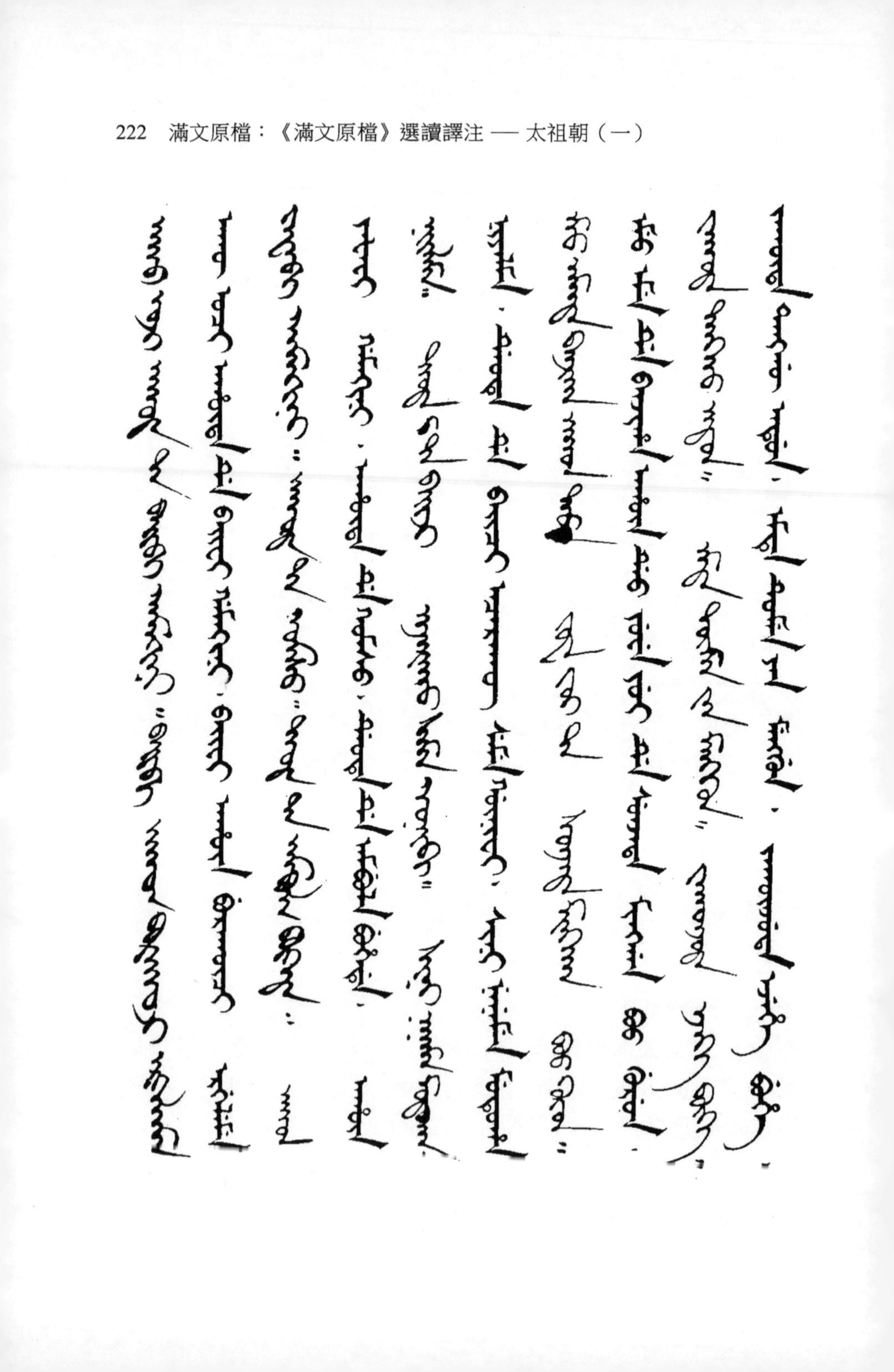

akū oci ahūta de baifi gamakini, baifi ahūn burakūci ergeleme jafafi gamakini. ahūta de komso, deote de ambula buhede, ahūn niyalma, deote de baici acarakū seme gūnifi, sini neneme mutuha emu amade〔emede〕banjiha ahūn deo juwe jui de sunjata minggan boo gurun, jakūta tanggū adun, emte tumen yan menggun, jakūnjuta ejehe buhe,

---

若弟弟沒有，可向兄長求取；兄長不給，亦可強取。若少給兄長，多給諸弟，則為兄長者不應求乞於諸弟。故賜爾同母所生兄弟二子國人各五千戶[68]、牧群各八百個、銀各一萬兩、敕書各八十道。

若弟弟没有，可向兄长求取；兄长不给，亦可强取。若少给兄长，多给诸弟，则为兄长者不应求乞于诸弟。故赐尔同母所生兄弟二子国人各五千户、牧群各八百个、银各一万两、敕书各八十道。

---

68 同母所生，《滿文原檔》讀作"emu amade banjiha"，意即「同父所生」，《滿文老檔》讀作"emu eme de banjiha"，意即「同母所生」。

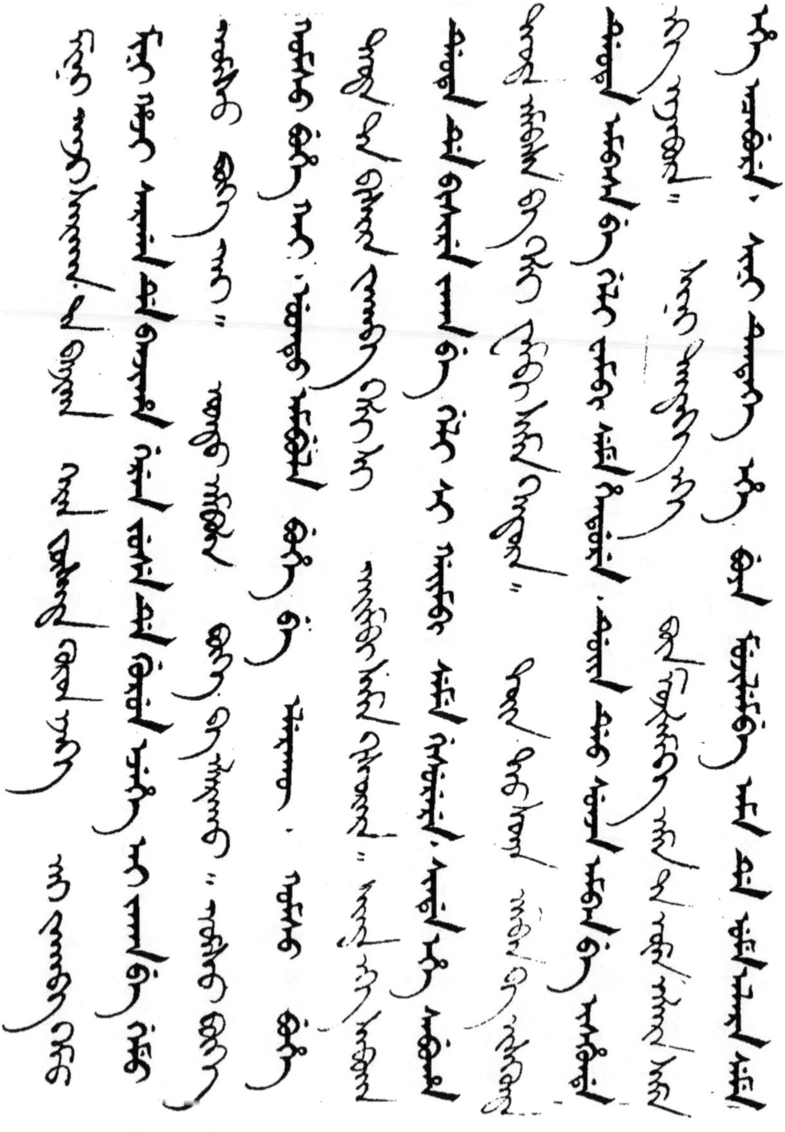

mini haji sargan de banjiha geren jusede gurun ejehe ai jakabe gemu komso buhe kai. uttu ambula buhe be elerakū, komso buhe deote de bisire jakabe geli si gaimbi seme gisurere, sinde ehe sabuha deote ambasa be geli wambi seme hendure, duin deo sunja amban be ishunde ehe acabure, sini tenteke ehe buya mujilembe ama de ume alara seme

---

至我愛妻所生諸子，所賜國人、敕書等諸物，皆少給之。然爾所得如此之多，尚不知足，竟揚言攫取諸弟所得微薄之財物，欲殺害與爾不睦之諸弟及眾大臣。使四位弟弟與五大臣彼此不睦，逼迫諸弟處處起誓不得將爾許多邪惡狹小之心告訴父親。

至我爱妻所生诸子，所赐国人、敕书等诸物，皆少给之。然尔所得如此之多，尚不知足，竟扬言攫取诸弟所得微薄之财物，欲杀害与尔不睦之诸弟及众大臣。使四位弟弟与五大臣彼此不睦，逼迫诸弟处处起誓不得将尔许多邪恶狭小之心告诉父亲。

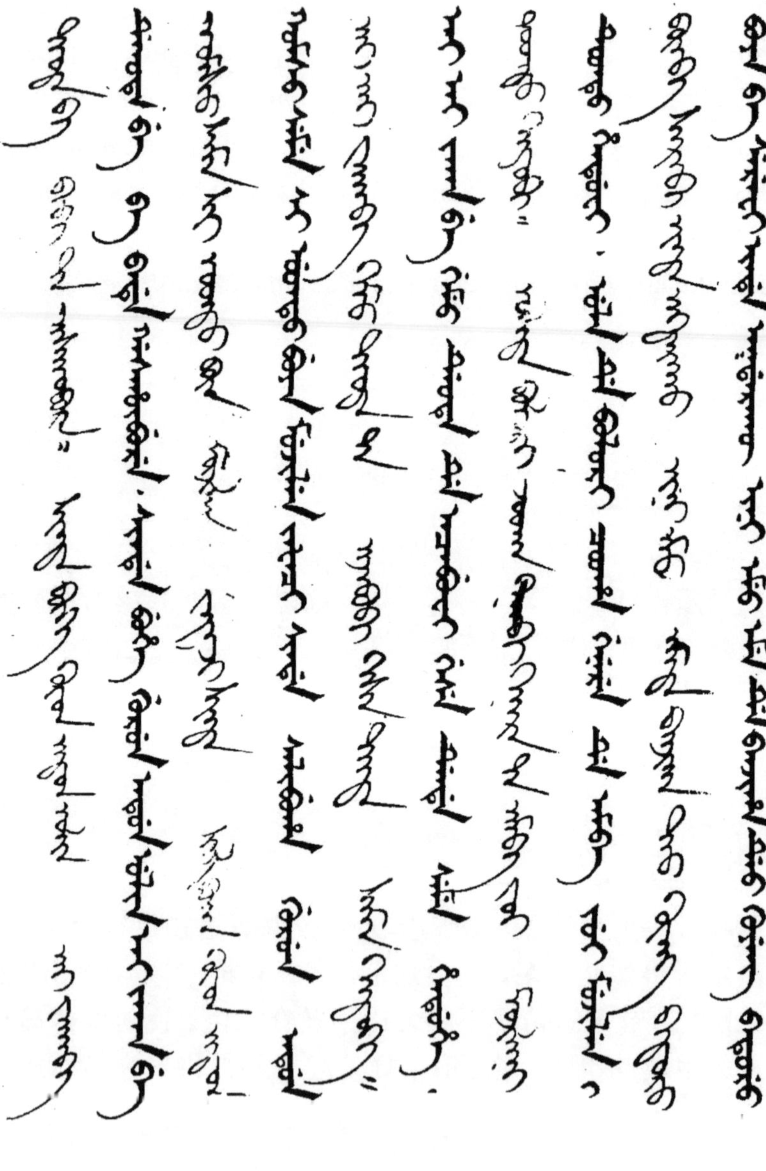

deote be baba de gashūbure. sinde buhe gurun adun ulin ai jakabe komso seme si uttu buya mujilen jafaci sinde salibuha gurun adun ai ai jaka be gemu deote de acabufi gese dende seme henduhe. tuttu hendufi, ulade bolori cooha genere de amba jui mujileni buyabe serefi inde akdarakū ini emu emede banjiha deo guyeng baturu

---

爾若以所得國人、牧群、錢財及一切物件過少，而存狹小之心，則將給爾之國人、牧群及各種財物，皆與諸弟混合均分。」其後，秋季出兵征討烏拉時，知悉長子心胸狹小，不再信任他，留其同母所生弟弟古英巴圖魯

尔若以所得国人、牧群、钱财及一切对象过少，而存狭小之心，则将给尔之国人、牧群及各种财物，皆与诸弟混合均分。」其后，秋季出兵征讨乌拉时，知悉长子心胸狭小，不再信任他，留其同母所生弟弟古英巴图鲁

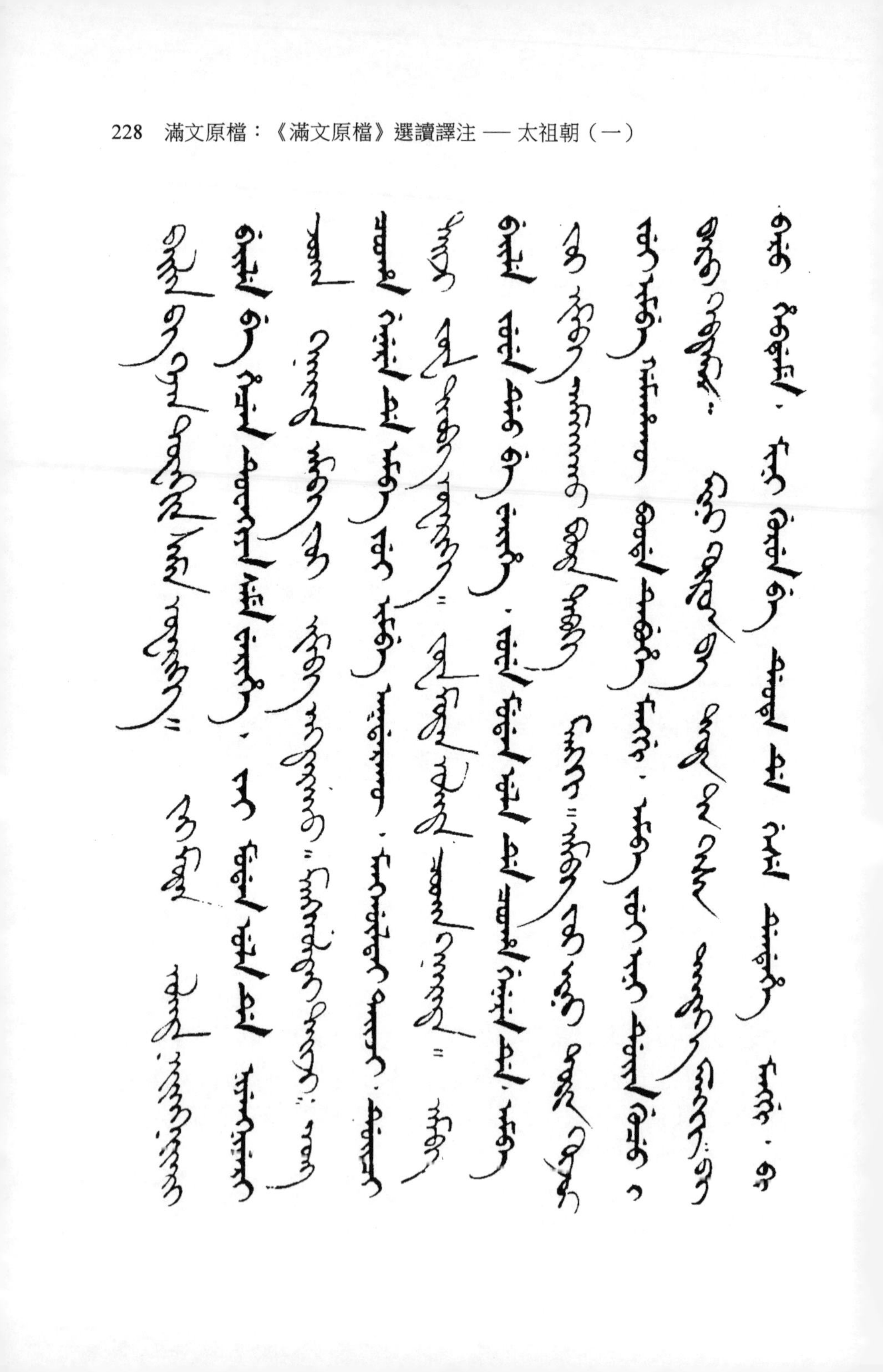

beile be hecen tuwakiya seme werihe. jai mudan ulade niyengniyeri cooha generede amba jui imbe akdarakū, manggūltai taiji, hong taiji juwe deobe werihe. juwe mudan ulade cooha generede, amba jui imbe gamahakū boode tebuhe manggi. amba jui ini duin gucui baru hebdeme, mini gurun be deote de gese dendehe manggi, bi

貝勒守城。又於春季出兵征討烏拉時，仍不信任長子，命其兩位弟弟莽古爾泰、洪台吉留守[69]。兩次出兵征討烏拉，均未令長子從征，而留居家中。長子遂與其四位僚友商議曰：「若將我之國人與諸弟平分，

贝勒守城。又于春季出兵征讨乌拉时，仍不信任长子，命其两位弟弟莽古尔泰、洪台吉留守。两次出兵征讨乌拉，均未令长子从征，而留居家中。长子遂与其四位僚友商议曰：「若将我之国人与诸弟平分，

69 洪台吉，詳見頁 143，註 56。

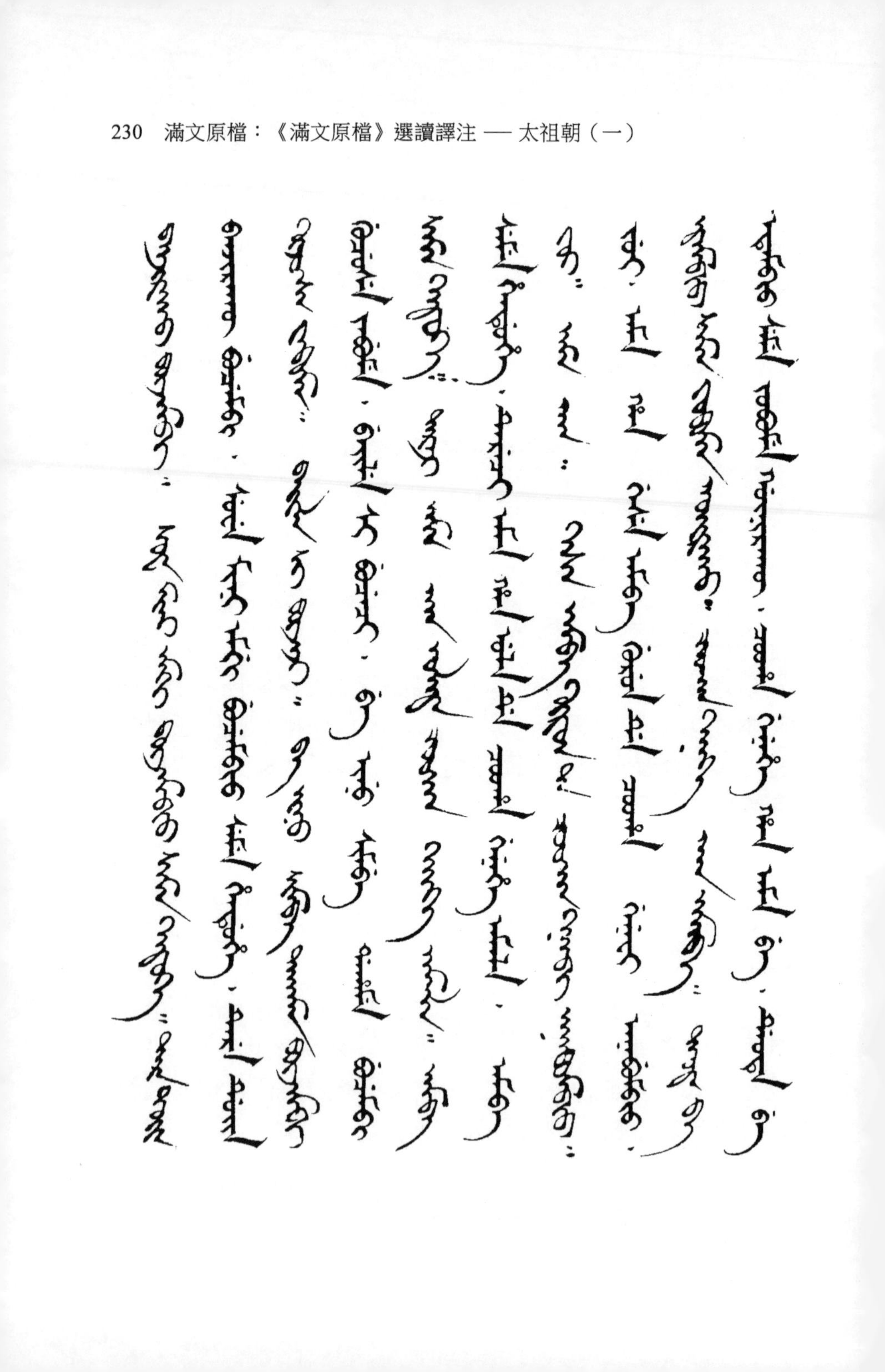

banjirakū bucembi, suwe mini emgi bucembio seme henduhe. tere duin gucuse jabume, beile si buceci, be inu simbe dahame bucembi seme henduhe. tereci ama han ulade cooha genehe amala, amba jui, ama han gese amba gurun de cooha genefi anabumbio etembio seme jobome gūnirakū, cooha genehe han amabe, deote be

---

我寧死而不想活，爾等願與我同死乎？」其四位僚友答曰：「貝勒爾若死，我等願隨爾死。」至於父汗率兵往征烏拉後，長子不但不念父汗往征同是大國之勝負，竟將父汗、諸弟

我宁死而不想活，尔等愿与我同死乎？」其四位僚友答曰：「贝勒尔若死，我等愿随尔死。」至于父汗率兵往征乌拉后，长子不但不念父汗往征同是大国之胜负，竟将父汗、诸弟

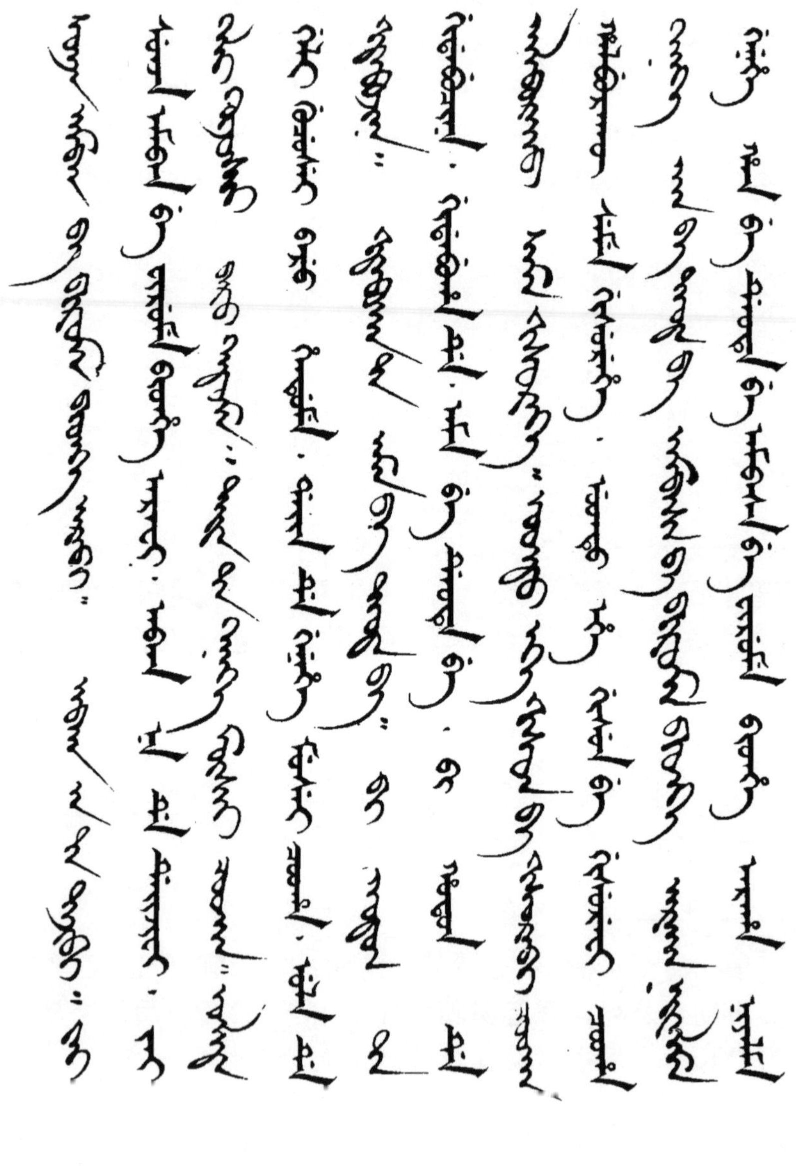

sunja amban be firume bithe arafi, abka na de deijifi, jai geli gucusei baru hendume, dain de genehe musei cooha, ulade gidabucina, gidabuha de, ama be deote be, bi hoton de halburakū seme gisurehe. uttu ehe gisun be gisurefi cooha genehe han be deote be ambasa be firume bithe araha niyalma

---

及五大臣等名字書於咒文[70]，望天地焚之。且又與僚友曰：「願出征我軍為烏拉擊敗。一旦兵敗，我將不容父親及諸弟入城。」說出此惡言。將出征汗、諸弟及大臣們書寫咒文之人

及五大臣等名字书于咒文，望天地焚之。且又与僚友曰：「愿出征我军为乌拉击败。一旦兵败，我将不容父亲及诸弟入城。」说出此恶言。将出征汗、诸弟及大臣们书写咒文之人

---

70 咒文，《滿文原檔》讀作“birume bithe”，《滿文老檔》讀作“firume bithe”。

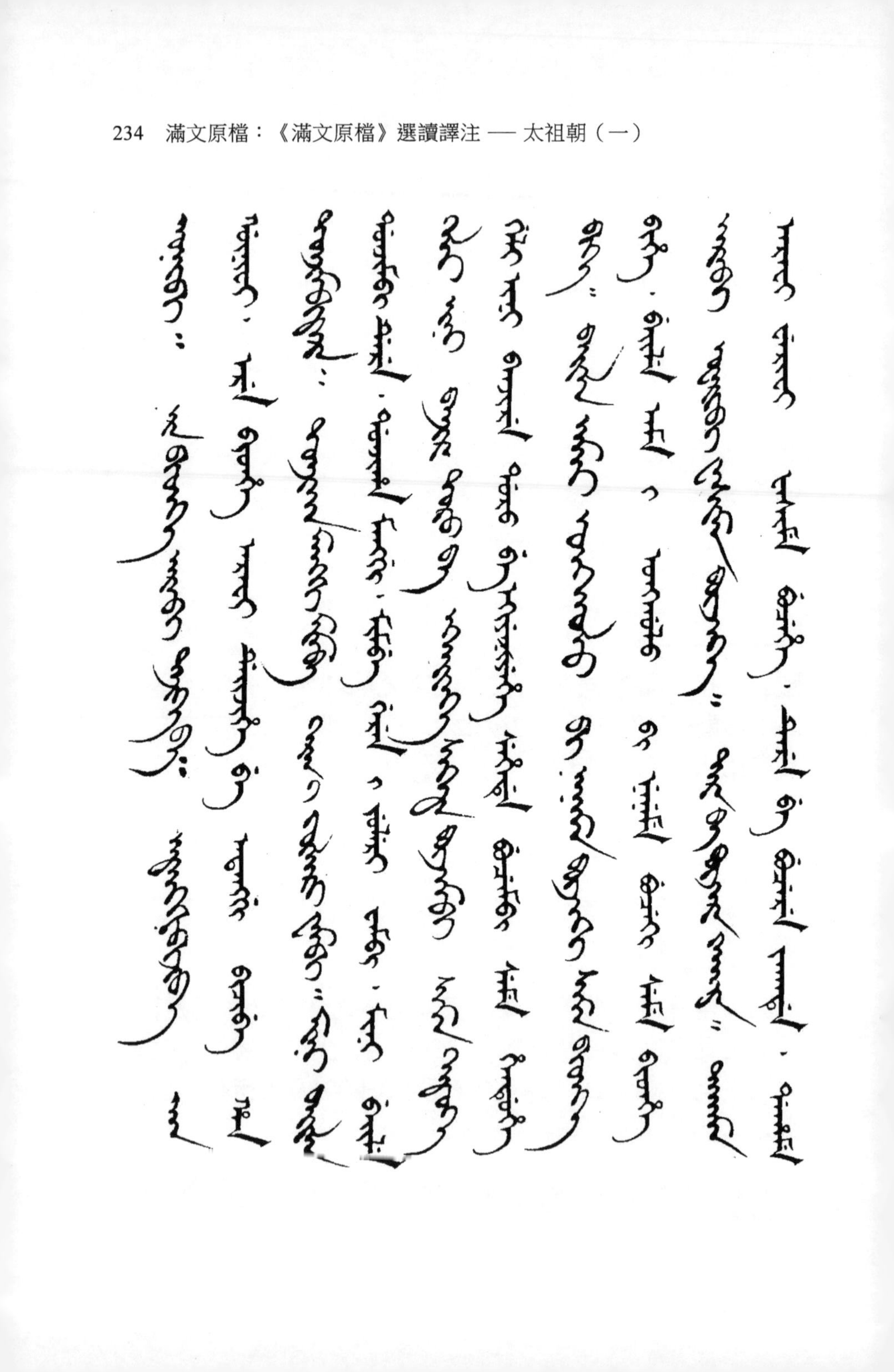

gūnifi, ere bithe arafi deijihe be, atanggibicibe han donjimbidere, donjiha manggi, mimbe geren i juleri wambi, mini beile geli ini banjire doro be ekiyeniyehe sehede bucembi seme henduhe bihe, beile amai onggolo bi neneme buceki seme bithe arafi werifi fasime bucehe. tere be bucere jakade, dahame

---

在想:「書寫此咒文焚燒一事[71],遲早終將為汗所聞知也。待聞知後必將我在眾人前處死。我貝勒又曾云:所言若損及其生計即死等語。莫如於貝勒之父察覺之前我先死也。」遂寫下遺書自縊而死。那人既死,

---

在想:「书写此咒文焚烧一事,迟早终将为汗所闻知也。待闻知后必将我在众人前处死。我贝勒又曾云:所言若损及其生计即死等语。莫如于贝勒之父察觉之前我先死也。」遂写下遗书自缢而死。那人既死,

---

71 焚燒,《滿文原檔》讀作"dejihe",《滿文老檔》讀作"deijihe"。

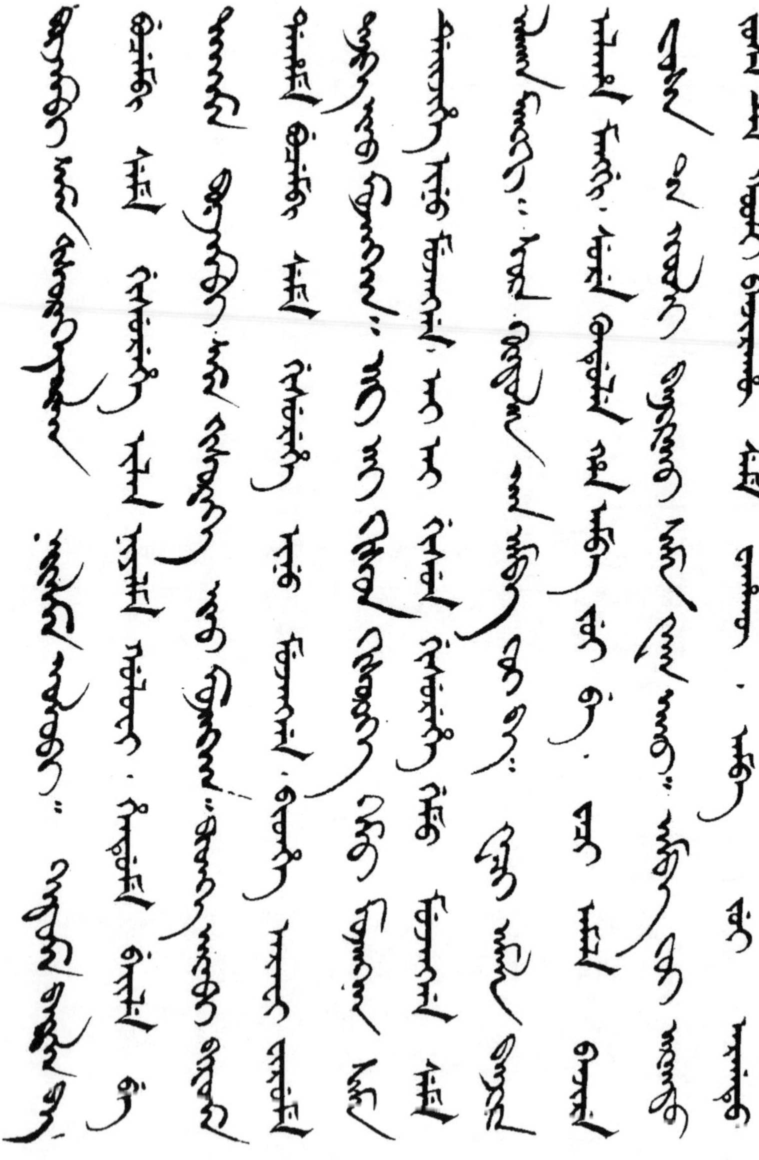

bucembi seme gisurehe ilan niyalma golofi hendume, beile be dahame bucembi seme gisurehe inu mujangga, bithe arafi firume deijihe inu mujangga, ai ai gisun gisurehe gemu mujangga seme alaha manggi. sure kundulen han amba jui be, waci amala banjire juse de kooli banjirahū seme waha akū. amba jui argatu

---

曾言隨貝勒同死之三人畏懼，遂出首告發曰：「曾言隨貝勒同死者屬實，書寫咒文焚燒亦屬實，所說諸言均皆屬實。」聰睿恭敬汗若殺長子，恐為日後所生諸子創下例子，故未殺之[72]。

曾言随贝勒同死之三人畏惧，遂出首告发曰：「曾言随贝勒同死者属实，书写咒文焚烧亦属实，所说诸言均皆属实。」聪睿恭敬汗若杀长子，恐为日后所生诸子创下例子，故未杀之。

---

72 未殺，《滿文原檔》讀作“waha akū”，《滿文老檔》讀作“wahakū”。

十五、攻取村寨

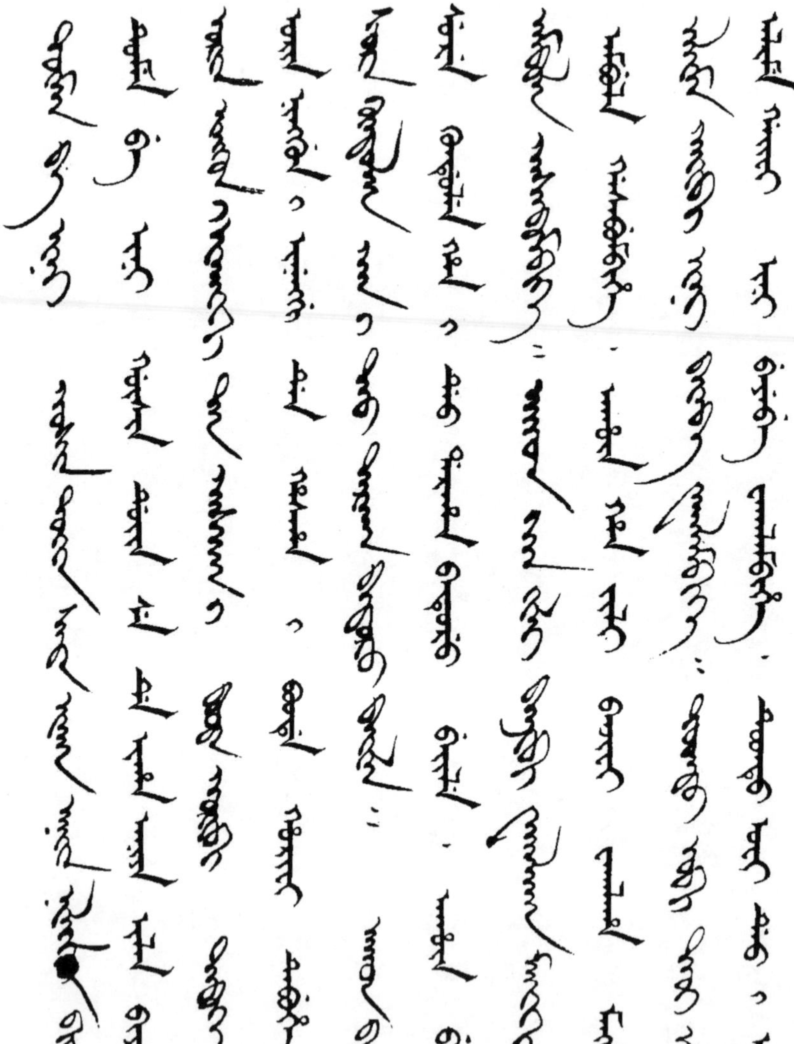

tumen be ini gūsin duin sede ihan aniya ilan biyai orin ninggun i inenggi den hashan i boode horifi tebuhe. sure kundulen han i deo darhan baturu beile, ahūn be ambula gasabumbihe, ahūn han jili banjifi wakalaha manggi, alime gaifi ini beyebe wakalambihe, tuttu ofi deoi ehe

---

於長子阿爾哈圖圖門三十四歲丑年三月二十六日囚於高木柵屋內居住。聰睿恭敬汗之弟達爾漢巴圖魯貝勒常怨恨其兄，經兄怒斥後，接受自省，因此

于长子阿尔哈图图门三十四岁丑年三月二十六日囚于高木栅屋内居住。聪睿恭敬汗之弟达尔汉巴图鲁贝勒常怨恨其兄，经兄怒斥后，接受自省，因此

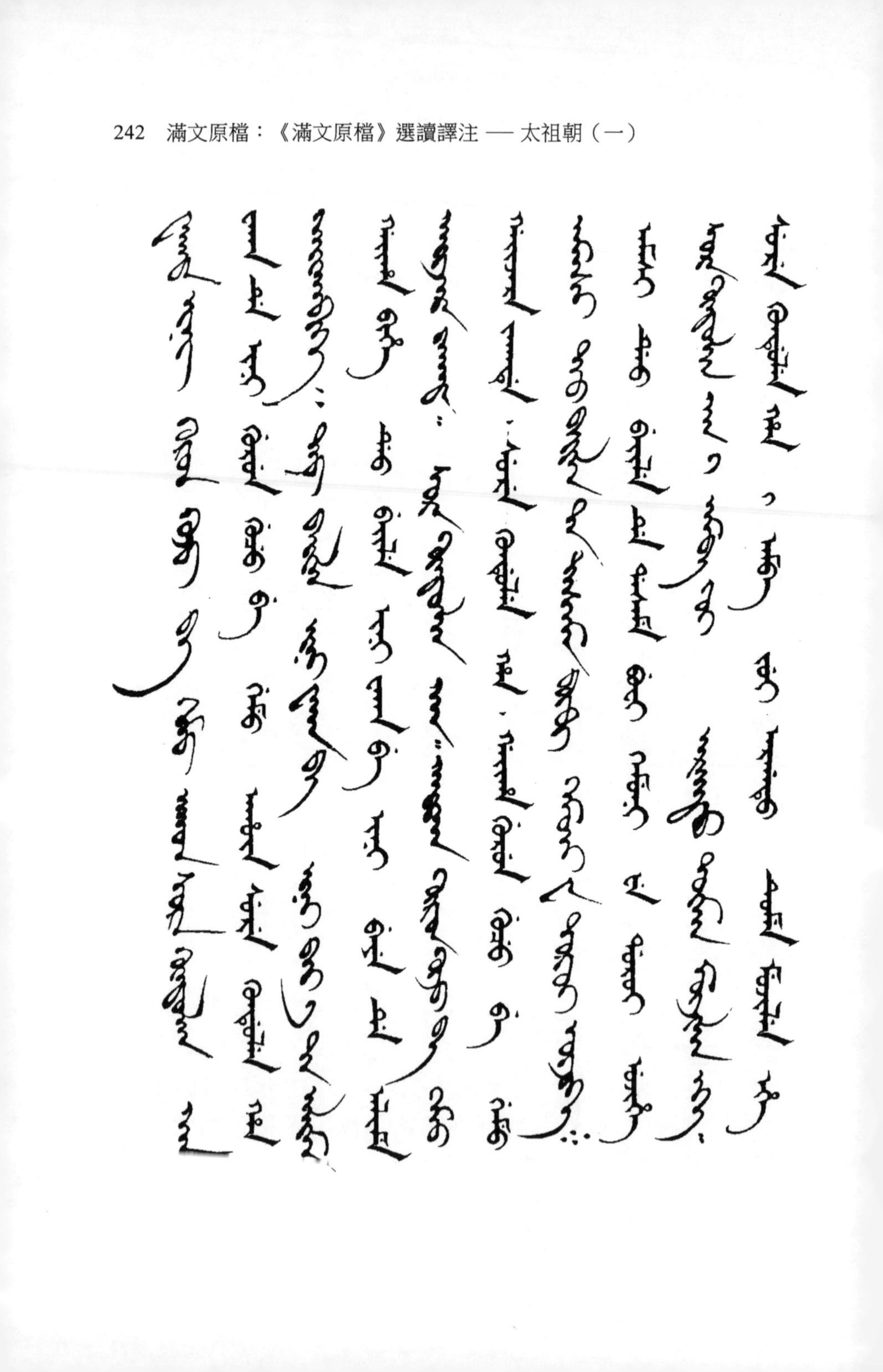

wakade ini gurun gucu be gemu ahūn sure kundulen han gaihabihe. deo beile ini waka be ini beye de alime gaijara jakade, sure kundulen han, gaiha gurun gucu be gemu amasi deo beile de dasame bufi kemuni fe doroi ujihe. sure kundulen han i amba jui argatu tumen mujilen ehe,

---

因弟為非作惡，聰睿恭敬汗盡奪其國人、僚友。後因弟貝勒承認其自身之過錯，聰睿恭敬汗復將所奪國人、僚友皆歸還弟貝勒，仍舊豢養。而聰睿恭敬汗念及長子阿爾哈圖圖門心懷惡意，

因弟为非作恶，聪睿恭敬汗尽夺其国人、僚友。后因弟贝勒承认其自身之过错，聪睿恭敬汗复将所夺国人、僚友皆归还弟贝勒，仍旧豢养。而聪睿恭敬汗念及长子阿尔哈图图门心怀恶意，

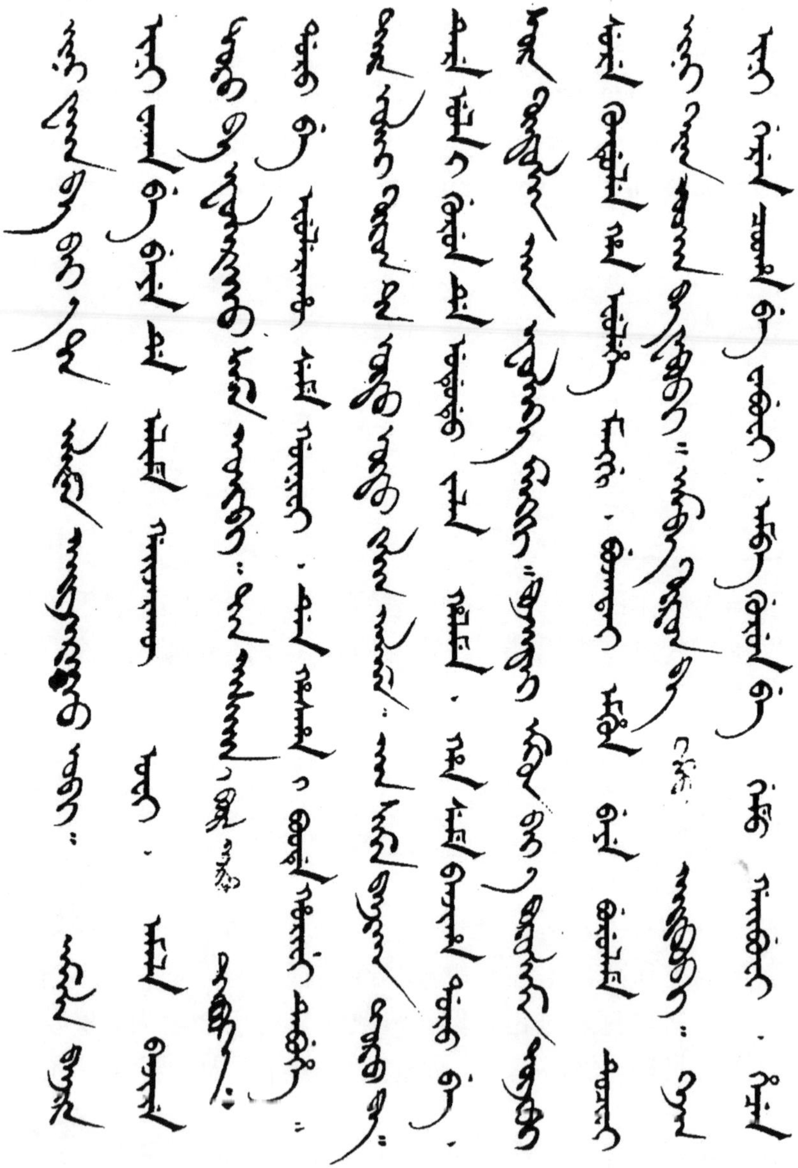

ini waka be beye de alime gaijarakū ofi, amala banjire doro be efulerahū seme gūnifi, den hashan i boode horifi tebuhe. tere ulai gurun de udu udu jalan halame, han seme banjiha doro be, sure kundulen han efulehe manggi, bujantai emhun beye burulame tucifi ini geren cooha be wabufi, amba gurun be gemu gaibufi, hecen

---

對其過錯並不自行反省，恐破壞日後生計[73]，故囚禁於高木柵屋內居住。烏拉國數世所建立之汗業為聰睿恭敬汗毀壞後，布占泰隻身逃出，其眾軍被殺，大國皆被攻取，

对其过错并不自行反省，恐破坏日后生计，故囚禁于高木栅屋内居住。乌拉国数世所建立之汗业为聪睿恭敬汗毁坏后，布占泰只身逃出，其众军被杀，大国皆被攻取，

---

73 恐破壞，《滿文原檔》讀作"efulerakū"，意即「不破壞」，《滿文老檔》讀作"efulerahū"，意即「恐破壞」。

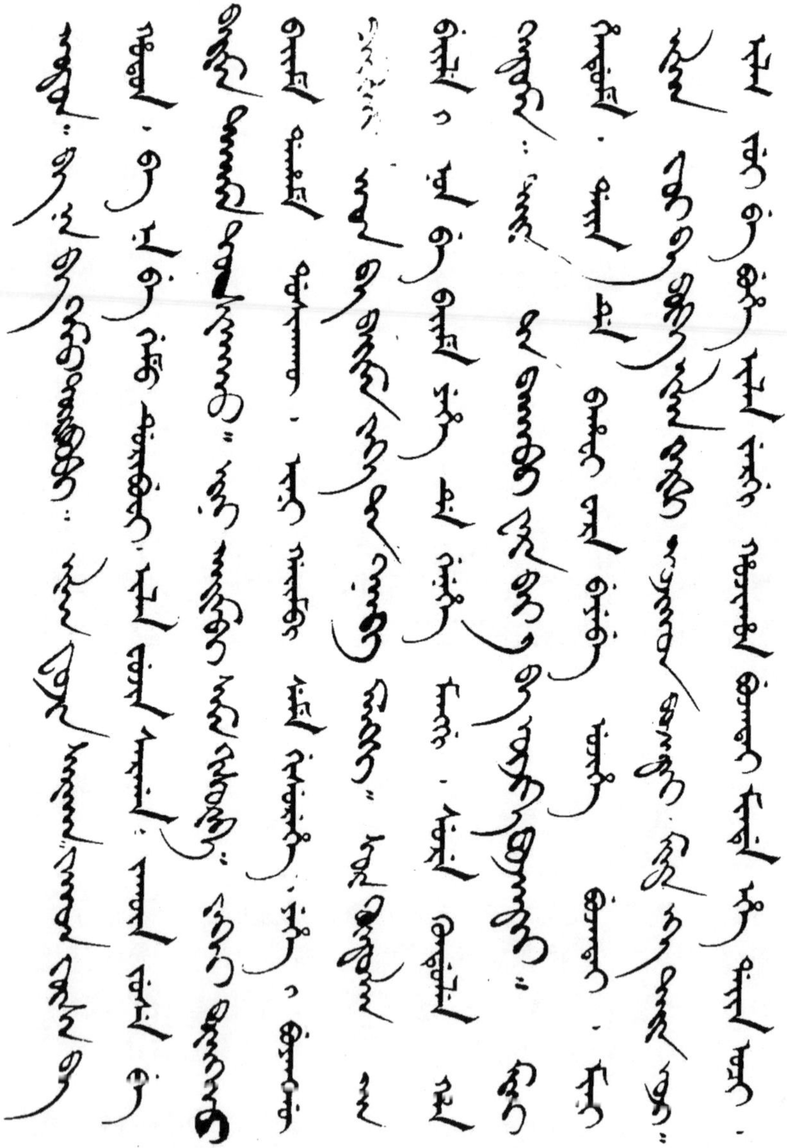

hoton, ba na be gemu duribufi, ilan fujin sargan, jakūn juse be baime dahame dosikakū, ini gaimbi seme gisurehe, yehei buyanggū beilei non be baime, yehe de genehe manggi, sure kundulen han hendume, dain de bahafi wara beye be ujihe bujantai, mini ilan jui be buhe ilan jergi hojihon bujantai, minde ehe dain oci,

---

城池地方盡被奪取。然布占泰並未進來找尋其三妻福晉及八子來降，反去尋找其欲娶之葉赫布揚古貝勒之妹而投奔葉赫[74]。聰睿恭敬汗三次遣人往諭曰：「陣獲應殺而豢養之布占泰，娶我三女，三次為我婿之布占泰，與我為仇敵，

城池地方尽被夺取。然布占泰并未进来找寻其三妻福晋及八子来降，反去寻找其欲娶之叶赫布扬古贝勒之妹而投奔叶赫。聪睿恭敬汗三次遣人往谕曰：「阵获应杀而豢养之布占泰，娶我三女，三次为我婿之布占泰，与我为仇敌，

---

74 貝勒之妹，句中「妹」《滿文原檔》讀作“ neun”，《滿文老檔》讀作“non”。按女真文「妹」，讀作“nəxun”（《女真文辭典》62、288頁，金啟孮，文物出版社，1984 年）。

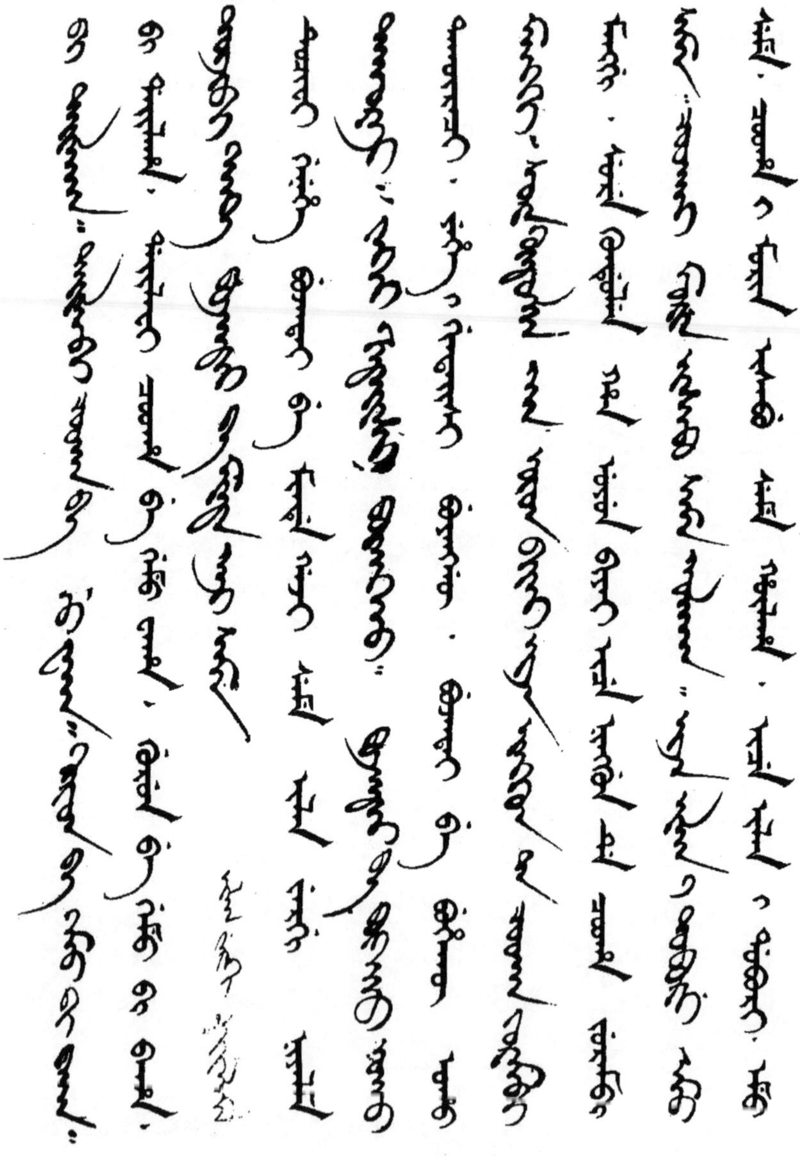

bi dailaha, dailafi cooha be gemu waha, gurun be gemu bi baha, tucifi genehe bujantai be minde gaji seme ilan jergi niyalma takūraci, yehei gintaisi, buyanggū, bujantai be buhekū oho manggi, sure kundulen han uyun biyai ice ninggun de cooha jurambi seme, coohai morin isabu seme hūlaha, ice ilan i dobori, emu

---

我發兵征討，盡殺其軍，盡取其國人。著將逃來布占泰還我。」葉赫之錦台什、布揚古拒絕交出布占泰。聰睿恭敬汗遂召集兵馬，擬於九月初六日發兵。初三日夜，

我发兵征讨，尽杀其军，尽取其国人。着将逃来布占泰还我。」叶赫之锦台什、布扬古拒绝交出布占泰。聪睿恭敬汗遂召集兵马，拟于九月初六日发兵。初三日夜，

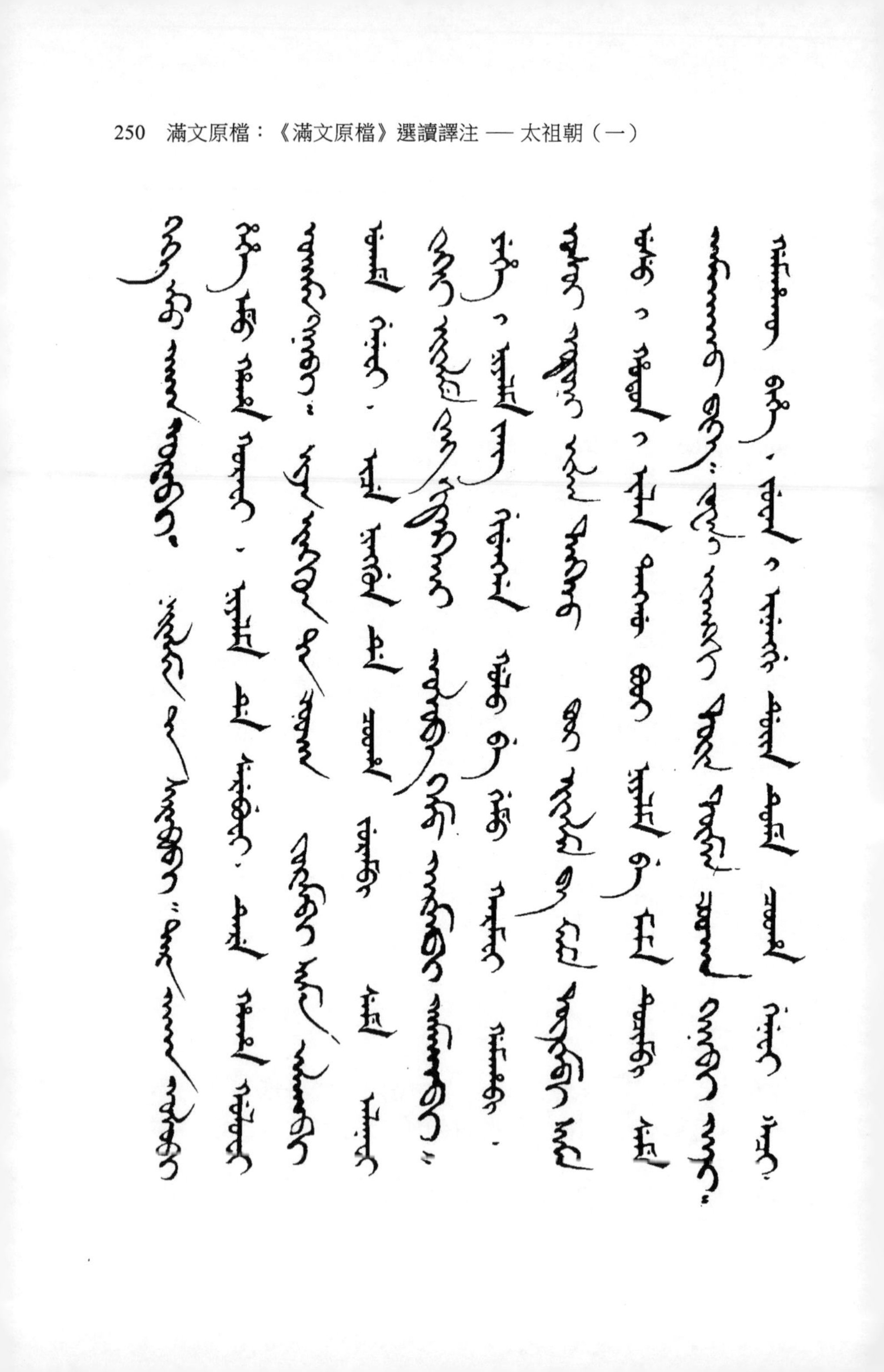

hehe emu haha korafi, niyalma de serebufi, tere haha golofi ukame genefi, ice ninggun de cooha jurambi seme alanafi, yehei niyalma jang gidanggai golobe gemu karmafi gamahabi. usui hotoni ilan tanggū booi niyalma be mama tucimbi seme gamahakū bihe. juwan i inenggi duin tumen cooha genefi kaci,

---

有一男一女通奸，被人發覺，其男懼而逃往葉赫，告以初六日發兵之事。葉赫人遂盡撤璋、吉當阿路[75]。其烏蘇城三百戶因出痘未曾撤走。初十日，發兵四萬圍攻，

有一男一女通奸，被人发觉，其男惧而逃往叶赫，告以初六日发兵之事。叶赫人遂尽撤璋、吉当阿路。其乌苏城三百户因出痘未曾撤走。初十日，发兵四万围攻，

---

75 葉赫人，句中「人」，《滿文原檔》寫作"(n) ijalma"，《滿文老檔》讀作"niyalma"。按此為無圈點滿文"隱藏 n"與"n"，"ja"與"ya"的混用現象。

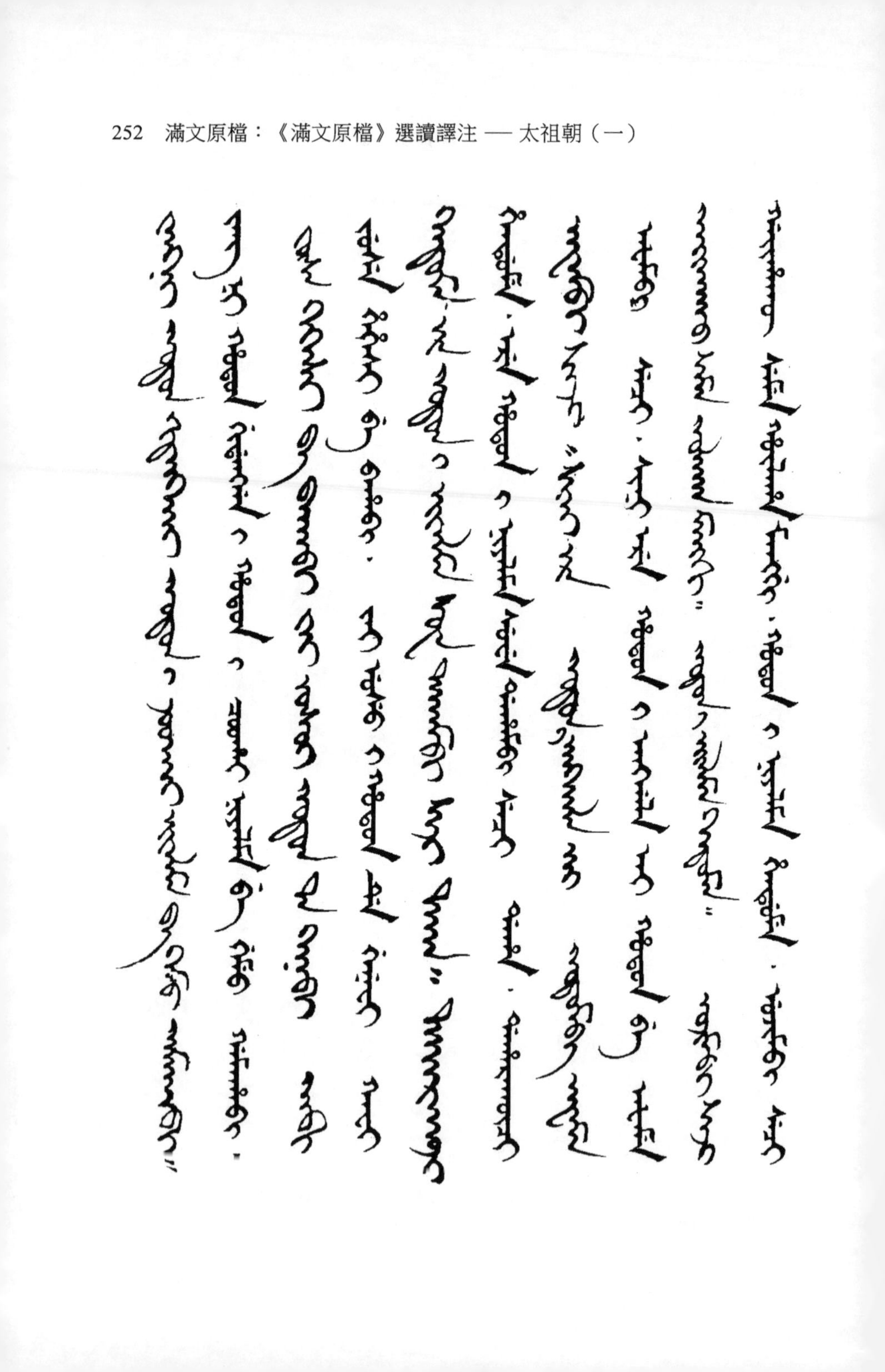

jangni hoton gidangga i hoton i coohai niyalma be gemu gamahabi, juse hehesi be bahabi. jai usui hoton de genefi kafi hendume, ere hoton i niyalma suwe dahambi seci daha, daharakūci afambi seci, sini ere hoton i anggala ai hotombe afame gaihakū seme hūlaha manggi, hoton i niyalma hendume, ujimbi seci

---

璋城、吉當阿城，兵丁皆已撤走，僅獲婦孺。復往圍烏蘇城，呼之曰：「此城之人，爾等若降則降，若不降欲戰，不唯爾此城，何城不曾為我所攻取耶？」城中人曰：「若收養

璋城、吉当阿城，兵丁皆已撤走，仅获妇孺。复往围乌苏城，呼之曰：「此城之人，尔等若降则降，若不降欲战，不唯尔此城，何城不曾为我所攻取耶？」城中人曰：「若收养

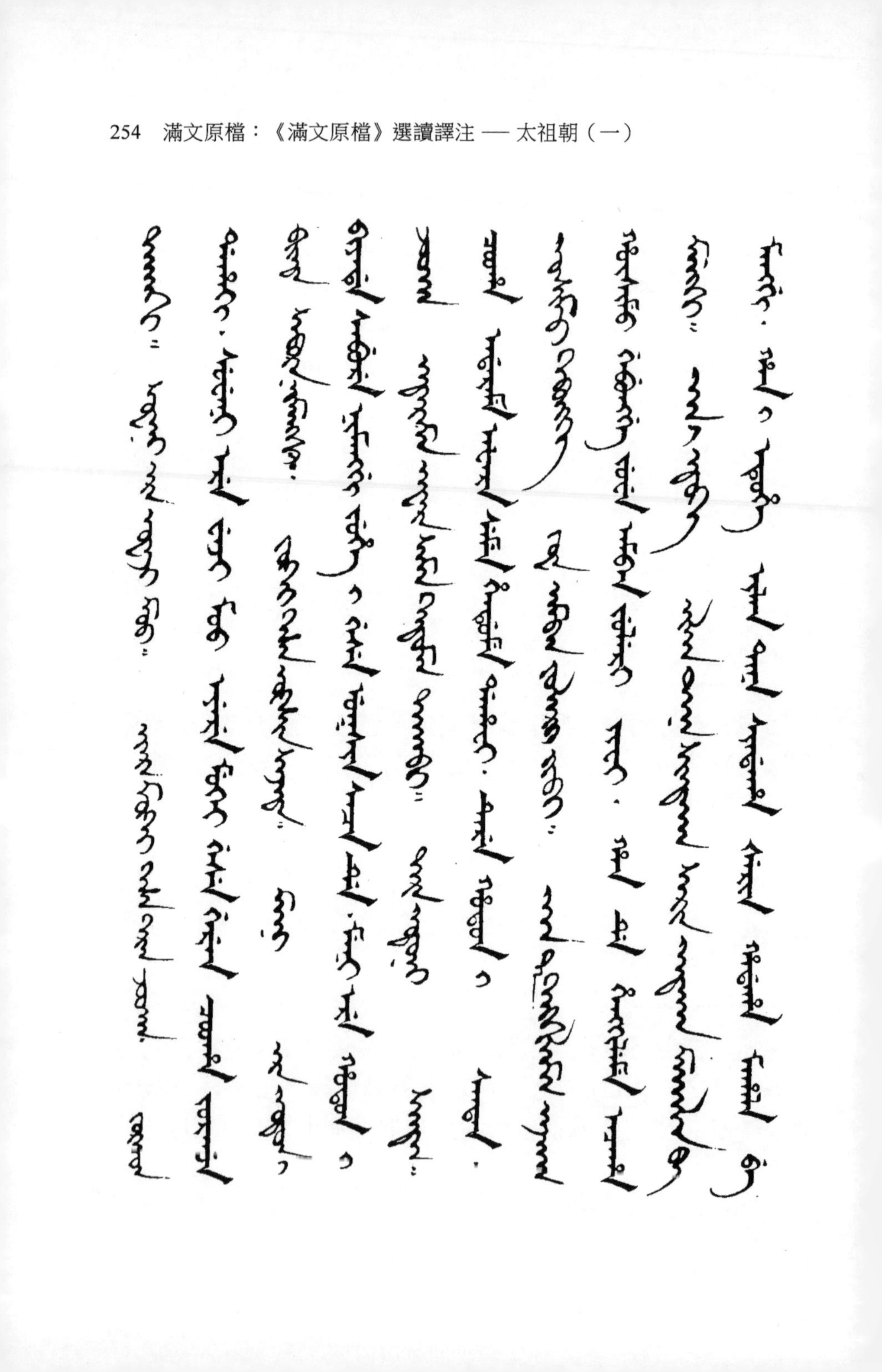

dahaki, suweni ere weji moo eyere mukei gese geren cooha jorgon biyade sabure nimanggi juhei gese uksin sacade, meni ere hoton i cooha adarame afara seme hendume dahafi, tere hotoni santan, hūsimu gebungge juwe amban juleri jifi, han de hengkileme acaha manggi, han i etuhe ilan tana sindaha šerin hadaha mahala be

---

則降，爾似窩集密林流水之眾兵[76]，似臘月冰雪之甲冑，我此城之兵焉能攻戰。」言畢而降。該城三坦及胡希木二大臣前來叩見汗，汗以所戴鑲嵌三顆東珠、金佛頭[77]暖帽賜之。

则降，尔似窝集密林流水之众兵，似腊月冰雪之甲胄，我此城之兵焉能攻战。」言毕而降。该城三坦及胡希木二大臣前来叩见汗。汗以所戴镶嵌三颗东珠、金佛头暖帽赐之。

---

76 窩集，《滿文原檔》讀作"uweji"，《滿文老檔》讀作"weji"。
77 金佛頭，《滿文原檔》讀作"serin"，《滿文老檔》讀作"šerin"，按此為無圈點滿文"se"與"še"的混用現象。

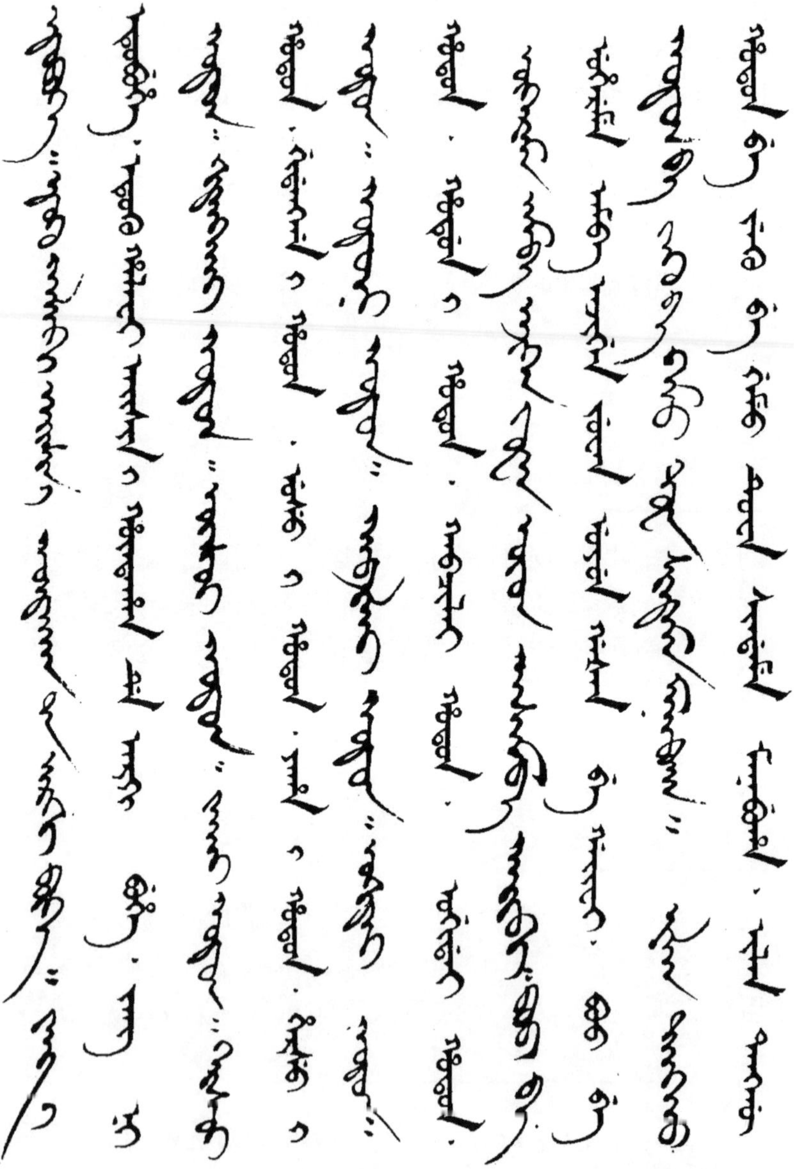

etubuhe, etuku halafi aisin i hūntahan de arki buhe. jang ni hoton, gidanggai hoton, usui hoton, yahai hoton, hersui hoton, hoduni hoton, kabcilai hoton, ogidai hoton, uhereme amba ajigen juwan uyun gašambe gaifi, boo be hoton be jeku be gemu tuwa sindame manabuha, ilan tanggū

更衣後，以金巵賜酒。是役，共取璋城、吉當阿城、烏蘇城、雅哈城、赫爾蘇城、和敦城、喀布齊賴城、俄吉岱城等大小村寨十九處，放火盡焚其城池、房舍、糧食，

更衣后，以金巵赐酒。是役，共取璋城、吉当阿城、乌苏城、雅哈城、赫尔苏城、和敦城、喀布齐赖城、俄吉岱城等大小村寨十九处，放火尽焚其城池、房舍、粮食，

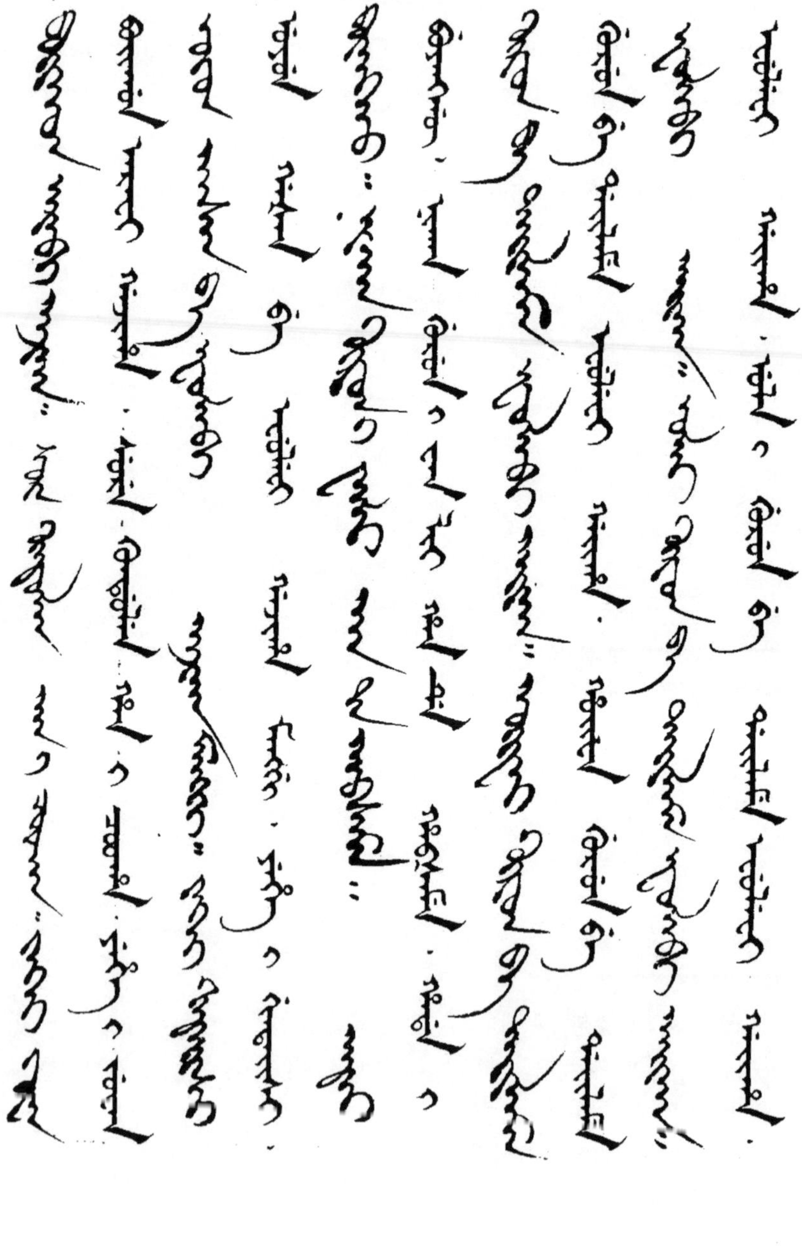

boigon arafi gajiha. sure kundulen han i cooha, yehei juwan uyun gašan be efulefi gajiha manggi, yehei gintaisi, buyanggū, nikan gurun i wanli han de habšame, hadai gurun be dailame efulefi gaiha, hoifai gurun be dailame efulefi gaiha, ulai gurun be dailame efulefi gaiha,

---

收編三百戶攜回。聰睿恭敬汗之兵，攻取葉赫之十九村寨後，葉赫之錦台什、布揚古呈訴於明國萬曆帝曰：「已攻取哈達國，攻取輝發國、攻取烏拉國，

收编三百户携回。聪睿恭敬汗之兵，攻取叶赫之十九村寨后，叶赫之锦台什、布扬古呈诉于明国万历帝曰：「已攻取哈达国，攻取辉发国、攻取乌拉国，

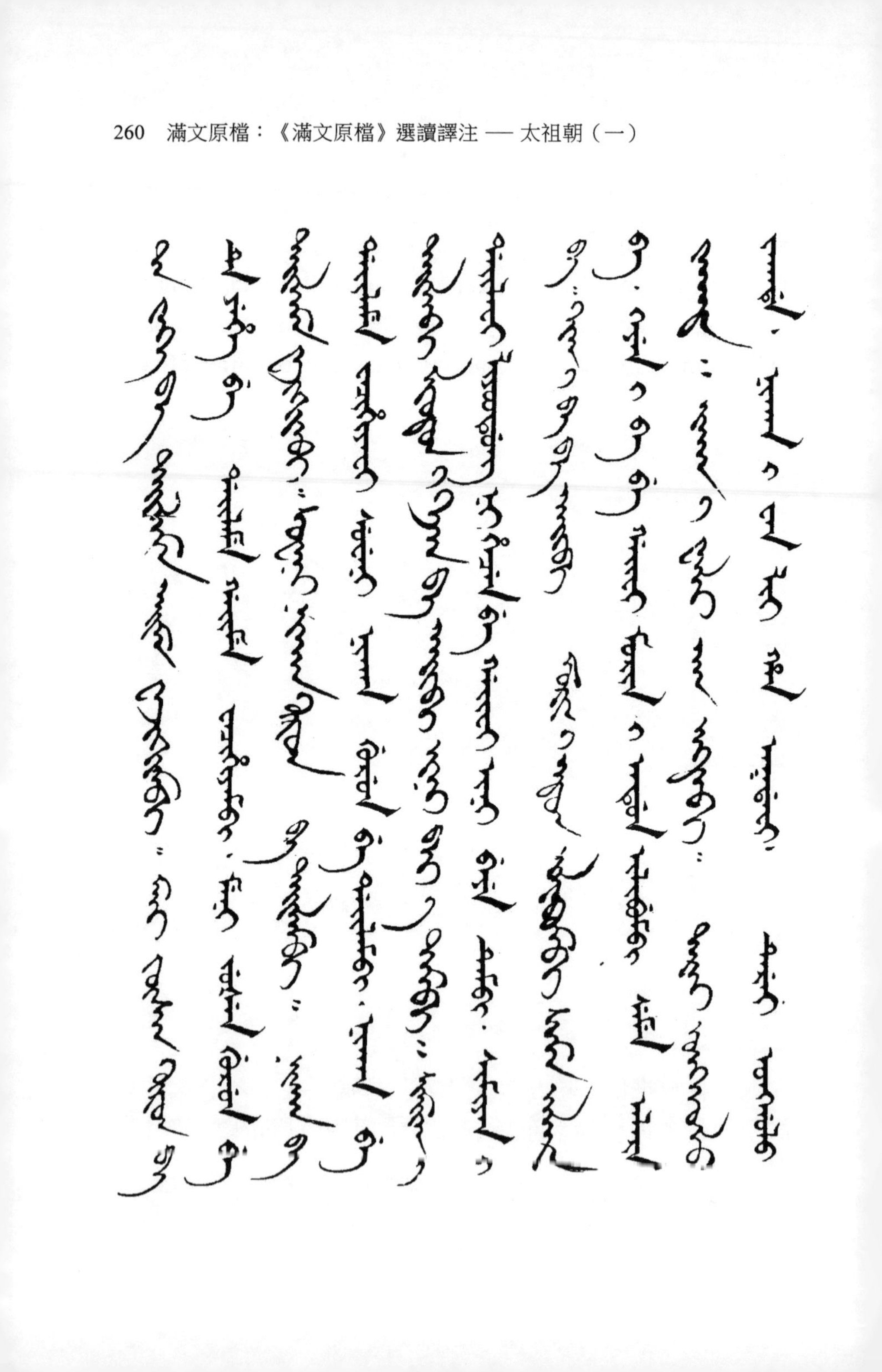

te yehe be dailame gaime wacihiyambi. meni jušen gurun be dailame wacihiyafi, suweni nikan gurun be dailambi, nikan be dailafi liodun ni hecen be gaifi, ini beye tembi, simiyan i ba, keyen i ba be gaifi, morin i adun ilibumbi seme alara jakade, nikan i wanli han akdafi, terei onggolo

---

今將盡行攻取葉赫矣。俟盡行攻取我諸申國後，即征爾明國。征明取遼東城後[78]，彼將自行居住。取瀋陽地方、開原地方，將設馬匹牧群。」(明萬曆帝信之)之前，

今将尽行攻取叶赫矣。俟尽行攻取我诸申国后，即征尔明国。征明取辽东城后，彼将自行居住。取沈阳地方、开原地方，将设马匹牧群。」(明万历帝信之)之前，

---

78 遼東，《滿文原檔》讀作“liodun”，《滿文老檔》讀作“liyoodung”，異。

十六、諸申征戰

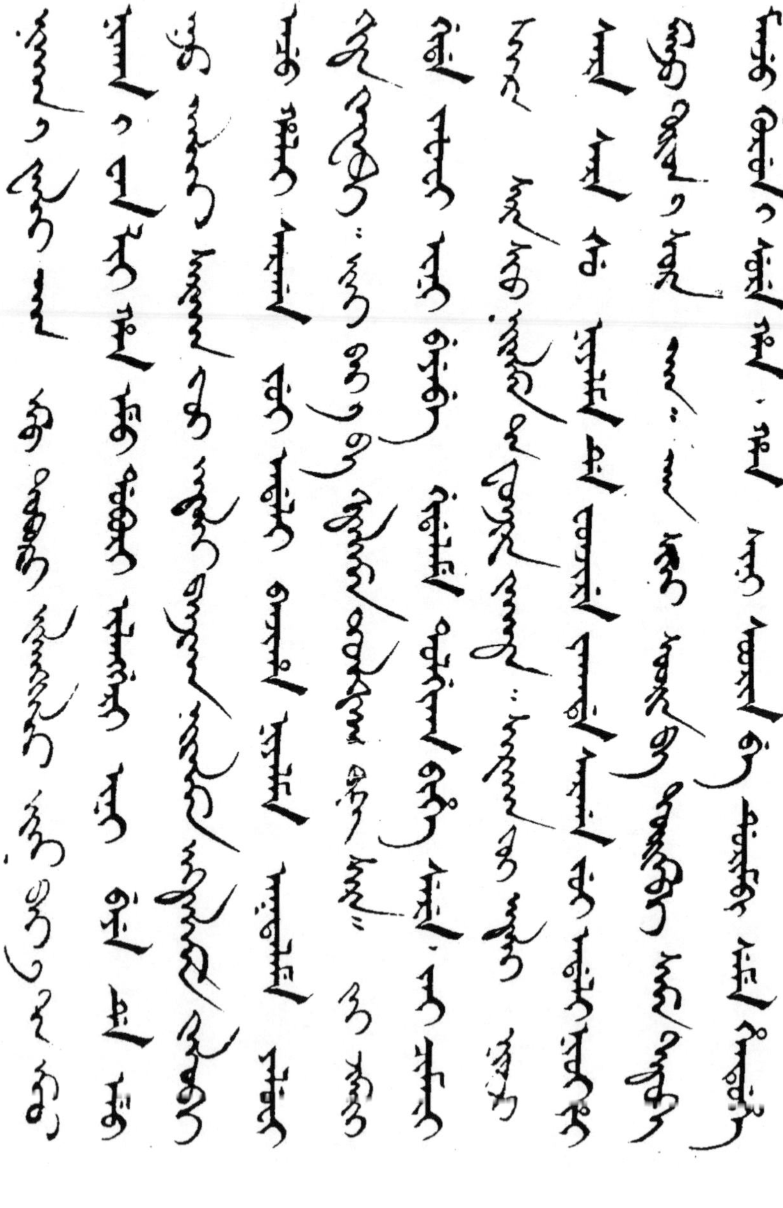

nikan i wanli han emu dobori ilanggeli ini beye de emu encu halai sargan jui adali banjiha niyalma aktalame yalufi gida jafafi ini beye be gidalame tolgika bihe sere. jai cimari sara sara šu niyalma de fonjire jakade, sargan jui adali nioijy manju gurun i sure han, han sini soorin be durimbi seme henduhe

---

明萬曆帝夜夢三次[79]，見有一長相如異姓女子跨於其身上持槍刺之。翌日，詢問知書之人，對曰：「其如女子者乃女直滿洲國之聰睿汗也，汗將奪爾之帝位。」

明万历帝夜梦三次，见有一长相如异姓女子跨于其身上持枪刺之。翌日，询问知书之人，对曰：「其如女子者乃女直满洲国之聪睿汗也，汗将夺尔之帝位。」

---

79 三次，《滿文原檔》讀作"ilanggeli"，《滿文老檔》讀作"ilanggeri"。

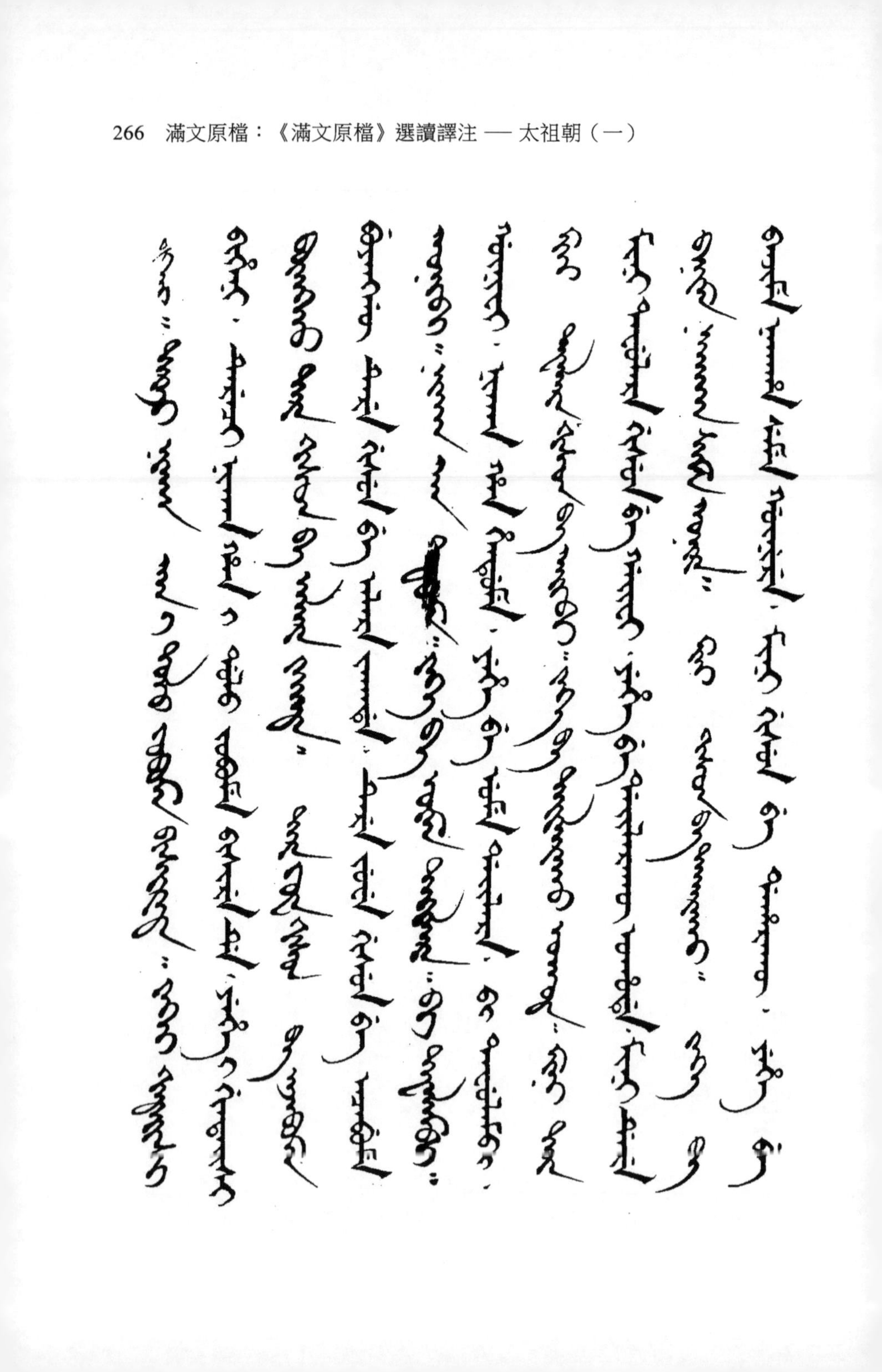

biheni. tereci nikan han i dolo jobome bisirede, yehei gintaisi, buyanggū tere gisun be alara jakade, tere juwe gisun be acabume gūnifi, nikan han hendume, yehe be ume dailara, bi tafulambi, mini tafulara gisun be gaifi, yehe be dailarakū ohode, mini dere banjime nakaha seme gūnire, mini gisun be daharakū, yehe be

---

自此明帝即心存憂愁，今葉赫錦台什、布揚古又以是言入告，思及與此二言相合，曰：「我勸爾勿征葉赫，若從吾言，不征葉赫，則係念及我情面作罷。倘若不從吾言，

自此明帝即心存忧愁，今叶赫锦台什、布扬古又以是言入告，思及与此二言相合，曰：「我劝尔勿征叶赫，若从吾言，不征叶赫，则系念及我情面作罢。倘若不从吾言，

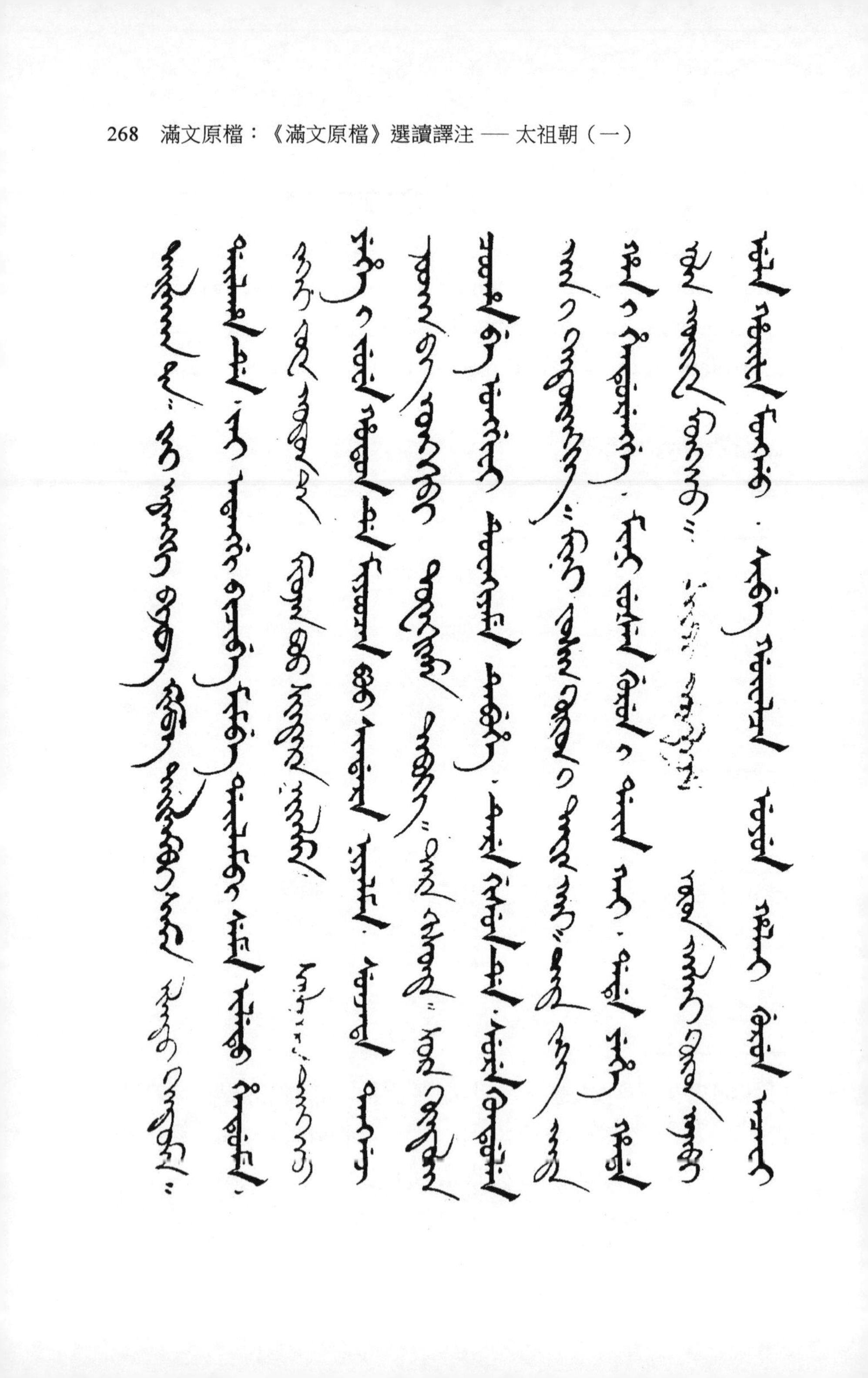

[illegible]

dailaha de, jai atanggi bicibe mimbe dailambi seme iletu hendume, yehei juwe hoton de miyoocan poo sindara niyalma. sunjata tanggū cooha be unggifi tuwakiyame tebuhe. tere gisunde, sure kundulen han i hendurengge, mini jušen gurun i dain kai, dade yehe, hada, ula, hoifa, monggo, sibe, gūwalca, uyun halai gurun acafi,

---

仍征葉赫，則終將征我也。」遂遣槍砲[80]手各五百名駐守葉赫二城。為此言，聰睿恭敬汗修書曰：「此乃我諸申國之征戰也。昔葉赫、哈達、烏拉、輝發、蒙古、錫伯、卦爾察等九姓之國[81]，

仍征叶赫，则终将征我也。」遂遣枪炮手各五百名驻守叶赫二城。为此言，聪睿恭敬汗修书曰：「此乃我诸申国之征战也。昔叶赫、哈达、乌拉、辉发、蒙古、锡伯、卦尔察等九姓之国，

---

80 槍砲，《滿文原檔》寫作“miojan boo”，《滿文舊檔》讀作“miyoocan poo”。按此為無圈點滿文“ja”與“ca”，“bo”與“po”的混用現象。

81 九姓之國，滿文讀作“uyun halai gurun”，此處列出葉赫（yehe）、哈達（hada）、烏拉（ula）、輝發（hoifa）、蒙古（monggo）、錫伯（sibe）、卦爾察（gūwalca）七姓，另有朱舍里（jušeri）訥殷（neyen）二姓。參見《大清太祖武皇帝實錄》滿文本（卷一，九二、九三頁），北京，民族出版社，2016 年。

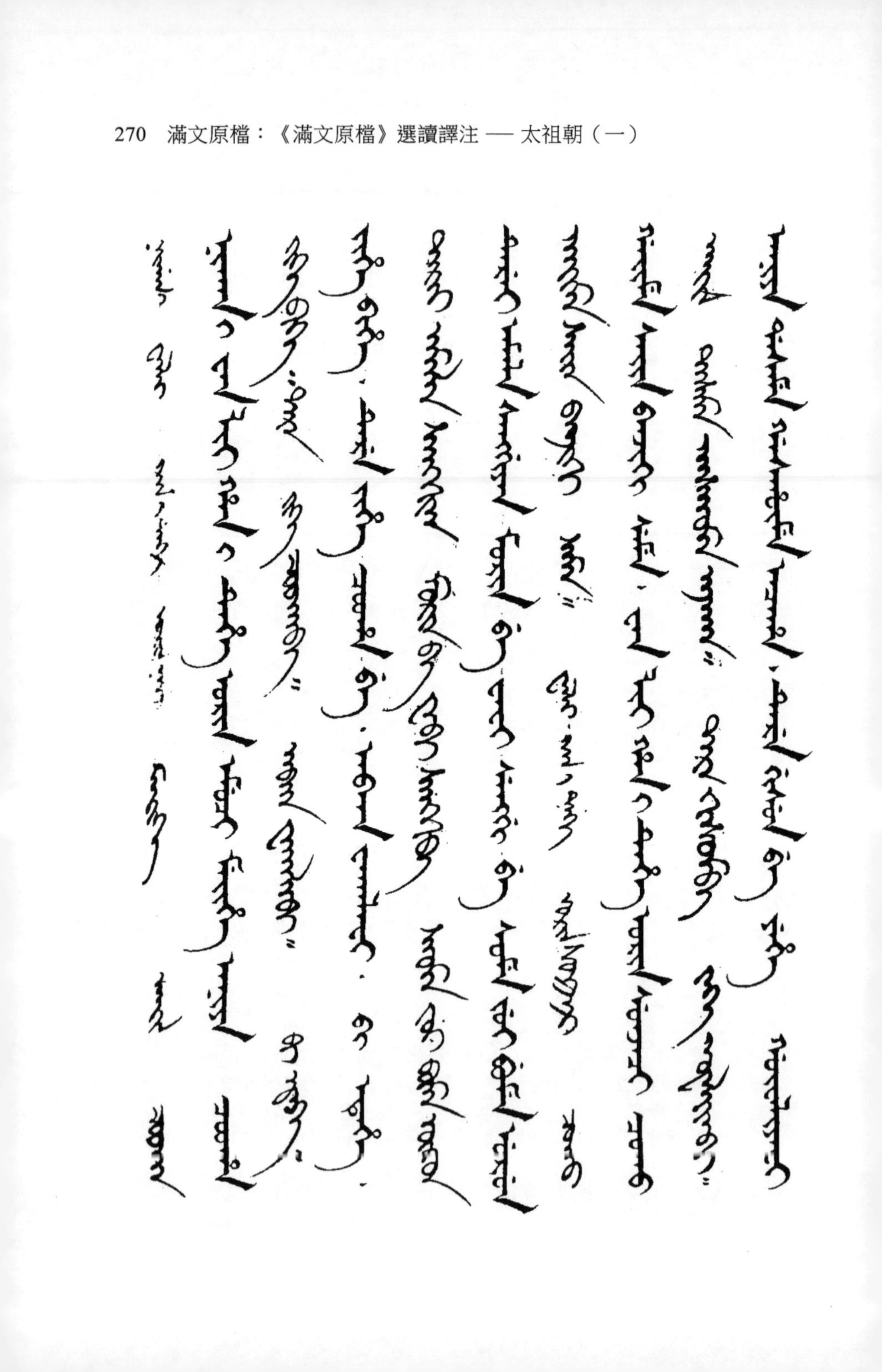

nikan i wanli han i tehe orin emuci meihe aniya cooha jihe bihe. tere jihe coohabe abka wakalafi bi etehe, terei amala šanggiyan morin be wafi senggibe some, jui bume urun gaime sain banjiki seme, wanli han tehe orin sunjaci coko aniya dasame gashūme acaha. tere gisumbe yehe gūwaliyafi

---

於明萬曆二十一年巳歲合兵來犯。其來犯之兵，因遭上天譴責，故我獲勝。其後，為嫁娶通婚，和睦相處，於萬曆二十五年酉歲刑白馬歃血，復盟修好。葉赫渝棄誓言，

于明万历二十一年巳岁合兵来犯。其来犯之兵，因遭上天谴责，故我获胜。其后，为嫁娶通婚，和睦相处，于万历二十五年酉岁刑白马歃血，复盟修好。叶赫渝弃誓言，

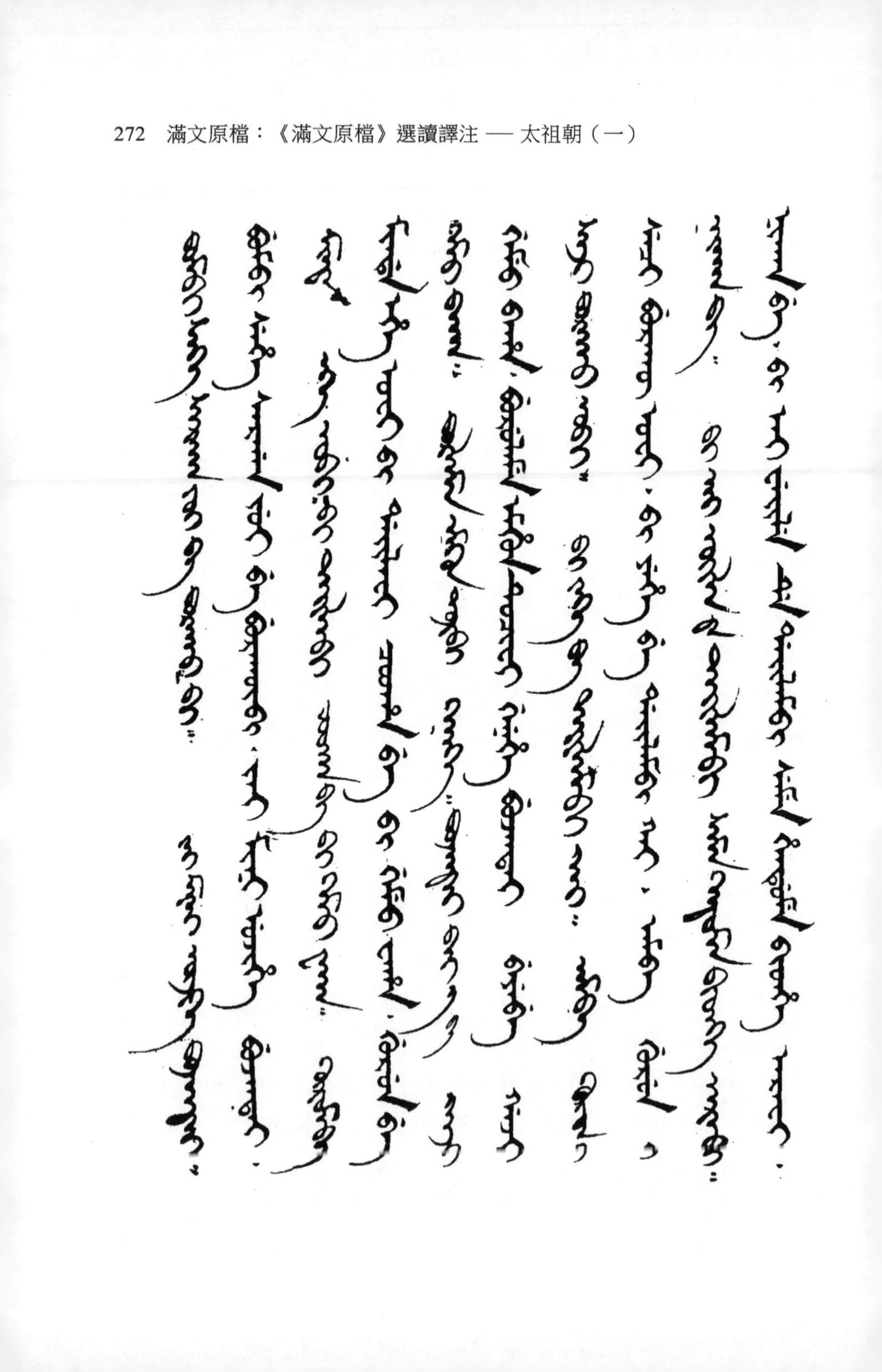

bumbi sehe sargan jui be burakū bi. jai mini ujihe bujantai minde ehe ofi bi dailafi cooha be bi gemu waha, gurumbe gemu baha, burlame emhun tucifi genehe bujantai beye be gaji seci burakū ofi, bi yehe be dailambi kai, amba gurun i nikan be, bi ai weile de dailambi seme hendume bithe arafi,

---

悔婚不嫁已許之女。再者，我所恩養之布占泰，與我不睦，故我伐之，盡殲其兵而取其國。布占泰孑身逃往葉赫[82]，索之不給，故我征討葉赫也。我以何怨尤征伐大國之明也。」

悔婚不嫁已许之女。再者，我所恩养之布占泰，与我不睦，故我伐之，尽歼其兵而取其国。布占泰孑身逃往叶赫，索之不给，故我征讨叶赫也。我以何怨尤征伐大国之明也。」

---

82 逃，《滿文原檔》讀作"burlame"，《滿文老檔》讀作"burulame"。

十七、善言善對

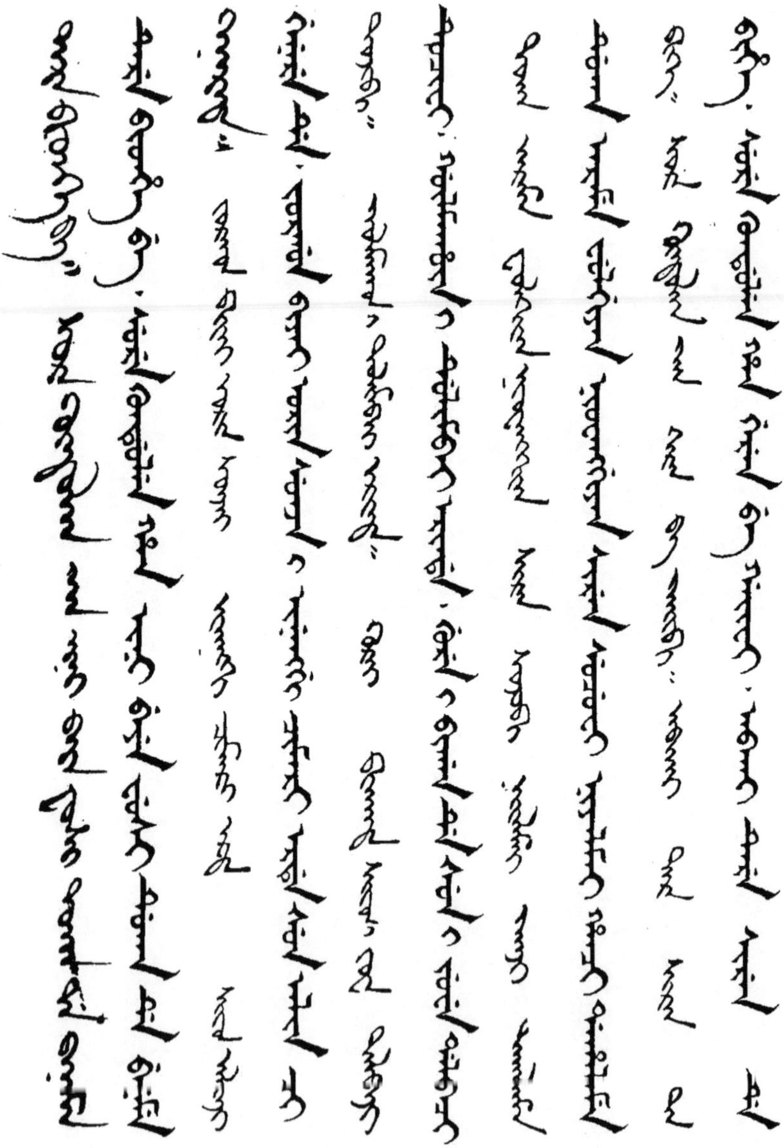

tere bithe be, sure kundulen han ini beye fusi duka de beneme generede. jorgon biyai orin sunjai inenggi, cimari erde šun alinci tucifi, gūlmahūn i dulimbai erinde, gurei bigande šun i juwe dalbaci duka arame fulgiyan niowanggiyan siren sucufi, niyalmai hanci dahalame bihe. sure kundulen han geren be gaifi, abkai tere siren de

---

書成，聰睿恭敬汗親自送至撫順城門。十二月二十五日晨，日從山出。卯時中刻，行至古勒甸，有紅綠二線出自日之兩側，相對如門，近隨於人。聰睿恭敬汗率眾叩拜天線。

书成，聪睿恭敬汗亲自送至抚顺城门。十二月二十五日晨，日从山出。卯时中刻，行至古勒甸，有红绿二线出自月之两侧，相对如门，近随于人。聪睿恭敬汗率众叩拜天线。

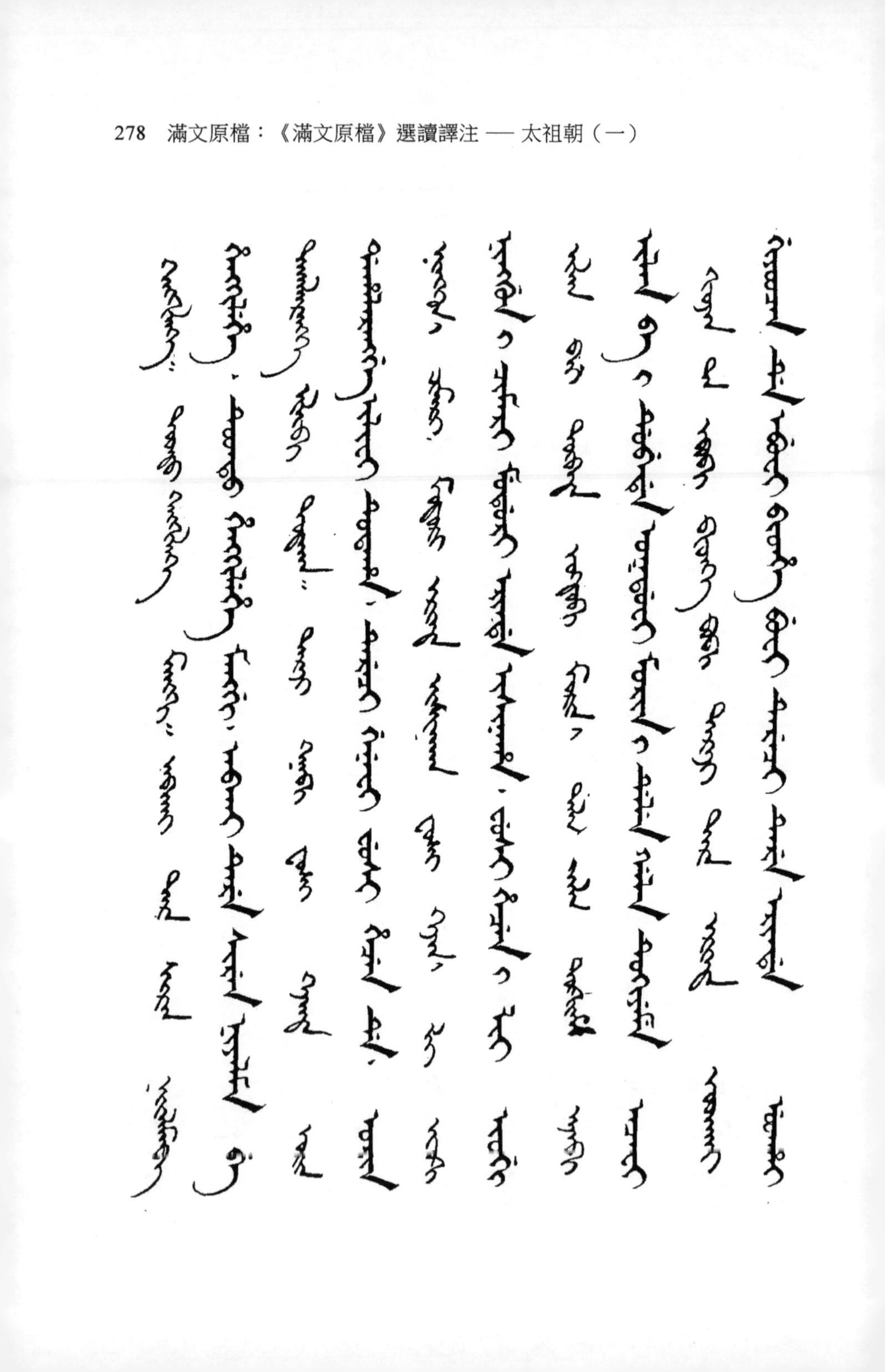

hengkilehe, tuttu hengkilehe manggi, abkai tere siren niyalmabe dahalarangge ilifi tutaha. tereci genefi fusi hecende orin ninggun i cimari muduri erinde isinaha, fusi hecen i lii iogi ilan bai dubede okdofi, morin i dele gala tukiyeme acafi giyoocan de ebufi bithe bufi, tereci tere erinde uthai

---

叩拜後，天線方停留，不復隨人。由此前行，於二十六日辰時行抵撫順城。撫順城李遊擊迎至三里外，於馬上拱手相見，至校場下馬[83]，給書後隨即返回。

叩拜后，天线方停留，不复随人。由此前行，于二十六日辰时行抵抚顺城。抚顺城李游击迎至三里外，于马上拱手相见，至校场下马，给书后随即返回。

83 校場，《滿文原檔》寫作“kiojan”，《滿文老檔》讀作“giyoocan”。按此為無圈點滿文“ki ”與“gi”，“ja 與“ca”的混用現象。

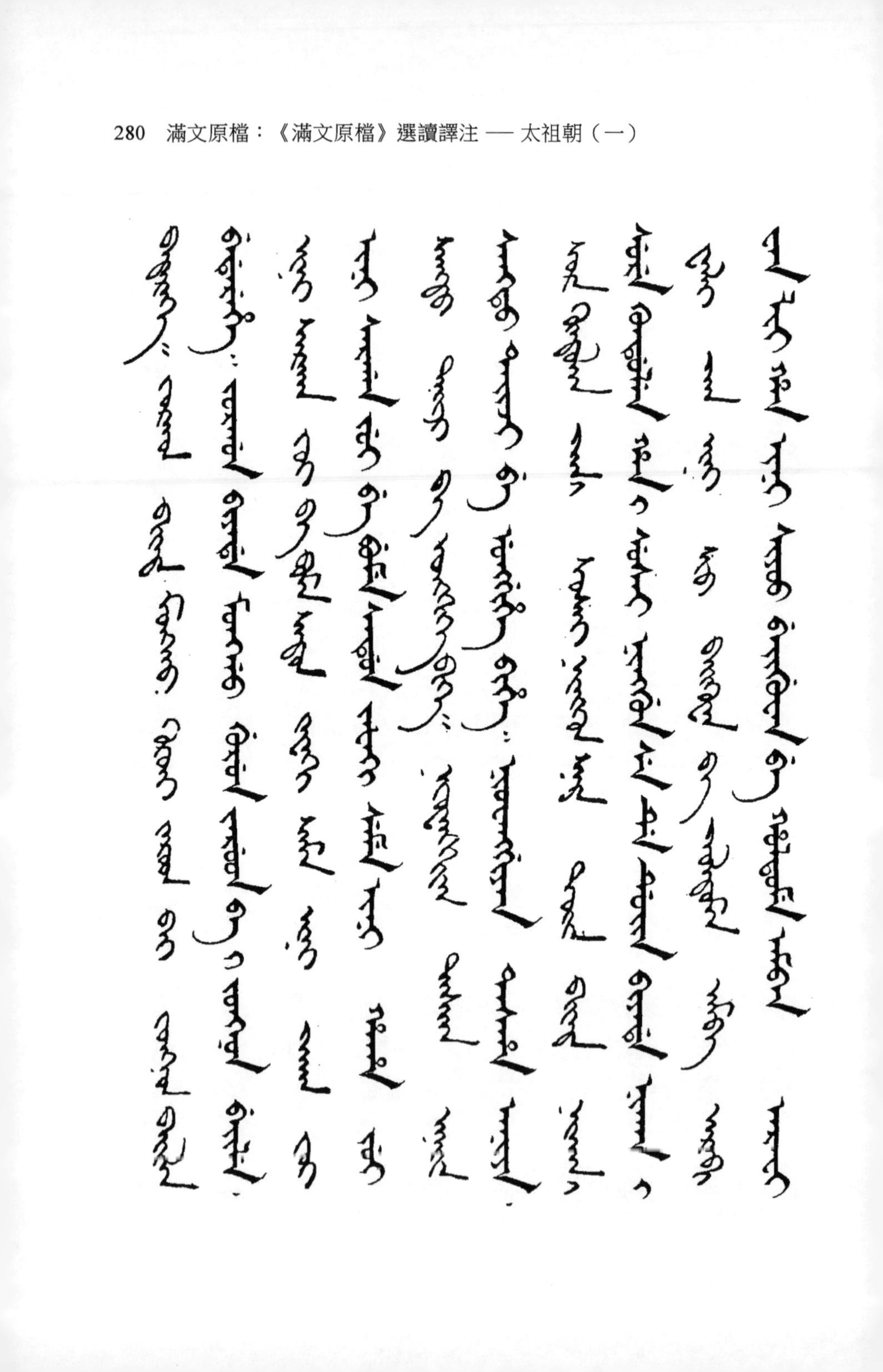

bederehe. jorgon biyade, monggo guruni jarut bai jongnon beile, ini sargan jui be bume sadun jafaki seme ini haha jui sangtu taiji be unggihe bihe. niowanggiyan tasha aniya, sure kundulen han i susai ninggun sede duin biyade, nikan i wanli han ini siyoo beiguwan be holtome amban arafi

---

即刻返回。十二月，蒙古國扎魯特地方鍾嫩貝勒遣其子桑圖台吉前來，欲送其女結親。甲寅年，聰睿恭敬汗五十六歲，四月，明萬曆帝遣其蕭備禦偽稱大臣，

即刻返回。十二月，蒙古国扎鲁特地方钟嫩贝勒遣其子桑图台吉前来，欲送其女结亲。甲寅年，聪睿恭敬汗五十六岁，四月，明万历帝遣其萧备御伪称大臣，

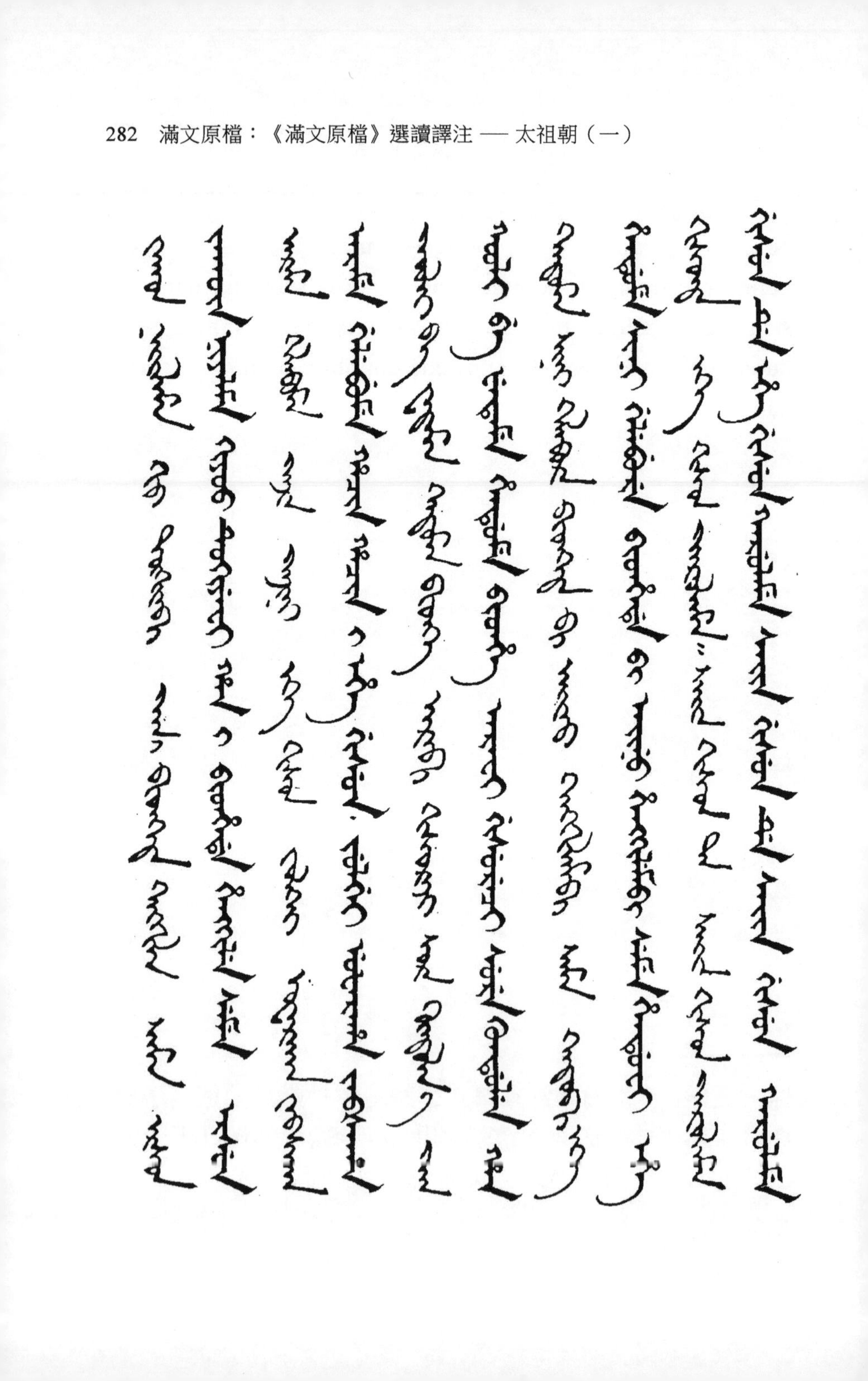

jakūn niyalma kio tukiyefi han i bithede hengkile seme ersun arame gelebume, hacin hacini ehe gisun, julgei ufaraha jabšaha kooli be feteme hendume bithe arafi gisureci，sure kundulen han hendume，sini gelebure bithede bi ainu hengkilembi seme hendufi，he gisunde ehe gisun karulame, sain gisun de sain gisun karulame

---

乘八人擡轎[84]，令叩帝書，威逼恐嚇，種種惡言，揭示古時興亡得失之例。聰睿恭敬汗曰：「爾恫嚇之書，我為何叩拜。惡言以惡言對，善言以善言對。」

乘八人抬轿，令叩帝书，威逼恐吓，种种恶言，揭示古时兴亡得失之例。聪睿恭敬汗曰：「尔恫吓之书，我为何叩拜。恶言以恶言对，善言以善言对。」

---

84 轎，《滿文原檔》讀作“kio”，《滿文老檔》讀作“kiyoo”，異。

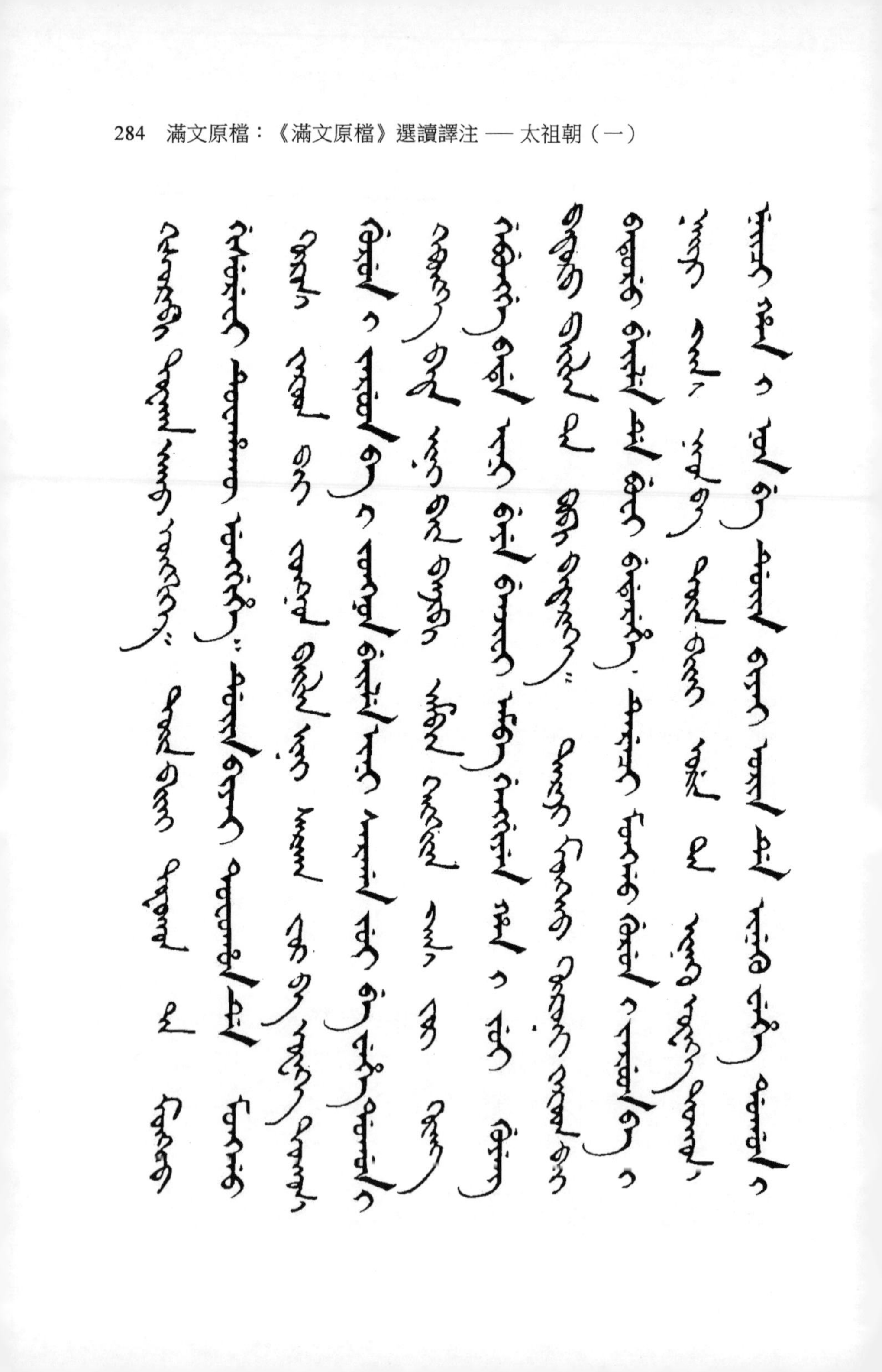

gisurefi tuwaha akū unggihe. duin biyai tofohon de, monggo gurun i jarut bai jongnon beile ini sargan jui be wehe dogon i gebungge bade ini beye benjifi amban genggiyen han i jui guyeng baturu beile de bufi bederehe. tereci monggo guruni jarut bai neici han i non be duin biyai orin de ineku wehe dogon i

---

未視其書[85]，即行發還。四月十五日，蒙古國扎魯特地方鍾嫩貝勒親送其女至沃赫渡口地方，與大英明汗[86]之子古英巴圖魯貝勒成婚而還。其後，四月二十日，蒙古國扎魯特地方內齊汗亦以妹送至沃赫渡口地方，

未视其书，即行发还。四月十五日，蒙古国扎鲁特地方钟嫩贝勒亲送其女至沃赫渡口地方，与大英明汗之子古英巴图鲁贝勒成婚而还。其后，四月二十日，蒙古国扎鲁特地方内齐汗亦以妹送至沃赫渡口地方，

---

85 未視，《滿文原檔》讀作“tuwaha akū”，《滿文老檔》讀作“tuwahakū”。
86 大英明汗，《滿文原檔》讀作“amban genggiyen han”，《滿文老檔》讀作“amba genggiyen han”。

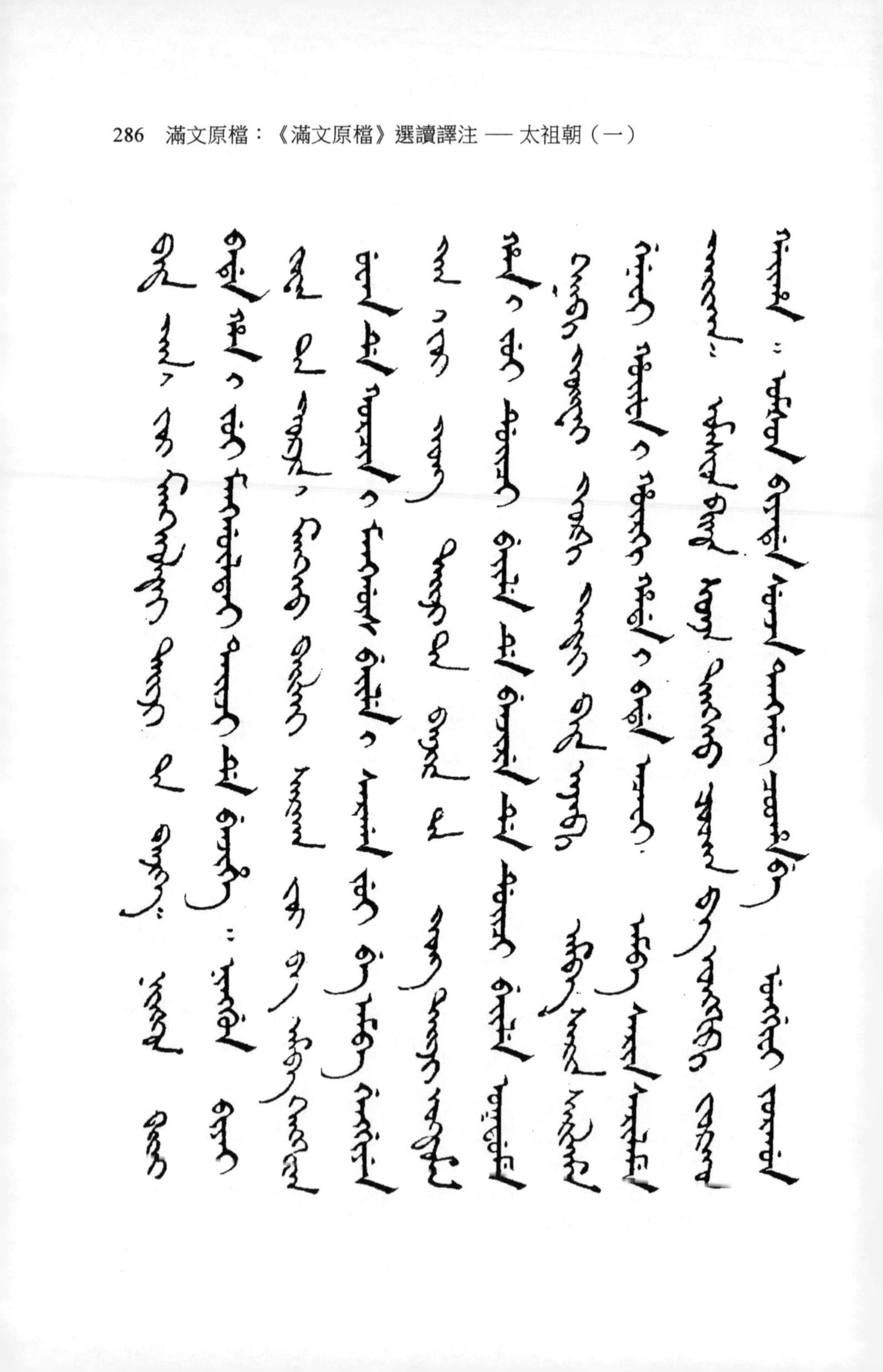

bade han i jui manggūltai taiji de benjihe. ninggun biyai juwan de korcin i manggo beilei sargan jui be amba genggiyen han i jui hong taiji de benjire de hong taiji okdome genefi, hoifai hūrki hadai bade acafi, amba sarin sarilame gaiha. omšon biyade sunja tanggū cooha be unggifi, jorgon

---

送來與汗之子莽古爾泰台吉。六月初十日，科爾沁莽古[87]貝勒送女與大英明汗之子洪台吉[88]，洪台吉往迎，會於輝發國扈爾奇哈達地方，大筵成婚。十一月，遣兵五百，

送来与汗之子莽古尔泰台吉。六月初十日，科尔沁莽古贝勒送女与大英明汗之子洪台吉，洪台吉往迎，会于辉发国扈尔奇哈达地方，大筵成婚。十一月，遣兵五百，

---

87 莽古，《滿文原檔》讀作“manggo”，《滿文老檔》讀作“manggūs”。
88 洪台吉，詳見頁 143，註 56。

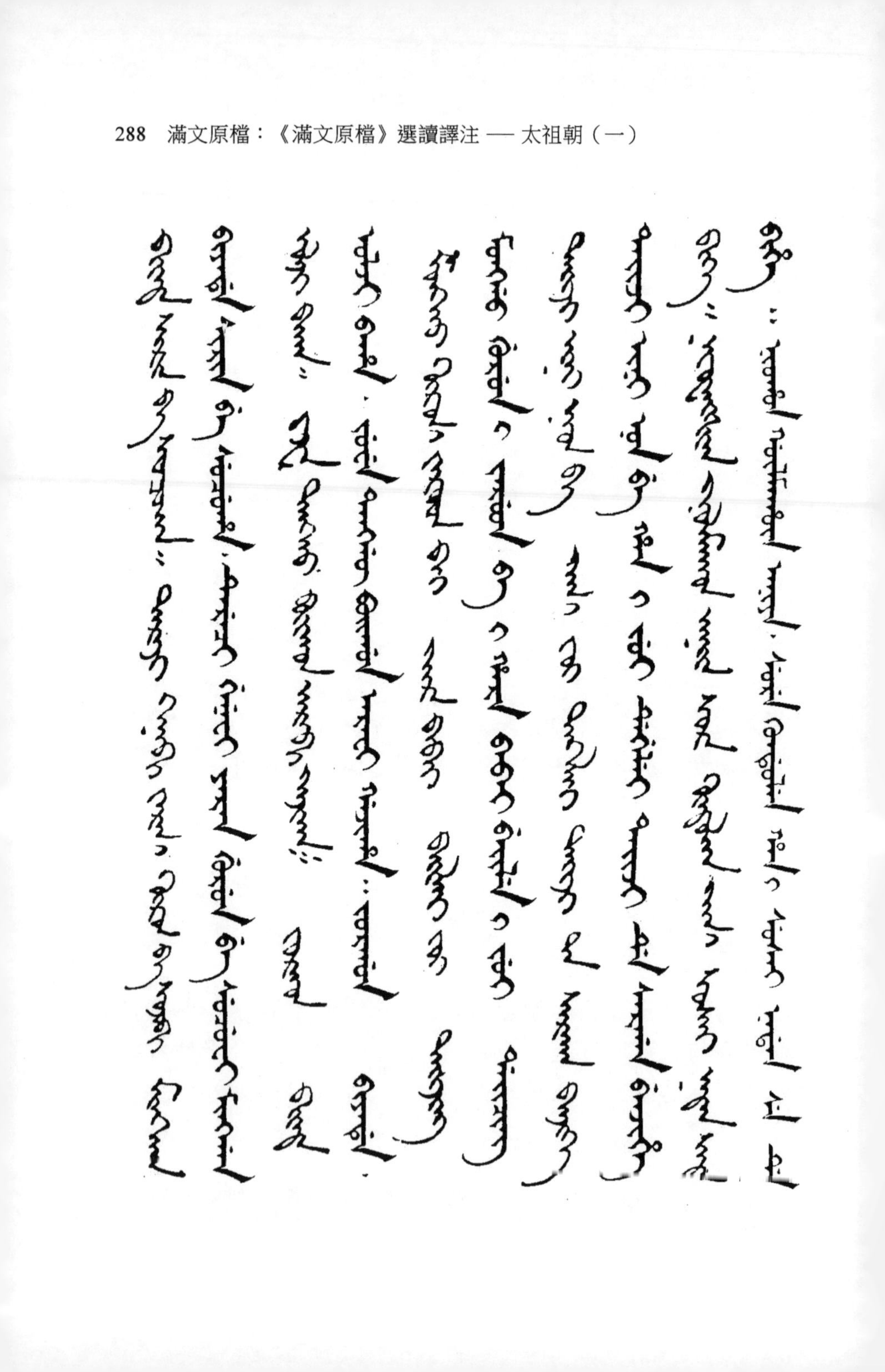

biyade sirin be sucuha, tereci genefi yaran i gurun be sucufi minggan olji baha, juwe tanggū boigon arafi gajiha. jorgon biyade, monggo gurun i jarut bai hara babai beilei jui daicing taiji, ini non be han i jui degelei taiji de sargan benjihe bihe. niowanggiyan〔niohon〕gūlmahūn aniya, sure kundulen han i susai nadan sede,

---

十二月，征西臨，由此前往征雅攬國，俘千人，收編二百戶帶回。十二月，蒙古國扎魯特地方哈拉巴拜貝勒之子戴青台吉，送其妹[89]與汗之子德格類台吉為妻。甲卯年[90]，聰睿恭敬汗五十七歲。

十二月，征西临，由此前往征雅揽国，俘千人，收编二百户带回。十二月，蒙古国扎鲁特地方哈拉巴拜贝勒之子戴青台吉，送其妹与汗之子德格类台吉为妻。甲卯年，聪睿恭敬汗五十七岁。

---

89 妹，詳見頁 247。註 74

90 甲卯年，《滿文原檔》讀作“niowanggiyan gūlmahūn aniya”，《滿文老檔》讀作“niohon gūlmahūn”，意即「乙卯年」。

十八、滿蒙聯姻

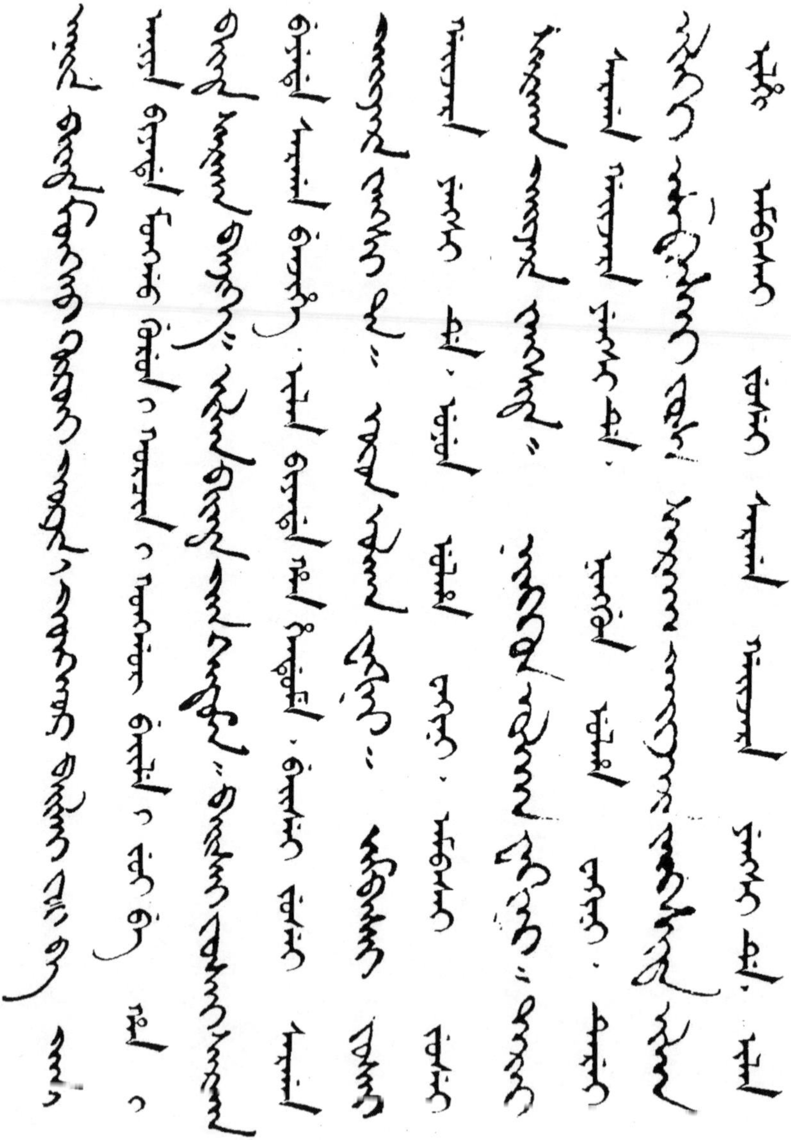

aniya biyade monggo guruni korcin i konggor beilei jui be han i beyede sargan benjihe. ilan biyade han hendume, beisei jusei sargan gaijara yengsi de, uyun ulha wakini, ambasai jusei sargan gaijara yengside, ninggun ulha wakini, terei ilhi ambasai juse sargan gaijara yengside, ilan

---

正月，蒙古國科爾沁貝勒孔果爾送女與聰睿恭敬汗為妻。三月，汗曰：「諸貝勒之子娶妻設宴，准殺牲畜九隻。諸大臣之子娶妻設宴，准殺牲畜六隻。其次之諸大臣之子娶妻設宴，

正月，蒙古国科尔沁贝勒孔果尔送女与聪睿恭敬汗为妻。三月，汗曰：「诸贝勒之子娶妻设宴，准杀牲畜九只。诸大臣之子娶妻设宴，准杀牲畜六只。其次之诸大臣之子娶妻设宴，

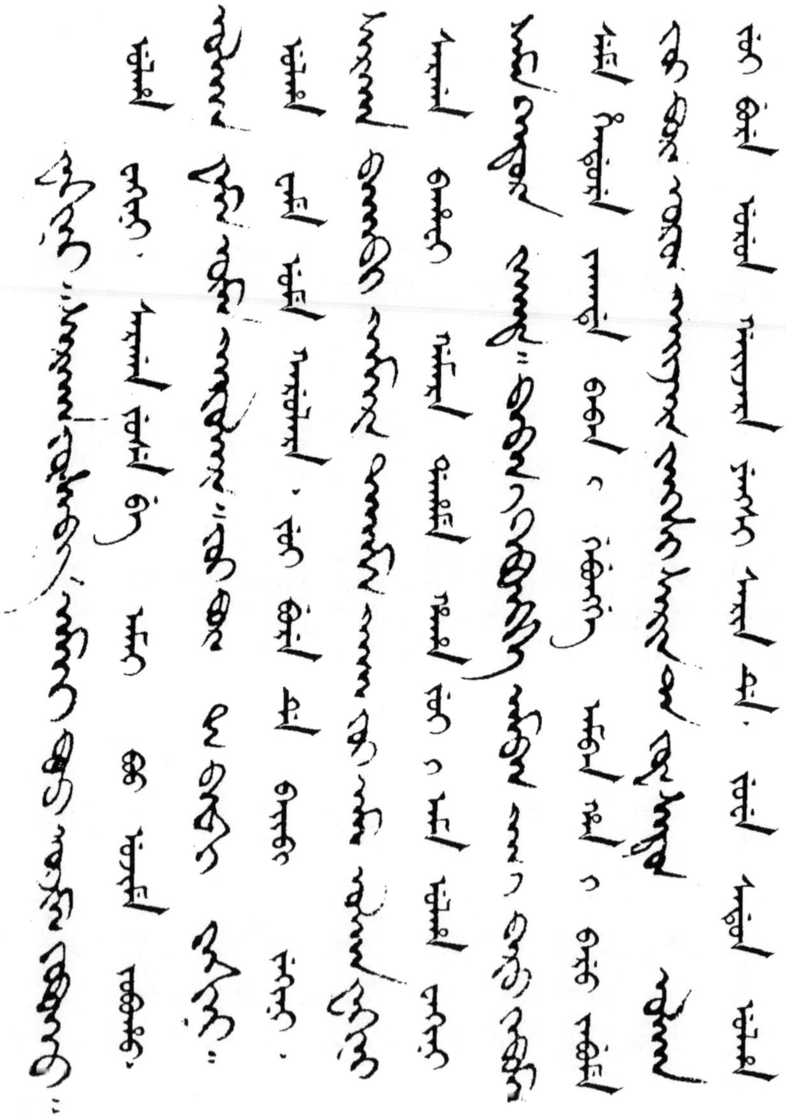

ulha wakini, sargan jusebe amai boo ujime joboho, ulha wame ume karulara. jui bure de babi jekini, sargan bahafi gamara dahame haha jui ama ulha wakini seme hendure jakade. baban i gebungge amban han i baru jabume, jui bure urun gaijara yengsi sarin de juwe sadun ulha

---

准殺牲畜三隻。女方父家養女勞苦，毋庸殺牲畜酬答，嫁女可白吃[91]。男方既得妻室，應由男方家父殺牲畜。」時有大臣巴班向汗答曰：「婚嫁筵宴，兩親家宜多殺牲畜，

准杀牲畜三只。女方父家养女劳苦，毋庸杀牲畜酬答，嫁女可白吃。男方既得妻室，应由男方家父杀牲畜。」时有大臣巴班向汗答曰：「婚嫁筵宴，两亲家宜多杀牲畜，

---

91 白吃，《滿文原檔》讀作"babi jekini"，《滿文老檔》讀作"baibi jekini"。

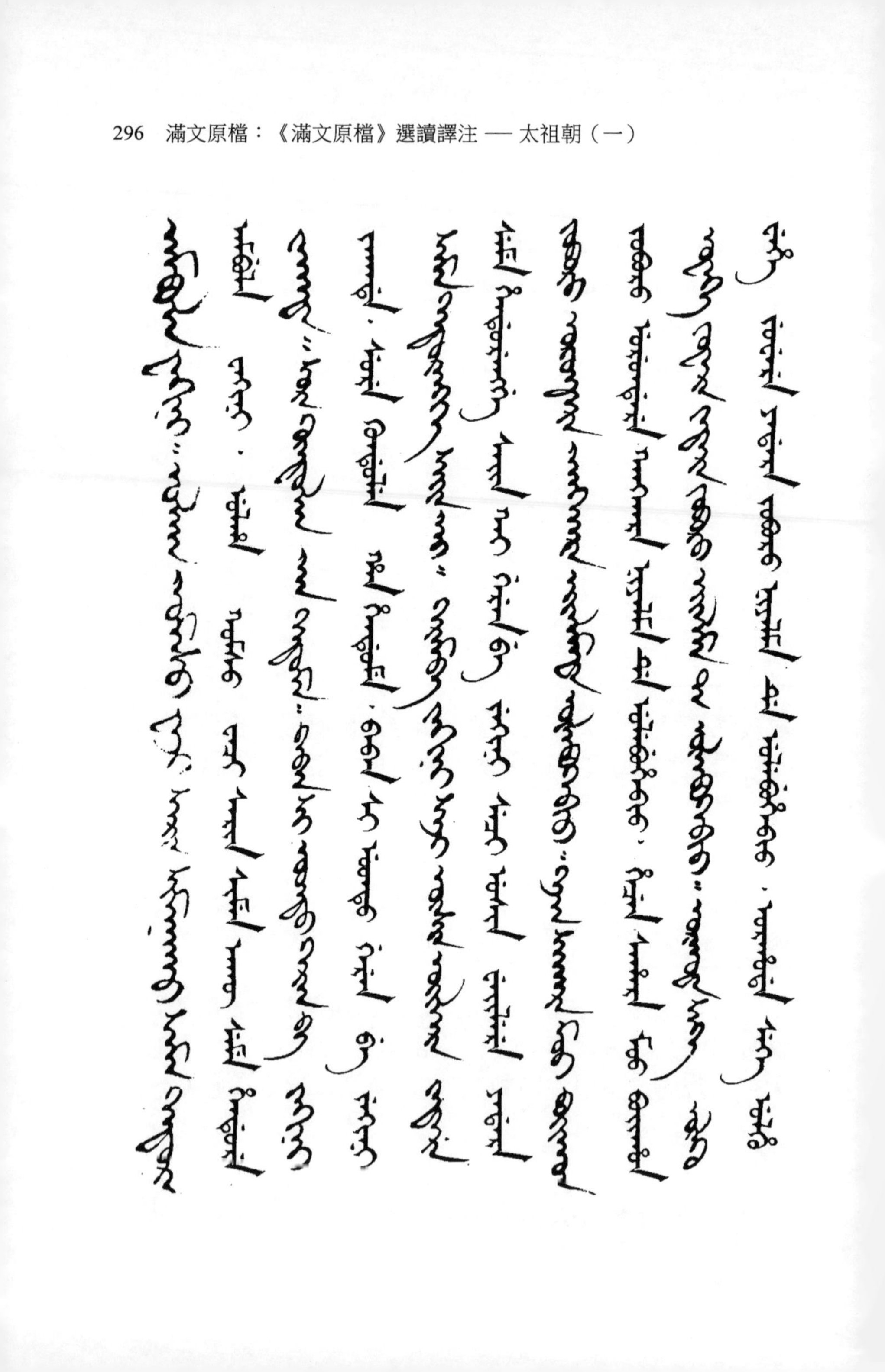

ambula wakini, ulha komso waci sarin simenakū seme hendure jakade. sure kundulen han hendume, baban si uttu geren be jekini seme hendurengge sain kai. gerembe jekini seci usin weilere yadara joboro urundere kangkara niyalmade ulebuhebio. hecen sahara moo boihon wehe juwere yadara joboro niyalma de ulebuhebio. orhoda, seke, ulhu

---

若殺牲畜少，則筵席人少不熱鬧也[92]。」聽睿恭敬汗曰：「巴班，爾如此謂令眾人食者，善哉！若令眾人食，可令耕田貧苦飢渴之人食之耶？或令築城搬運土木石貧苦之人食之耶？或令為採蔘捕貂、獵取灰鼠

若杀牲畜少，则筵席人少不热闹也。」聪睿恭敬汗曰：「巴班，尔如此谓令众人食者，善哉！若令众人食，可令耕田贫苦饥渴之人食之耶？或令筑城搬运土木石贫苦之人食之耶？或令为采蔘捕貂、猎取灰鼠

---

92 不熱鬧，《滿文原檔》讀作“simenakū”，《滿文老檔》讀作“simen akū”。

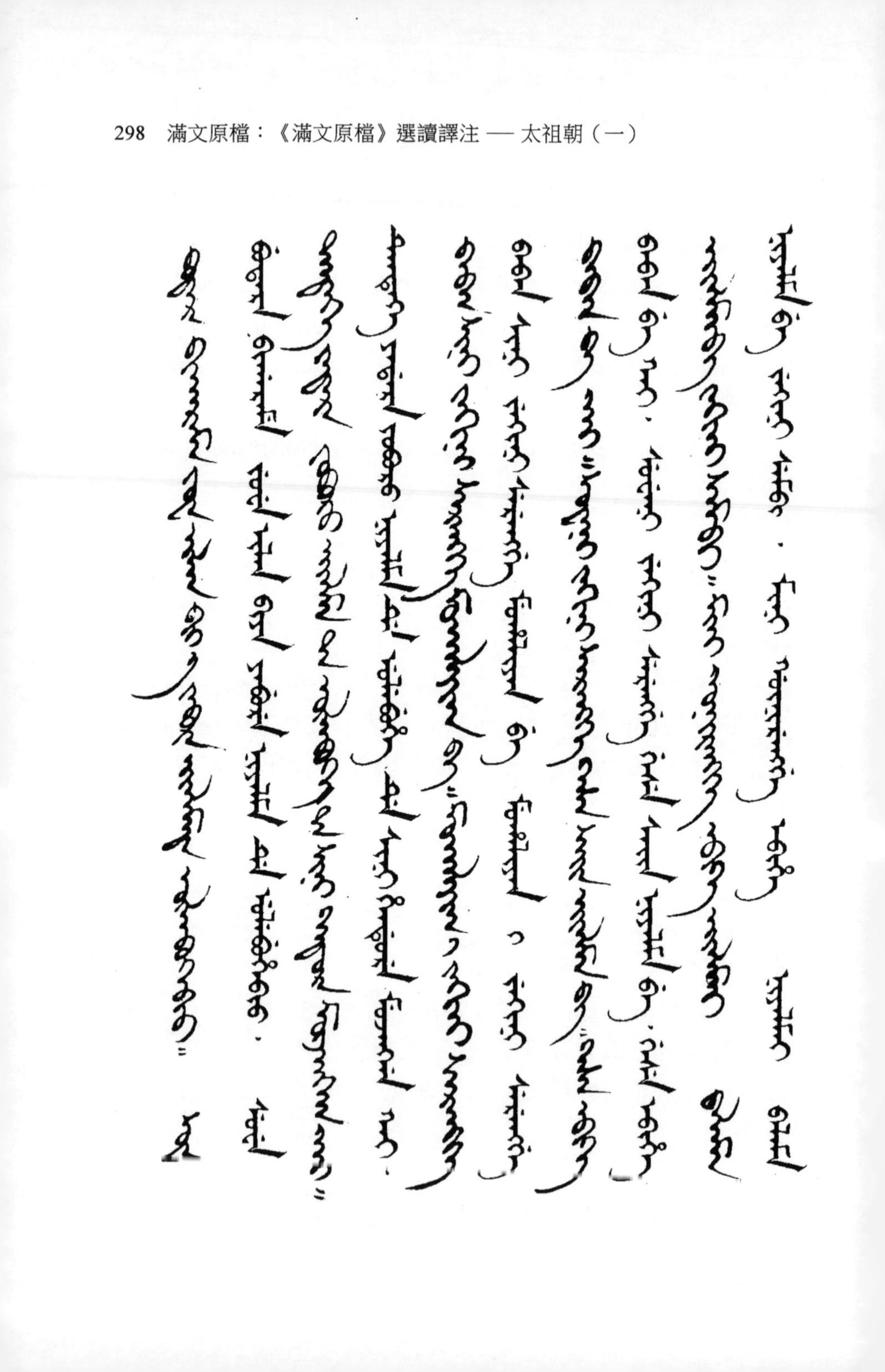

butara bigarame juwe ilan biya yabure niyalmade ulebuhebio. suwe tenteke yadara joboro niyalma de ulebuhe de sini hendure mujangga kai. baban sini jekini serengge muhaliyan be, muhaliyan i jekini serengge baban be kai. suweni jekini serengge gese sain niyalma be, gese ebihe niyalmabe jekini sembi. mini gūnirengge, ebihe niyalmai balama

---

在野外奔走二、三月之人食之耶？爾等若令似此貧苦之人食之，則爾所言是也。然爾巴班所謂食者，乃穆哈連也，而穆哈連所謂食者，乃巴班也。爾等所謂食者，皆似爾等境遇甚好之人也，似爾等飽食之人也。依我思之，與其令飽食之人妄行棄食，

在野外奔走二、三月之人食之耶？尔等若令似此贫苦之人食之，则尔所言是也。然尔巴班所谓食者，乃穆哈连也，而穆哈连所谓食者，乃巴班也。尔等所谓食者，皆似尔等境遇甚好之人也，似尔等饱食之人也。依我思之，与其令饱食之人妄行弃食，

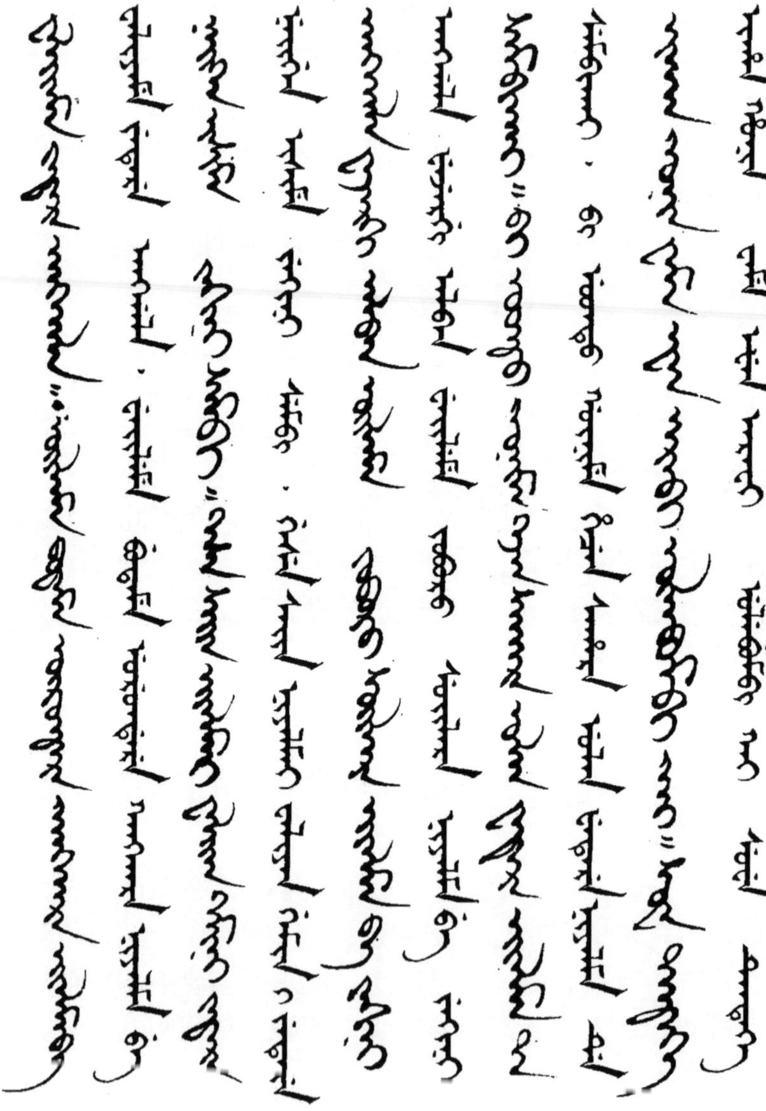

waliyame jetere anggala, weileme butame urundere kangkara niyalmabe neigen isime jekini sembi, gese sain niyalmai waliyan gemin i jetere anggala fejergi alban weileme joboro suilara niyalma be jekini sembikai. bi uttu gūnime hecen sahara ulan fetere niyalma de ihan honin wame efen arafi ulebumbi kai. suwe tenteke

不如給與耕獵飢渴者均分食之；與其給與境遇甚好之人棄食，不如給與所屬役夫勞苦之人食之也。我如此想了，故宰殺牛羊製做麵食，給與掘壕築城之人食之也。

不如给与耕猎饥渴者均分食之；与其给与境遇甚好之人弃食，不如给与所属役夫劳苦之人食之也。我如此想了，故宰杀牛羊制做面食，给与掘壕筑城之人食之也。

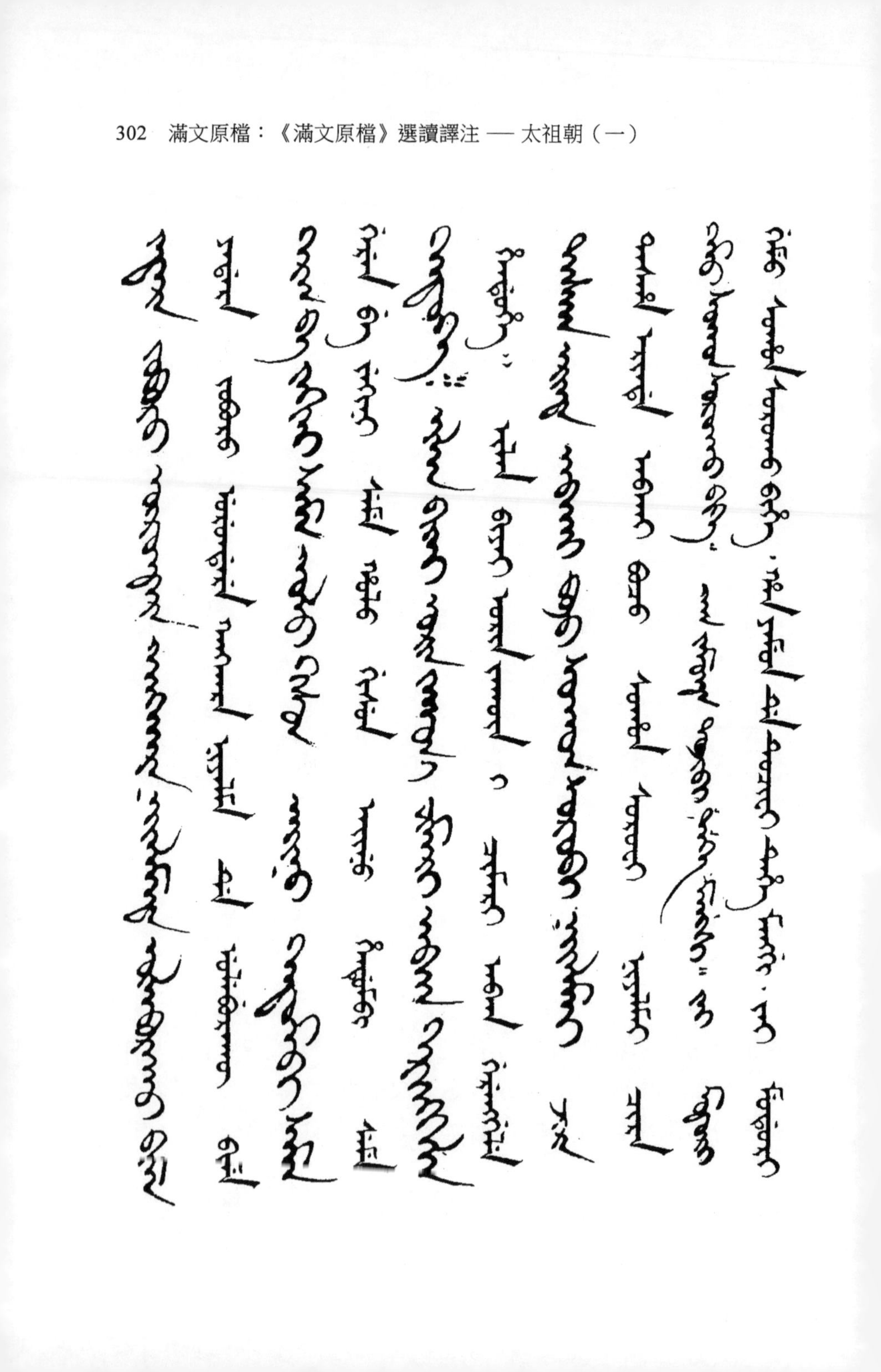

yadara joboro urundere kangkara niyalmade uleburakū bime geren be jekini seme holo gisun ainu hendumbi seme henduhe. ilan biyai orin jakūn i cimari abka gerenggele tasha erinde abkai boco sohon sorofi niyalmai cira gemu sohon soroko bihe, han yamun de tucifi tehe manggi, jai muduri

---

爾等不給與似此貧苦飢渴之人食之，則所言給與眾人食之，為何說空言？」三月二十八日晨，黎明前寅時，天現黃色，人面映之皆黃。汗御衙門而坐，

尔等不给与似此贫苦饥渴之人食之，则所言给与众人食之，为何说空言？」三月二十八日晨，黎明前寅时，天现黄色，人面映之皆黄。汗御衙门而坐，

十九、由小變大

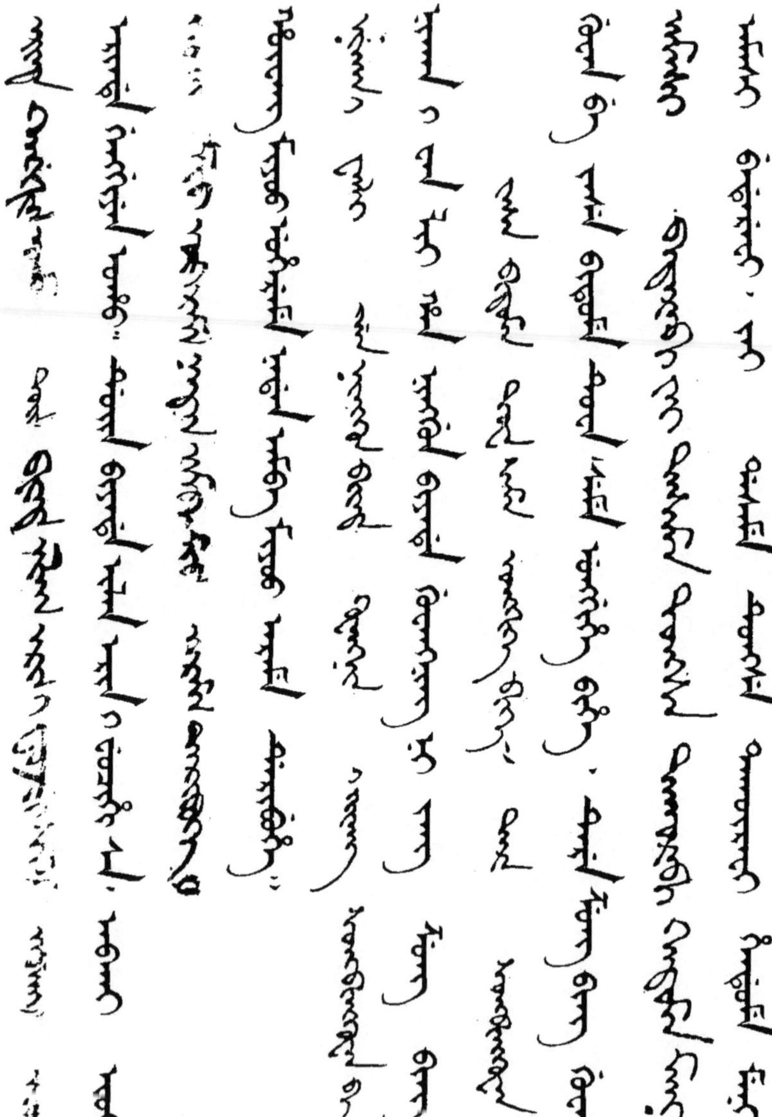

erinde genggiyen oho. duin biyade ilan erin i fucihi sa, abkai ioi hūwang miyoo uhereme nadan amba miyoo arame deribuhe. nikan i wanli han ninggun biyade, guwangnin i jang dzungbingguwan be jase bitume tuwa seme unggihe bihe. tere dzungbingguwan amasi bederefi jai dasame tungse takūrafi hendume, meni

---

至辰時方明。四月，始建三世佛及天上玉皇廟，共計七大廟。六月，明萬曆帝曾遣廣寧張總兵官巡邊。該總兵返回後，復遣通事來曰：

至辰时方明。四月，始建三世佛及天上玉皇庙，共计七大庙。六月，明万历帝曾遣广宁张总兵官巡边。该总兵返回后，复遣通事来曰：

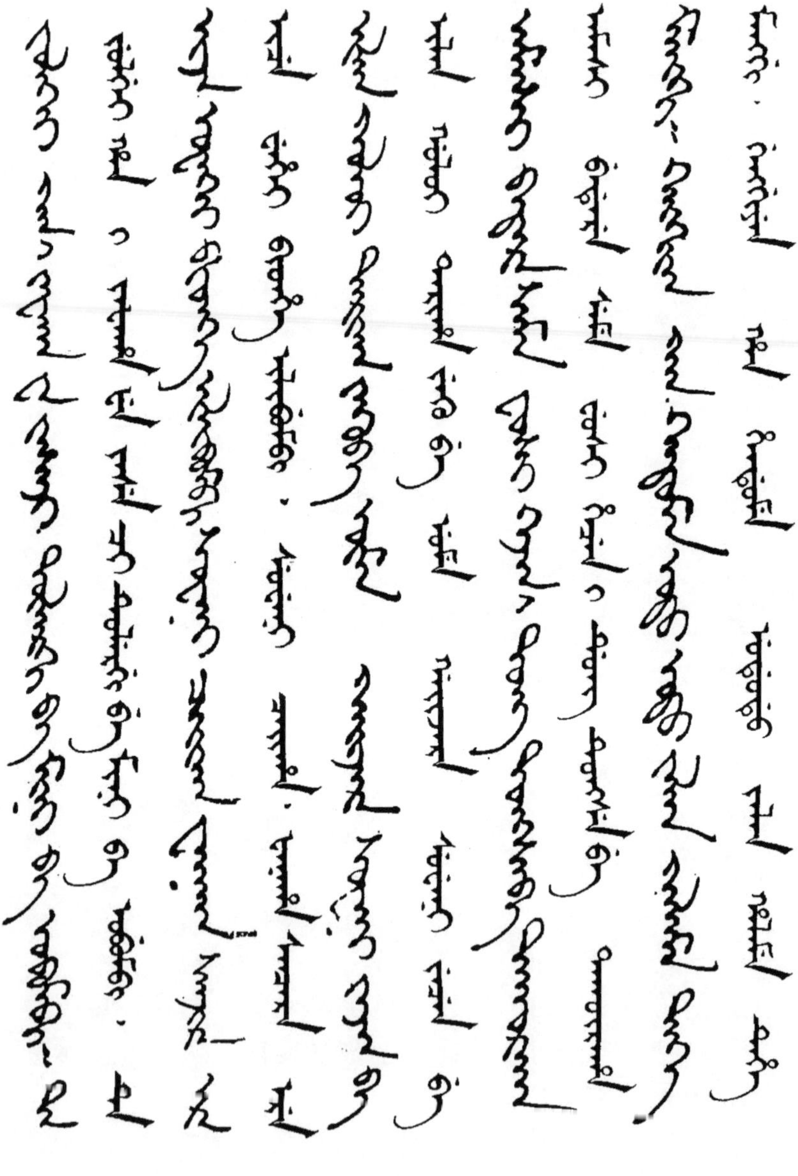

julgei han i jafaha fe jaseci tulergi be mini ba obumbi, te ice wehei bithe ilibumbi, suweni caiha, fanaha, sancara ere ilan goloi tariha jekube ume gaijara, suweni jecen be amasi bedere seme, fusi hecen i dung tungsebe takūraha manggi, genggiyen han hendume, udu udu jalan halame tehe

---

「將我先帝所立舊界以外地方[93]，劃為我界，今立新碑。爾在柴河、法納哈、三岔兒此三路所種糧食，勿得刈獲，後撤爾界。」所遣撫順城董通事說後，英明汗曰：「令棄我累世所居之

「将我先帝所立旧界以外地方，划为我界，今立新碑。尔在柴河、法纳哈、三岔儿此三路所种粮食，勿得刈获，后撤尔界。」所遣抚顺城董通事说后，英明汗曰：「令弃我累世所居之

---

[93] 舊界，句中「舊」《滿文原檔》寫作"wa"，《滿文老檔》讀作"fe"。按此為無圈點滿文 f 字形（越中軸與否）的不規範寫法。

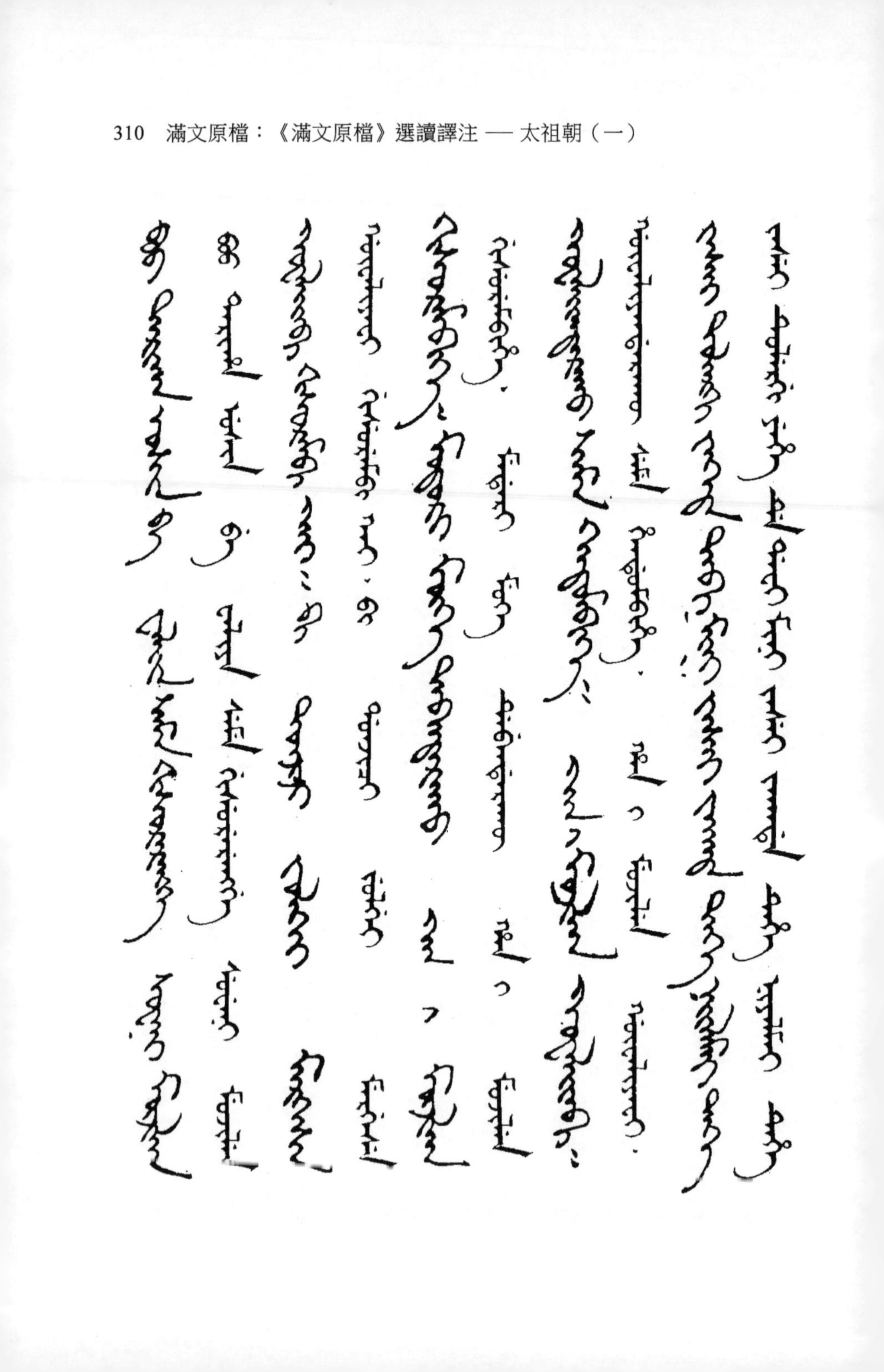

boo tariha usin be waliya seme gisurerengge suweni mujilen gūwaliyafi gisurembi kai, bi donjici julgei mergese gisurembihe, muduri〔mederi〕muke debenderakū han i mujilen gūwaliyandarakū seme hendumbihe. han i mujilen gūwaliyafi, jasei tulergi yehede dafi mini jasei jakade tehe niyalmai tehe

---

廬舍、耕種之田地者，是爾心變，故出斯言也。我聞古之賢者有云：『海水不溢[94]，帝心不變。』而帝心已變，援助邊外葉赫，令我居住邊境內，棄其所居之

庐舍、耕种之田地者，是尔心变，故出斯言也。我闻古之贤者有云：『海水不溢，帝心不变。』而帝心已变，援助边外叶赫，令我居住边境内，弃其所居之

---

94 海水，《滿文原檔》讀作“muduri muke”，意即「龍水」，《滿文老檔》讀作“mederi muke”。《滿文原檔》，誤。

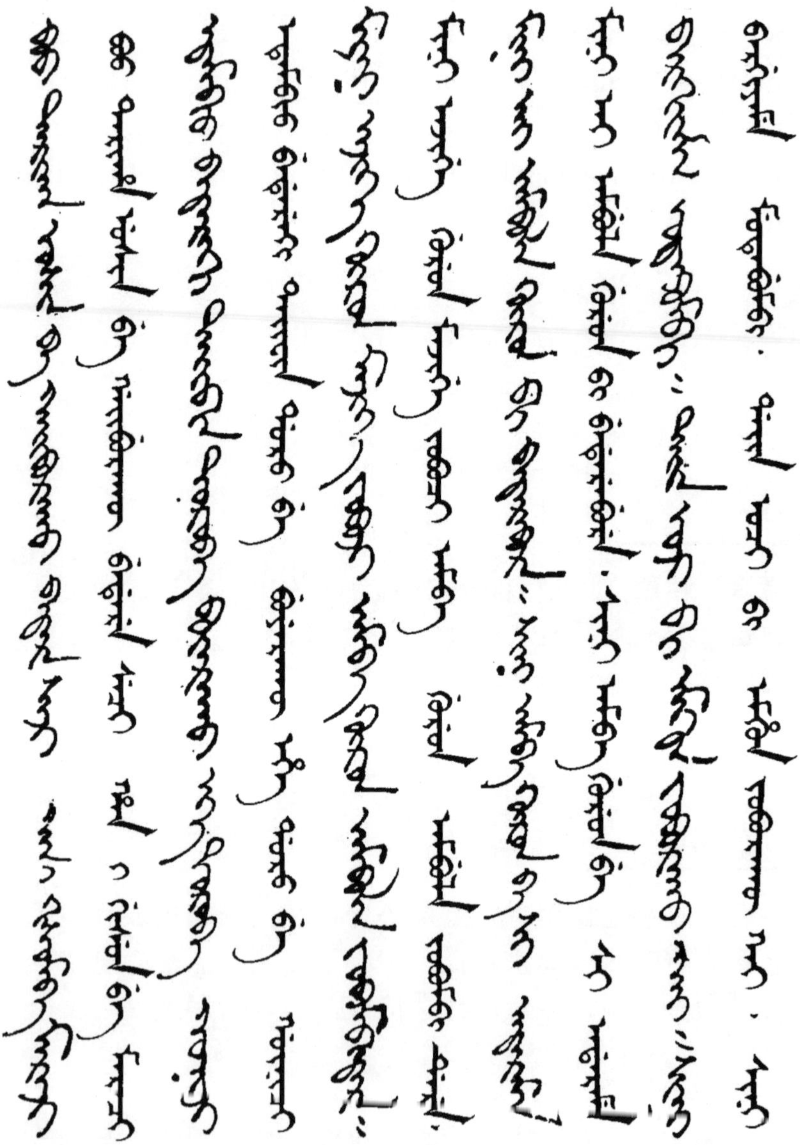

boo tariha usin be gaiburakū bedere seci, han i gisumbe maraci etembio bedereki. taifin dorobe buyerakū ehe dorobe gūnici mini ajige gurun majige joboci amba gurun ambula jobombidere. mini ai ambula gurun bi bederebure, sini amba gurun be si adarame bargiyame mutebumbi, dain oci bi emhun joborakū kai, sini

---

廬舍及所種田地而撤退。帝言豈可推辭耶，願退回。倘若不願太平，思及惡念，我小國受小害，則大國受大害也。我算什麼大國，可令我後退，爾乃大國，爾如何能收拾耶？倘若構兵爭戰，非我獨受其害也。

庐舍及所种田地而撤退。帝言岂可推辞耶，愿退回。倘若不愿太平，思及恶念，我小国受小害，则大国受大害也。我算什么大国，可令我后退，尔乃大国，尔如何能收拾耶？倘若构兵争战，非我独受其害也。

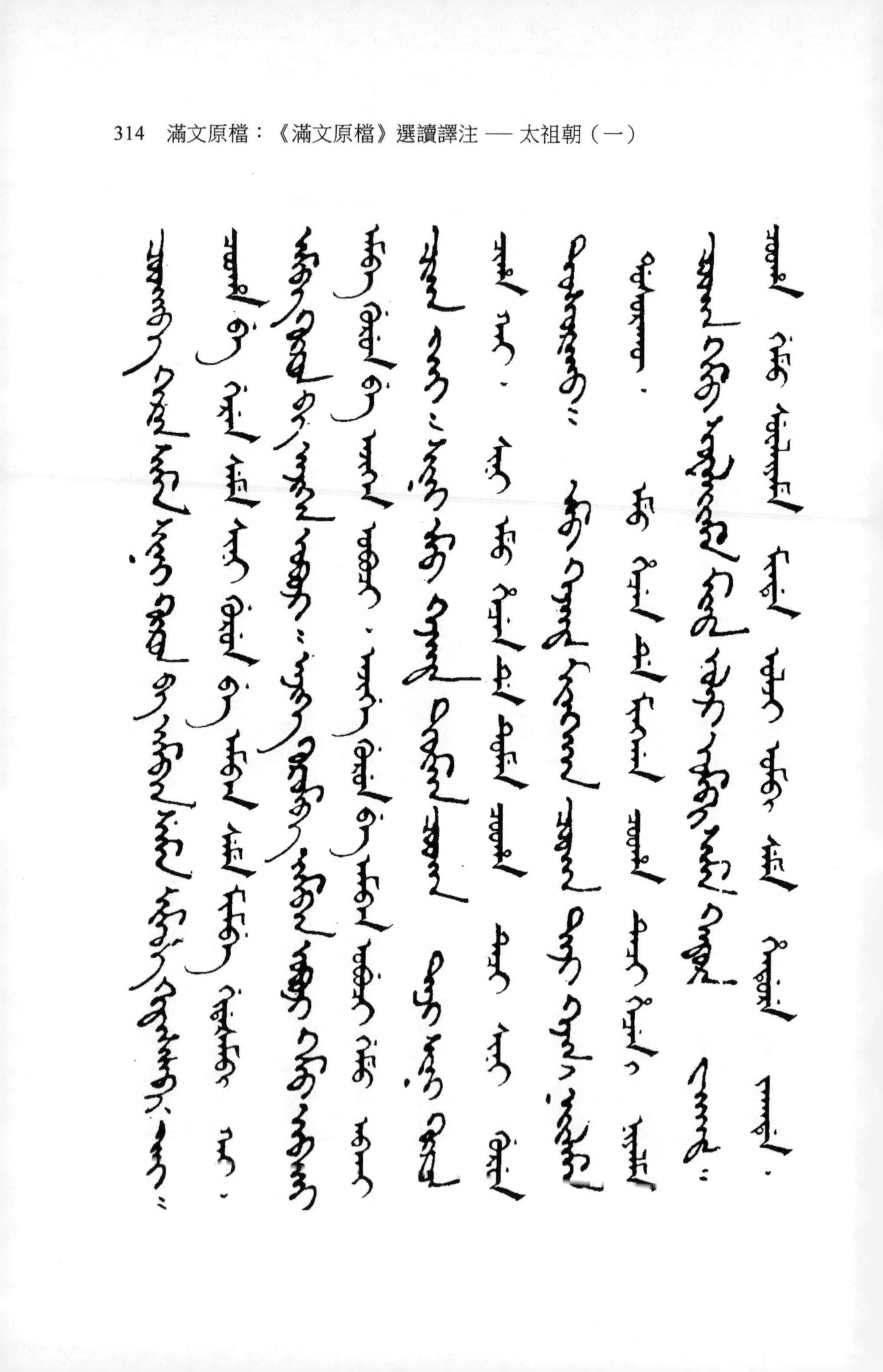

coohabe geren seme sini gurun be amban seme mimbe gidašambi kai. amba gurun be ajigen obuci, ajige gurumbe amban obuci, gemu abkai ciha kai. sini emu hecende tumen cooha teci sini gurun dosorakū, emu hecende minggan cooha teci hecen i niyalma cooha gemu suwaliyame minde olji ombi seme hendure jakade,

---

爾自恃兵眾國人，而欺陵我。然大國可以變小，小國可以成大，皆由天意也。若爾一城屯兵一萬，爾國勢將不堪，若爾一城屯兵一千，則城中兵民皆為我俘虜也。」

尔自恃兵众国人，而欺陵我。然大国可以变小，小国可以成大，皆由天意也。若尔一城屯兵一万，尔国势将不堪，若尔一城屯兵一千，则城中兵民皆为我俘虏也。」

二十、葉赫悔婚

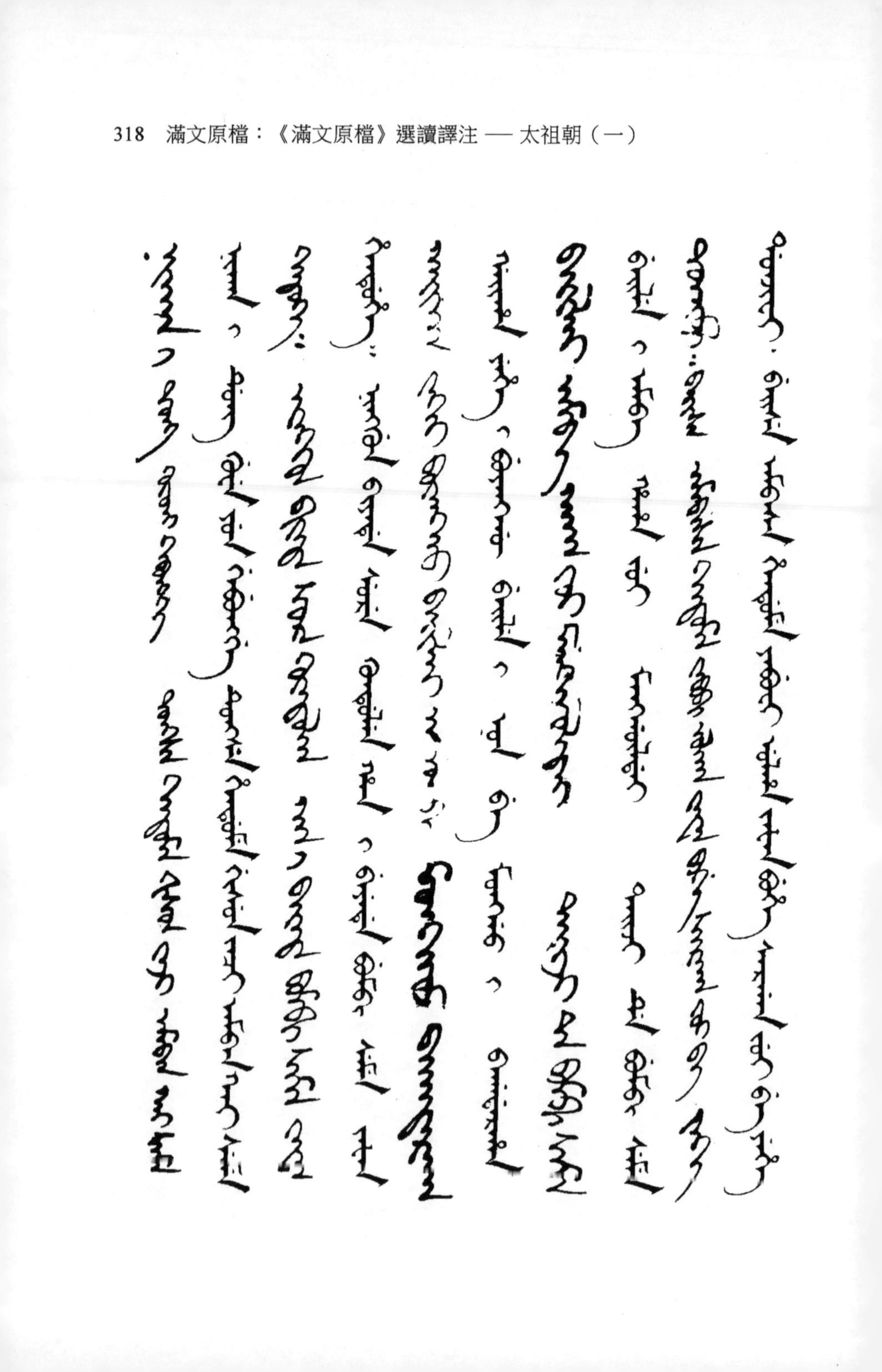

nikan i dung guwe yuni gebungge tungse hendume, gisun jaci amban kai seme henduhe. ninggun biyade sure kundulen han i beyede bumbi seme jafan gaiha yehei buyanggū beilei non be monggo bagadarhan beilei amba haha jui manggūldai taiji de bumbi seme donjifi, beise ambasa hendume, yabufi ulha jafan buhe sargan jui be yehe

---

明通事董國蔭曰：「此言太過矣。」六月，據聞聰睿恭敬汗所聘葉赫布揚古貝勒之妹欲改適蒙古巴哈達爾漢貝勒之長子莽古爾代台吉，諸貝勒大臣曰：「葉赫若將已送牲畜行聘之女

明通事董国荫曰：「此言太过矣。」六月，据闻聪睿恭敬汗所聘叶赫布扬古贝勒之妹欲改适蒙古巴哈达尔汉贝勒之长子莽古尔代台吉，诸贝勒大臣曰：「叶赫若将已送牲畜行聘之女

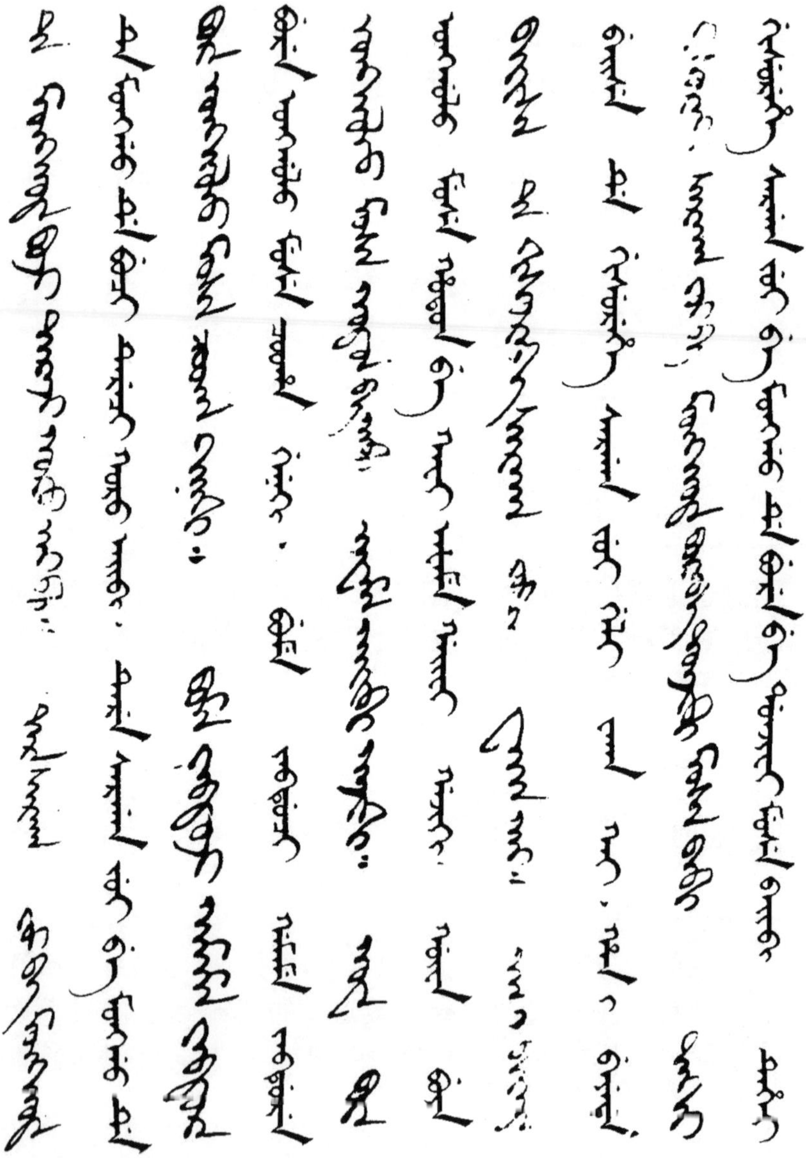

te monggode buci tereci koro aibi. tere sargan jui be monggode bure onggolo muse cooha geneki, bume jabduci, gamame jabdure onggolo muse hoton be kafi afame gaifi gajiki, gūwa buya beise de gisurehe sargan jui geli waka kai. han i beyede gisurehe sargan jui be monggode burebe donjifi, muse baibi tehei

---

今改適蒙古，有何恨更甚於此。宜乘該女子嫁與蒙古之前，我等興師前往。若已許嫁，則乘其許而未娶之前，發兵往攻其城而奪取之。此非其他小貝勒所聘之女也。既聞汗所聘之女改適蒙古，我等安能平白坐視

今改适蒙古，有何恨更甚于此。宜乘该女子嫁与蒙古之前，我等兴师前往。若已许嫁，则乘其许而未娶之前，发兵往攻其城而夺取之。此非其他小贝勒所聘之女也。既闻汗所聘之女改适蒙古，我等安能平白坐视

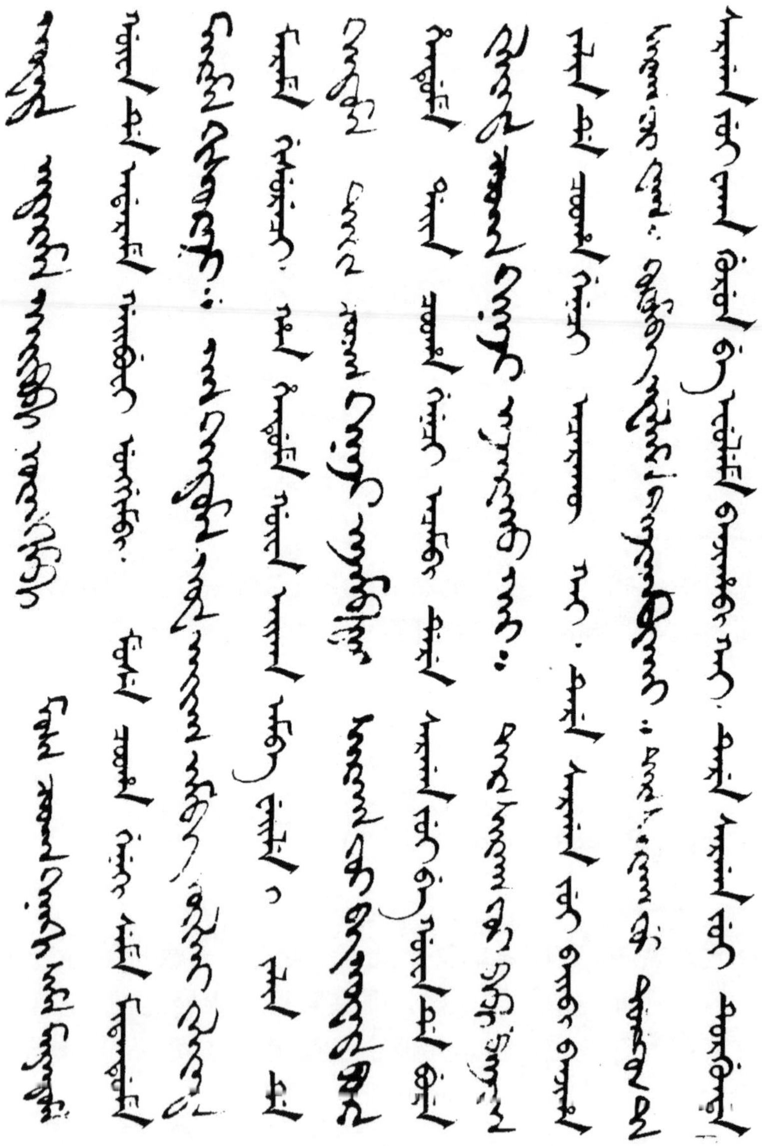

gūwade adarame gaibufi unggimbi, muse cooha geneki seme mitandume marame gisureci. han hendume, gūwa aika amba weilei jalinde hendume dain cooha geneci acambidere, sargan jui be gūwade bure jalinde cooha geneci acarakū kai. tere sargan jui babi banjiha sargan jui waka, gurumbe efuleme banjihabikai. tere sargan jui turgun de

---

他人娶去耶？吾等興兵討之。」憤然力諫之。汗曰：「若為其他大事，自當問罪致討，若以其女許給他人而興師，則未可也。此女非平白所生之女，乃為亡國而生也。以此女之故，

他人娶去耶？吾等兴兵讨之。」愤然力谏之。汗曰：「若为其他大事，自当问罪致讨，若以其女许给他人而兴师，则未可也。此女非平白所生之女，乃为亡国而生也。以此女之故，

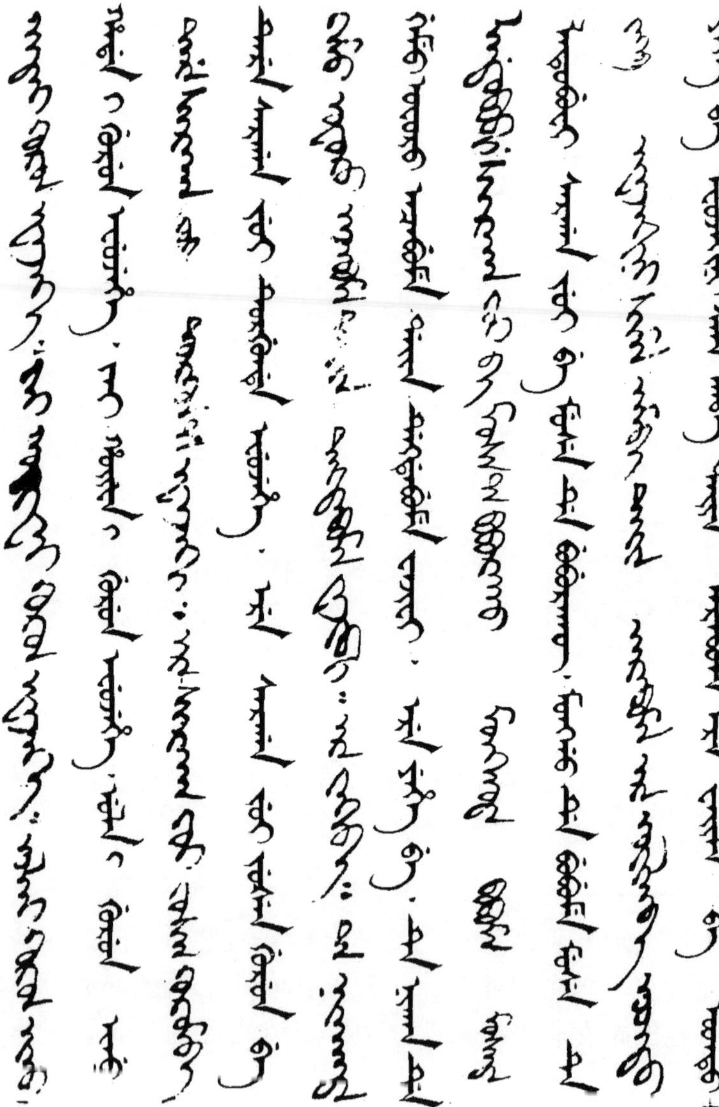

hadai gurun efujehe, jai hoifai gurun efujehe, ulai gurun inu tere sargan jui turgun de efujehe, ere sargan jui jušen gurumbe gemu oforo acabume dain dekdebume wajifi, ere yehebe, te nikande latubufi sargan jui be muse de buburakū, monggode bubume, musede yehe be efujekini seme amba dain arabume, ere weile be uttu

---

哈達國滅亡，輝發國滅亡，烏拉國亦因此女而亡。此女用讒言挑唆諸申國，肇啟戰端。今唆葉赫勾通明國，不以此女與我，而與蒙古，欲令我為滅葉赫而大釁，

哈达国灭亡，辉发国灭亡，乌拉国亦因此女而亡。此女用谗言挑唆诸申国，肇启战端。今唆叶赫勾通明国，不以此女与我，而与蒙古，欲令我为灭叶赫而大衅，

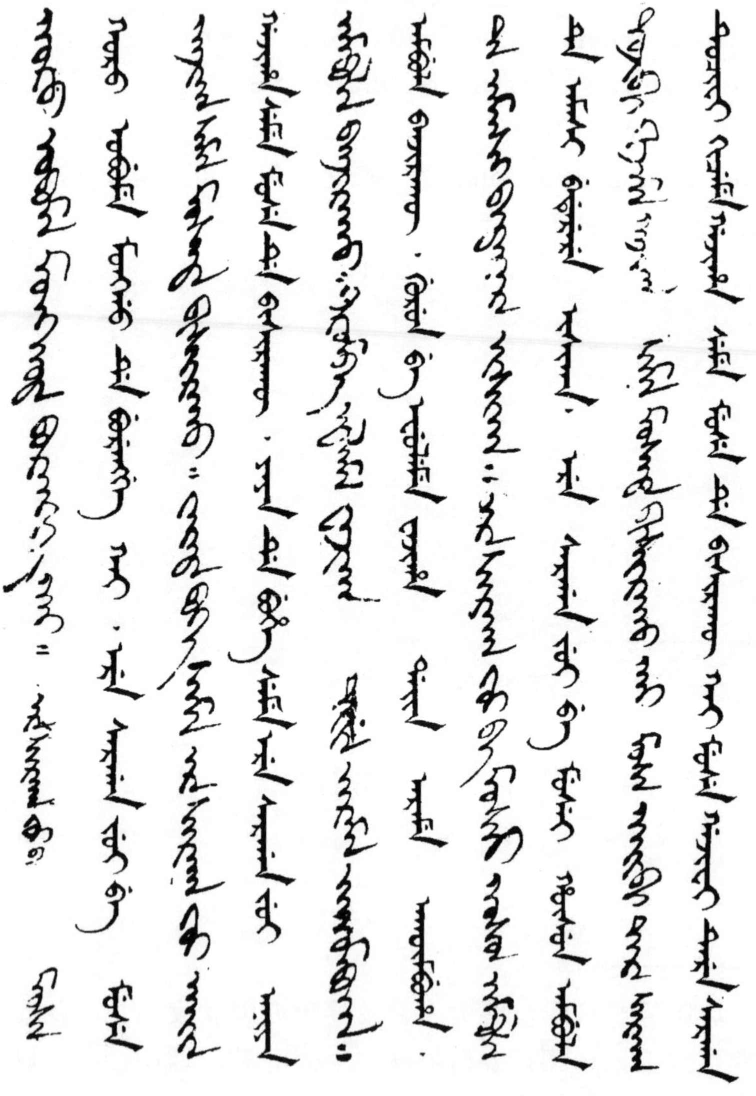

koro obume monggode burengge kai. ere sargan jui be muse gajiha seme musede bisirakū, yayade buhe seme ere sargan jui aniya ambula banjirakū. gurumbe efuleme wajiha dain arame akūmbuha, te amasi bederere isika, ere sargan jui be musei hūsun ambula tucifi kiceme gajiha seme musede bisirakū kai. muse gajifi tere sargan

---

藉以搆釁而與蒙古。我雖得此女，亦不能留在我處，無論嫁與何人，該女必不永年。毀國已畢，搆釁已盡，今其死期將至也，我雖奮力奪取此女，亦不能留在我處，

藉以构衅而与蒙古。我虽得此女，亦不能留在我处，无论嫁与何人，该女必不永年。毁国已毕，构衅已尽，今其死期将至也，我虽奋力夺取此女，亦不能留在我处，

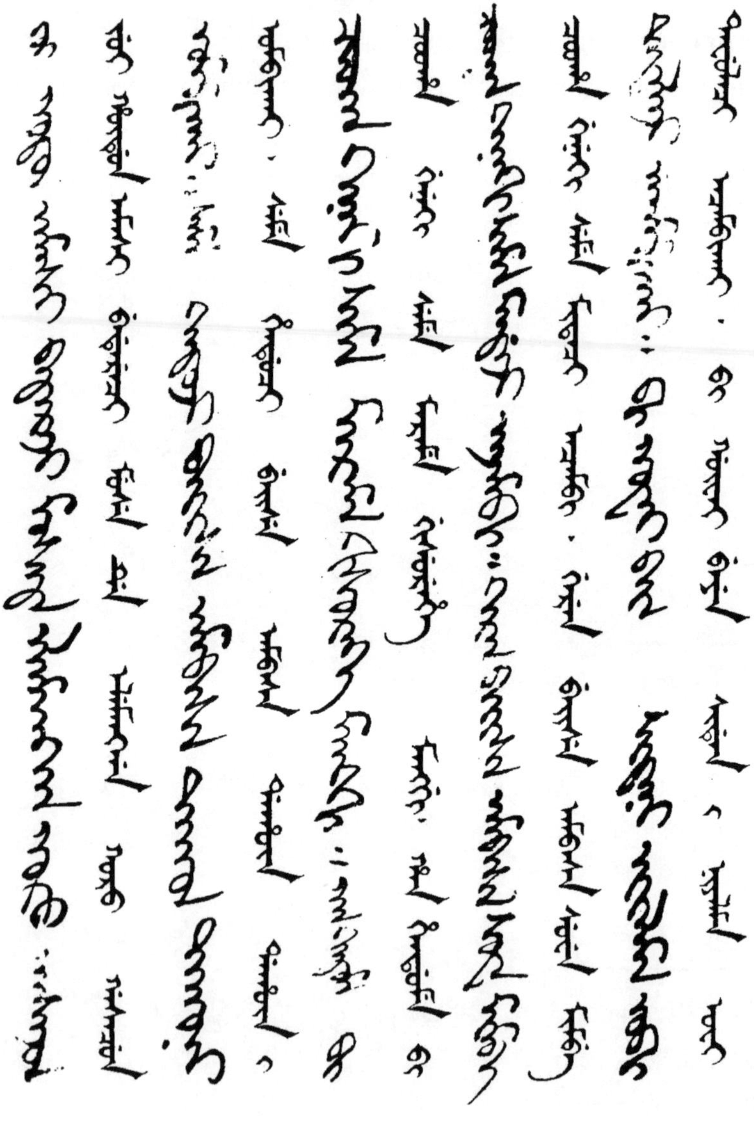

jui hūdun amasi bedereci musede elemangga koro gasacun ombikai seme henduci. beise ambasa dahūn dahūni cooha geneki seme marame gisurehe manggi, han hendume, bi cooha geneki seme mitaci acambi, geren beise ambasa suwe mimbe tafulaci acambikai, bi gūwai beye sideni niyalma ofi

---

若我取回此女後隨即殞命，反而於我有害也。」諸貝勒大臣仍再三堅請出兵。汗曰：「我應憤而興師[95]，爾眾貝勒大臣猶當諫止我[96]。我自作中人

若我取回此女后随即殒命，反而于我有害也。」诸贝勒大臣仍再三坚请出兵。汗曰：「我应愤而兴师，尔众贝勒大臣犹当谏止我。我自作中人

---

95 應憤，《滿文原檔》讀作"mataci acambi"，意即「應折彎」；《滿文老檔》讀作"mitaci acambi"，意即「應翻身」。

96 諫止，《滿文原檔》讀作"tafalaci"，《滿文老檔》讀作"tafulaci"。

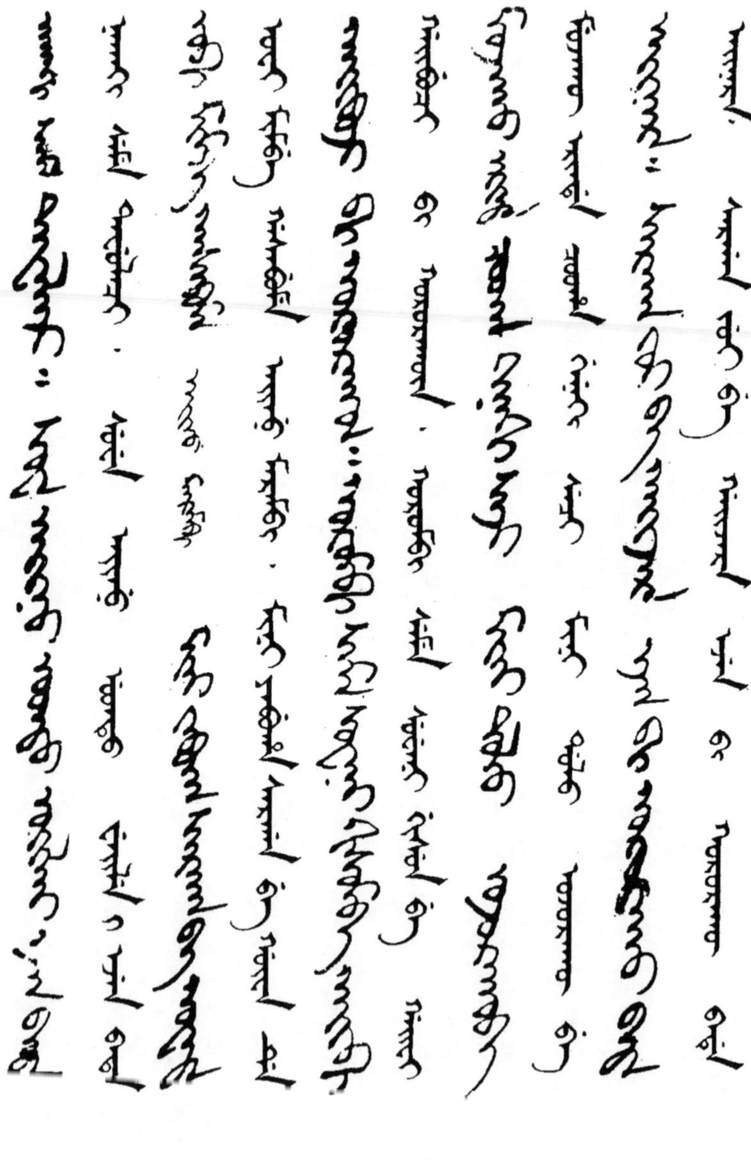

nakaki seme tafulaci, suwe ainu uttu weilei ejen bata ofi mimbe gasabume ainu marambi. mini yabuha sargan be gūwade gaibuci bi kororakūn. korombi seme suweni gisumbe gaifi mujakū erinde cooha geneki seci mini dolo ojorakūbe ainara. sargan jui be gaijara ejen bi kororakū bade

---

勸阻爾等，爾等為何如此與事主為敵，堅請不已，令我怨恨。我行聘之妻，為他人所娶，我豈不怨恨？因怨恨而聽從爾等之言，興以不時之兵，本非我願。娶女之主，我並不怨恨，

劝阻尔等，尔等为何如此与事主为敌，坚请不已，令我怨恨。我行聘之妻，为他人所娶，我岂不怨恨？因怨恨而听从尔等之言，兴以不时之兵，本非我愿。娶女之主，我并不怨恨，

二十一、整修邊關

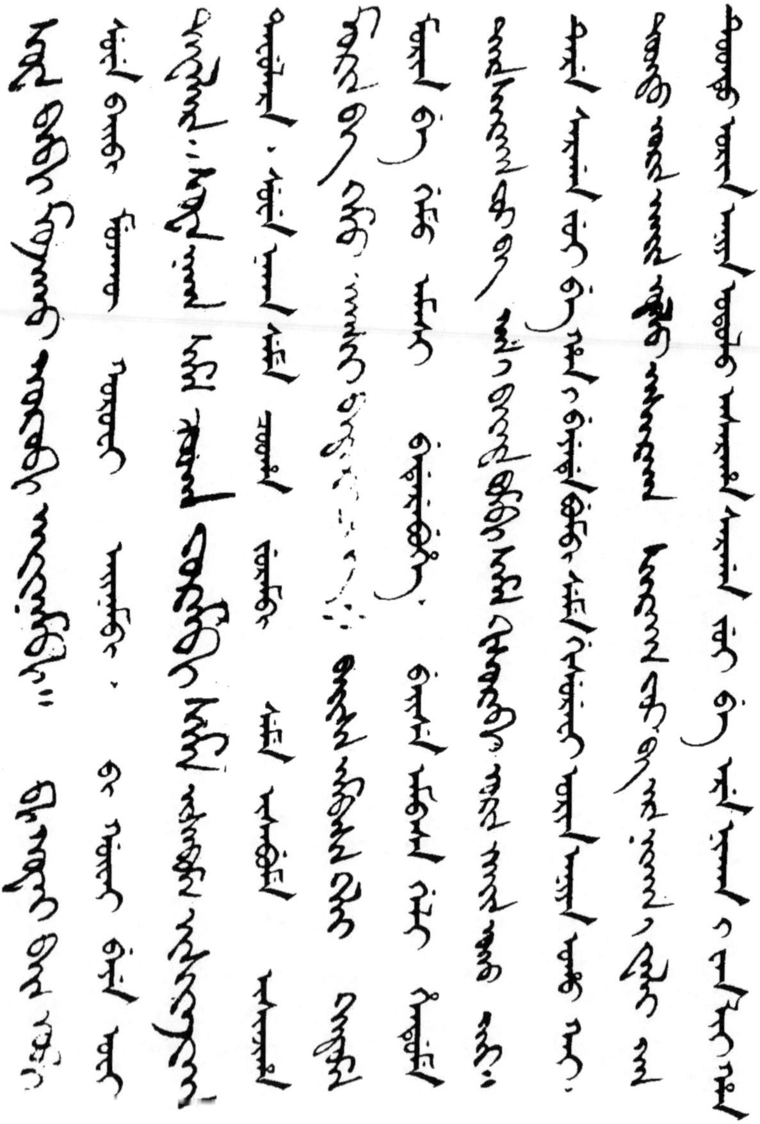

suwe babi mujakū korofi ainambi. bi gūwai beye ofi tafulara, suwe naka seme, cooha jurambi seme isabume isinjiha morin be gemu amasi bederebuhe. beise ambasa geli hendume, tere sargan jui be han i beyede bumbi seme gisurefi orin aniya oho kai, tuttu orin aniya otolo asaraha sargan jui be ere nikan i wanli han

---

爾等為何深以為憾？我以第三者之身，勸爾等作罷。」遂將已調集出兵之馬匹盡行撤回。諸貝勒大臣又曰：「此女許汗已二十年矣。迄今已受聘二十年之女，明萬曆帝

尔等为何深以为憾？我以第三者之身，劝尔等作罢。」遂将已调集出兵之马匹尽行撤回。诸贝勒大臣又曰：「此女许汗已二十年矣。迄今已受聘二十年之女，明万历帝

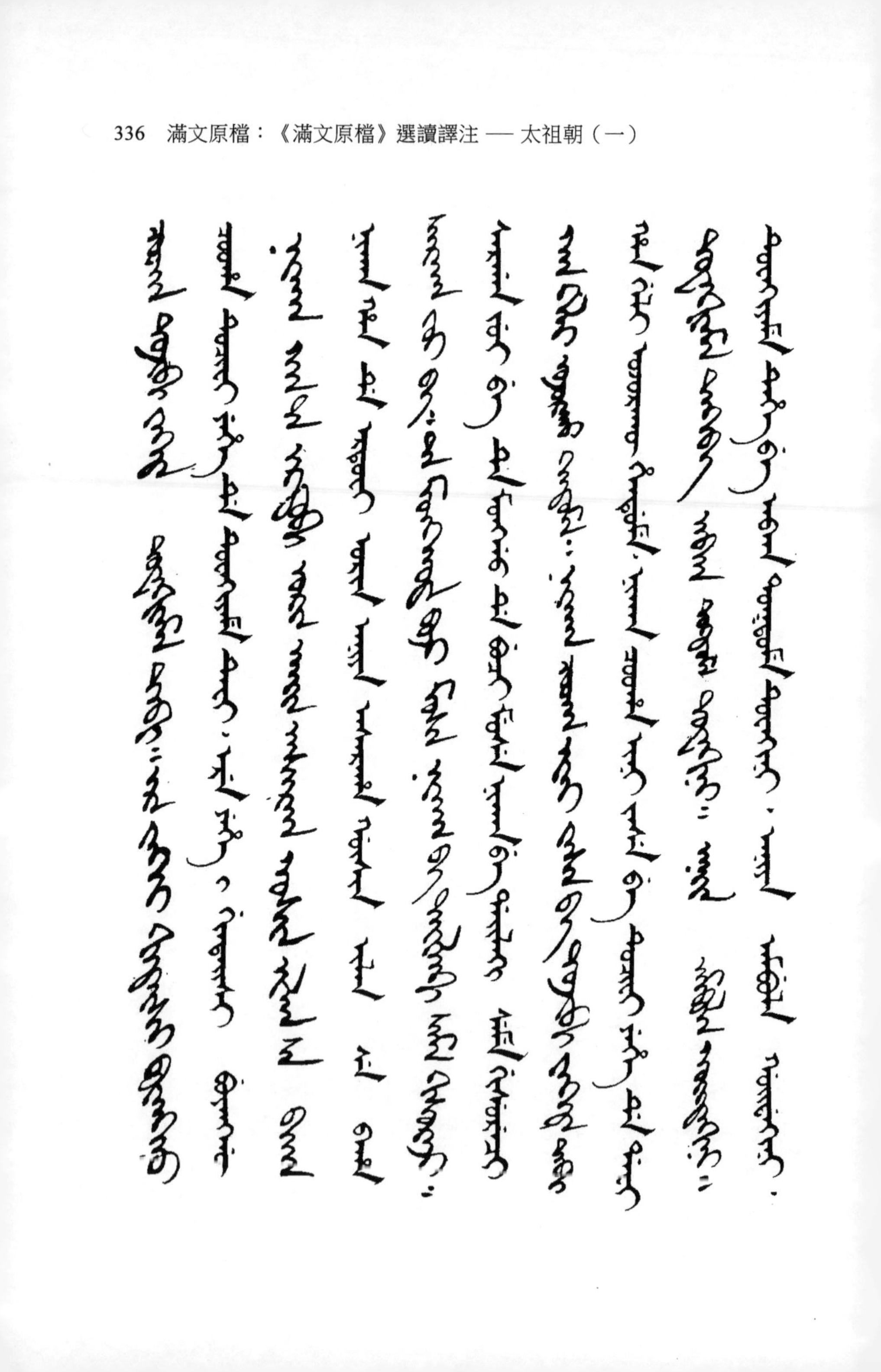

cooha tucifi yehede tuwakiyame tefi, ere yehei gintaisi buyanggū nikan han de ertufi, orin aniya asaraha gūsin ilan se baha sargan jui be te monggode buci, muse nikan be dailaki seme gisureci, han geli ojorakū hendume, nikan cooha ini jase be tucifi yehede dafi tuwakiyame tehebe abka toktome tuwakini, aniya ambula goidakini,

---

出兵駐守葉赫，葉赫錦台石、布揚古倚恃明帝，將受聘二十年之久、年已三十三歲之女嫁與蒙古，我宜往征明國也。」汗又不允曰：「明兵出其邊，助葉赫駐守，上天鑒之，姑俟其年久，

出兵驻守叶赫，叶赫锦台石、布扬古倚恃明帝，将受聘二十年之久、年已三十三岁之女嫁与蒙古，我宜往征明国也。」汗又不允曰：「明兵出其边，助叶赫驻守，上天鉴之，姑俟其年久，

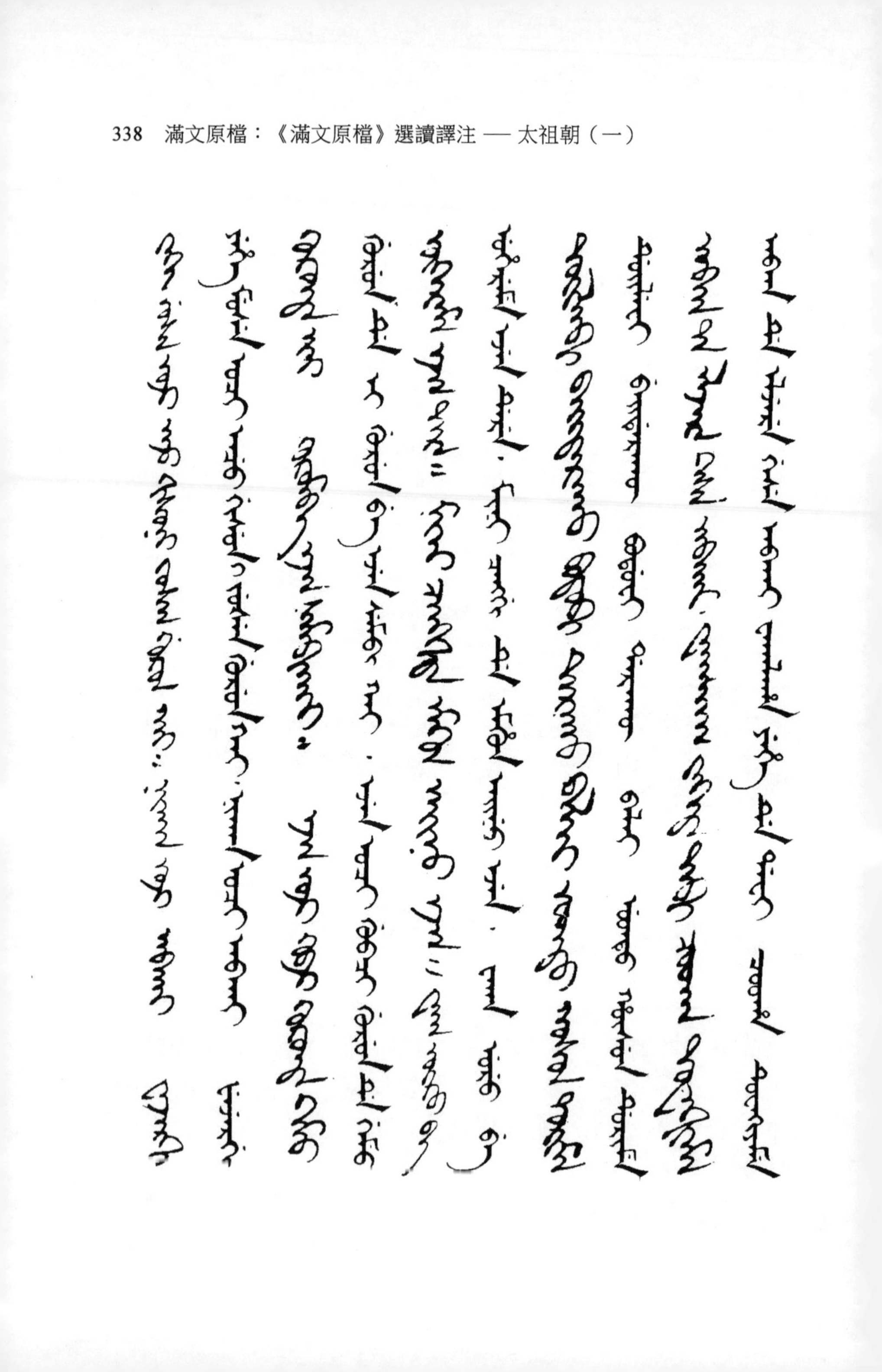

yehe muse oci encu gisuni jušen gurun kai, nikan oci abkai fejergi gurunde ini gurumbe ejen sembikai, ejen oci gubci gurunde gemu uhereme ejen dere, mini canggide emhun ainu ejen. waka uru be duilefi beiderakū bodofi darakū balai uttu hūsun durime abka de eljere gese abkai wakalaha yehede dafi cooha tuwakiyame

---

葉赫與我等乃不同語言之諸申國也。明自稱為君臨天下各國之主也，君者乃天下各國共主，何獨為我之主耶？不辨是非，不加審量，乃恃勢橫行，如同抗天，助天譴之葉赫駐守

叶赫与我等乃不同语言之诸申国也。明自称为君临天下各国之主也，君者乃天下各国共主，何独为我之主耶？不辨是非，不加审量，乃恃势横行，如同抗天，助天谴之叶赫驻守

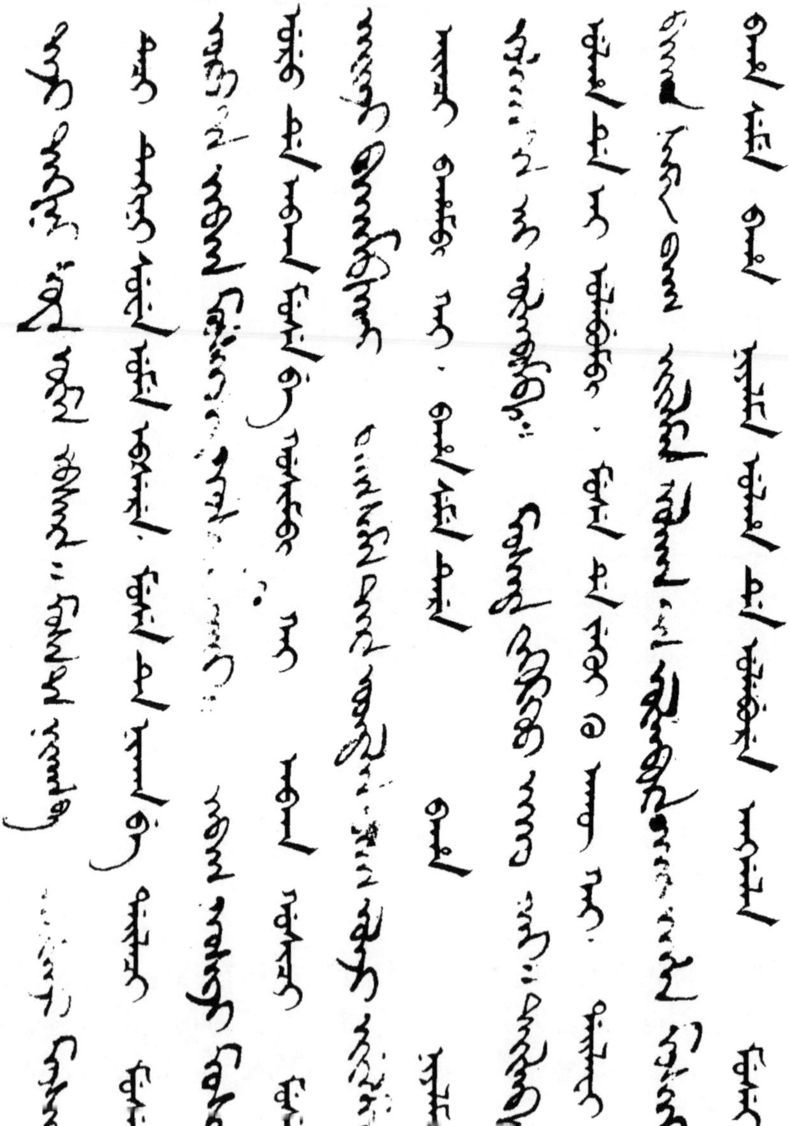

teci tekini suwe ume ebšere. muse te nikan be dailaci musei uru de abka muse be gosimbi kai, abka gosici muse ainci bahambikai, baha seme tere uttala baha olji niyalma ulha de ai ulebumbi, musede jekui kuu akū kai, dailafi baha seme baha niyalma ulha de ulebure anggala musei

---

試聽任之，爾等勿急。我今若征明，以我之是，天必祐我也。若蒙天祐，我或可得也。既有所得，其所得人畜如何養之？我無糧庫也[97]，若養其陣獲之人畜，

试听任之，尔等勿急。我今若征明，以我之是，天必佑我也。若蒙天佑，我或可得也。既有所得，其所得人畜如何养之？我无粮库也，若养其阵获之人畜，

---

97 糧庫，《滿文原檔》讀作“jekui kuu”，《滿文老檔》讀作“jekui ku”。

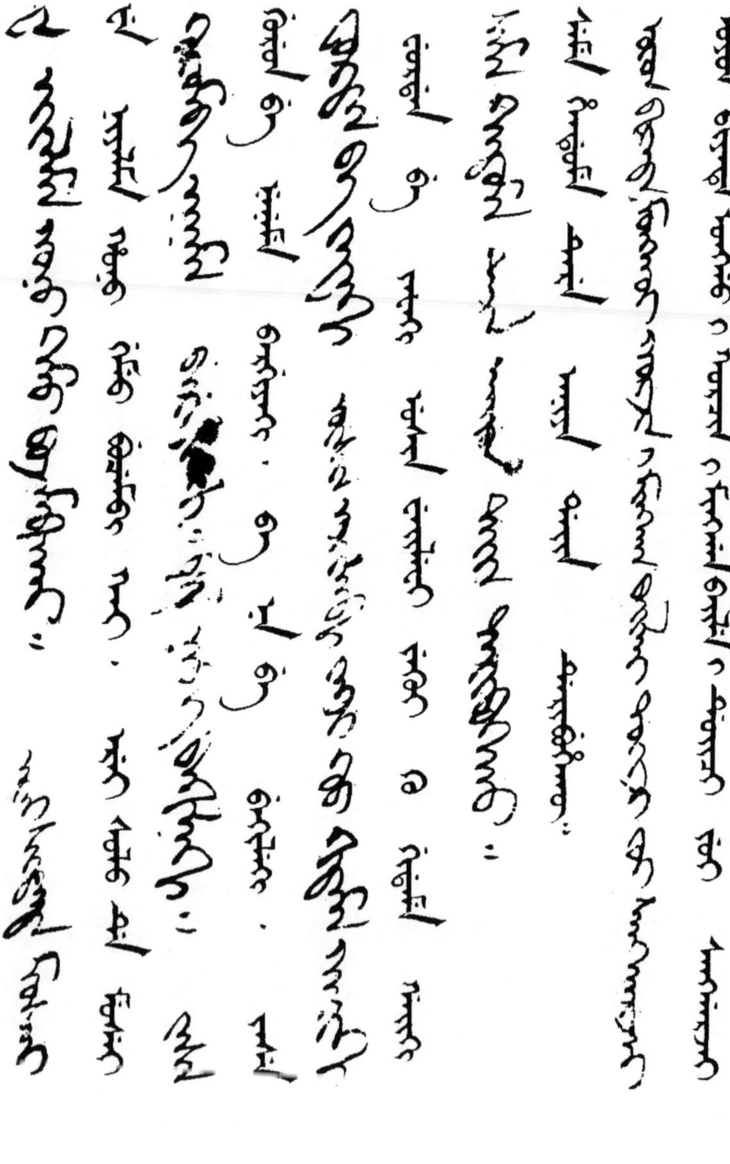

fe niyalma hono gemu bucembika. erei sidende, musei gurumbe neneme bargiyaki, ba nabe bekileki, jase furdan be jafaki usin weilefi jekui kuu gidame gaiki seme hendume. tere aniya dain deribuhekū. uyun biyade, monggoi korcin i minggan beilei duici jui sanggarjai

---

我舊有之人且將餓死也。乘此空閒[98]，宜先收我國人，鞏固疆土，整修邊關，墾種農田，修建糧庫。」是年未曾興兵。九月，蒙古科爾沁明安貝勒之第四子桑噶爾寨

我旧有之人且将饿死也。乘此空闲，宜先收我国人，巩固疆土，整修边关，垦种农田，修建粮库。」是年未曾兴兵。九月，蒙古科尔沁明安贝勒之第四子桑噶尔寨

98 空閒，《滿文原檔》讀作 “sidende”，《滿文老檔》讀作 “šolode”。

二十二、征服庫倫

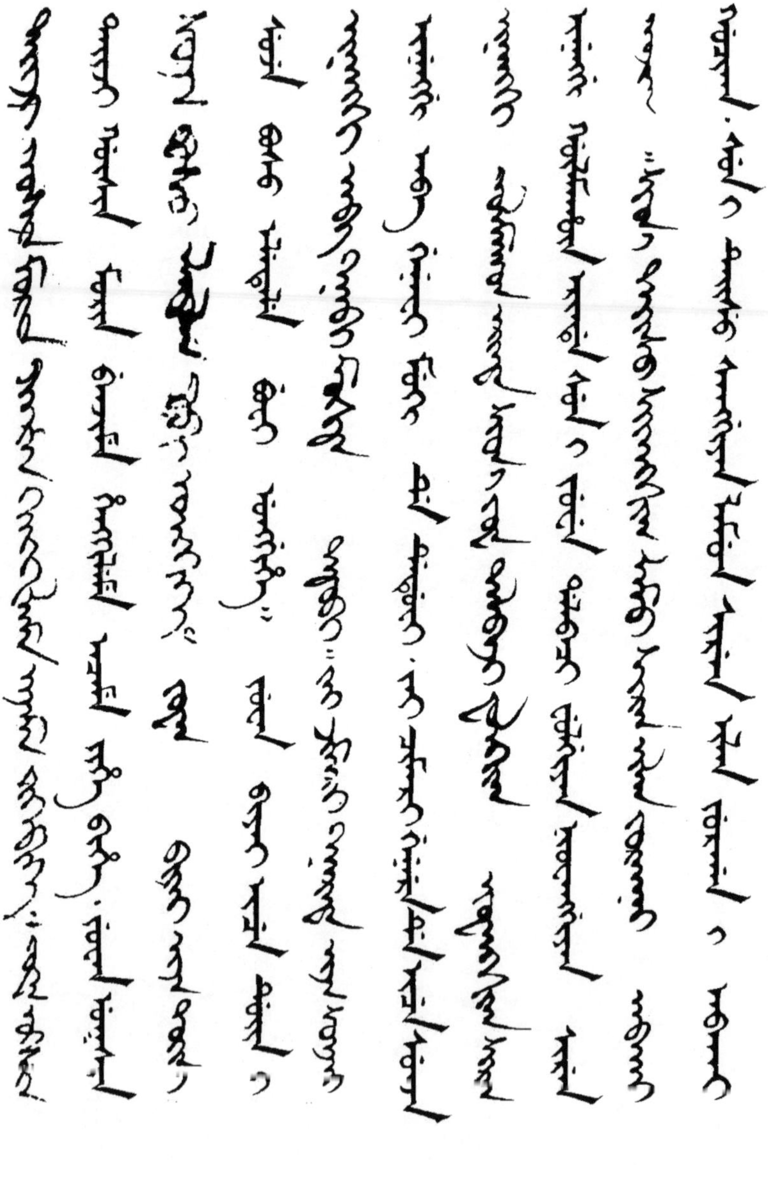

taiji gūsin morin benjime hengkileme acame jihebihe. juwan uksin suje boso eletele bufi unggihe. juwan biyai ice duin i inenggi aba genefi mukide dedufi, jai cimari generede ice sunja inenggi gūlmahūn erinde, šun i juwe dalbaci fulgiyan niowanggiyan siren gocika, šun i teisu šanggiyan lamun siren ilan jurgani abkai

---

台吉送馬三十匹，前來叩見。厚賜甲十副、緞布遣回。十月初四日，出獵，宿於牧奇地方。次日晨啟行，初五日卯刻，有紅綠光線現於日之兩側，日之對面又見白藍光三道天光三道，

台吉送马三十匹，前来叩见。厚赐甲十副、缎布遣回。十月初四日，出猎，宿于牧奇地方。次日晨启行，初五日卯刻，有红绿光线现于日之两侧，日之对面又见白蓝光三道天光三道，

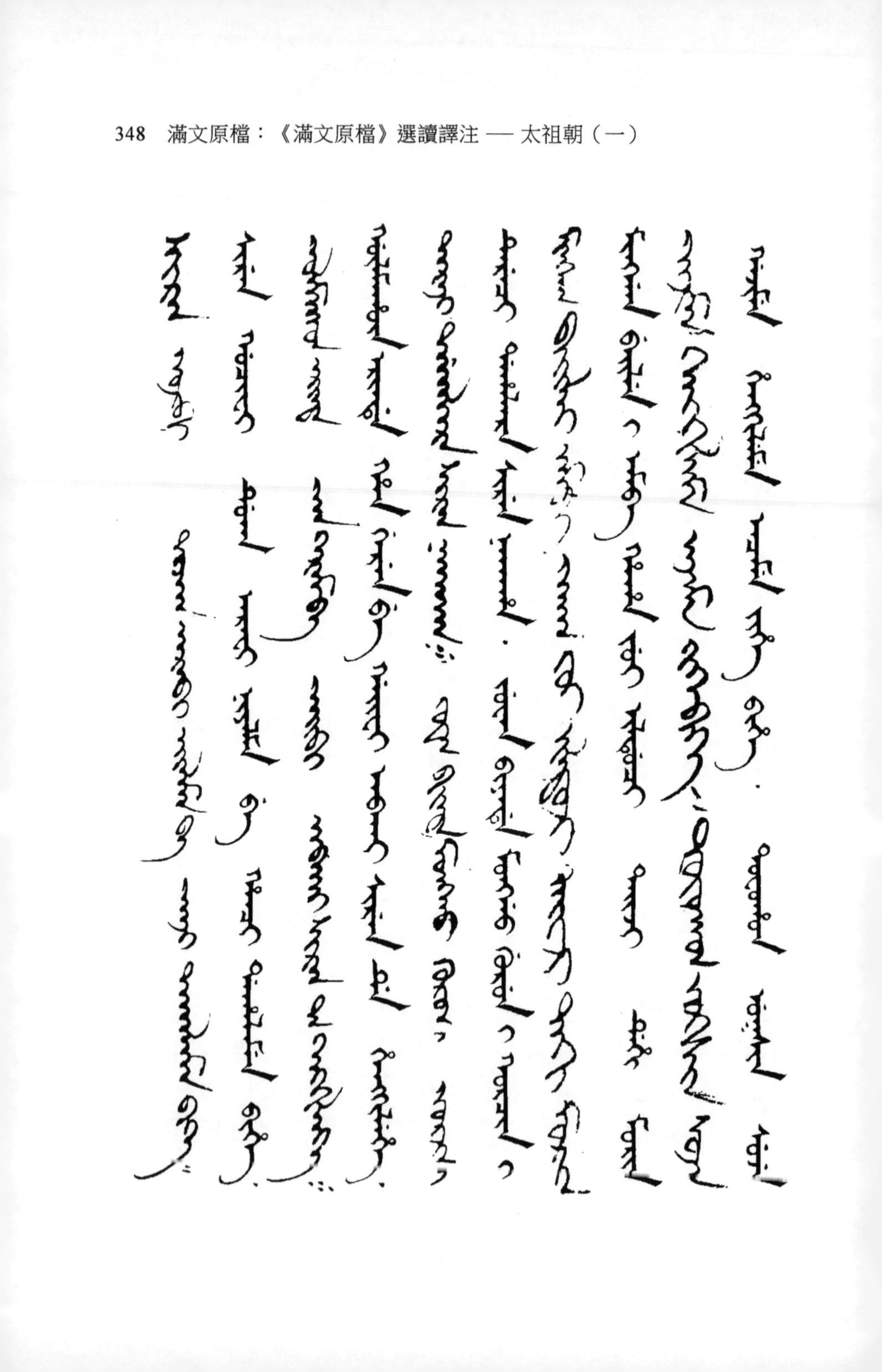

siren gocifi duka arafi niyalma be hanci dahalame bihe. gūlmahūn erinde, han geren be gaifi abkai siren de hengkilehe, tereci dahalara siren nakaha. juwan biyade monggo gurun i korcin i minggan beilei amba haha jui ilduci taiji dehi morin gajime hengkileme acame jihebihe. tofohon uksin suje

---

其狀如門，近隨於人而行。卯刻，汗率眾人叩拜天光，其隨行之光遂止。十月，蒙古國科爾沁貝勒之長子伊勒都齊台吉送馬四十匹，前來叩見。賜甲十五副，

其状如门，近随于人而行。卯刻，汗率众人叩拜天光，其随行之光遂止。十月，蒙古国科尔沁贝勒之长子伊勒都齐台吉送马四十匹，前来叩见。赐甲十五副，

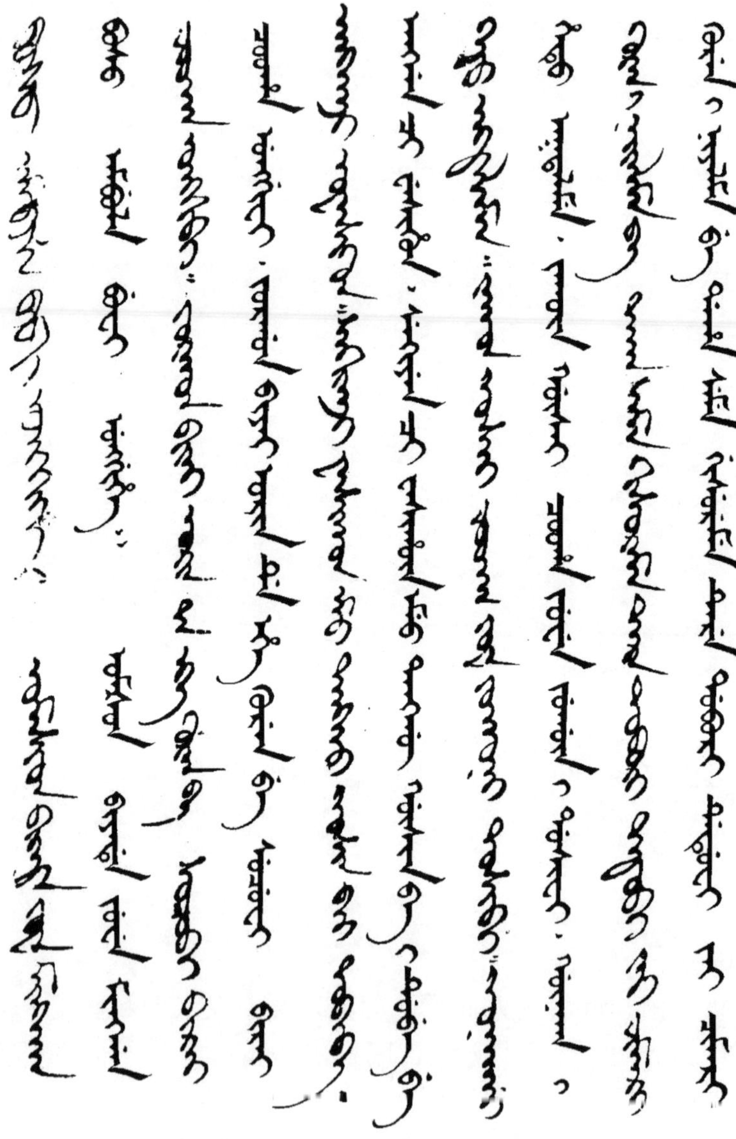

boso ambula bufi unggihe. omšon biyade juwe minggan cooha unggifi, jorgon biyai orin de ehe kuren be sucufi, birai anggaci wesihun, sekiyenci wasihūn emu tanggū gūsin bai dubebe hetu aktalame, jakūn gūsai cooha juwe jugūni dosifi, gūnakai kuren i niyalma be daha seme gisureme, tere dobori dedufi jai cimari

---

厚賞緞布遣回。十一月，遣兵二千，十二月二十日，往襲額赫庫倫，橫跨河口以上至河源以下一百三十里處[99]，八固山兵分兩路並進，諭顧納喀庫倫人投降。是夜宿營，

厚赏缎布遣回。十一月，遣兵二千，十二月二十日，往袭额赫库伦，横跨河口以上至河源以下一百三十里处，八固山兵分两路并进，谕顾纳喀库伦人投降。是夜宿营，

---

99 橫跨，《滿文原檔》讀作 “hetu aktalame”（陰性 k），《滿文老檔》讀作 “hetu aktalame”（陽性 k）。按此為無圈點滿文 k 輔音陰性與陽性的混用現象。

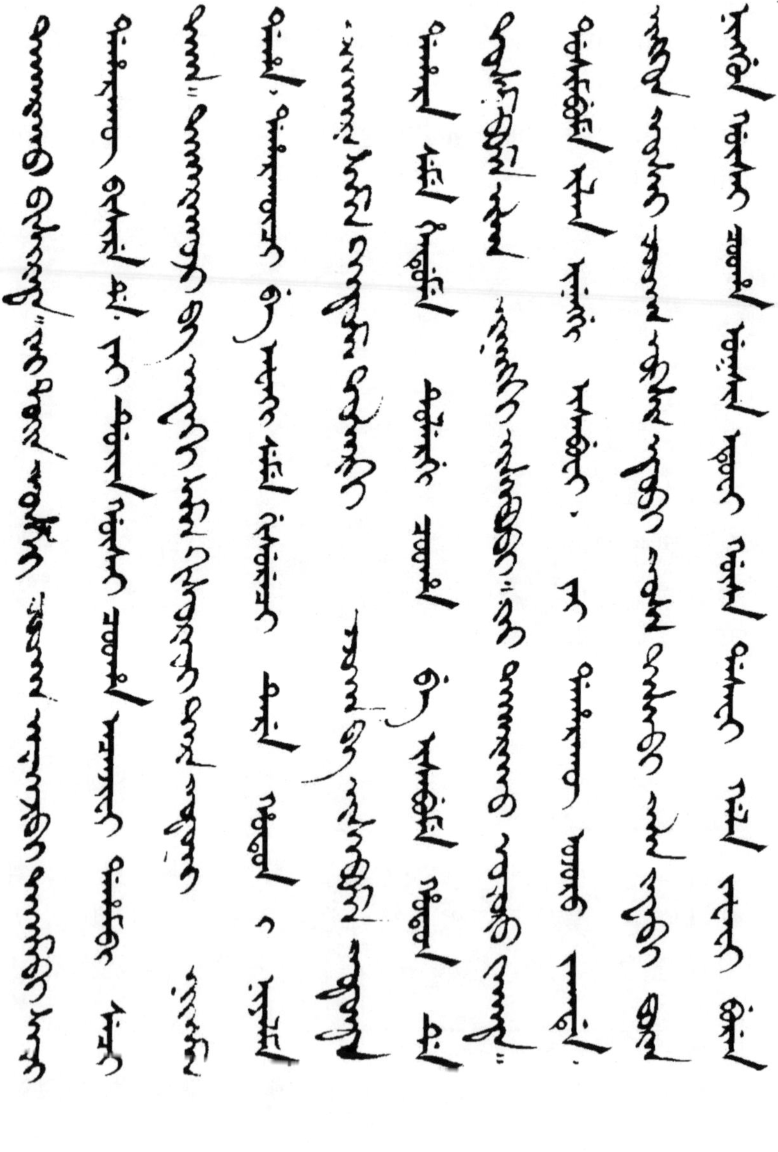

daharakū bisirede, jai duin gūsai cooha acanjifi dahambi seci daha, daharakūci be afaki seme gisureci, tere hotoni niyalma dahara seme hendume, tulergi cooha be isabume hotonde dosimbume ilan inenggi isabufi, jai daharakū ojoro jakade, ninggun gūsai cooha uksin etufi gūsa dasafi gala jafafi buren

---

至次晨仍未降。又有四固山兵來會後，乃復諭之曰：「若降則降，不降，我即欲進攻。」其城人眾雖宣稱投降，卻將其城外之兵聚集入城。因聚兵三日仍不投降，六固山兵遂披甲、擺旗、分翼、吹螺，

至次晨仍未降。又有四固山兵来会后，乃复谕之曰：「若降则降，不降，我即欲进攻。」其城人众虽宣称投降，却将其城外之兵聚集入城。因聚兵三日仍不投降，六固山兵遂披甲、摆旗、分翼、吹螺，

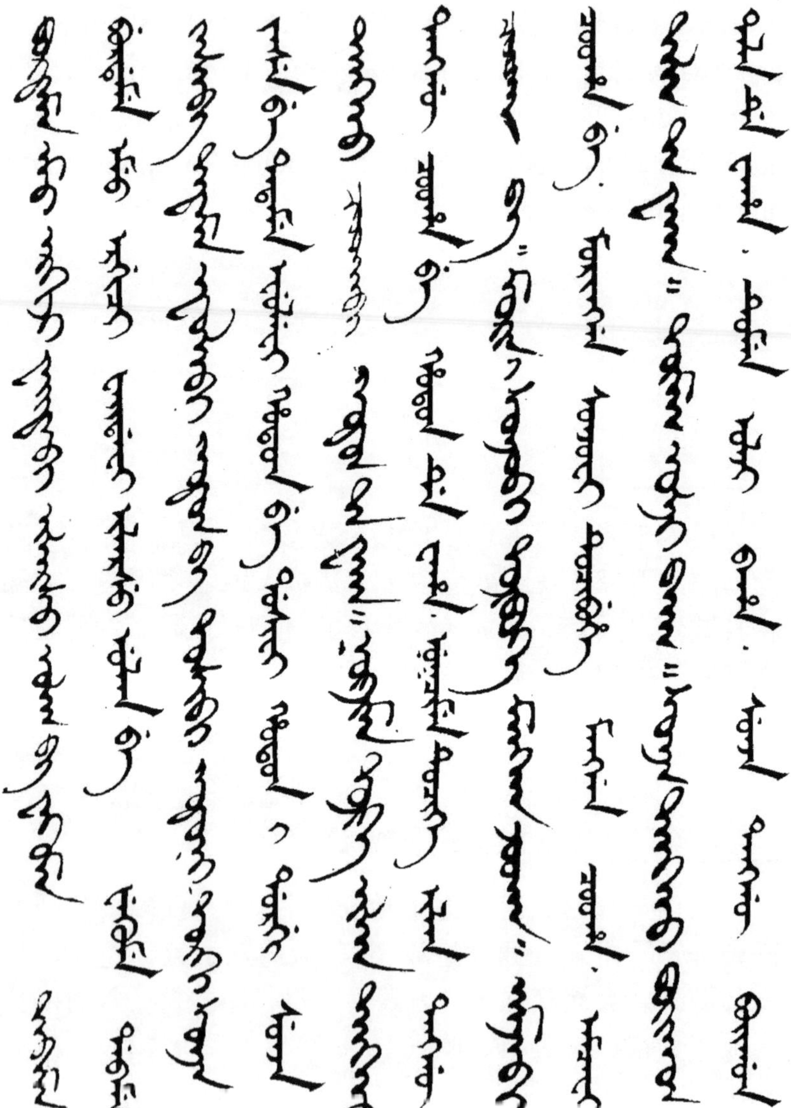

burdeme emu ergici faidafi ilarsu ulan be fekume dabame jasebe tatame efulefi hoton be dosifi hotoni dorgi sunja tanggū coohabe hoton de waha, nukcime tucike ilan tanggū cooha be, morin i sonjofi tucibuhe mangga cooha, amcafi tala de waha, tumen olji baha, sunja tanggū boigon

---

列一方陣，越過三層壕溝，毀其柵欄，攻入城中，城內五百兵，就城中殺之。有三百兵逃出，由所選精騎追殺於郊野。獲俘萬人，編戶口五百。

列一方阵，越过三层壕沟，毁其栅栏，攻入城中，城内五百兵，就城中杀之。有三百兵逃出，由所选精骑追杀于郊野。获俘万人，编户口五百。

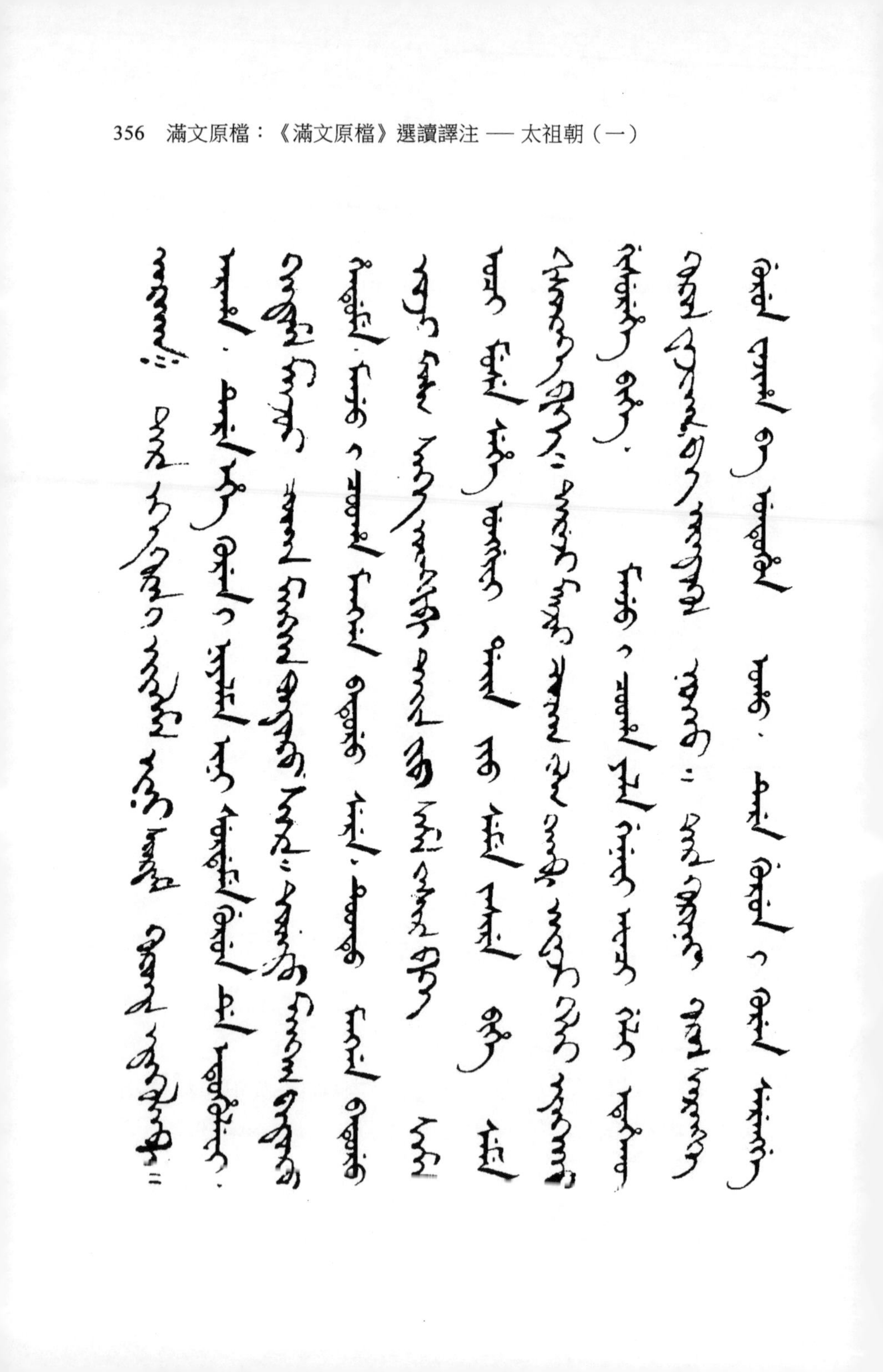

araha. tere ehe kuren i niyalma ini šurdeme gurunde etuhulefi hendume, manjui cooha mangga baturu sere, tuttu mangga baturu oci muse sehe unggifi dain jio seme jasire bihe seme gisurehe bihe. tereci manjui cooha yala genefi afaci geli etehekū gurun wajiha ba untuhun oho, tere guruni kuren serengge,

---

此額赫庫倫人曾對其鄰國逞強道：「據說滿洲兵強勇。若言強勇，乃係我等。可送信告知，遣兵來戰。」今滿洲兵果真前往攻擊，而彼未獲勝，國破地空。該國所謂庫倫者，

此额赫库伦人曾对其邻国逞强道：「据说满洲兵强勇。若言强勇，乃系我等。可送信告知，遣兵来战。」今满洲兵果真前往攻击，而彼未获胜，国破地空。该国所谓库伦者，

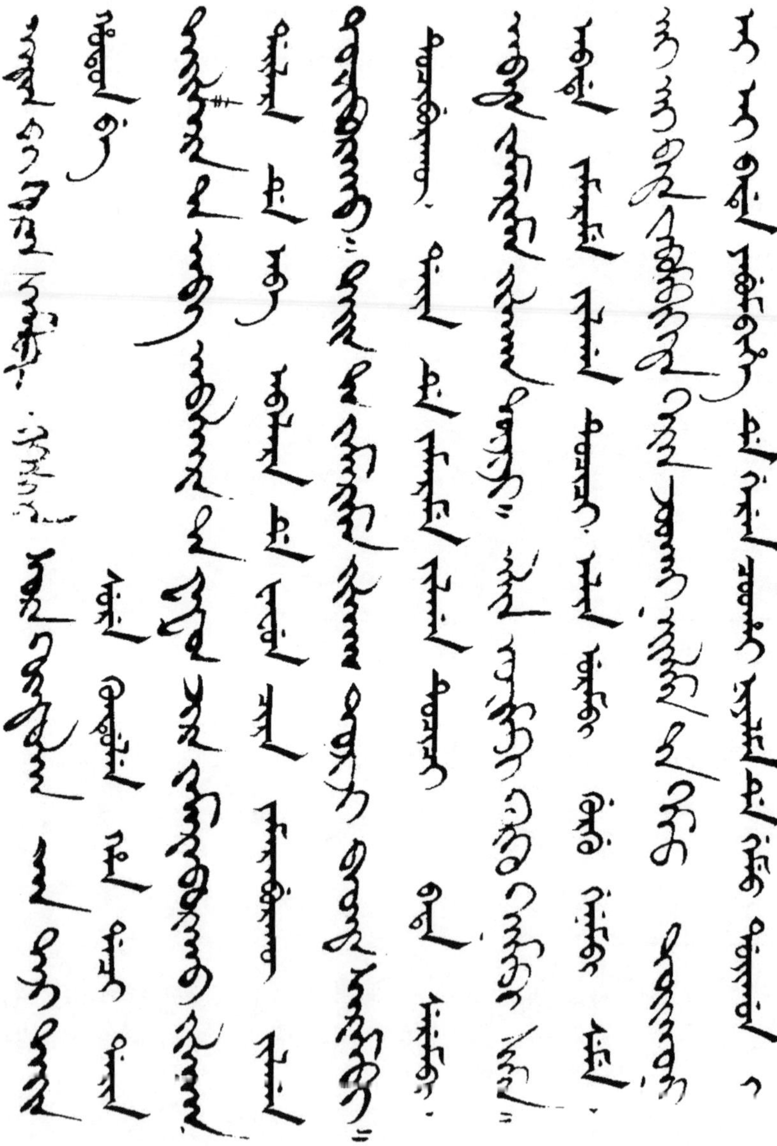

hoton be kuren sembi gisusere. sure kundulen han, daci dain dailara de aba abalara de, fafun cira jamaraburakū jilgan tuciburakū, dain de jamarame jilgan tucici batta serembi, abade jamarame jilgan tucici, alin urambi gurgu genembi seme, ai ai bade yabumbihede geren coohai niyalma de gemu doigoni

---

乃因其城叫做庫倫也。聰睿恭敬汗曰：「原先凡行軍、狩獵時，法令森嚴，禁止喧嘩，不得出聲。軍中喧嘩出聲，敵人即知覺[100]。狩獵喧嘩出聲，山谷響應，獸即逃逸。無論何處行走，皆應預先曉諭兵丁，

乃因其城叫做库伦也。聪睿恭敬汗曰：「原先凡行军、狩猎时，法令森严，禁止喧哗，不得出声。军中喧哗出声，敌人即知觉。狩猎喧哗出声，山谷响应，兽即逃逸。无论何处行走，皆应预先晓谕兵丁，

---

100 敵人，《滿文原檔》讀作“batta”，《滿文老檔》讀作“bata”。

二十三、牛彔編隊

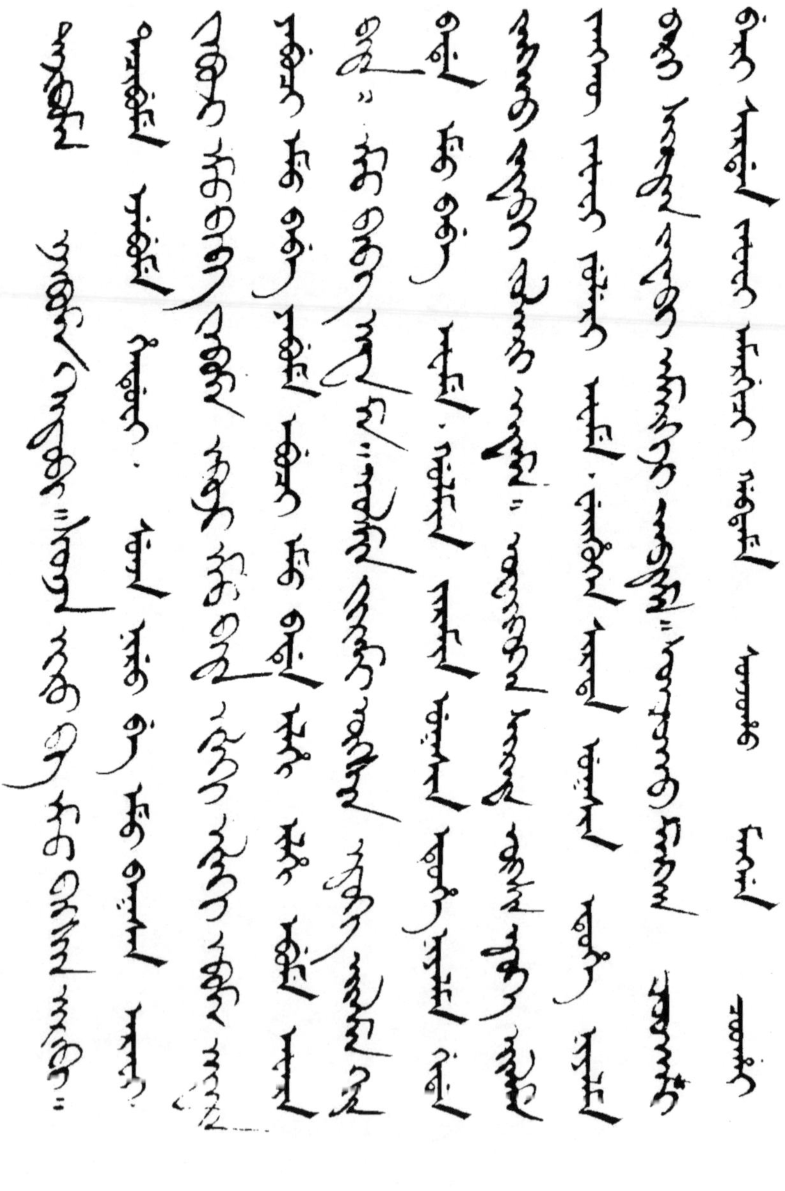

tacibume ejebume hendufi, sunja niru be emu baksan arafi, yabuci emu babe yabume ebuci emu bade ilhi ilhi ebume, afara bade emu babe afa ma, golmin jiramin uksin etuhe niyalma gida jangkū jafafi juleri afame, weihuken sirata uksin etuhe niyalma beri sirdan jafafi amargici gabtame, sonjoho mangga coohai

切記之。」將五牛彔編為一隊，行則一路，止則一處，依次下馬，戰則同攻一處[101]。其披厚甲者，執大刀在前進攻；披輕網甲者，執弓箭從後射擊。另選精兵

切记之。」将五牛彔编为一队，行则一路，止则一处，依次下马，战则同攻一处。其披厚甲者，执大刀在前进攻；披轻网甲者，执弓箭从后射击。另选精兵

101 攻戰，《滿文原檔》讀作“afa ma”，《滿文老檔》讀作“afame”。

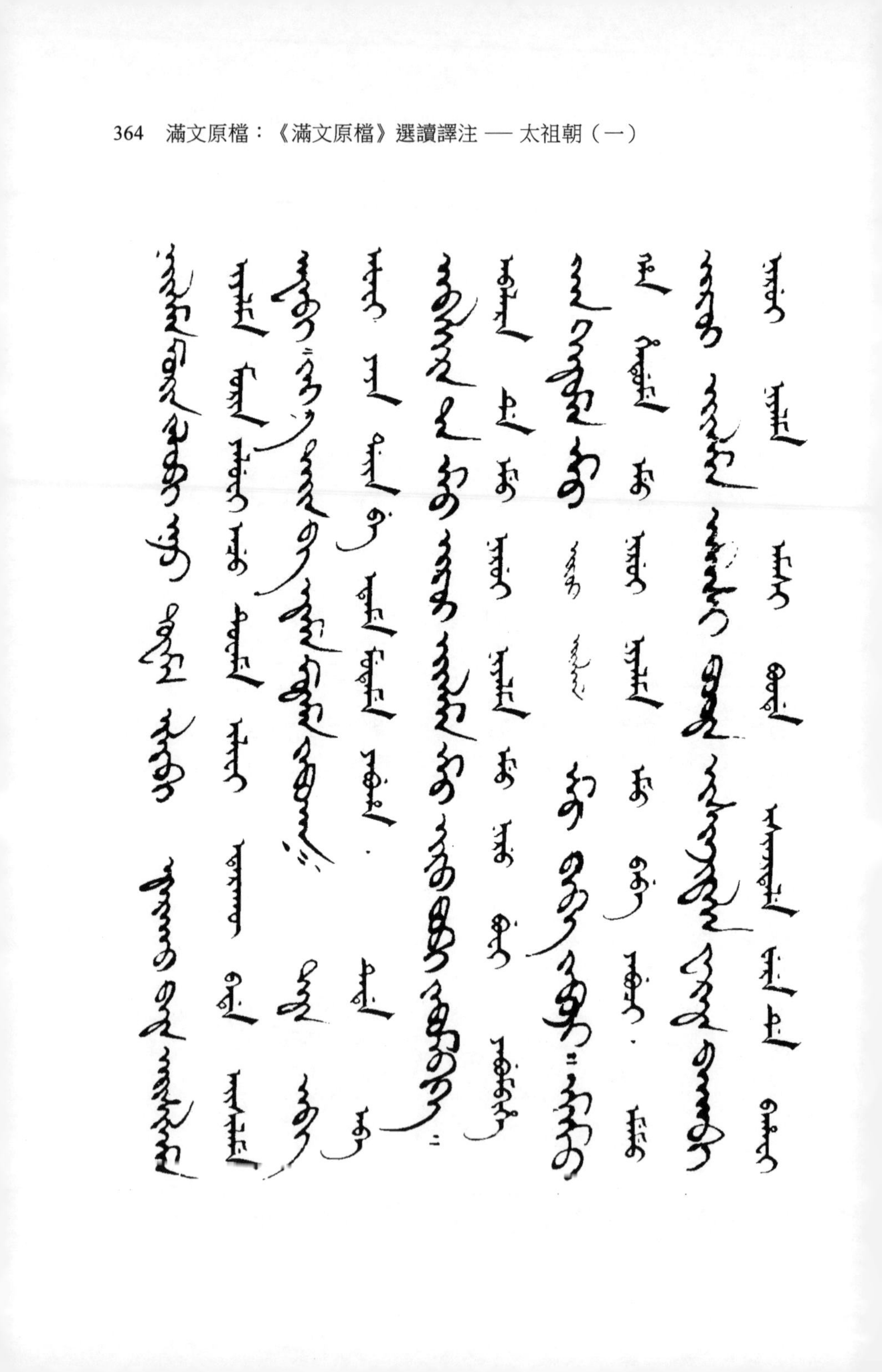

niyalma morin yalufi encu tuwame ilifi eterakū bade aisilame afafi, yaya dain be eteme muteme yabuha. tede aba abalara de, emu nirui niyalma emu niru bufi yabumbihe. han hendume, emu nirui niyalma emu babe yabuci, ememu nirui niyalma amasi boode isinjitele ferede bahafi

---

騎馬立於他處觀看，見其不勝，相機助戰，故每戰必勝。迄今行獵時，每一牛彔之人仍給箭一枝行走。汗曰：「若每一牛彔之人同行一處，則某些牛彔之人直至返家後仍不能行至圍底。

骑马立于他处观看，见其不胜，相机助战，故每战必胜。迄今行猎时，每一牛彔之人仍给箭一枝行走。汗曰：「若每一牛彔之人同行一处，则某些牛彔之人直至返家后仍不能行至围底。

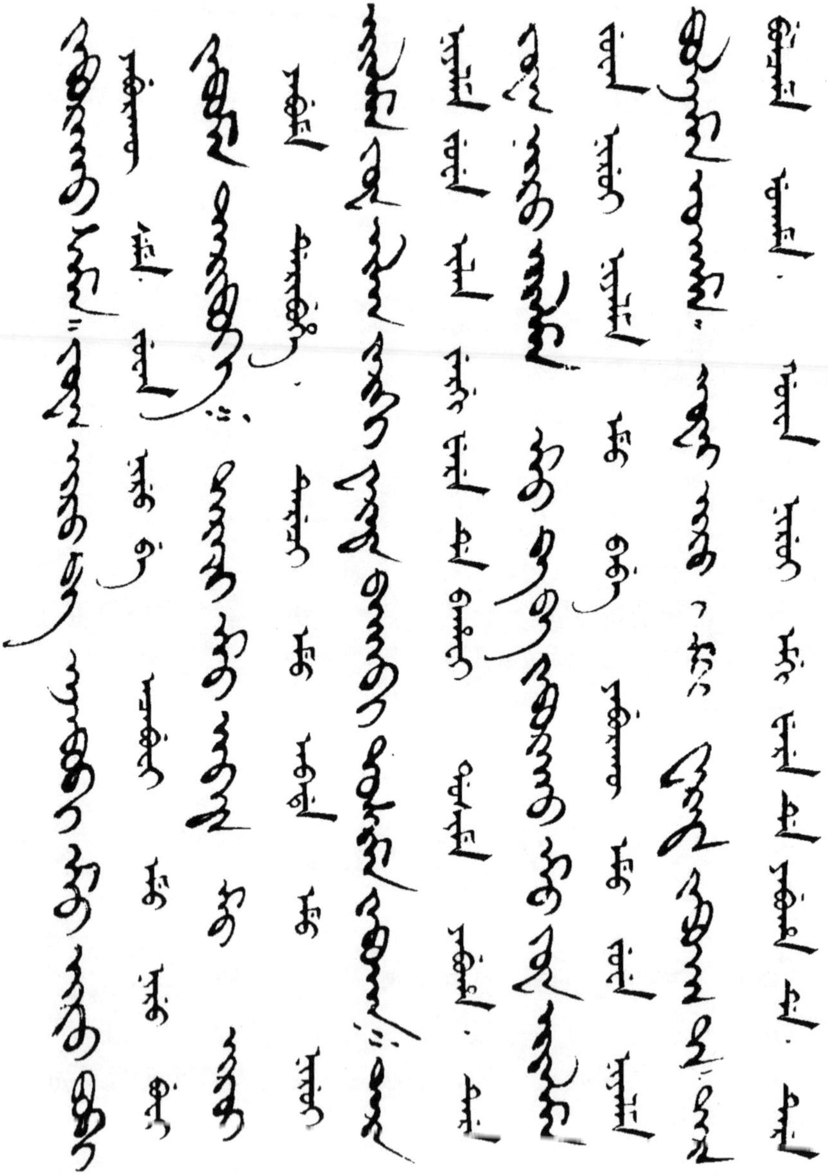

yaburakū seme, juwan niru be acabufi emu niru bufi yabume deribuhe. tereci emu abade emu nirui niyalma juwe ilan jergi ferede bahafi dosime yabuha. tere juwan nirui niyalma emu ba be yaburakū emu juwe niyalma bulcame ukame, gūwai niru i emgi ferede yabuha de, tere

---

著以十牛彔合給箭一枝後開始行走。如此，則每次行圍時，每一牛彔之人得以行進圍底二、三次。該十牛彔之人，若不同行一處，或有一、二人逃離，隨同其他牛彔之人行至圍底時，

着以十牛彔合给箭一枝后开始行走。如此，则每次行围时，每一牛彔之人得以行进围底二、三次。该十牛彔之人，若不同行一处，或有一、二人逃离，随同其他牛彔之人行至围底时，

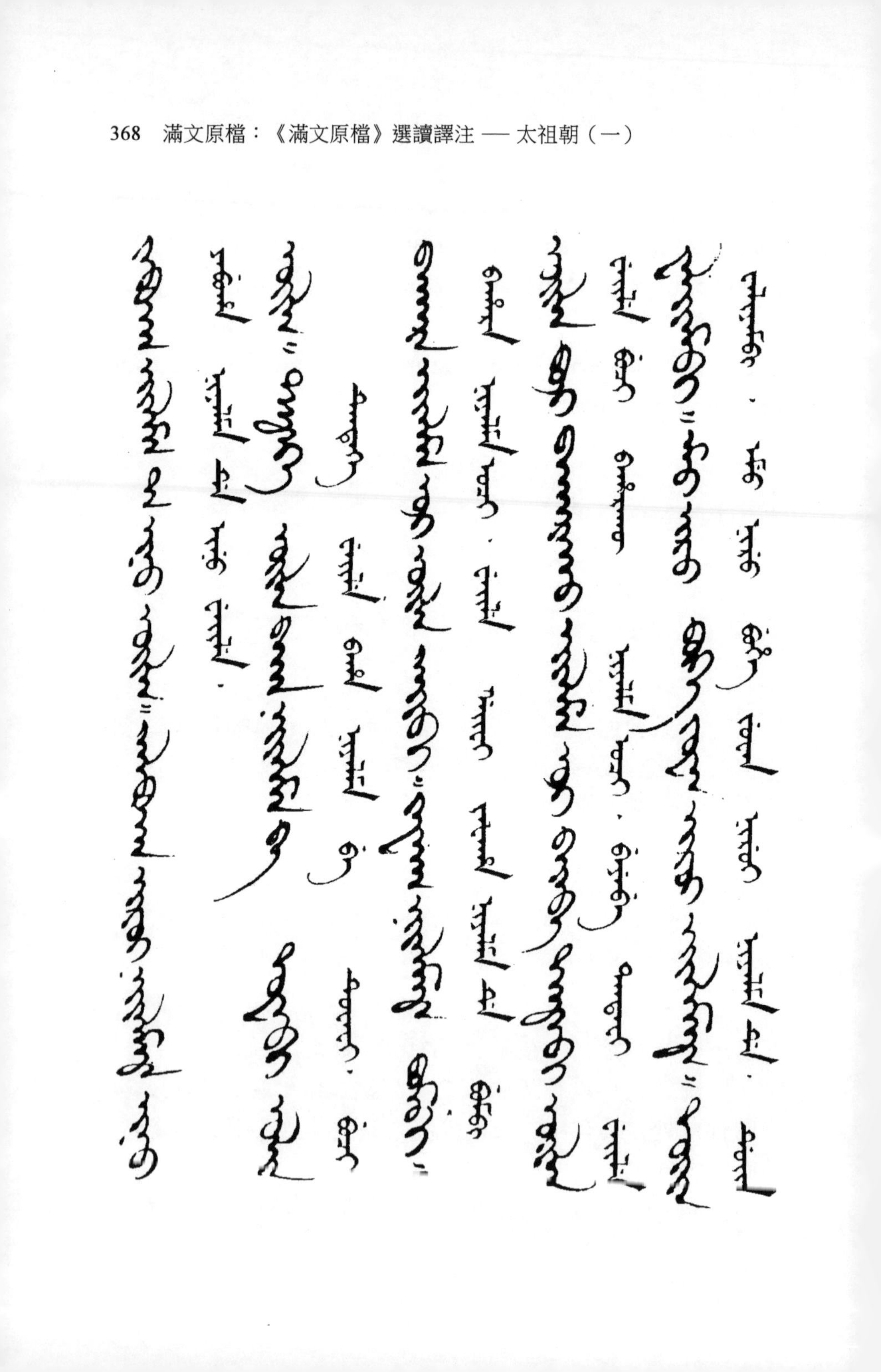

yabuha niyalma de inu weile, halbuha nirui niyalmade inu weile, tenteke weile baha niyalma be tuwafi, ulin bahara niyalma oci weile gaifi, jafaha niyalmade bumbi, weile buci baharakū niyalma oci, beyebe tantafi weile waliyambi. emu niru buhe juwan nirui niyalmade, duin

---

亦罪之也。視其獲罪者，若係有錢財之人，則准其贖罪，即以所罰錢財給與拿獲之人；若係拿不出錢財之人，則杖其身抵罪。十牛彔給與一枝箭，

亦罪之也。视其获罪者，若系有钱财之人，则准其赎罪，即以所罚钱财给与拿获之人；若系拿不出钱财之人，则杖其身抵罪。十牛彔给与一枝箭，

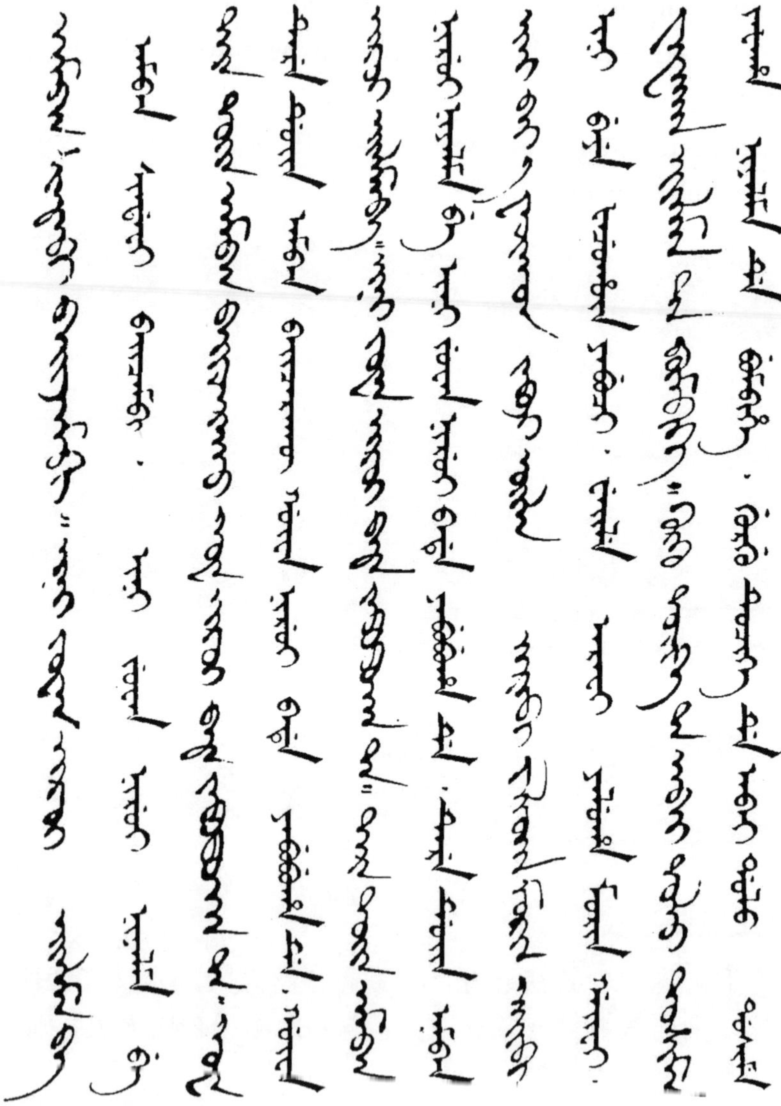

amban sindafi baicambi, ini juwan nirui niyalma be tere duin amban baicarakū gūwa nirui bade yabubuha de, gūwa nirui niyalmabe ini juwan nirui bade yabubuha de, tere duin amban ini beye facuhūn yabuci, weile arafi yaluha morin gaifi jafaha niyalma de bumbihe. gurgu tucike de abai dolo dosime

---

並設四大臣察之。此四大臣若不察其所管十牛彔之人，致使進入他牛彔地方行走，或讓他牛彔之人進入所管十牛彔地方行走時，或此四大臣自身亂行，皆治其罪，奪其所騎馬匹，給與拿獲之人。野獸出來時，勿入圍場內

并设四大臣察之。此四大臣若不察其所管十牛录之人，致使进入他牛录地方行走，或让他牛录之人进入所管十牛录地方行走时，或此四大臣自身乱行，皆治其罪，夺其所骑马匹，给与拿获之人。野兽出来时，勿入围场内

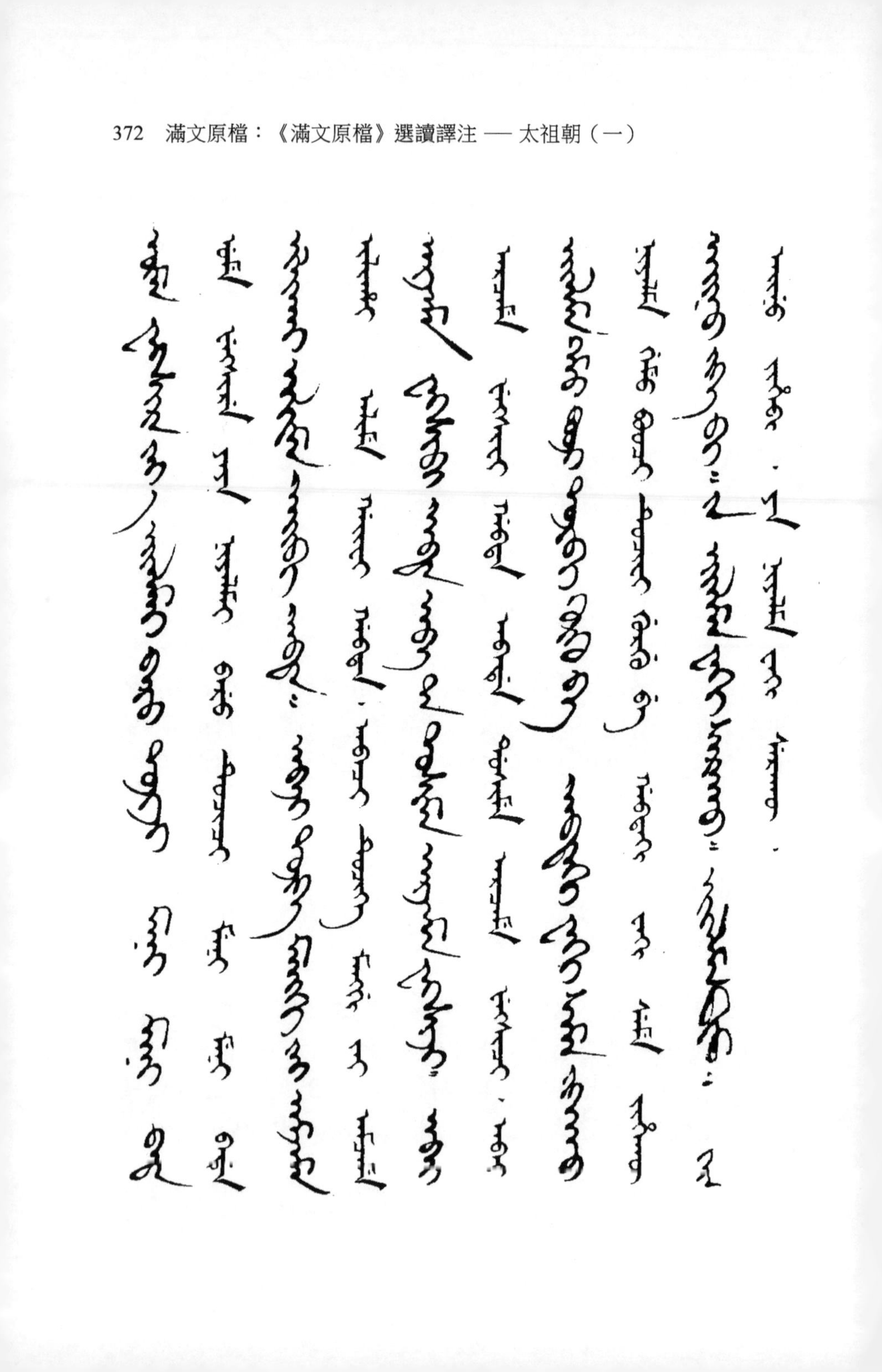

ume feksire, yaya niyalmai baru tucici meni meni bade ilihai alime gaifi gabta, abaci tucike manggi jai amcame arcame feksifi gabta, aba de dosime arcame feksici, abai niyalma gemu booci tucifi gurgu be gabtaki waki seme jihekū ainu jihe bi. ya niyalma waki serakū, niyalma bio. yaya

---

追趕，無論奔向何人，務各自就地射取之。獸出圍場後，方可追趕截射之。若入圍場攔截，則圍獵之人自家中來，非為射殺野獸而來，則又為何而來？何人不想射殺，有此種人耶？

追赶，无论奔向何人，务各自就地射取之。兽出围场后，方可追赶截射之。若入围场拦截，则围猎之人自家中来，非为射杀野兽而来，则又为何而来？何人不想射杀，有此种人耶？

二十四、行圍禁約

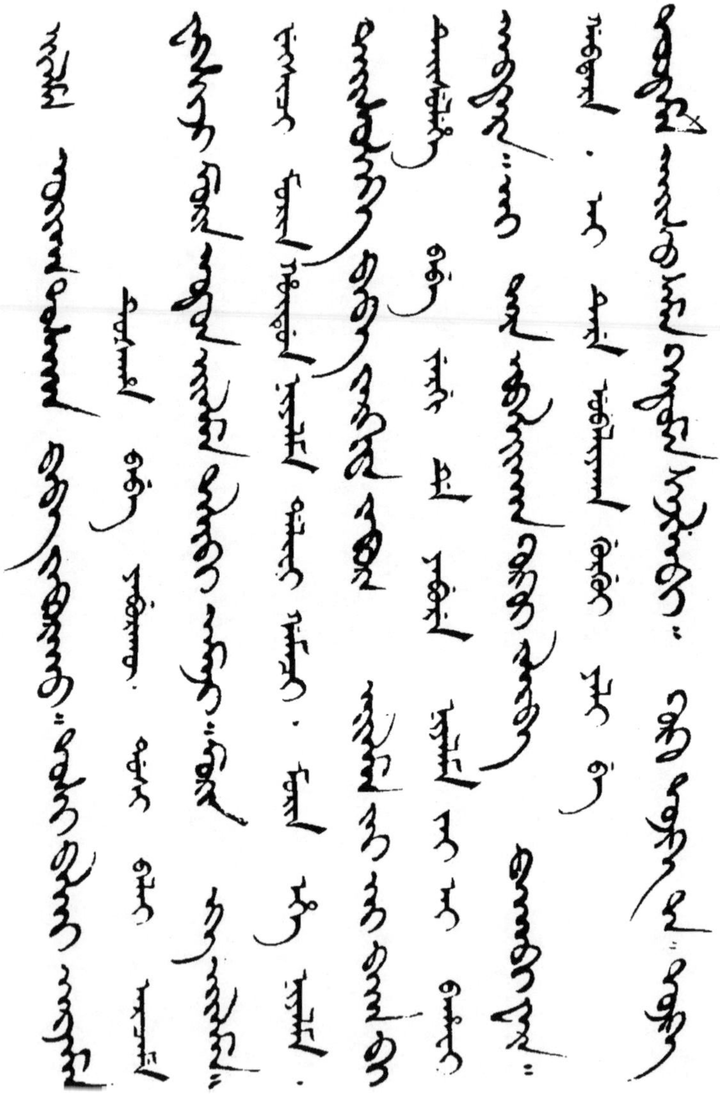

niyalma goiha tušaha babe yaburakū, dosi balai arcame feksici morin hūdun niyalma dalifi gamaci, morin ehe niyalma, teisulehe babe jergide yabure niyalma, jai ai baha bi gabtara, ai tere ubaliyaka gurgui yalibe bahafi wara, toodame gaisu seme hendume sajilafi, gurgu tucike de, tuicike

---

若每人不各自在其應處之地行走，而肆意入圍截殺，則馬快之人將野獸截獲，而馬劣之人及安分守己之人，尚有何可獵取[102]？遂令以其所射殺之獸肉補償應得之人。野獸出來時，

若每人不各自在其应处之地行走，而肆意入围截杀，则马快之人将野兽截获，而马劣之人及安分守己之人，尚有何可猎取？遂令以其所射杀之兽肉补偿应得之人。野兽出来时，

---

102 尚有何可獵取，《滿文原檔》讀作“jai ai baha bi gabtara”，《滿文老檔》讀作“jai ai bahafi gabtara”。

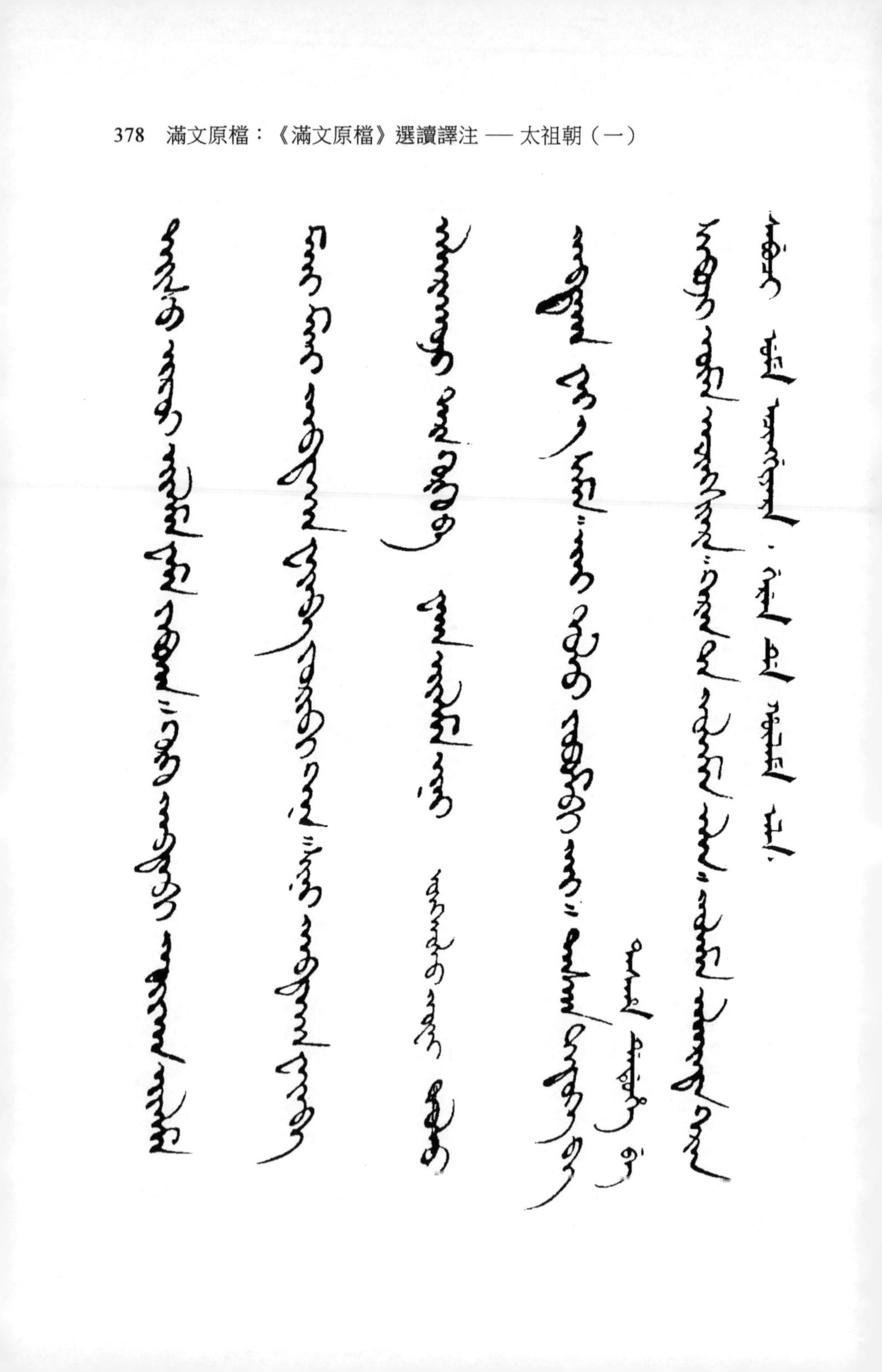

teisu nirui niyalma wame yabuha, gurgu gabtafi goiha niyalma meni meni gabtaha feyebe jorifi gene, sini gabtaha feyebe alarakūci tere gurgu be waha niyalma ini onggolo gūwai dolo gabtaha feye seme, ini dolo jobombi kai. tasha deduhe be sabuci ume acinggiyara, geren de hūlame ala, hūlame alarade geren

---

出現本牛彔之人捕殺，射中野獸之人各自去指認射傷之處。若不告知爾射殺，或謂於射殺其獸之人以前已有他人射傷，則其內心愁悶矣。若見老虎睡臥，不可驚動，應呼告眾人，呼告時，眾人

出现本牛彔之人捕杀，射中野兽之人各自去指认射伤之处。若不告知尔射杀，或谓于射杀其兽之人以前已有他人射伤，则其内心愁闷矣。若见老虎睡卧，不可惊动，应呼告众人，呼告时，众人

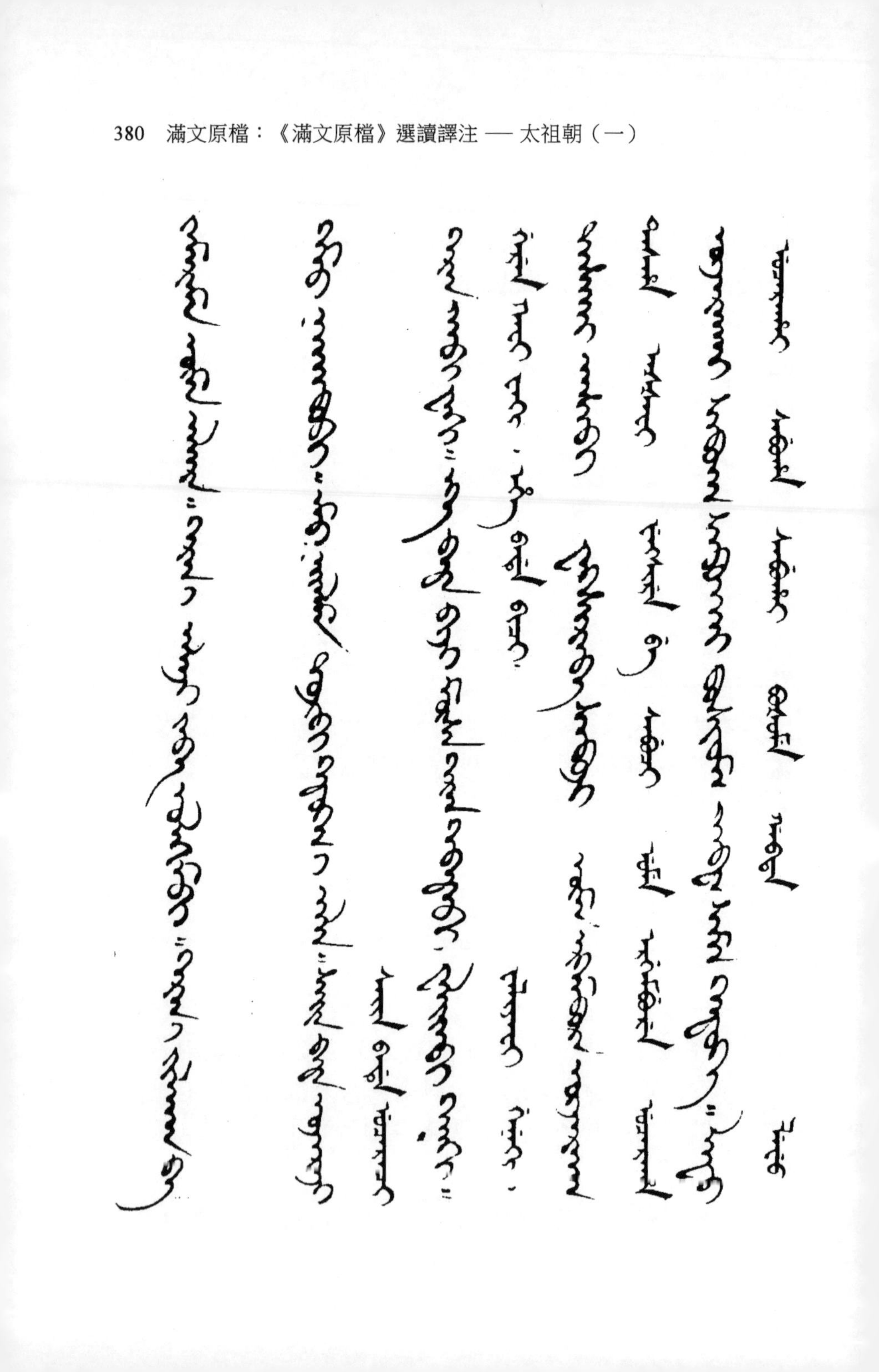

jamarame ume alara. geren i alaci yabe ulhimbi, geren i jilgan be gemu nakabufi, emu niyalma tucifi getuken i ala. sain bade ucaraci geren kafi waki, ehe bade bici muse geren hebedefi waliyafi geneki. tashai asafi feksirebe sabuci ume ergembure, ucaraha ucarahai sabuha sabuhai bošome gabta seme henduhe, lefu

---

喧鬧，則勿告知。若告知眾人，則有何人知曉？眾人之聲皆令其停止，由一人出去明白告知。若遇良好地方，眾人圍殺；若係不好地方，我等眾人商議而離去。若見老虎移動奔跑時[103]，則不令歇息，凡是遇到、望見者，即追趕射殺。

喧闹，则勿告知。若告知众人，则有何人知晓？众人之声皆令其停止，由一人出去明白告知。若遇良好地方，众人围杀；若系不好地方，我等众人商议而离去。若见老虎移动奔跑时，则不令歇息，凡是遇到、望见者，即追赶射杀。

[103] 移動，《滿文原檔》讀作“asafi”，《滿文老檔》讀作“aššafi”。

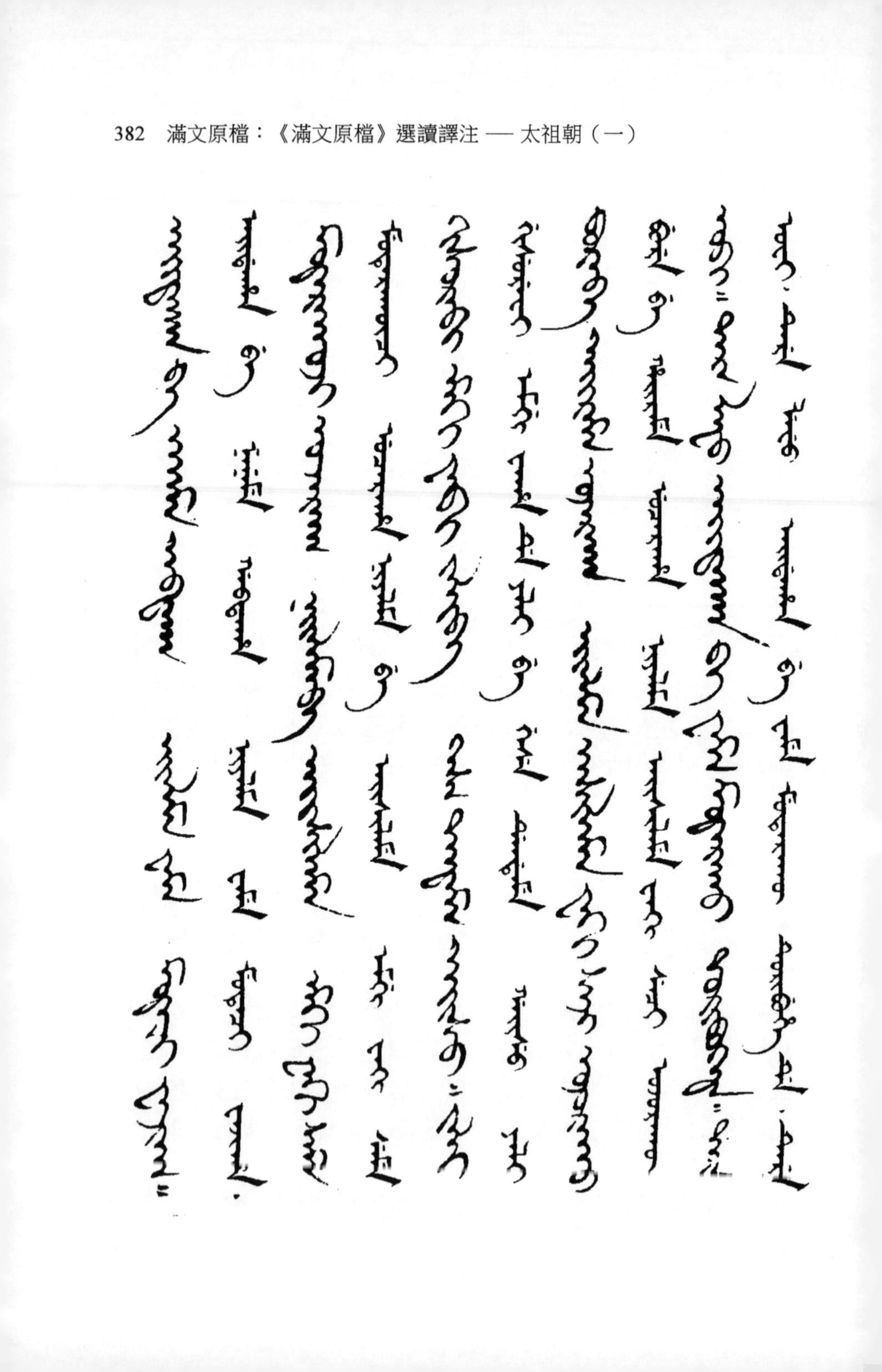

aidahan be neneme gabtaha niyalma wame muteci wajiha, muterakūci, ucaraha niyalmabe aisilame emgi waki seme gisurefi emgi wafi yalibe gese dendeme gaisu. yali burebe hairame ucaraha niyalma aisilame waki seci ojorakū ofi, tere lefu aidahan be wame muterakū turibuhede, tere

---

熊及野猪之人若能射死則已，倘若不能，則請求所遇之人相助共同射殺[104]，平分其肉。若因不捨其獸，而不使所遇之人相助射殺，而不能射殺其熊及野猪，致使脫逃時，

熊及野猪之人若能射死则已，倘若不能，则请求所遇之人相助共同射杀，平分其肉。若因不舍其兽，而不使所遇之人相助射杀，而不能射杀其熊及野猪，致使脱逃时，

---

[104] 共同射殺，《滿文原檔》讀作“emgi wafi”，《滿文老檔》讀作“emgi waha de”。

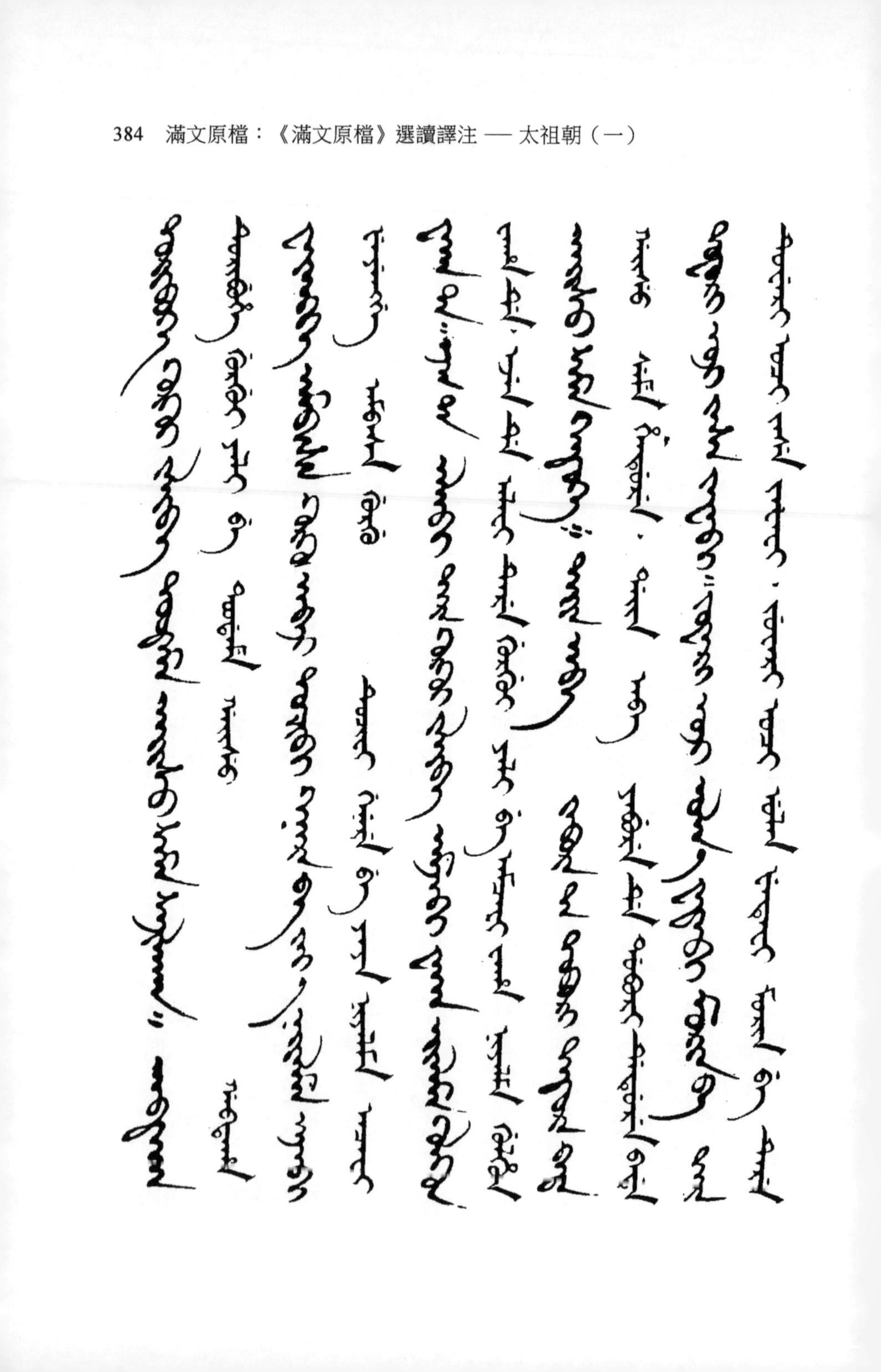

turibuhe gurgui yalibe toodame gaisu seme sajilaha. gabtaha feyengge ambasa gurgu abaci tucifi genere be yaya niyalma acafi waha de, ejen de alafi tere gurgui yalibe amcafi waha niyalma gulhun gaisu seme henduhe, dain aba yabure de dobori dedure bade tuweri oci jase jafafi, juwari oci ulan fetefi, morin be tere

---

則令賠償其脫逃之獸肉，如此禁約。凡有被射傷之大獸，若自圍中出去，無論何人遇之射殺時，應告知先前射傷之主，由追殺之人盡取其獸。凡行軍行圍，夜宿之處，冬則結柵[105]，夏則掘壕。

则令赔偿其脱逃之兽肉，如此禁约。凡有被射伤之大兽，若自围中出去，无论何人遇之射杀时，应告知先前射伤之主，由追杀之人尽取其兽。凡行军行围，夜宿之处，冬则结栅，夏则掘壕。

---

105 結柵，句中「結」，《滿文原檔》寫作 “jawafi” ，《滿文老檔》讀作 “jafafi” ， 按此為無圈點滿文 f 字形（越中軸與否）的不規範寫法。

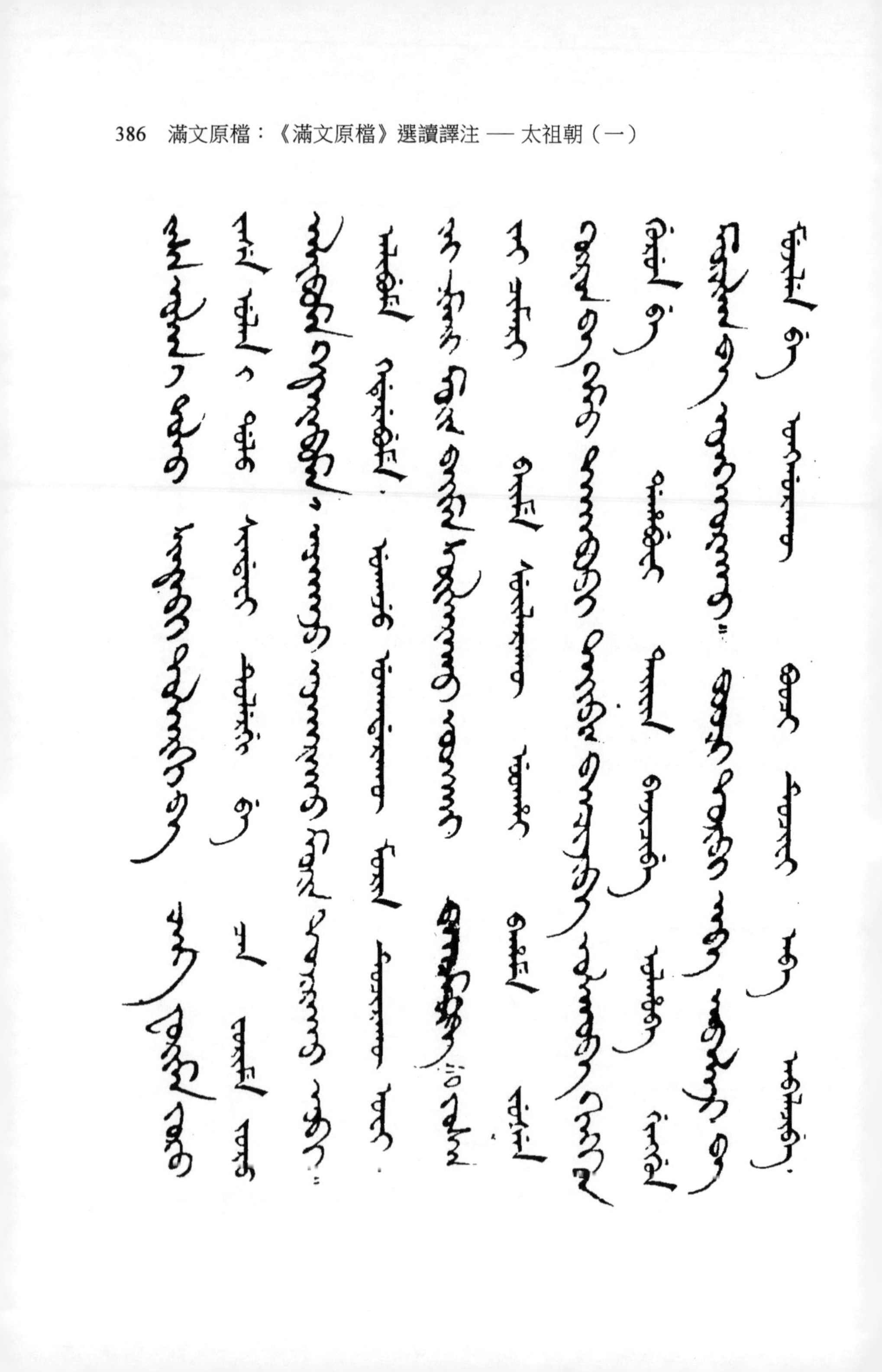

jase ulan i dolo sindafi, tulergi be cang forime joro alibume kederebume, ukanju ukandarakū morin tucirakū ofi, jai cimari morin baime suilarakū uthai bahambihe. jušen gurun be gemu dahabufi taifin banjicibe olhoba ginggun mujilen be onggorakū. booci tucifi aba abalaci be

---

把馬匹牧放於柵壕之內，擊鼓傳箭於外以巡更[106]，使人不逃亡，馬匹不逃出，次晨無需勞累即可啟行。雖降服諸申國得以過著太平生活[107]，仍舊不忘謹慎之心。雖從家中出去行圍，

把马匹牧放于栅壕之内，击鼓传箭于外以巡更，使人不逃亡，马匹不逃出，次晨无需劳累即可启行。虽降服诸申国得以过着太平生活，仍旧不忘谨慎之心。虽从家中出去行围，

---

106 擊鼓，《滿文原檔》讀作 “cang forime” ，意即「擊銅鼓」，《滿文老檔》讀作 “can forime” ，意即「鳴金敲鑼」。

107 太平，《滿文原檔》寫作“taibin” ，《滿文老檔》讀作“taifin” 。按此為無圈點滿文“bi”與“fi”的混用現象。

二十五、善言訓諭

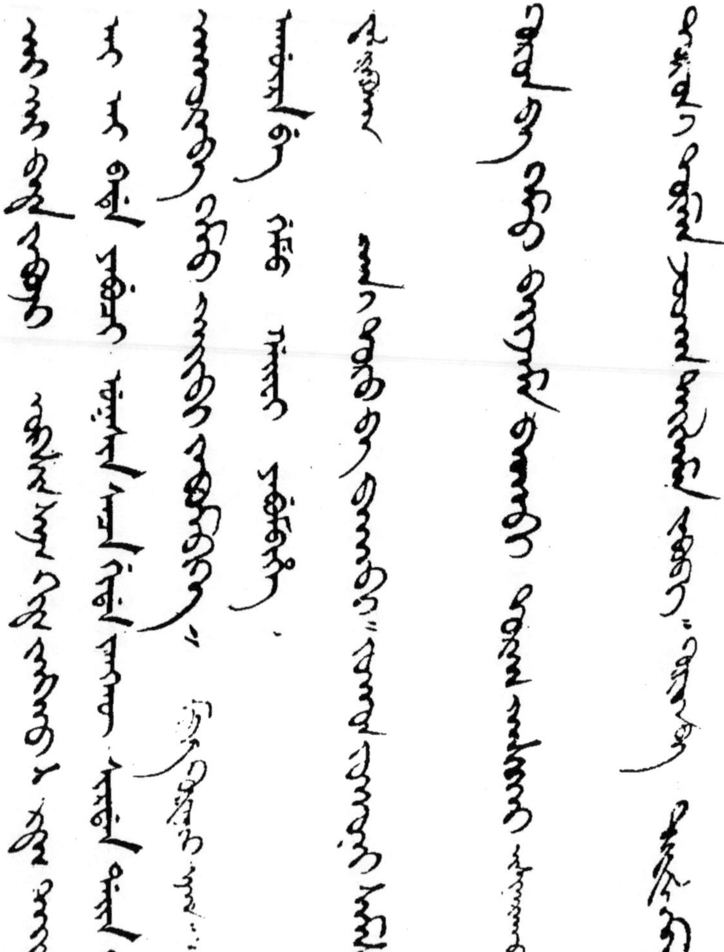

ai ai bade yabuci uksin saca gida jangkū sirdan dain i coohai agūrabe gemu gaifi yabumbihe. amba guruni ejen aisin han i waliyabuha han i doro be bahafi, jugūn jugūni samsiha amba gurun be gemu baicame bahafi turga gashai isinarakū bade toron toron i tumen cooha dailame yabufi, gurun be dailame dasame

---

無論往何處行走，皆携甲冑、槍、大刀、箭等征戰兵械而行。將大國君主金國汗失去之政權失而復得，各路失散之大國國人皆查得，瘦鳥不到之處[108]，如飛塵成萬軍士征討行軍，治理征服之國人，

无论往何处行走，皆携甲冑、枪、大刀、箭等征战兵械而行。将大国君主金国汗失去之政权失而复得，各路失散之大国国人皆查得，瘦鸟不到之处，如飞尘成万军士征讨行军，治理征服之国人，

---

108 瘦鳥，《滿文原檔》讀作“turga gashai”，意即「清瘦的鳥」。

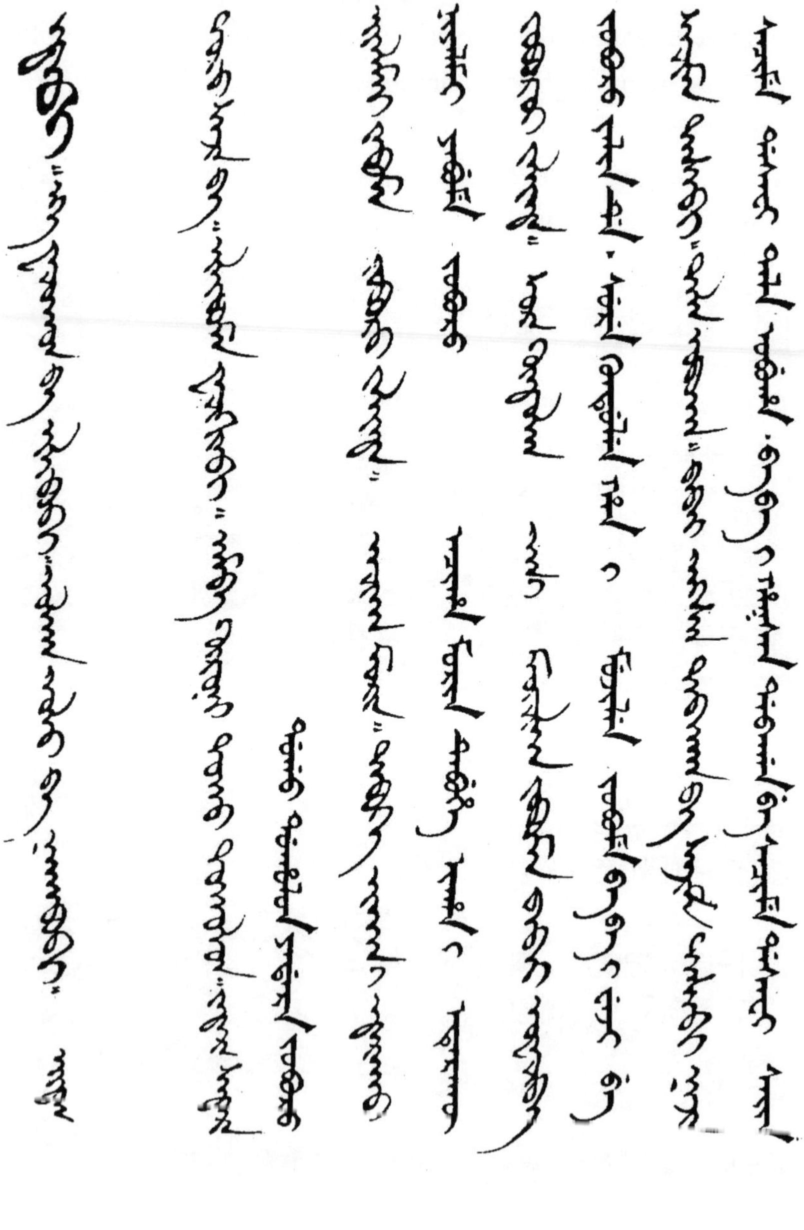

etefi, ehe facuhūn be ilibufi, hūlha holo be nakabufi, eiten doro šajin be, ilibume wacihiyafi. amba guruni dogo doholon, yadara šadara niyalmai yabume joboro jalinde, aciha morin, tebuhe ihan i eterakū joboroi jalinde, sure kundulen han i mujilen jobome, babai wejibe sacime dasafi tala obuha, babai haksan dabagan be sacime dasafi necin

---

阻止暴亂，禁止盜賊，立定各種禮法。聰睿恭敬汗為盲跛貧苦人等行走艱難[109]，及馱載之馬牛不堪其苦而憂慮，遂於各處窩集伐木修道成為平原，修平各處險峻山嶺。

阻止暴乱，禁止盗贼，立定各种礼法。聪睿恭敬汗为盲跛贫苦人等行走艰难，及驮载之马牛不堪其苦而忧虑，遂于各处窝集伐木修道成为平原，修平各处险峻山岭。

---

109 貧苦人，《滿文原檔》讀作“yadara šadara niyalma”，《滿文老檔》讀作“yadara joboro niyalma”。

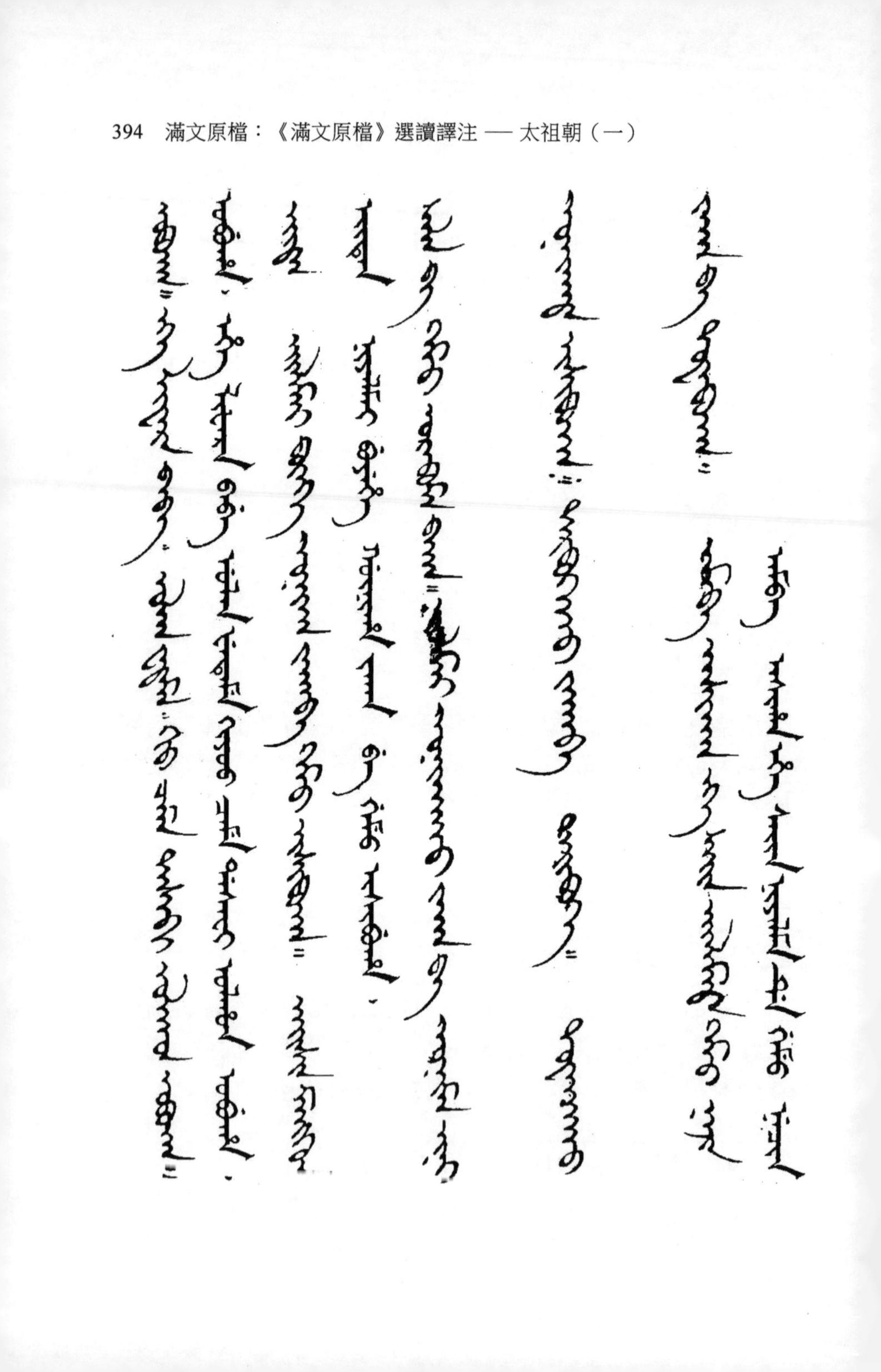

obuha. ehe lifara babe ulan feteme kio came dasafi olhon obuha. eiten niyalmai buyehe gūniha jakabe gemu isibuha. aisin menggun sele be gemu urebume baha. niyalmai gūnihakū jaka be gūnime ini gūnihade isibuha. deribuhekū jakabe deribuhe. tuwahakū jaka be tuwabuha. amba asihan ehe sain niyalmade gemu necin

---

泥濘之地，掘壕架橋，修成陸地。凡人所欲得之物，皆可獲得。所需金、銀、鐵，皆已鍊得。即使人們未曾想到之物，只要想起，即可如願獲致。尚未開始之事物，亦已開始。未曾見過之物，亦令見到。凡人不分長幼善惡，

泥泞之地，掘壕架桥，修成陆地。凡人所欲得之物，皆可获得。所需金、银、铁，皆已炼得。即使人们未曾想到之物，只要想起，即可如愿获致。尚未开始之事物，亦已开始。未曾见过之物，亦令见到。凡人不分长幼善恶，

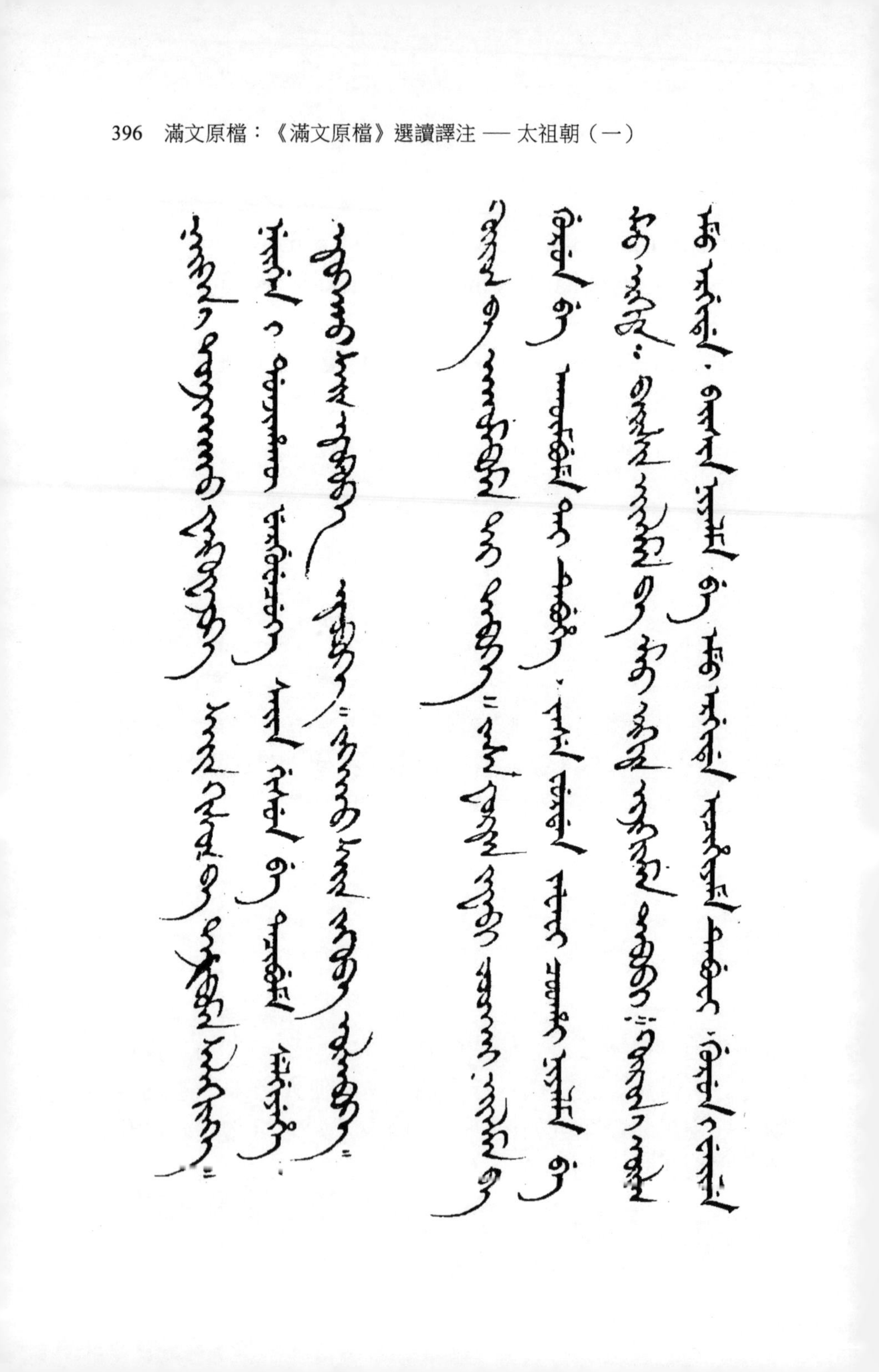

neigen i donjihakū ferguwecuke sain gisun be tacibume selgiyehe. etuhekū sain etukube etubuhe. jehekū sain jekube ulebuhe. gurun be akūmbume tai tebuhe, jase furdan jafafi, coohai niyalma be emu erigide, baisin niyalma be emu ergide icihiyame tebufi. gurun i weile

---

均以未聞極善之言訓諭之。未曾穿過之好衣服，令其穿著。未曾吃過之好糧食，使之食用。國中盡設烽臺，邊境修築關隘。兵丁居於一邊，白丁居於一邊。

均以未闻极善之言训谕之。未曾穿过之好衣服，令其穿着。未曾吃过之好粮食，使之食用。国中尽设烽台，边境修筑关隘。兵丁居于一边，白丁居于一边。

二十六、編設塔坦

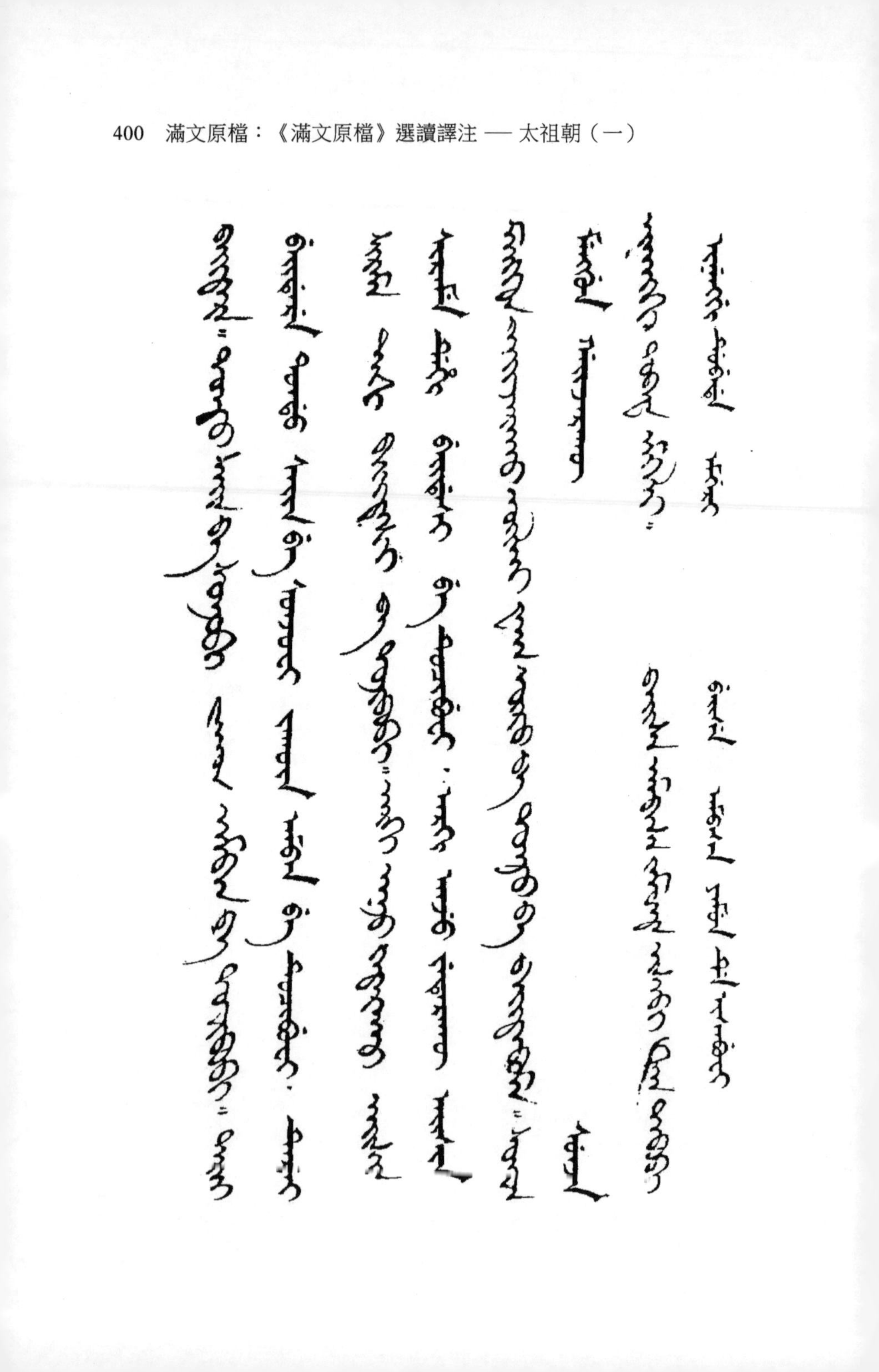

beidere, tondo sain be sonjofi, jakūn amban be tucibufi, terei sirame dehi beidesi be tucibufi, arki anju jeterakū, aisin menggun gaijarakū, weilei waka uru be tondo be beidebume. sunja inenggi dubede emgeli beise ambasa yamunde isafi, hiyan dabufi

---

為審理國事，選出公正賢能之人，派出八大臣，繼派出審事官四十人，不食酒餚，不貪金銀，以事情之是非公正審理。五日一次，集合諸貝勒大臣於衙門，點香

为审理国事，选出公正贤能之人，派出八大臣，继派出审事官四十人，不食酒肴，不贪金银，以事情之是非公正审理。五日一次，集合诸贝勒大臣于衙门，点香

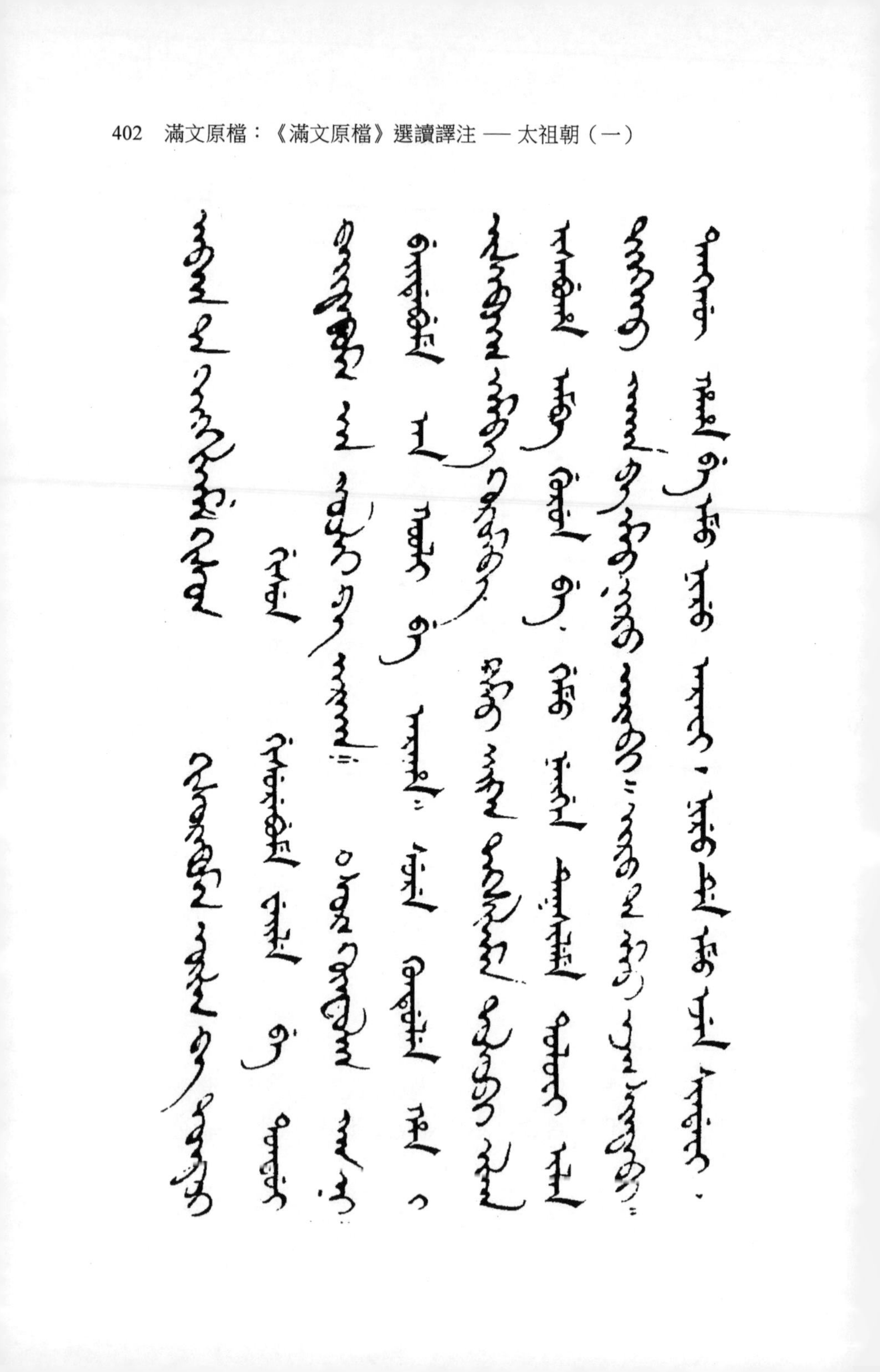

abka de hengkileme gisun gisurebume, weile be tondoi beidebume an kooli be araha. sure kundulen han ni isabuha amba gurumbe gemu neigen teksileme tolofi, ilan tanggū haha be emu niru arafi, niru de emu ejen sindafi,

---

拜天會議，公正審斷事情，定為常例。聰睿恭敬汗將聚集之眾多國人皆清點均齊，每三百丁編為一牛彔，每一牛彔設一額真，

拜天会议，公正审断事情，定为常例。聪睿恭敬汗将聚集之众多国人皆清点均齐，每三百丁编为一牛彔，每一牛彔设一额真，

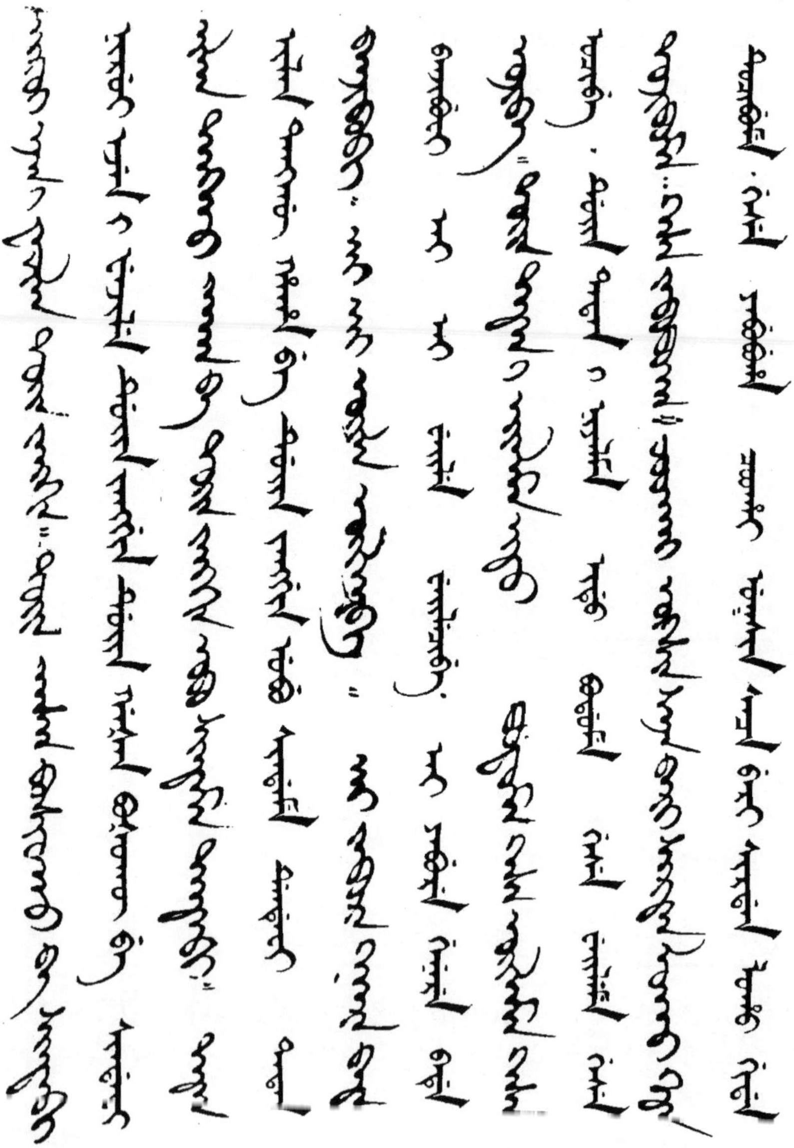

nirui ejen i fejile duin janggin, duin gašan bošokū be sindafi. ilan tanggū haha be duin janggin ubu sindame dendefi, tatan banjibufi, ai ai weile weilecibe, ai yabure genere bade ocibe, duin tatan i niyalma idu bodome, gese weileme, gese tucibume, gese yabubuha. coohai uksin saca beri sirdan loho gida

---

牛彔額真下設章京四人、村撥什庫四人。將三百男丁分給四章京，編為塔坦，無論做何事，去何地，四塔坦之人按班輪值，共同去做[110]，共同行走。軍士之甲胄、弓箭、刀槍、

牛彔额真下设章京四人、村拨什库四人。将三百男丁分给四章京，编为塔坦，无论做何事，去何地，四塔坦之人按班轮值，共同去做，共同行走。军士之甲胄、弓箭、刀枪、

---

110 共同，滿文讀作“gese”，副詞，與“sasa”同。規範滿文“gese”用法，後置詞，意即「好像」；形容詞，意即「相同的」。

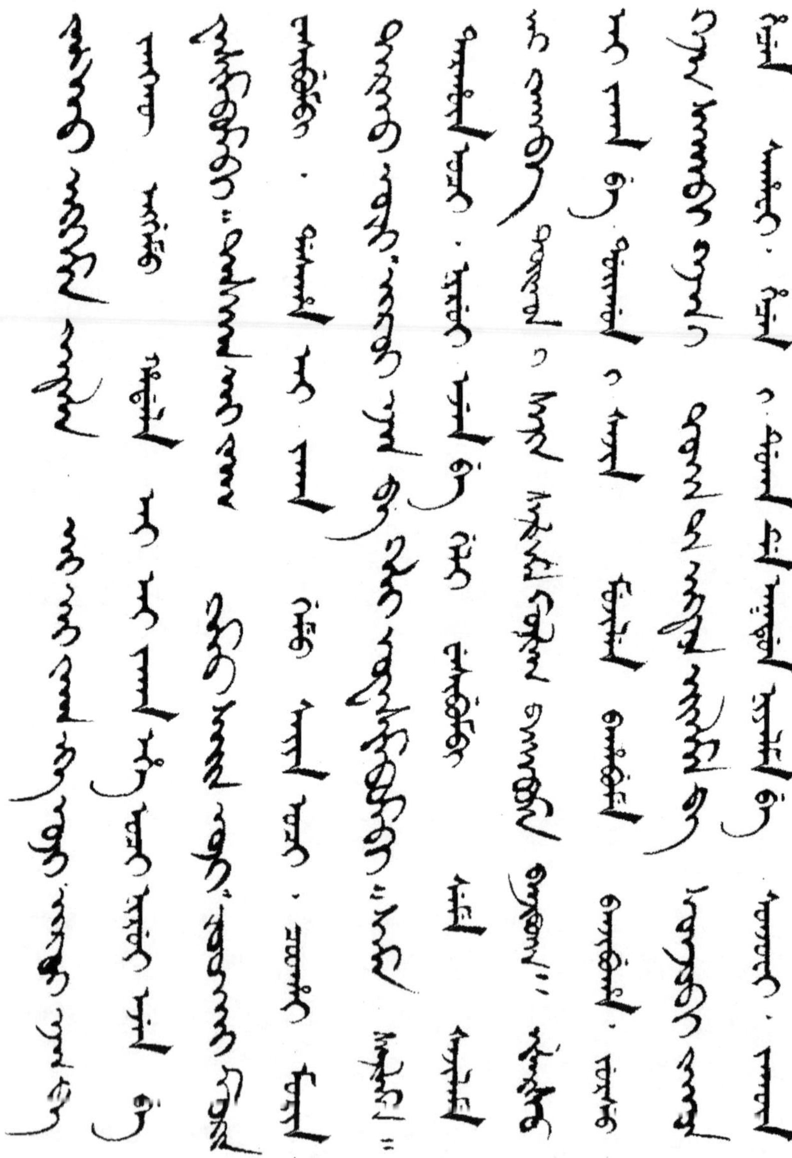

jangkū enggemu hadala ai ai jaka ehe oci nirui ejen be wasibumbi, dasaha ai jaka gemu sain oci, coohai morin tarhūn oci, nirui ejen be geli wesibumbi seme šajilame. ai jakabe doigon i šajin šajilame mujilen bahabume banjibuha, ilarsu hecen sahafi hecen i duka de akdun niyalma be sonjofi, jakūn

---

大刀、鞍、轡等物[111]，若有損壞，則將牛彔額真降級。倘一應物品皆整修完好，軍馬肥腴，則將牛彔額真再次晉陞。為此，凡事預先立法，使人心中有所遵循。築城三層[112]，挑選可信之人守門，

大刀、鞍、辔等物，若有损坏，则将牛彔额真降级。倘一应物品皆整修完好，军马肥腴，则将牛彔额真再次晋升。为此，凡事预先立法，使人心中有所遵循。筑城三层，挑选可信之人守门，

---

111 鞍，《滿文原檔》讀作“enggeme”，《滿文老檔》讀作“enggemu”，意即「馬鞍」。

112 三層，《滿文原檔》讀作“ilarsu”，《滿文老檔》讀作“jursu”，意即「二層」。

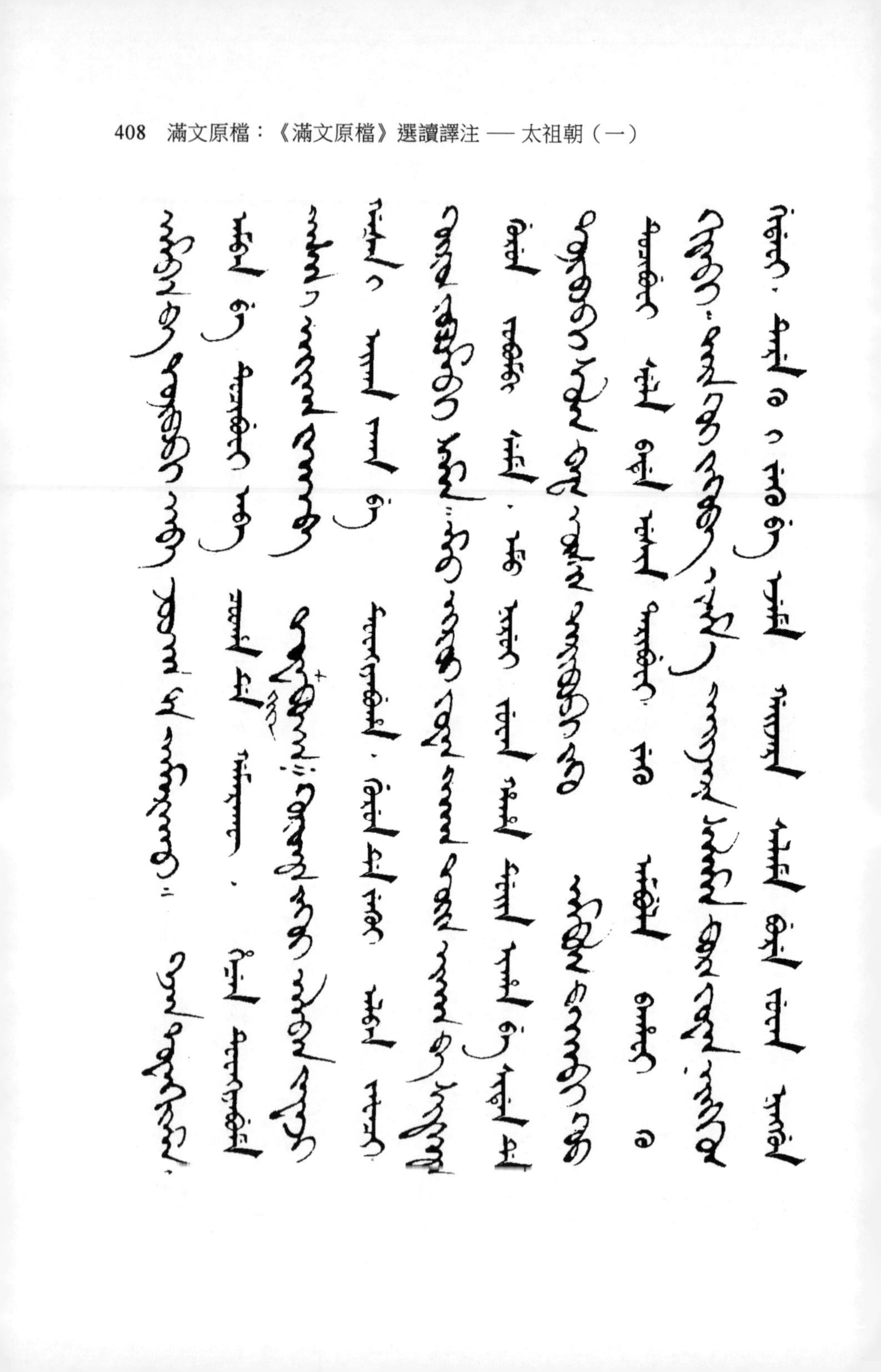

amban be tucibufi aba cooha de gamarakū, hecen tuwakiyabume gašan i aika jaka be tuwakiyabuha. gurunde jekui alban jafaci gurun jobombi seme, emu nirui juwan haha duin ihan be sidende tucibufi, sula bade usin taribufi, jeku ambula bahafi kuu gidafi. tere kui jekube ejeme gaijara salame bure juwan ninggun

---

派出八大臣不打圍行軍，以守護城池，並看守村中一應物件。恐國人苦於繳納糧賦，遂命每一牛彔出男丁十名、牛四頭，以充公差，開墾荒地種田，於是糧食大收，貯藏於糧庫。為掌理記錄庫糧及賑濟事宜，

派出八大臣不打围行军，以守护城池，并看守村中一应物件。恐国人苦于缴纳粮赋，遂命每一牛彔出男丁十名、牛四头，以充公差，开垦荒地种田，于是粮食大收，贮藏于粮库。为掌理记录库粮及赈济事宜，

二十七、確立制度

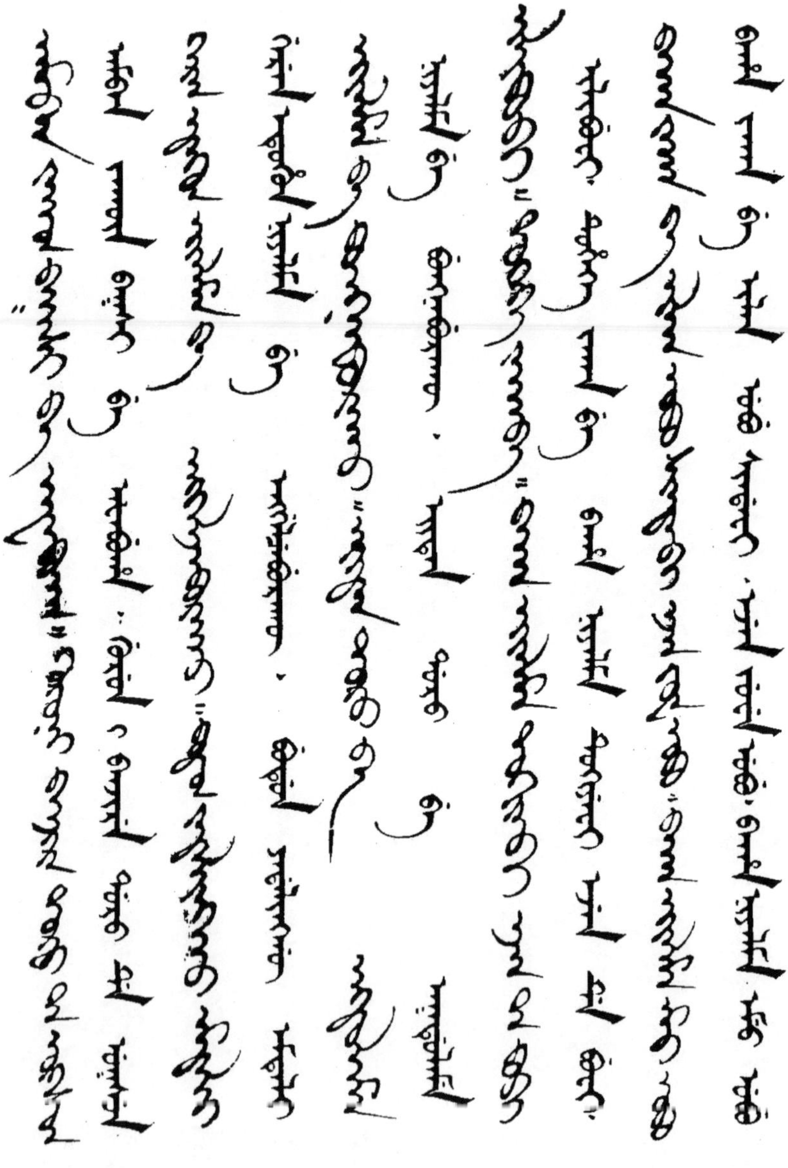

amban jakūn baksi be afabuha. guruni banjire doro de uksun geren etehun niyalma be enggelceburakū, budun yadalinggū emteli niyalma be bungnaburakū. eiten doro be akdulame ilibufi, tuheke jakabe, baha niyalma tukiyefi ejen de bufi, baha jaka be ilan ubu sindafi, ejen juwe ubu, baha niyalma emu ubu

---

委派大臣十六人、巴克什八人。國家生存之道，在於族眾勢強者不致越分，懦弱孤寡者不受欺侮。確立各項制度，拾獲失物者奉還其主，其拾獲之物品，分為三份，失主得二份，拾獲者得一份。

委派大臣十六人、巴克什八人。国家生存之道，在于族众势强者不致越分，懦弱孤寡者不受欺侮。确立各项制度，拾获失物者奉还其主，其拾获之物品，分为三份，失主得二份，拾获者得一份。

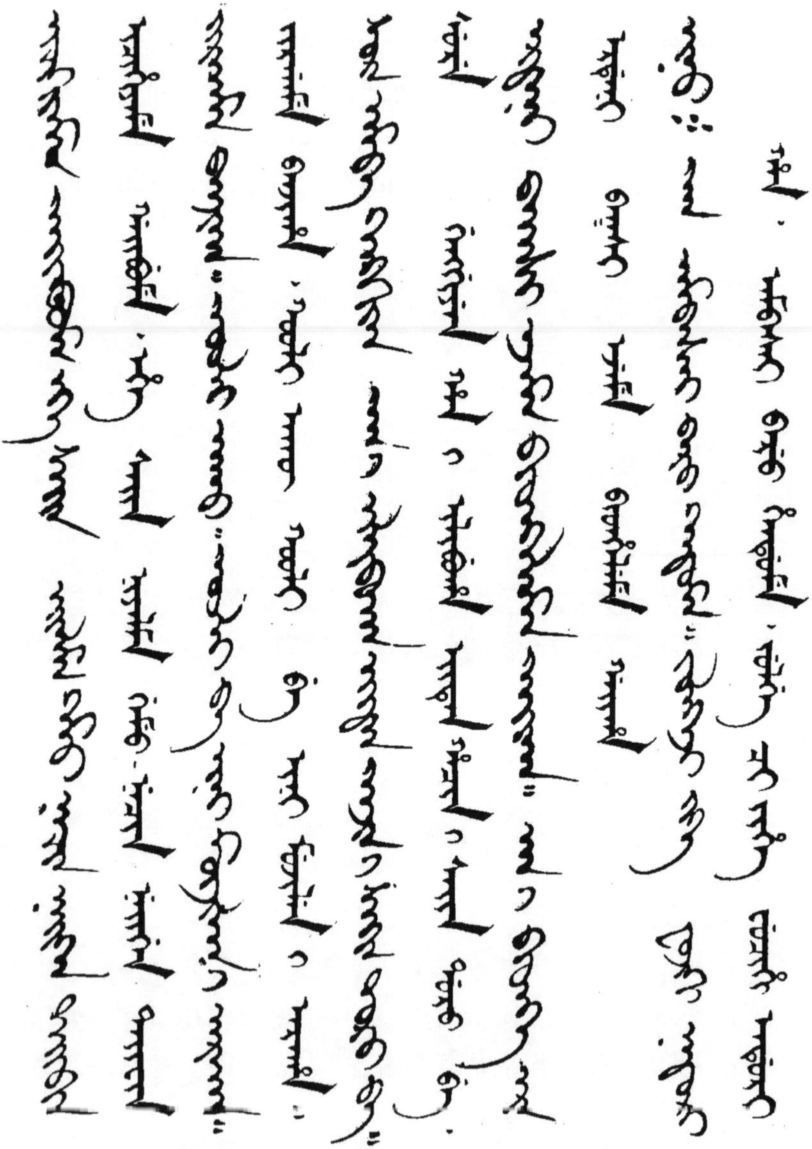

icihiyame gaibume. ehe sain niyalma gemu necin neigen taifin jirgame banjiha. kooli akū kooli be ini mujilen i araha. sure amba genggiyen han i ilibuha eiten hacin i sain doro be, erdeni baksi ejeme bitheleme gaiha, han i bithe ere inu. han ambasai baru hendume, julgeci jihe fucihi enduri

---

善惡之人皆平允共享太平。其無前例之法規，均由其心意制定。聰睿恭敬汗所立一切善政，俱由額爾德尼巴克什輯錄成書，汗之書此也。汗謂眾大臣曰：「自古以來，神佛之書，

善恶之人皆平允共享太平。其无前例之法规，均由其心意制定。聪睿恭敬汗所立一切善政，俱由额尔德尼巴克什辑录成书，汗之书此也。汗谓众大臣曰：「自古以来，神佛之书，

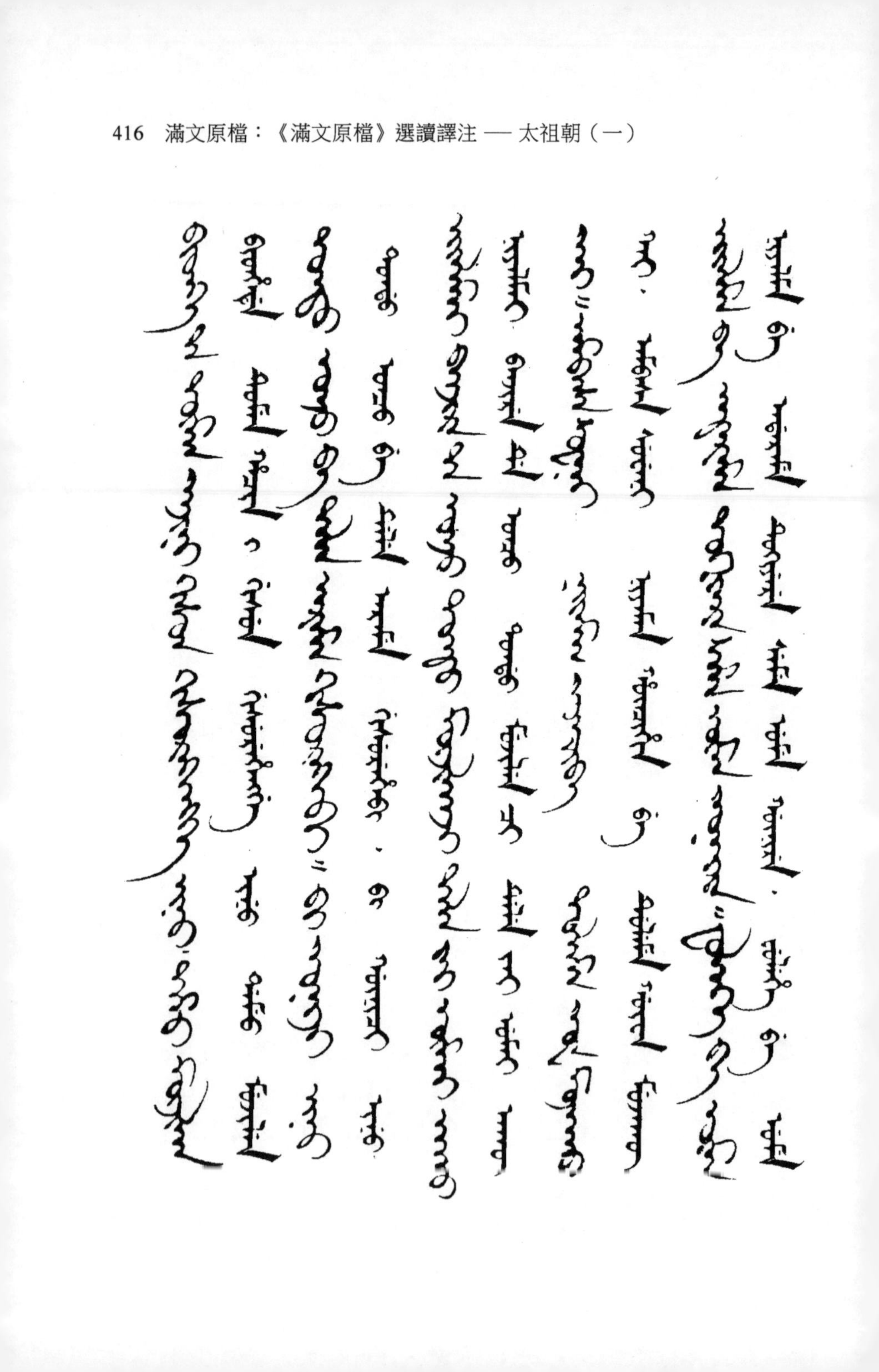

bithe de, tumen hacini gisun gisurehengge inu, damu mujilen tondo onco be dele arame gisurehebi. bi gūnici, inu niyalmai banjire de onco tondo mujilenci dele jai umai akū kai. ambasa suweni niyaman hūncibe duleme gūwa mujakū niyalma be adarame tukiyere seme ume gūnire, fulehe be ume

---

所言雖有萬種，但仍以人心正直寬大為上。以我思之，人生應以存心寬大正直為上，此外，並無其他也。爾諸大臣勿思因何捨親而舉疏[113]；勿看出身[114]，

所言虽有万种，但仍以人心正直宽大为上。以我思之，人生应以存心宽大正直为上，此外，并无其它也。尔诸大臣勿思因何舍亲而举疏；勿看出身，

---

[113] 捨親，《滿文原檔》讀作“niyaman hūncibe duleme”，《滿文老檔》讀作“niyaman hūncihin be duleme”。

[114] 勿看出身，句中「出身」，滿文讀作“fulehe” ，意即「根源」。

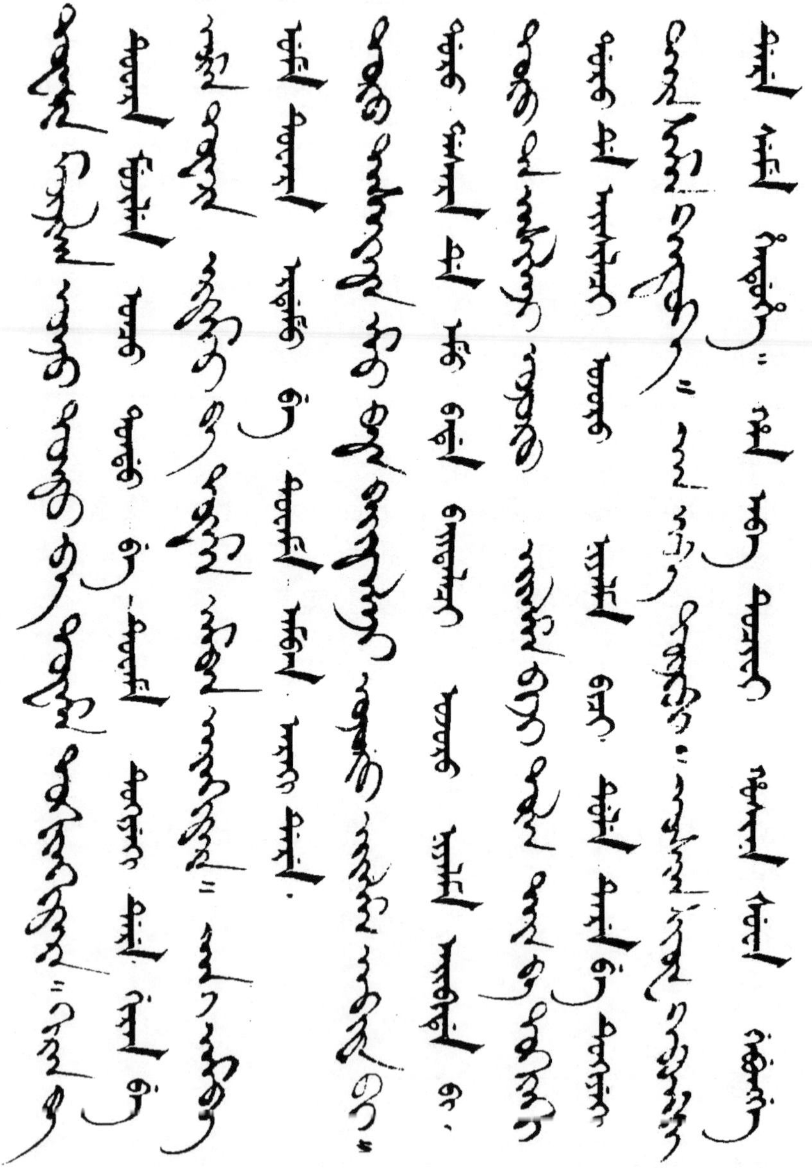

tuwara, mujilen onco tondo be tuwame tukiyekidere, giran be ume tuwara erdemu be tuwame amban arakidere. han i amba doro dasarade emu bade baitalaci ojoro niyalma aibide bi, doro de aisilaci ojoro niyalma bici, dule tere be tukiyeki dere seme henduhe. han aba tucifi, hosina šuwa gebungge

---

視其心寬大正直而薦之；勿看血統[115]，視其才德而舉為大臣。汗治理大政時，何處有一技之長可用之人，若有可以輔政之人，應即舉薦其人。」汗出去行獵，往呼西納刷山

视其心宽大正直而荐之；勿看血统，视其才德而举为大臣。汗治理大政时，何处有一技之长可用之人，若有可以辅政之人，应即举荐其人。」汗出去行猎，往呼西纳刷山

---

[115] 勿看血統，句中「血統」，滿文讀作“giran”，意即「骨骸」。

二十八、修身求福

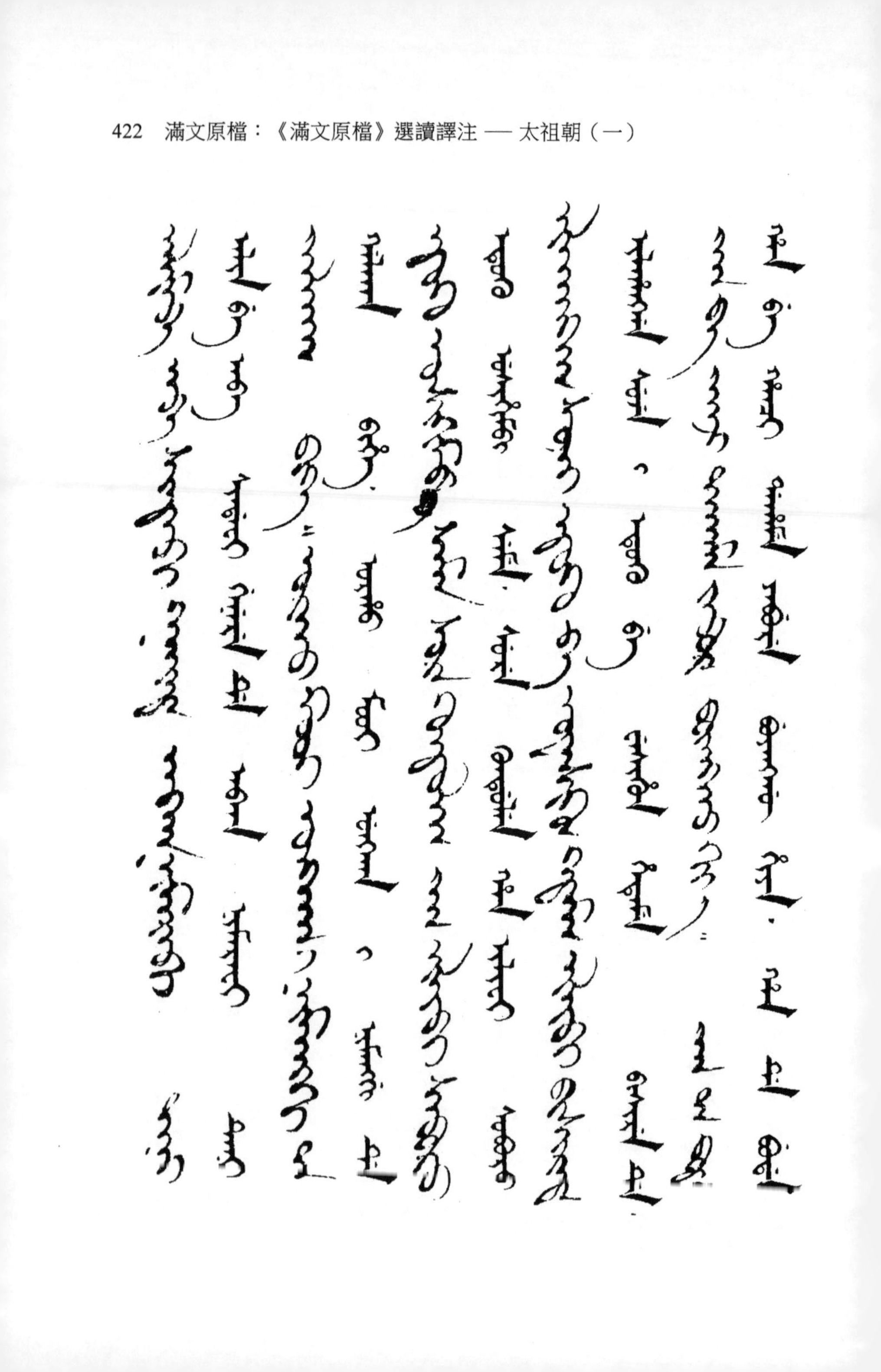

alimbe aba sindafi generede, abka nimarafi teni galaka bihe, orho mooi ungkan i nimanggi de etuku usihimbi seme, sure kundulen han ilifi saboro ilhangga suje i etuku be wesihun heteme ilifi bisirede, han be hanci dahame yabure buyanggū hiya, han de buda

---

放圍時，天下雪方才放晴，恐草木之積雪沾濕衣服，聰睿恭敬汗站著，捲起其所穿秋香色花緞衣服[116]，汗之親隨侍衛布揚古備膳，

放围时，天下雪方才放晴，恐草木之积雪沾湿衣服，聪睿恭敬汗站着，卷起其所穿秋香色花缎衣服，汗之亲随侍卫布扬古备膳，

---

[116] 秋香色，《滿文原檔》讀作“saboro”，《滿文老檔》讀作“soboro”。

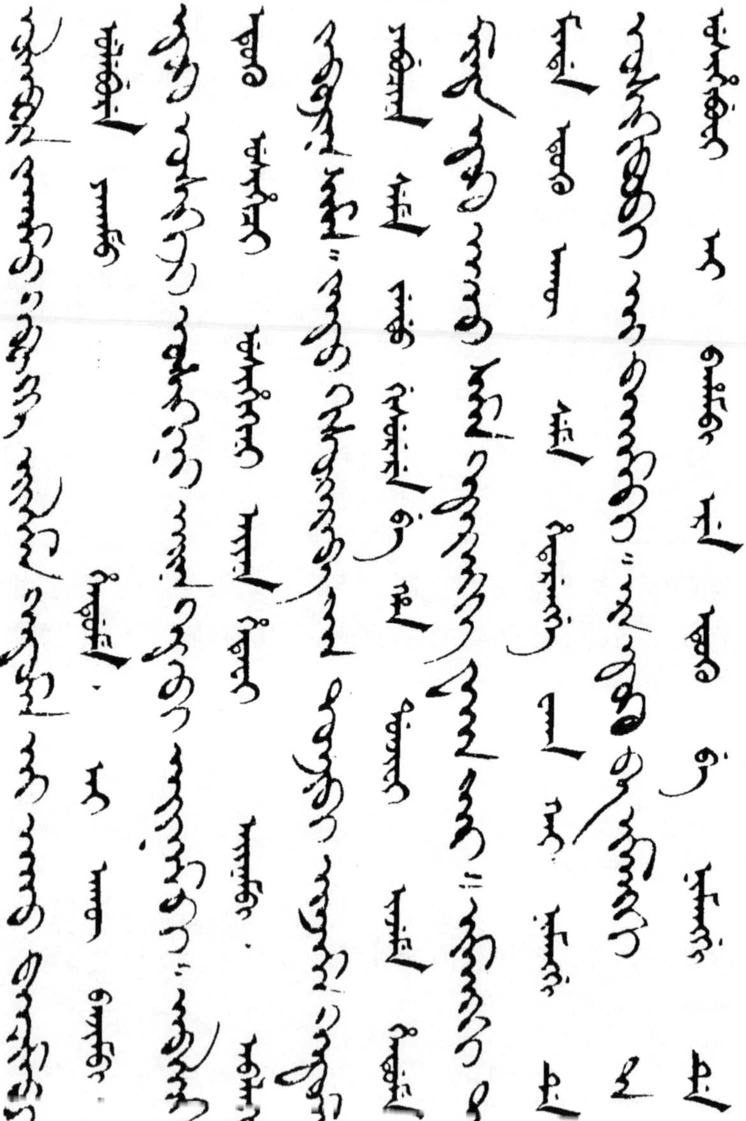

ulebure, yakamu gebungge niyalma hendume, ai akū banjimbi, etuku usihici usihikini aina, hetefi ainambi, abalaki yabucina seme jendu gisurerebe, han donjifi injeme hendume, minde etuku akū seme heterengge waka kai, nimanggi de usihibufi ai bahambi. ere etuku be nimanggi de

---

雅喀木之人私語曰：「什麼東西沒有，衣服沾濕，就沾濕，捲起來何為？欲行獵，就走吧！」汗聞之笑曰：「我非因無衣服而捲起來，被雪沾濕，有何益處？與其使此衣服被雪沾濕，

雅喀木之人私语曰：「什么东西没有，衣服沾湿，就沾湿，卷起来何为？欲行猎，就走吧！」汗闻之笑曰：「我非因无衣服而卷起来，被雪沾湿，有何益处？与其使此衣服被雪沾湿，

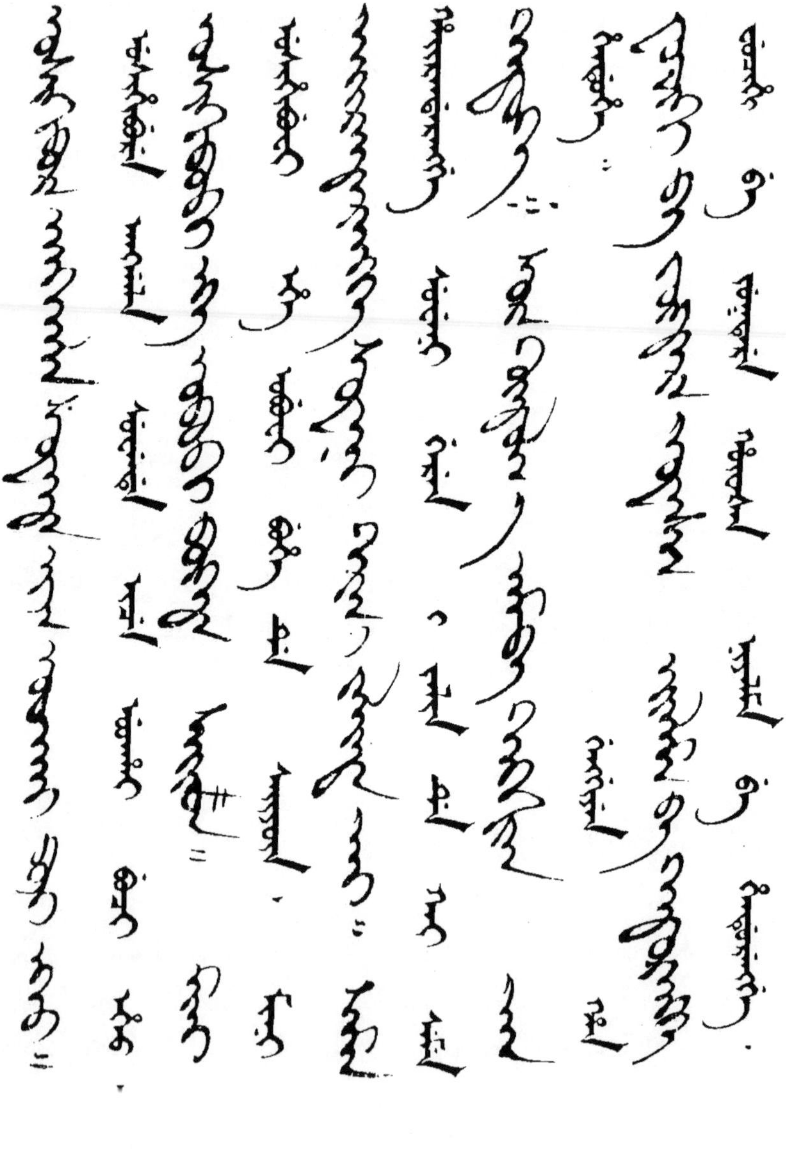

usihibure anggala, suwende ice uthai buci eheo. usihibufi ehe obufi buhede saiyūn. mini hairandarangge suweni geren i jalinde kai seme henduhe. sure kundulen amba genggiyen han fucihi be juktere hūwašan niyalma be hendurengge,

---

何如就將新衣服給與爾等，豈不善哉！若給被沾濕之壞衣服，善乎？我之所惜者，皆為爾諸人也。」聰睿恭敬大英明汗諭祀佛之僧人曰：

何如就将新衣服给与尔等，岂不善哉！若给被沾湿之坏衣服，善乎？我之所惜者，皆为尔诸人也。」聪睿恭敬大英明汗谕祀佛之僧人曰：

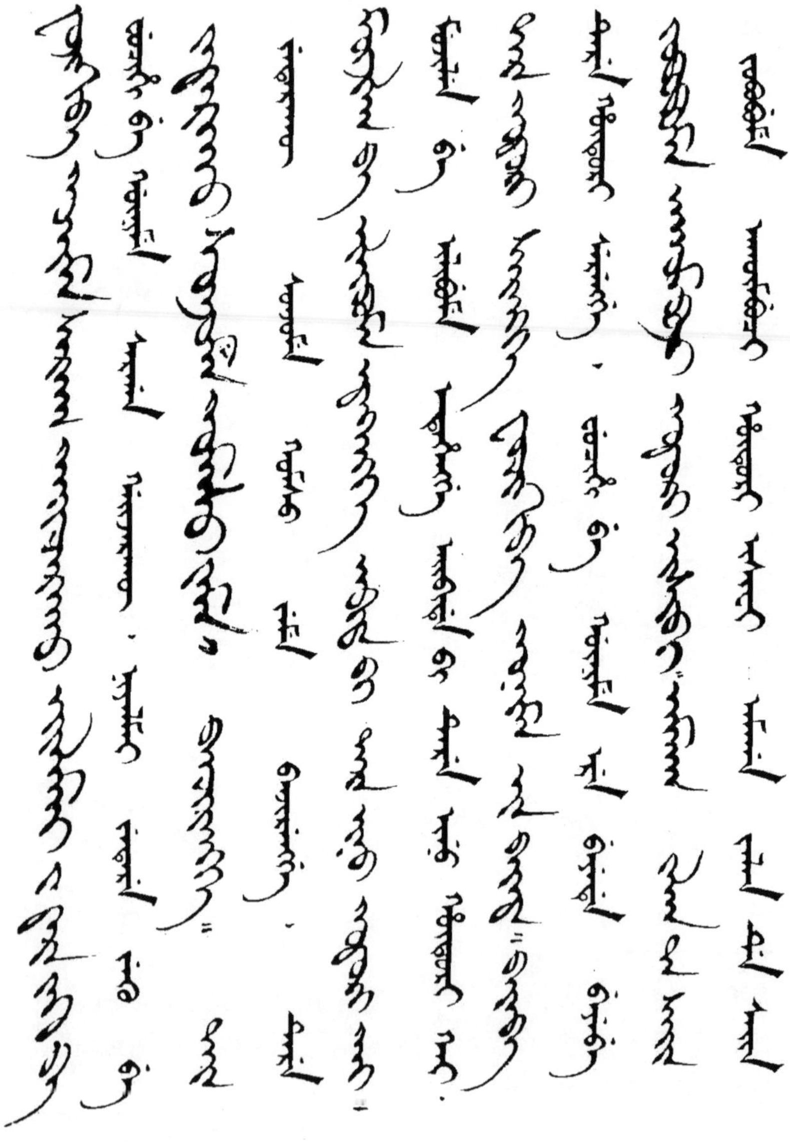

fucihibe gūnime sargan gaijarakū, niyalmai jetere jeku be jeterakū sonjome komso jeme banjirengge, tere mujilen be ilibume etehengge aibide bi. tere inu hūturi kai. tere hūturi serengge fucihibe gūnime ere beyede, beyebe jobobume akūmbuci hūturi isifi amaga jalan de sain

---

「因欲成佛，不娶妻室，不吃人間糧食，選擇少許食之以維生。其能立定心願而制勝之人，何處有之？是乃福也。其所謂福者，乃因欲使此身成佛，苦修今世之身，求得福至，以期來世生於吉地，

「因欲成佛，不娶妻室，不吃人间粮食，选择少许食之以维生。其能立定心愿而制胜之人，何处有之？是乃福也。其所谓福者，乃因欲使此身成佛，苦修今世之身，求得福至，以期来世生于吉地，

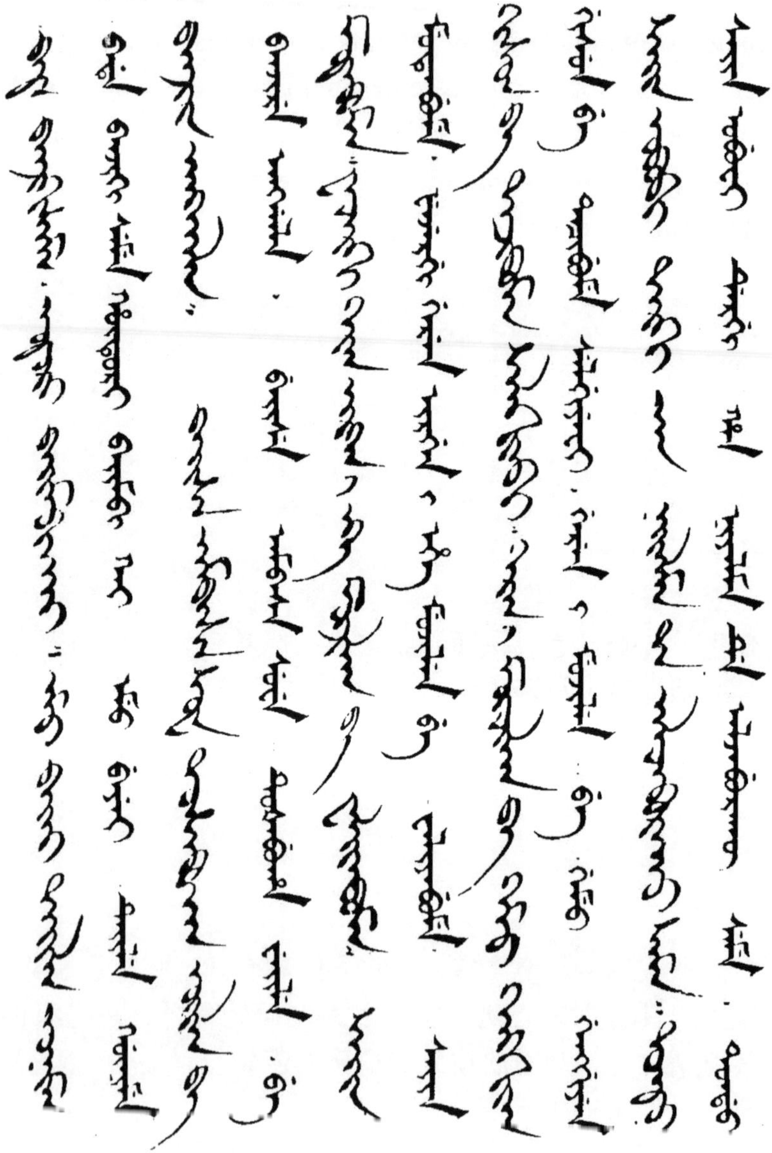

bade banjiki seme hūturi baimbikai. emu beyei teile gūnime banjire anggala, beise ambasa suwe tušabuha weile be mutebume, fejergi geren irgen i ehe mujilen be waliyabume, sain gisun be tacibume selgiyefi, geren i mujilen be gemu genggiyen sain obufi dergi han niyalma de aljaburakū seme, tondo

---

所以求福也。與其僅求一己之福，爾諸貝勒大臣何如能完成所交付之事，以善言訓導屬下眾人之心，皆能光明為善。在上之汗與人不分離，

所以求福也。与其仅求一己之福，尔诸贝勒大臣何如能完成所交付之事，以善言训导属下众人之心，皆能光明为善。在上之汗与人不分离，

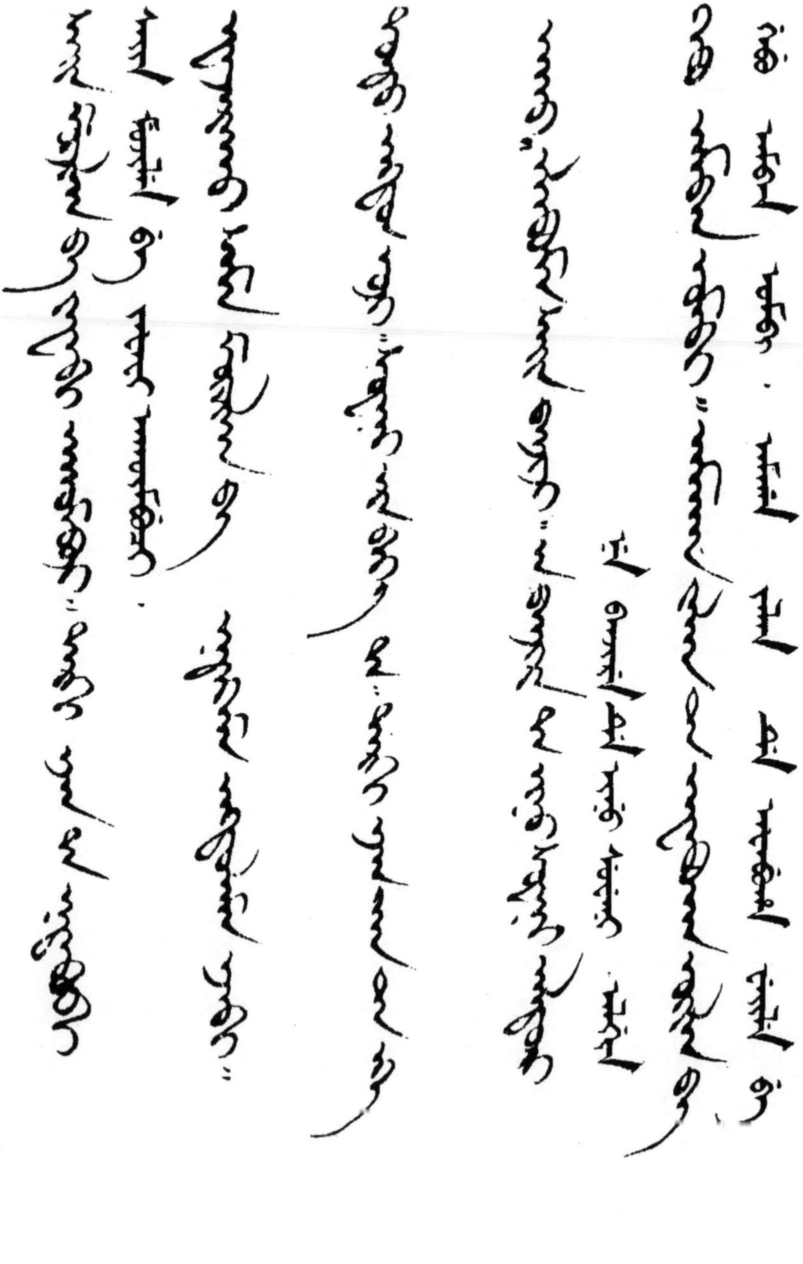

sain mujjlen be jafafi akūmbuci, dergi ejen de endebufi efejerakū seme mujilen be enteheme akdulame ejefi, tondo akdun oci, suweni ere beye de, dergi ejen han de ehe akū, elebume sain banjici, ne banjire de inu suweni aldur gebu amban ombi. amaga jalan de afabuha weile be

---

以盡正直善心，在上之主偶有過失，並不灰心，永堅其心，若正直信實，爾等此身對在上之主汗並無不善，若知足好好生活，則爾等亦可揚大名於今生[117]，後世所交付之事

以尽正直善心，在上之主偶有过失，并不灰心，永坚其心，若正直信实，尔等此身对在上之主汗并无不善，若知足好好生活，则尔等亦可扬大名于今生，后世所交付之事

---

117 揚大名，句中「大名」，《滿文原檔》讀作“aldur gebu”，《滿文老檔》讀作“algin gebu”。

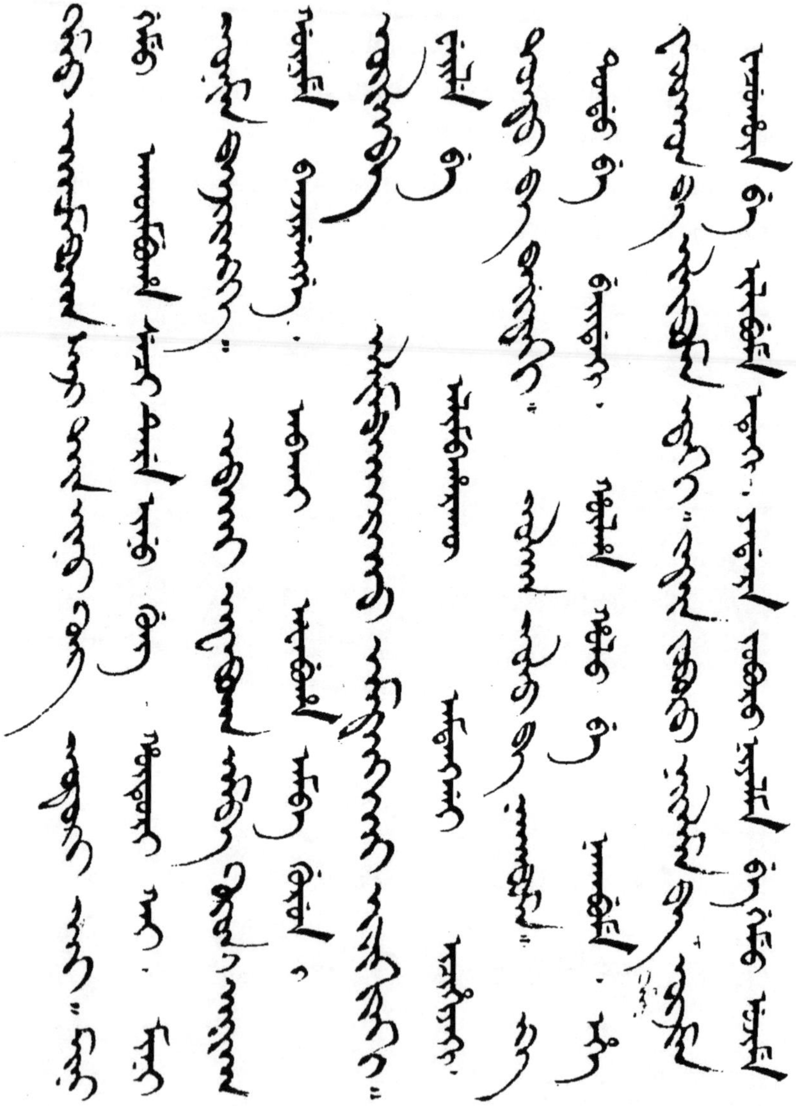

gemu akūmbuha seci tere inu gung hūturi kai. mini gūnime banjirengge, abkai afabuha amba gurun i aika weilebe alimbaharakū amtanggai icihiyaki, tondo be beideki. hūlha holo be nakabume, ehe facuhūn be ilibume eteki. yadara joboro niyalma be gemu ujime

---

若皆盡心，是乃功也，福也。我所常念者，乃上天所交付大國政事，欣然辦理，正直審斷；遏止盜賊，弭平叛亂，貧苦之人，皆有所養，

若皆尽心，是乃功也，福也。我所常念者，乃上天所交付大国政事，欣然办理，正直审断；遏止盗贼，弭平叛乱，贫苦之人，皆有所养，

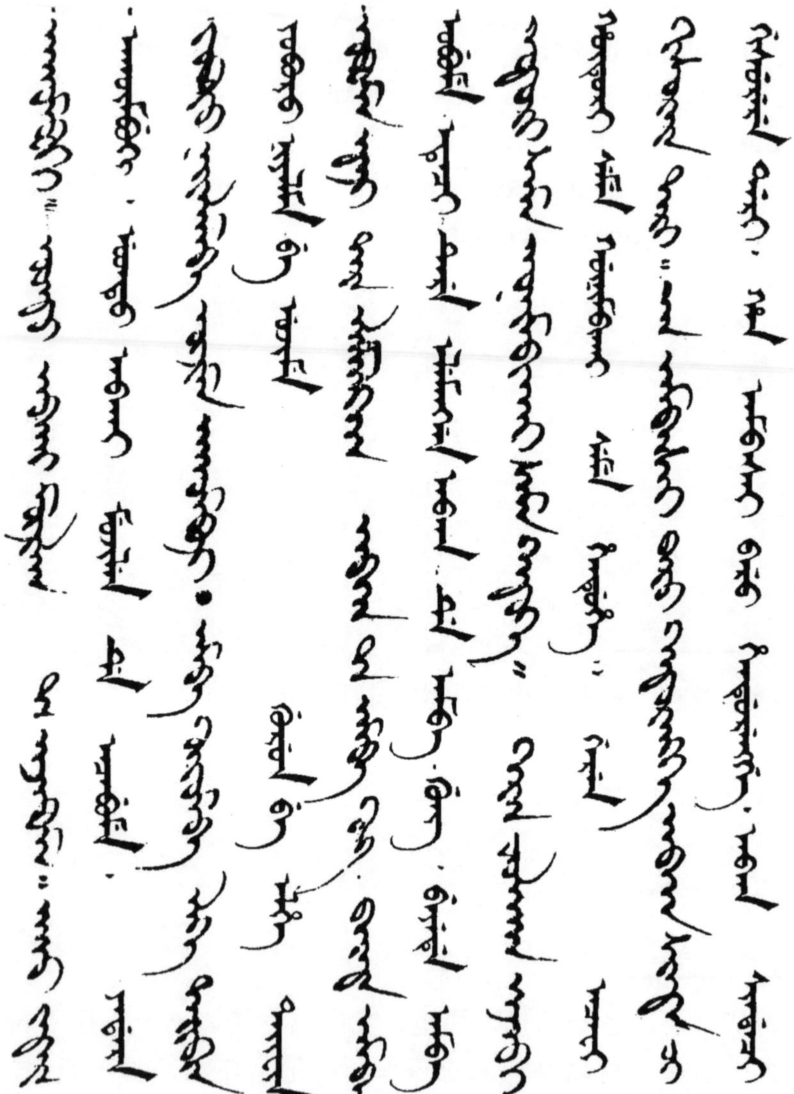

akūmbuki. uttu abkai mujilen de acabume, akū yadara joboro niyalmabe ujime akūmbuci, amba gurumbe elhe taifin obume eteci tere elemangga abka de amba gung, beyede amba hūturi seme gūnimbikai seme henduhe. geren culgan acafi gisurere dari, han ambasai baru hendurengge, abka sinda ci,

---

如此合於天心，盡心撫養無食物貧苦之人，使大國趨於太平，於上天為大功，於自身亦為大福也。」汗每於閱兵時，謂眾大臣曰：

如此合于天心，尽心抚养无食物贫苦之人，使大国趋于太平，于上天为大功，于自身亦为大福也。」汗每于阅兵时，谓众大臣曰：

二十九、薦舉賢良

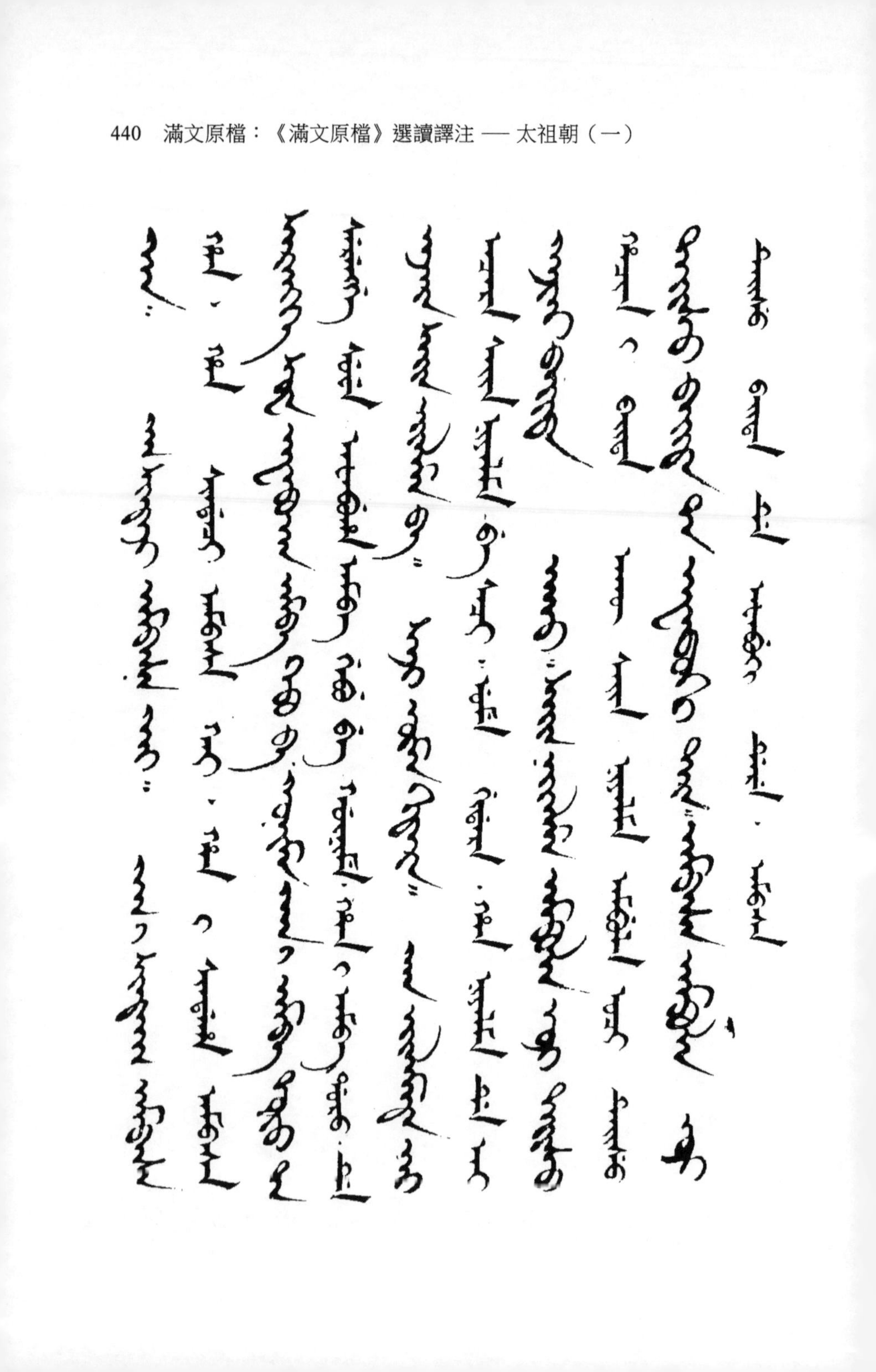

han, han sindaci ambasa kai. han i sindaha ambasa serengge suwe afabuha amba gebu be gūnime, han i amba doro de acara sain niyalma be saci, ume gidara. han niyalmade ai hacini baita akū, sain niyalma ambula oci teisu teisu baita de afabuki dere. ambasa ambula oci

---

天任命汗，汗任命臣也。汗所任命之大臣爾等宜念及被任命之令名，有合乎汗大政之賢者，若是知道，勿得隱匿。夫為汗之人，何事不有？若賢者眾，則授以各職。若大臣眾多，

天任命汗，汗任命臣也。汗所任命之大臣尔等宜念及被任命之令名，有合乎汗大政之贤者，若是知道，勿得隐匿。夫为汗之人，何事不有？若贤者众，则授以各职。若大臣众多，

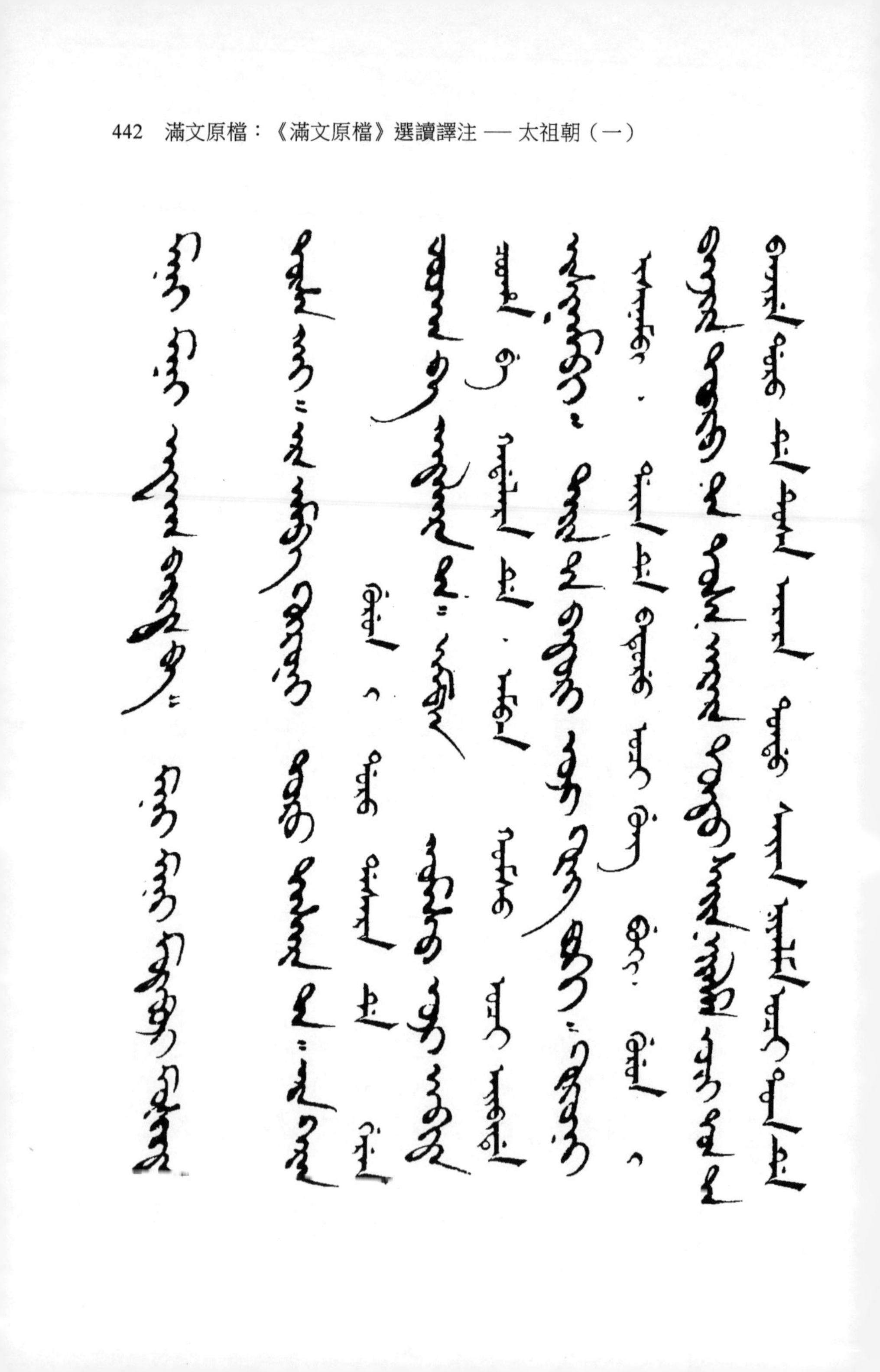

meni meni afaha baita be, meni meni mutebuci musede tusa kai. ere amba guruni doro dasara de, ere geren cooha be kadalara de, amban komso oci aibide isinambi. dain de baturu oci gung buki, guruni banjire doro de tusa arara tondo sain niyalma oci ton de

---

能將所交付諸事，各自完成，則於我等有益也。治理此大國之政務，管理眾多士兵時，大臣若少，則焉得敷用。作戰時若英勇，即賜以功。若有益於國家生計之忠良者，

能将所交付诸事，各自完成，则于我等有益也。治理此大国之政务，管理众多士兵时，大臣若少，则焉得敷用。作战时若英勇，即赐以功。若有益于国家生计之忠良者，

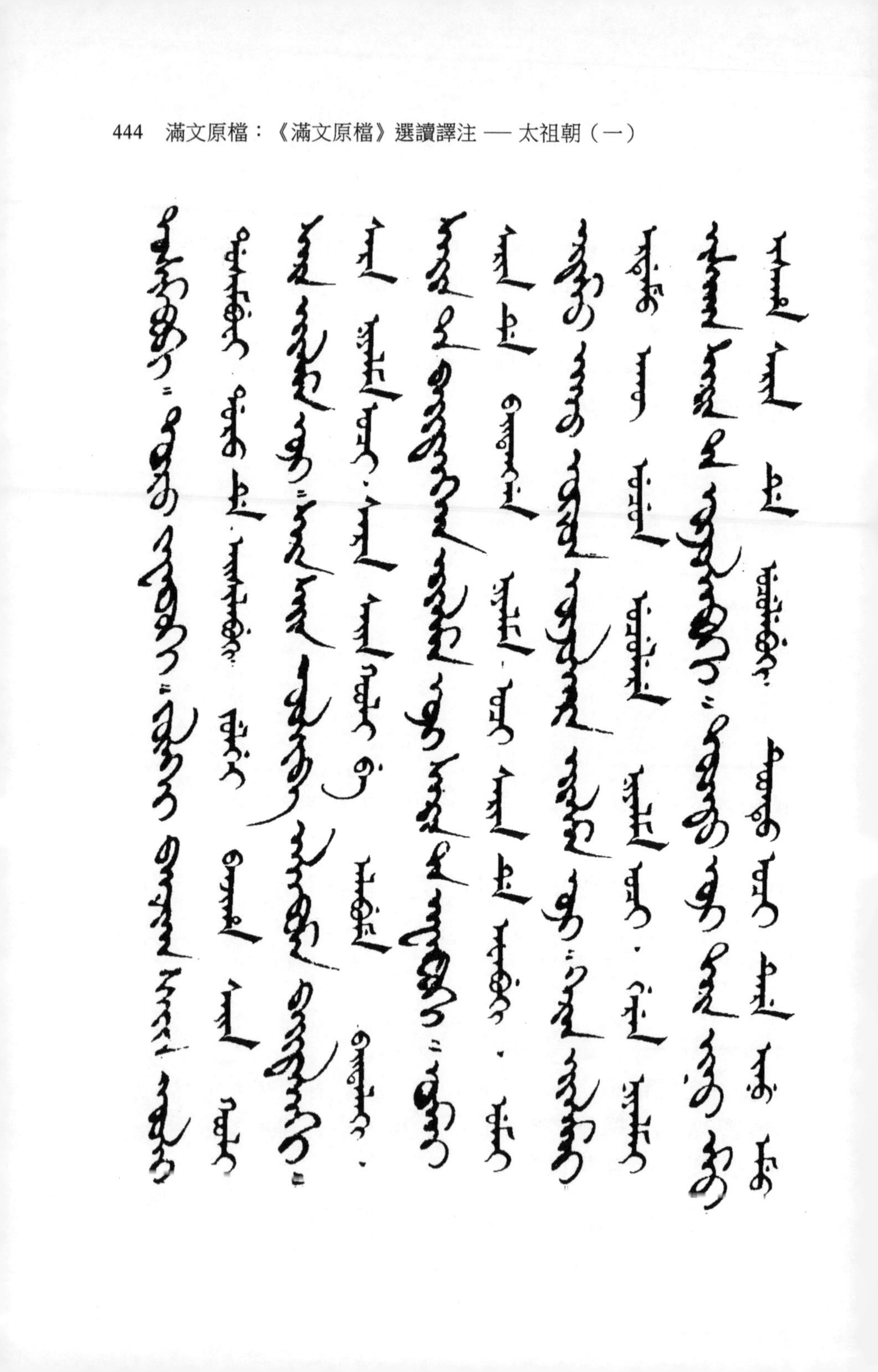

dosimbufi, doro jafabuki. julgei banjiha sain kooli sara niyalma oci, sara sain koolibe alabume baitalaki. sarin de baitangga niyalma oci sarin de afabuki, umai erdemu akū ucun uculere niyalma oci, geren niyalmai isaha sarin de uculebuki. tuttu oci tere inu emu

---

即行錄用，使之執政。若有通曉古時善例之人，即令其說出所知善例而用之。若有能宴客之人，即令其宴請賓客，若並無才能而善於唱歌之人，即於眾人聚集筵宴之處，令其唱歌。如此，

即行录用，使之执政。若有通晓古时善例之人，即令其说出所知善例而用之。若有能宴客之人，即令其宴请宾客，若并无才能而善于唱歌之人，即于众人聚集筵宴之处，令其唱歌。如此，

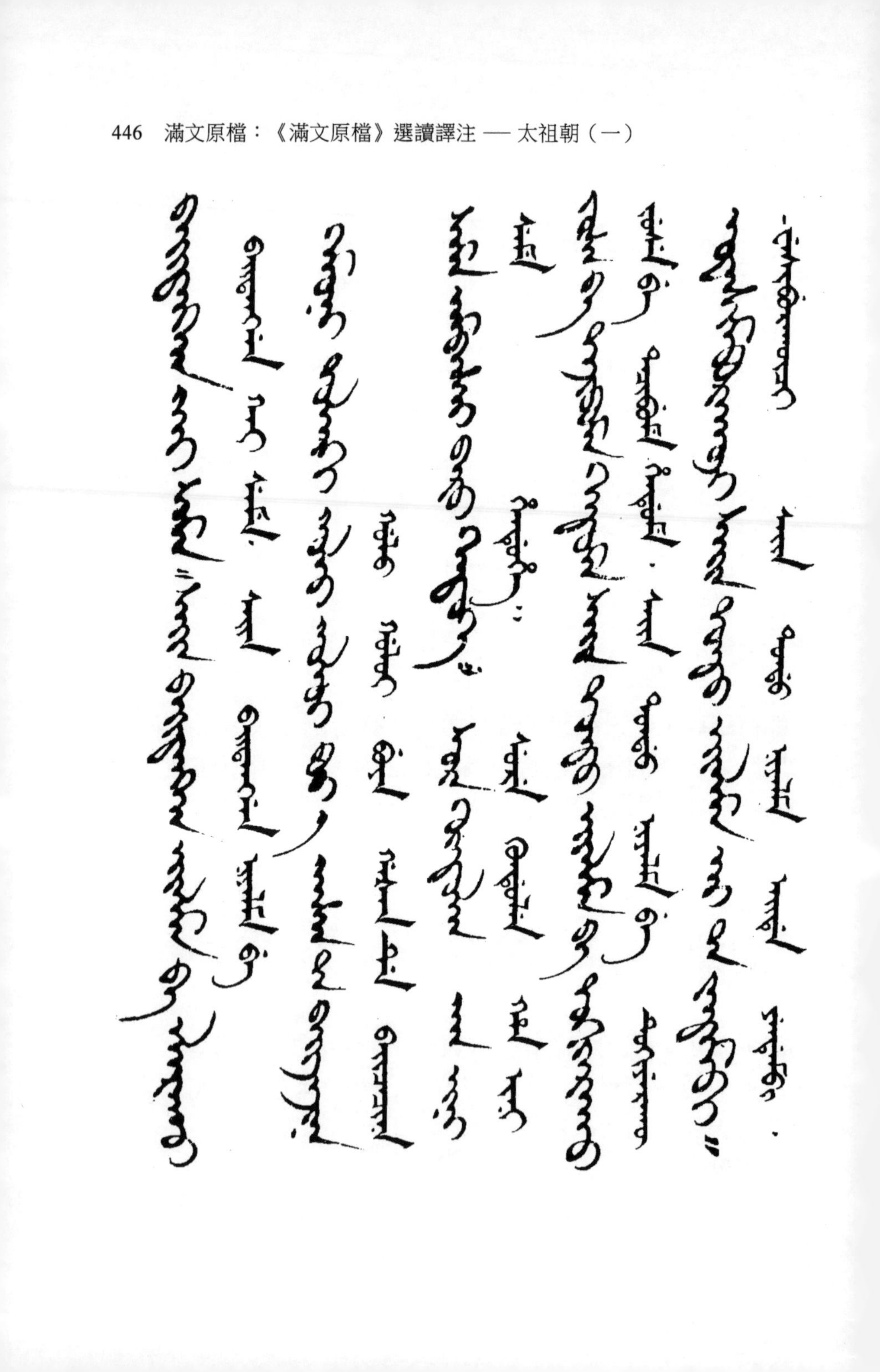

baitangga kai seme, sain baitangga niyalma be elerakū kemuni tulergi golo goloi buya gašan de baicacina seme ambasai baru henduhe. sure kundulen han ini juse be tacibume hendume, sain tondo niyalma be tukiyerakū wesiburakūci, sain tondo niyalma ai de yendembi.

亦為一有用之人也。賢良有用之人不足用，還命外面各路小村訪查。」如此謂眾大臣。聰睿恭敬汗訓諭其諸子曰：「忠良之不薦不擢[118]，則忠良者何由而興？

亦为一有用之人也。贤良有用之人不足用，还命外面各路小村访查。」如此谓众大臣。聪睿恭敬汗训谕其诸子曰：「忠良之不荐不擢，则忠良者何由而兴？

[118] 不擢，《滿文原檔》讀作"uwesimburakūci"，《滿文老檔》讀作"wesiburakūci"。按滿文"wesimbumbi"，舊與"wesibumbi"通用。其後定"wesimbumbi"漢義為「啟奏、上表章」，"wesibumbi"漢義為「陞用、拔擢」，遂分用。

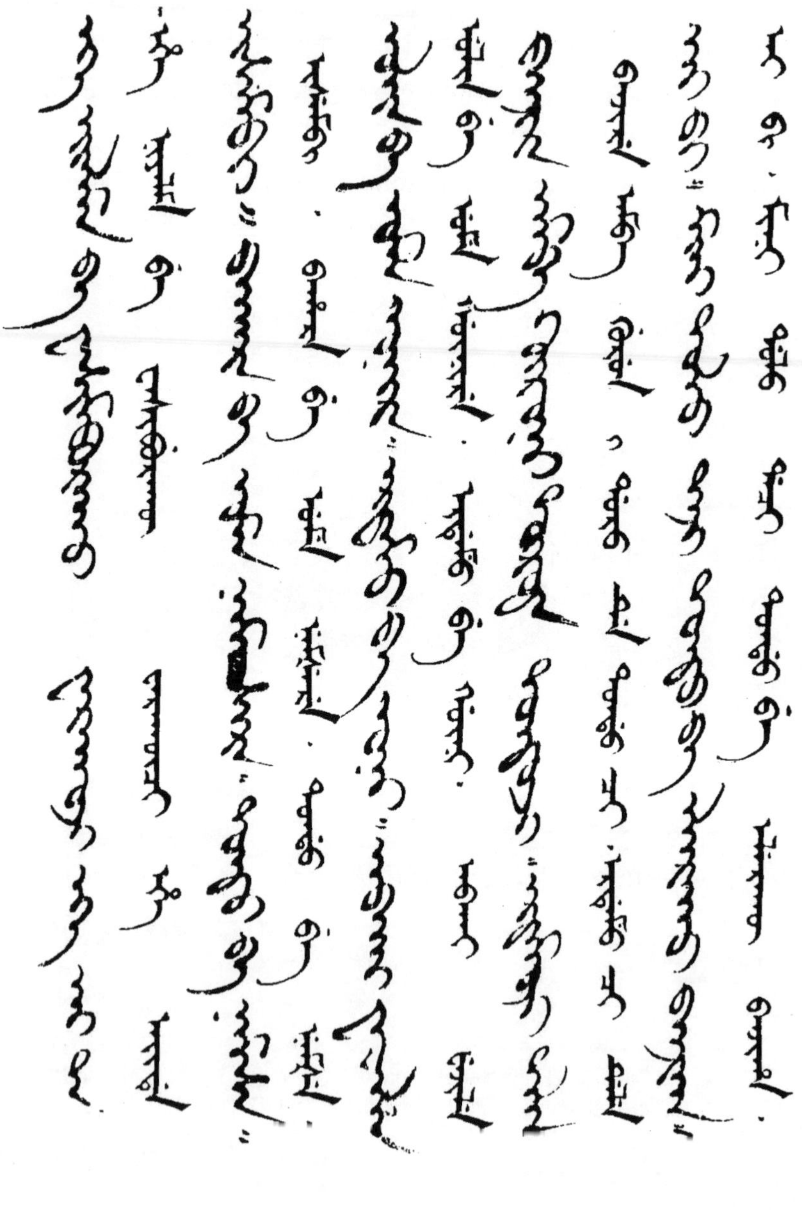

ehe niyalma be wasiburakū warakūci ehe ai de isembi, bahara be ume nemšere, tondo be nemše, ulin be ume gūnire, erdemu be gūni, abkai fejile banjire amba guruni dorode, tondoci erdemuci dele ai bi. mini dolo daci tondo be elerakū banjiba,

---

惡人不黜[119]不誅，則惡人何由而懼？勿爭利而爭正直，勿思財而思德。天下大國生存之道，有貴於忠直才德者乎？我素來心懷正直，但仍感不足。

恶人不黜不诛，则恶人何由而惧？勿争利而争正直，勿思财而思德。天下大国生存之道，有贵于忠直才德者乎？我素来心怀正直，但仍感不足。

---

119 不黜，《滿文原檔》讀作“wasimburakū”，《滿文老檔》讀作“wasiburakū”。按滿文“wasimbumbi”，舊與“wasibumbi”通用。其後定“wasimbumbi”，漢義為「降旨、奉旨」，“wasibumbi” 漢義為「降黜、貶謫」，遂分用。

三十、善心修德

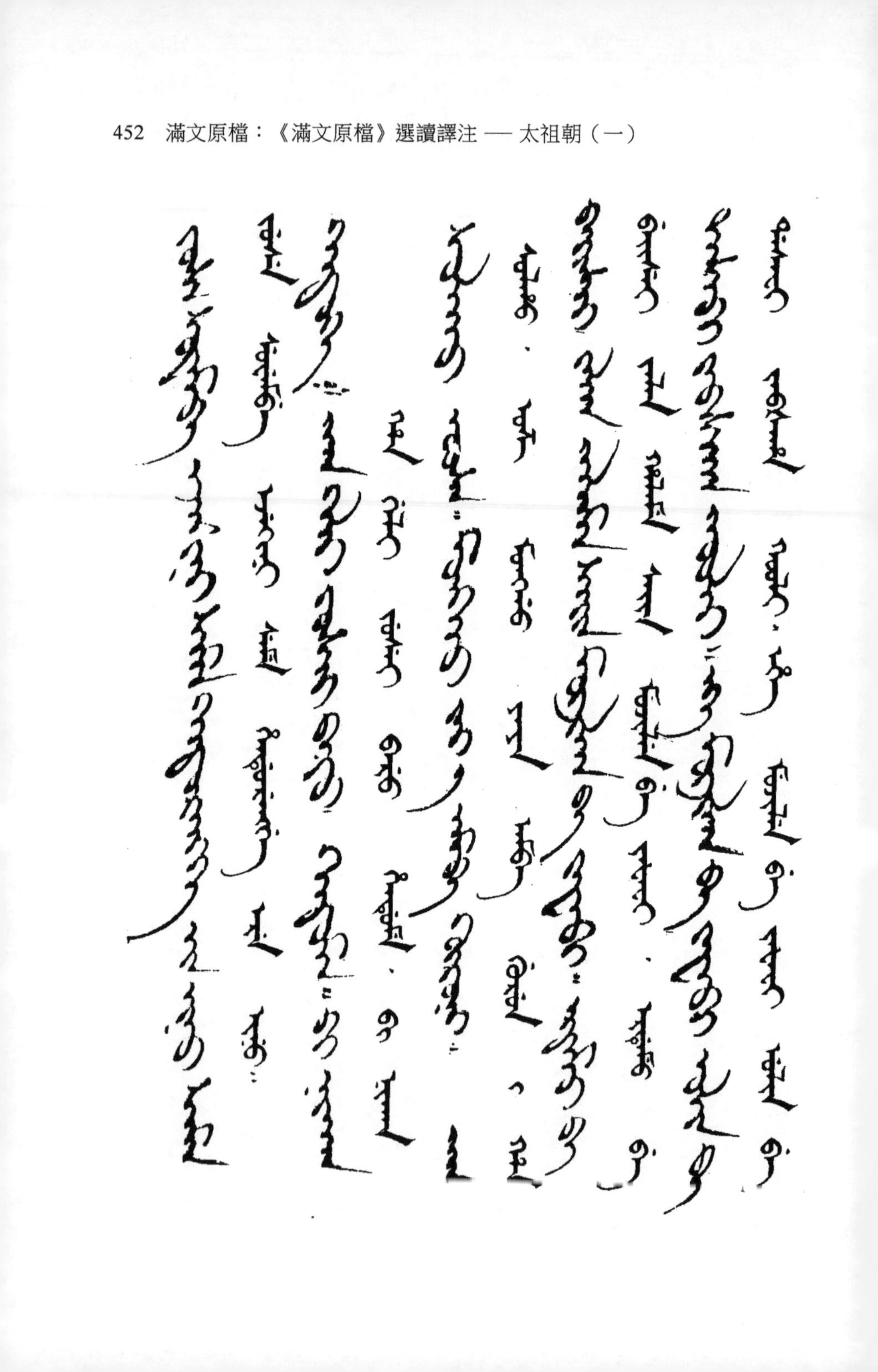

[illegible]

juse suwembe ejekini seme hendurengge ere inu. seme henduhe. han geli jusei baru hendume, bi nikan, solho, oose, monggo yaya amba guruni han beisei jalan halame sain mujilen be jafafi, erdemu be dasafi jabšaha kooli, ehe mujilen be jafafi ulin be

---

故訓諭爾諸子銘記，唯此而已。」汗又謂諸子曰：「我聽聞明國、朝鮮、倭子[120]、蒙古等諸大國帝王，因世代存善心，修德而得勢之例；或存心為惡，

故训谕尔诸子铭记，唯此而已。」汗又谓诸子曰：「我听闻明国、朝鲜、倭子、蒙古等诸大国帝王，因世代存善心，修德而得势之例；或存心为恶，

---

120 倭子，《滿文原檔》讀作“oose”，《滿文老檔》讀作“odz”，意即「日本」。

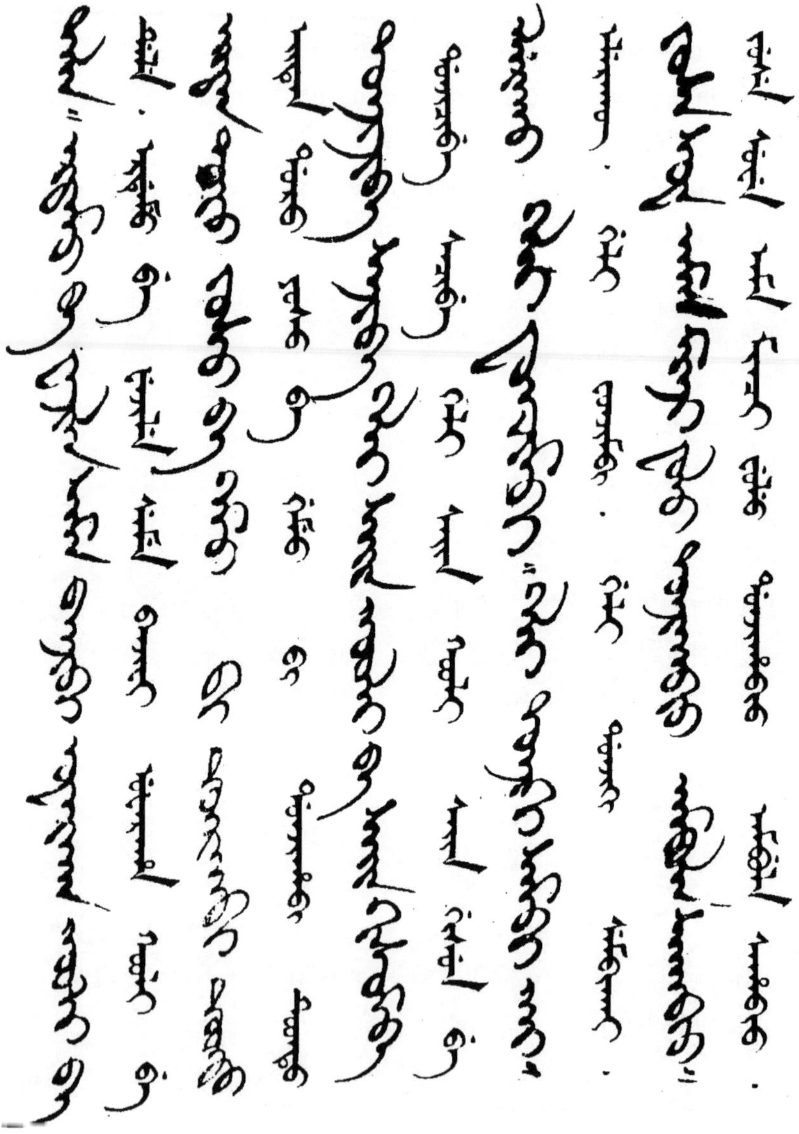

dele, erdemu be fejile seme banjifi ufaraha kooli be eiten doro yoso be gemu bi donjihabi. tuttu donjicibe sacibe geli sain kooli be sain gisumbe elerakū geli fonjimbi geli donjiki sembi kai. juse suwe ama minci fulu donjihabio ambula sahabio.

重財輕德而失敗之例，所有道統我皆聞知。雖然聞知，於良例善言尚不滿足，仍欲再問再聞也。爾等諸子之所聞所知，豈比為父我多聞多知耶？

重财轻德而失败之例，所有道统我皆闻知。虽然闻知，于良例善言尚不满足，仍欲再问再闻也。尔等诸子之所闻所知，岂比为父我多闻多知耶？

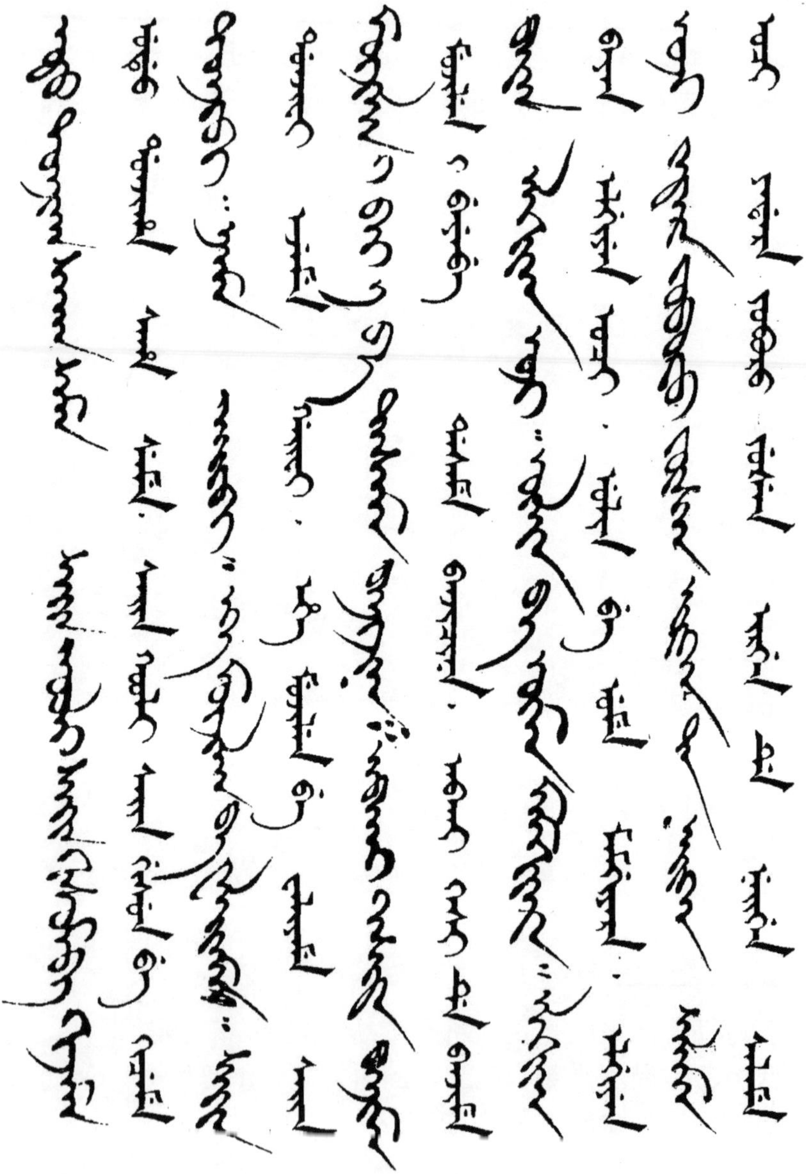

udu donjiha saha seme, sain kooli sain gisumbe kiceme donjifi ejeme gaifi, ehe mujilen be waliyame sain mujilen i beye be dasame banjicina. abkai keside banjime bayan elgiyen oci, ulin be ume mamgiyara, elgiyen oci yadara joboro jušen irgen de neigen salame

---

雖有所聞知，仍應勤聞牢記良例善言，拋棄惡念，存善心，以修身度日也。若蒙天恩，生活富足，不可耗費財物。設若充足，則均給貧苦之諸申、民人。

虽有所闻知，仍应勤闻牢记良例善言，抛弃恶念，存善心，以修身度日也。若蒙天恩，生活富足，不可耗费财物。设若充足，则均给贫苦之诸申、民人。

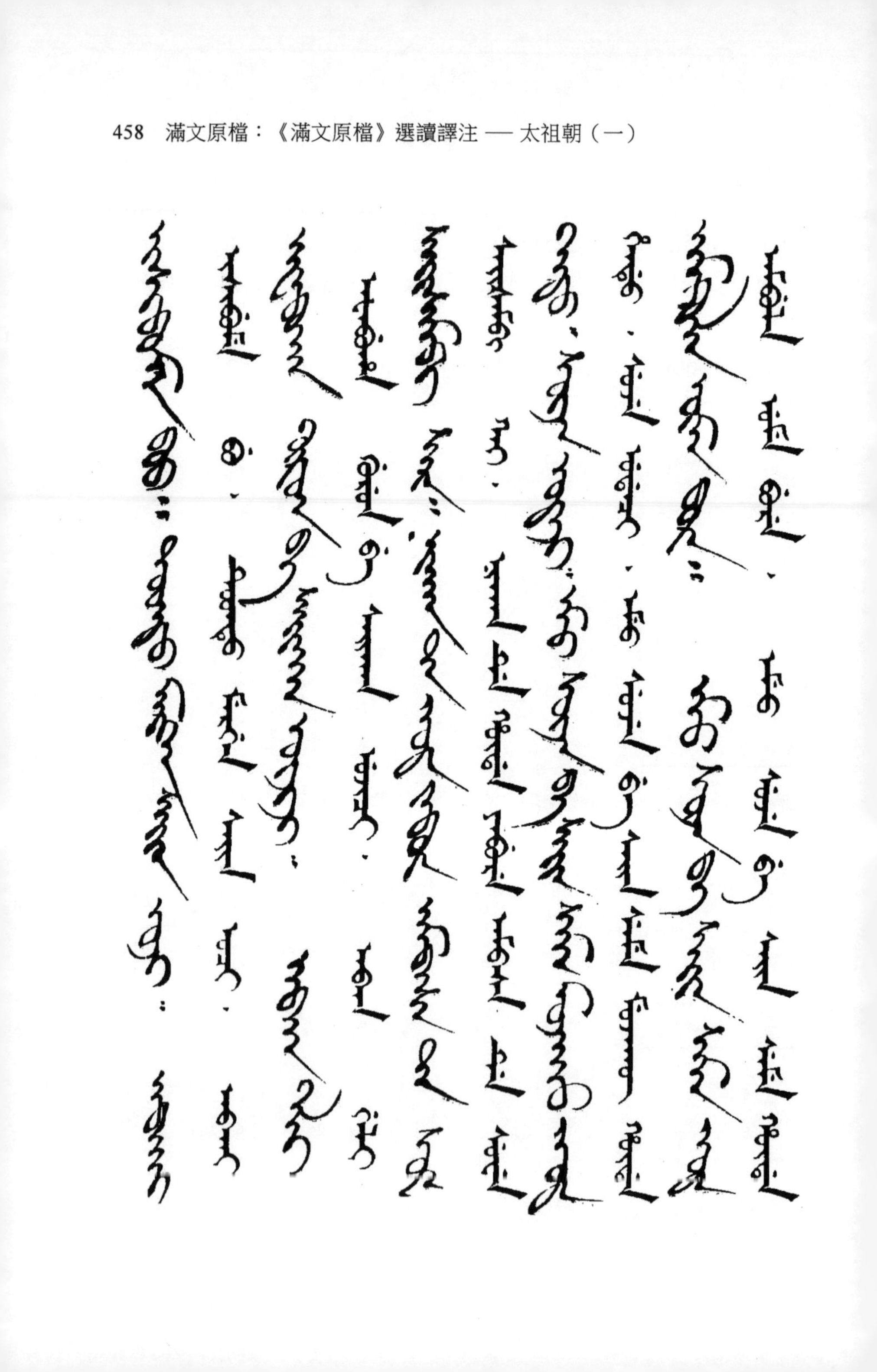

isibume buu, tuttu mergen sain oci, abkai afabuha gurun be saikan ujici, abka geli saišambi kai. nikan de hūda yabure ambasa de suwe hendu, suje udaci, emu suje be sain seme mujakū hūda ambula ume bure, emu suje be sain seme hūda

---

若是如此賢良，善養上天所交付之國人，則上天復嘉許之也。爾等諸子當勸說與明貿易之眾大臣，購買緞疋時，勿因一緞之美好，而支付過高之價；一疋緞雖好，

若是如此贤良，善养上天所交付之国人，则上天复嘉许之也。尔等诸子当劝说与明贸易之众大臣，购买缎疋时，勿因一缎之美好，而支付过高之价；一疋缎虽好，

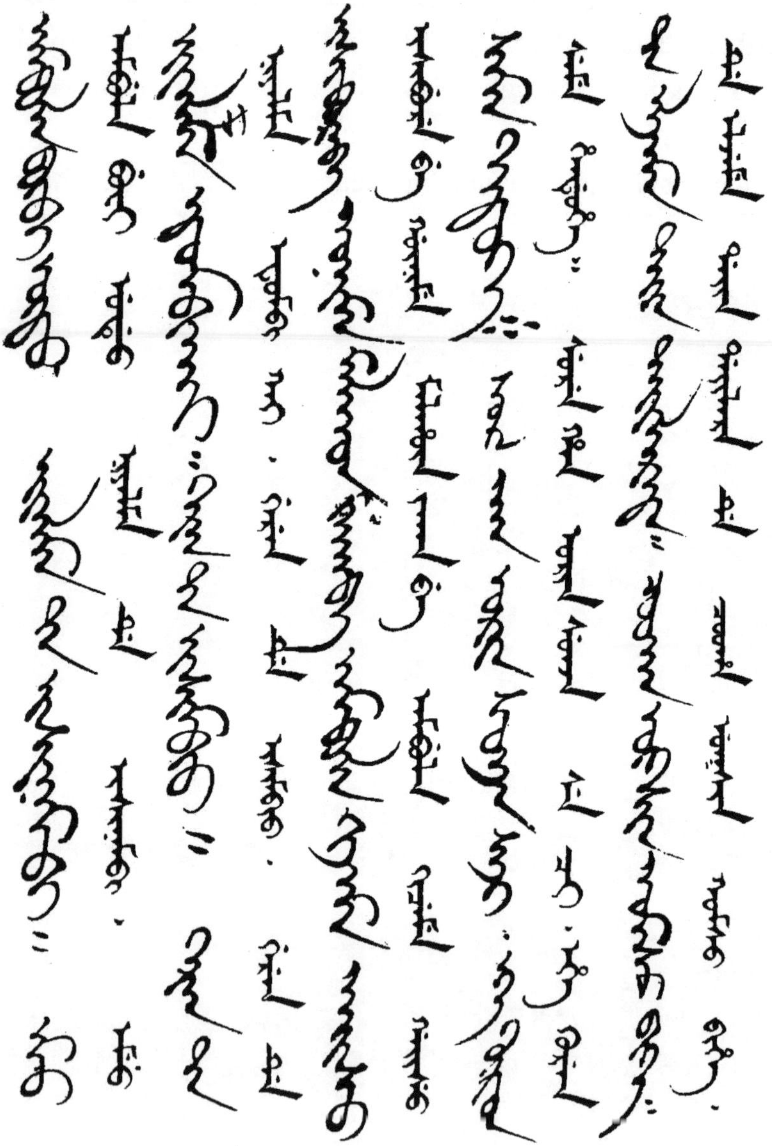

ambula bufi udu niyalma de isinambi, emu niyalma etumbikai, geren de isimbio. geren de isiburebe gūnime malhūn jakabe ambula kiceme gaisu seme henduhe. sure han orin sunja seci, ehe kuren de eljeme dain dailarade, cooha uksin komso bihe,

---

而支付高價，能供幾人穿用？一人穿用而已，能供眾人穿用乎？當思濟眾，勤於多購儉省之物。」聰睿汗自二十五歲，始統兵抵抗交惡之部落[121]，但短少兵甲，

而支付高价，能供几人穿用？一人穿用而已，能供众人穿用乎？当思济众，勤于多购俭省之物。」聪睿汗自二十五岁，始统兵抵抗交恶之部落，但短少兵甲，

---

121 部落，《滿文原檔》讀作“gurun”，意即「部族」，《滿文老檔》讀作“kuren”，意即「營盤」。按滿文“kuren”係蒙文“küriyen”的音譯詞。

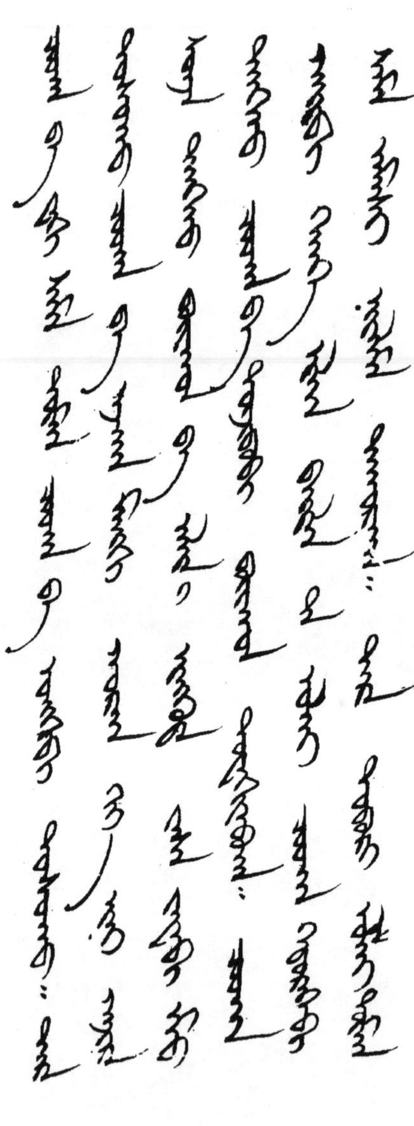

滿文原檔之一

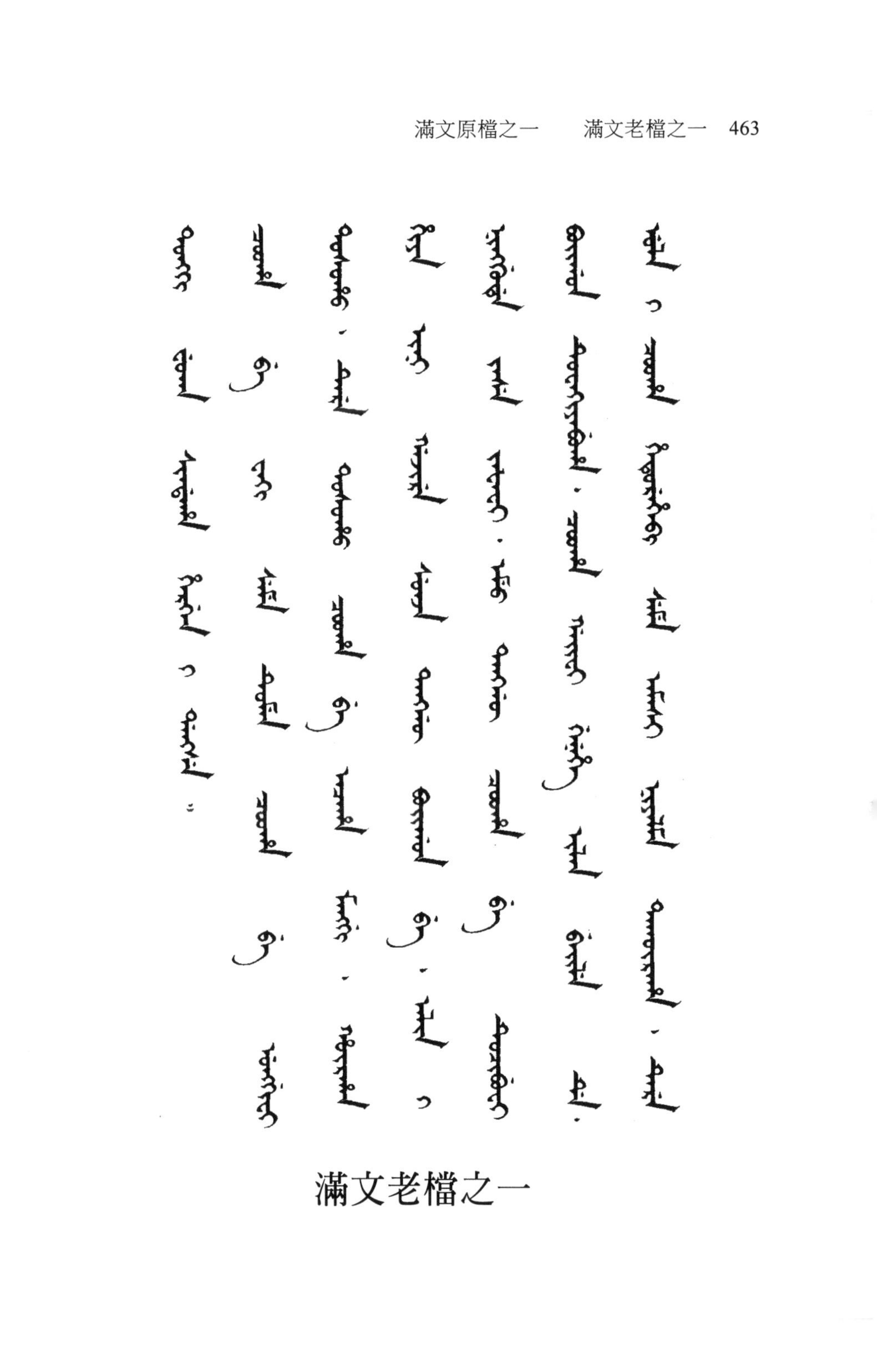

滿文老檔之一

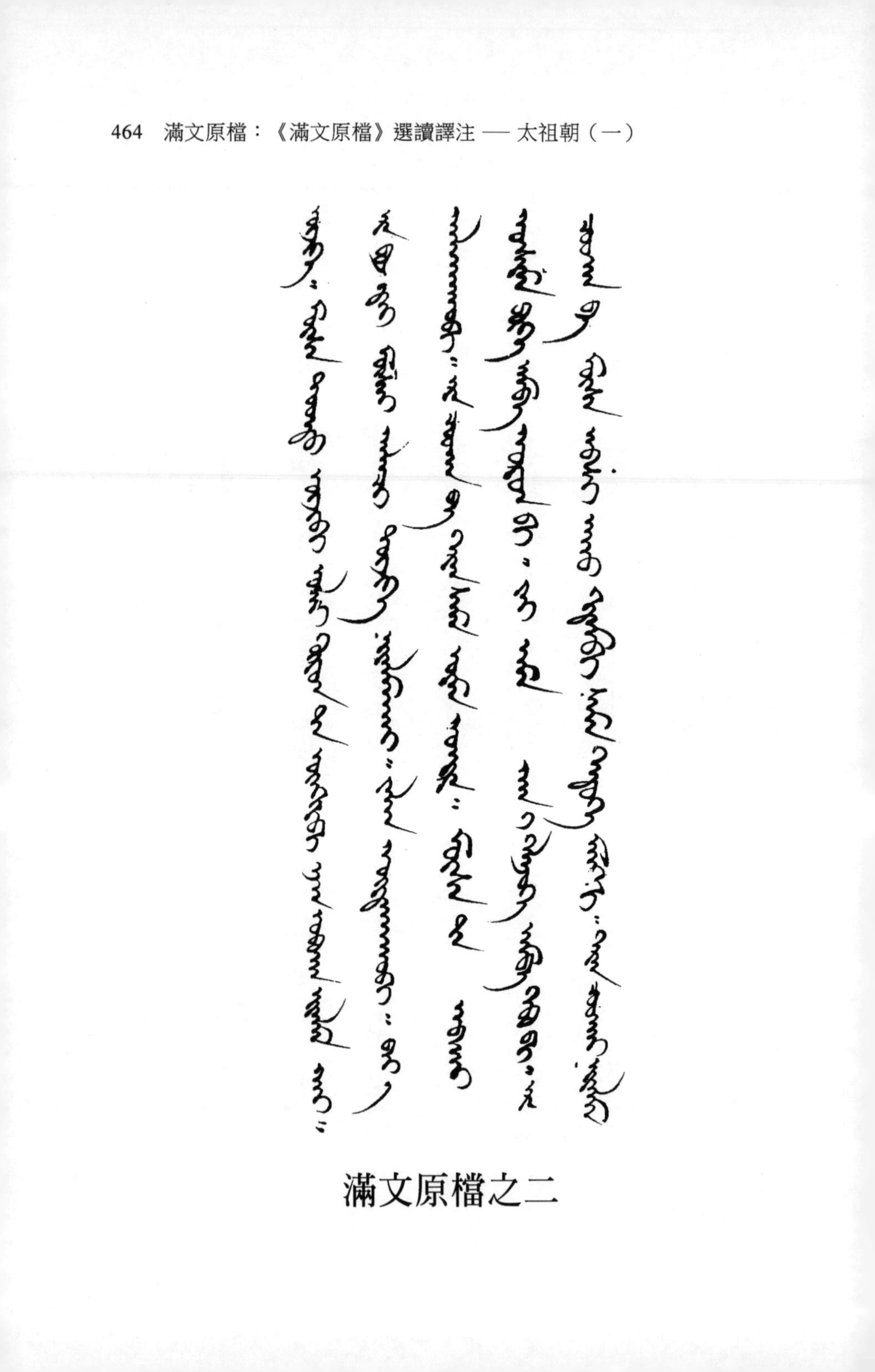

滿文原檔之二

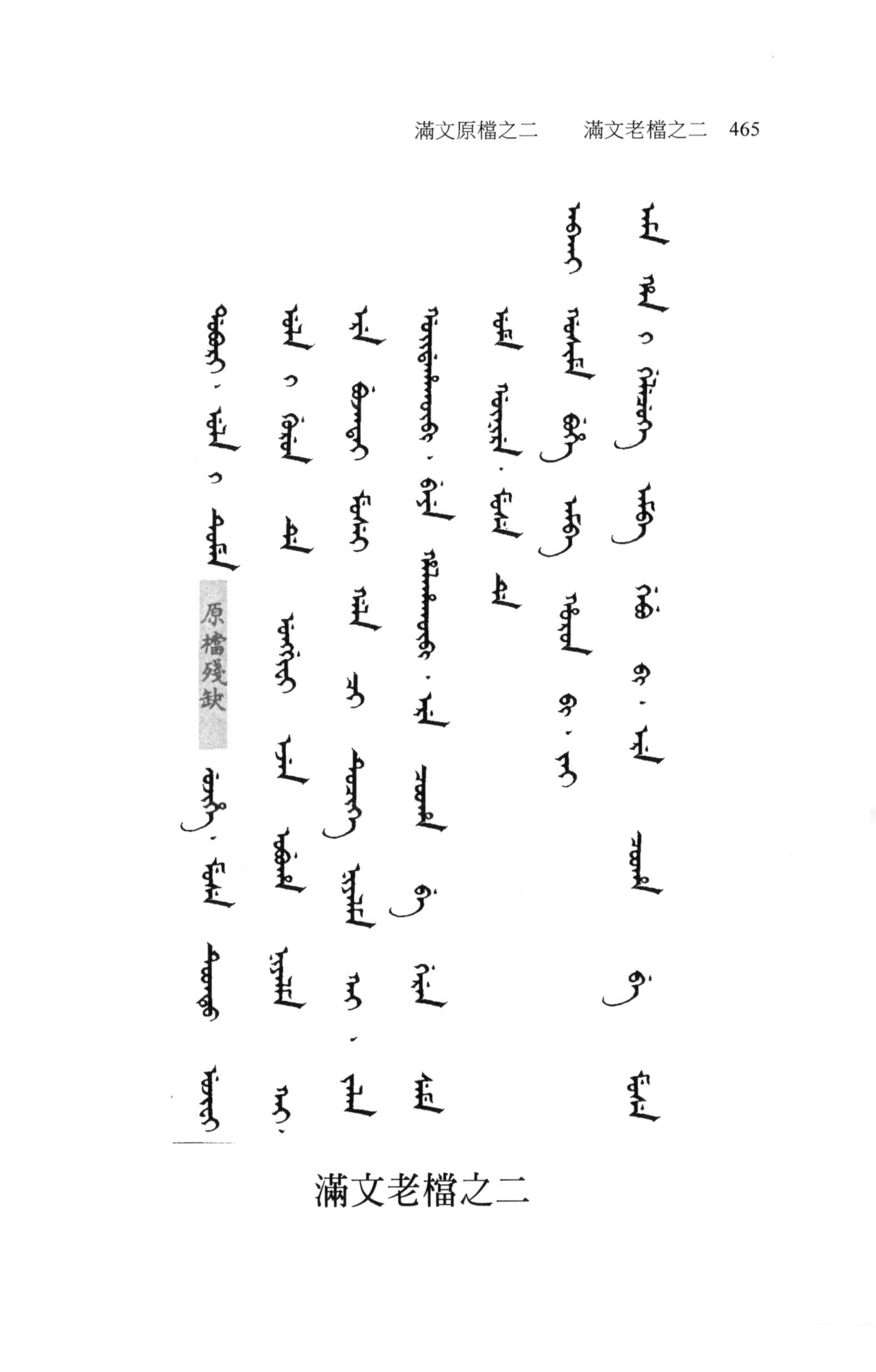

原檔殘缺

滿文老檔之二

致 謝

本書滿文羅馬拼音及漢文，由原任駐臺北韓國代表部連寬志先生精心校勘。　謹此致謝。